U0947961

Legal Aspects of Public Health in the Era of Globalization

全球化时代的公共卫生法治

国别区域公共卫生法治动态

张海斌◎主　编
沈志韬◎副主编

法律出版社
LAW PRESS · CHINA
北京

图书在版编目(CIP)数据

全球化时代的公共卫生法治 ：国别区域公共卫生法治动态 / 张海斌主编. -- 北京 ：法律出版社，2022
ISBN 978 -7 -5197 -6247 -6

Ⅰ. ①全… Ⅱ. ①张… Ⅲ. ①卫生法 - 世界 - 文集
Ⅳ. ①D912.160.4 -53

中国版本图书馆 CIP 数据核字（2021）第 250468 号

全球化时代的公共卫生法治
——国别区域公共卫生法治动态
QUANQIUHUA SHIDAI DE GONGGONG WEISHENG FAZHI
—GUOBIE QUYU GONGGONG WEISHENG FAZHI DONGTAI

张海斌 主 编
沈志韬 副主编

责任编辑 冯雨春
李 军
装帧设计 鲍龙卉

出版发行 法律出版社
编辑统筹 法律应用出版分社
责任校对 邢艳萍
责任印制 刘晓伟
经 销 新华书店

开本 710 毫米 ×1000 毫米 1/16
印张 30.75 **字数** 422 千
版本 2022 年 2 月第 1 版
印次 2022 年 2 月第 1 次印刷
印刷 天津嘉恒印务有限公司

地址：北京市丰台区莲花池西里 7 号(100073)
网址：www.lawpress.com.cn
投稿邮箱：info@lawpress.com.cn
举报盗版邮箱：jbwq@lawpress.com.cn

销售电话：010 -83938349
客服电话：010 -83938350
咨询电话：010 -63939796

书号：ISBN 978 -7 -5197 -6247 -6
定价：138.00 元
凡购买本社图书，如有印装错误，我社负责退换。电话：010 -83938349

序

始于2019年的新冠疫情，作为一个突发性公共卫生事件，已然席卷全球，在世界范围内引发了一场“没有硝烟的战争”。疫情不仅给世界各国内部治理的理念、实践与秩序带来了前所未有的冲击，对国际合作与全球治理亦带来了全新的挑战。毋庸置疑，这场疫情对人类共同体所产生的更为深层与深远的影响，尚需更长的时间才能更充分地呈现出来，并被我们更清晰地认识到。

在全球化的时代背景下，面对这场公共卫生领域的“黑天鹅”事件，任何国家都很难真正独善其身，而须正心诚意地秉持人类命运共同体理念，以开放的态度参与建立各种全球治理与国际合作机制以共同应对，此不啻为一种理性而妥洽的“集体行动的逻辑”。就具体国别区域而言，在此疫情形势下，不断审时度势，强化公共卫生法治保障，加强和完善公共卫生领域相关法治建设，切实提高依法防控和依法治理能力，乃是当下面临的首要任务。诚如论者所言，在当今世界，公共卫生法治建设已构成了一国治理体系与治理能力现代化的重要内容。

检讨人类公共卫生法治史，可谓历史悠久，源远流长。据学者考察，早在古罗马时代，人类便已有了颇值赞许的公共卫生法治实践，并庶几建构了较为完善的公共卫生法体系。1848年，维多利亚时代的英国制定了第一部现代意义上的公共卫生法典，即《公共卫生法案》，标志着人类公共卫生法治开始迈入“法典化时代”。继之，各国公共卫生领域的立法及其实践亦层出叠见，洎乎近世，蔚为可观。同时，随着全球化时代的到来，全球卫生治理与公共卫生领域的国际集体行动亦不断得到加强,并以 1851 年的《国际卫生公约》之诞生为标志,而日益走上法治化道路。于兹迄今,积沙成塔,形成了较为初步的国际公共卫生法治(合作)体系。

公共卫生法治建设之关键,就价值取向而言,端在实现公共卫生安全与公民基本权利保障之平衡。换言之,公共卫生法治建设之最紧要而不可或缺的一环,乃是在确保公共卫生安全之前提下充分保障公民之基本权利。兹事体大,骎骎乎已构成了衡量一国公共卫生法治建设成效与水平之基准。因此,正如卡米洛·帕尔多所言:“新冠不仅是向卫生系统提出了挑战,更是对公民基本权利保护与公民义务构成了挑战。”窃以为,公共卫生法治领域内权利与义务之配置与平衡,最终乃是统一于“以人的生命、健康和安全为中心”的。目前,世界各国皆已独出心裁地结合各自特定之国情与疫情,业业矜矜地推出并实践着诸种各具特色的法律制度及相关之理论与学说,成效如何,尚待观察。毋庸置疑,这些丰富多彩的“地方性知识”,值得我们深切关注。

鉴于此,本书编者依托上海外国语大学法学院多语种法律人才培养与法学研究之优势,从公共卫生法治建设的角度,遴择并编译了包括俄罗斯、英国、意大利、西班牙、摩洛哥、德国、乌拉圭、伊朗、巴西、韩国、波兰、美国、日本、法国、瑞典、斯洛伐克 16 国法律学者公开发表的相关代表性论文,结集出版,以期概览式地呈现各国法律人对这场疫情挑战的智识思考与制度回应,希冀为中国公共卫生法治建设提供有益之借鉴。本书主题颇为丰富,关涉公共卫生法治建设的各个维度、若干法律问题,甚或尚未完全进入我们研究与实践的视野。

举其荦荦大端,譬如,人工智能技术对抗新冠病毒的法律规制问题、新冠治疗中的医疗资源分配及患者健康数据隐私保障问题、新冠疫情背景下的处罚体系改革及医疗人员权利保障问题、疫情背景下的儿童监护权争议问题,及应对新型冠状病毒传播过程中对传染病患者进行隔离的法律框架设计问题、全球化及疫情挑战下的生态安全之法律保障问题、由气候变化引发的公共卫生法律问题、由公共卫生事件引发的医疗社会福利制度之改革问题,等等。无疑,对这些主题的探讨,庶几能较大地拓展与深化我们研究与实践的视野与洞识。倘如是,于愿足矣。

是为序。

张海斌

2021年10月16日于五祺斋

目录 Contents

第一编　新型冠状病毒疫情防控与法律应对

全球化和新冠疫情背景下的生态安全制度

[塔吉克斯坦]涅马托夫(A. P. Нематов)

索比杜赫特(H. Собитдухт)*

季李欣　吴天星**　译

在世界一体化进程不断发展的今天,必然会出现全球性的威胁和挑战,因此,世界各国必须采取相应的行动,应对可能出现的涉及政治、经济、社会、医疗等多方面的国家危机。进入21世纪以来,科技飞速发展,新型信息技术得到广泛应用,世界各国的政治、经济、社会和法律都发生了深刻的变化。所以,国际社会必须对世界上正在发生的剧变及其伴随的趋势加以关注。

世界政治和经济面临的挑战和威胁,常常以政治、经济、社会危机为特征。例如,现代世界经济发展所面临的主要挑战之一,就是如何既有效地利用数字技术,发展数字经济,又能够避免信息安全受到威胁以及网络攻击的增加,学者们对此提出了以下建议:运用更高技术水平的保护手段和加大信息安全投资。全球人口的大规模迁徙给不同种族带来文化冲击,这在某种程度上反映了当今社会的生活危机。过去人们往往把注意力集中在政治、经济、社会问题上,而与人类生存直接相关的生态环境问题很少引起国际社会的重视。今天,新冠疫情大暴发,使地球上的个人、国家和民间团体都充分意

* 涅马托夫·阿克迈尔·拉乌夫卓诺维奇,法学博士,副教授,塔吉克斯坦国家科学院哲学、政治学、法学研究所首席研究员;索比杜赫特·娜菲萨,塔吉克斯坦国家科学院哲学、政治学和法学研究所博士研究生。本文原刊载于《俄罗斯人民友谊大学报》2020年第24卷第3期,第513~529页。

** 季李欣,上海外国语大学2019级法律硕士研究生;吴天星,上海外国语大学2020级法律硕士研究生。

识到,生态环境的变化及其影响同样也是当今世界面临的全球威胁和挑战之一。所有这些都会对人类的生存和发展造成极大的危害。就像米卢申说的那样:“随着科学技术的进步,一方面让人们能够更好地生存和发展,另一方面也使全球生态环境愈发恶化。这场人为灾难最终将使人类付出沉重代价。”

当前,以新型冠状病毒为代表的新一轮全球流行病危机正在席卷全球,其后果依然难以预料。大流行(pandemia)是指流行病发生的严重程度,其特点是某种流行病在一个国家、几个国家甚至全球广泛蔓延。新冠病毒的大流行正波及整个世界。

在这样的形势下,各国需要巩固政治基础,加强经济发展,健全法制。众所周知,任何国家的法律制度都是一个完整的有机体,它是根据特定的历史、当今的时代背景以及将来可能发生的事情来发展变化的。为此,塔吉克斯坦立法的主要目标在于满足塔吉克斯坦人民利益的需求,建立民主、法治和现代化国家。

《塔吉克斯坦共和国宪法》明确规定,每个公民都享有健康保护权,即在法律规定的范围内,可以接受国家医疗机构的免费治疗。国家有义务加强环境保护,发展群众体育文化和旅游业。[1] 在《塔吉克斯坦共和国宪法》中规定公民的健康权和环境卫生权不是偶然。针对《塔吉克斯坦共和国宪法》的相关条款,我们要向全国基本法律的制定者致敬,他们有预见性地指出,公民的身体健康取决于生态环境状况、医疗保健水平和人民的生活条件。这让普通民众认识到生态环境与人类健康之间的内在联系。

人类健康与生态环境之间的相互依存关系,以及全球化对这一关系的影响,不仅受到了立法机关的重视,而且被法律学者积极研究。有趣的是,他们成功地预测了全球化对生态环境和人类健康的消极影响。因此,俄罗斯科学家写道,在全球化条件下,人类必须面对决定人类生存的一系列基本问题。

---

〔1〕 Конституция Республики Таджикистан. Душанбе,2016. Ст. 38.

主要包括:第一,维护世界和平与稳定;第二,日益突出的环境保护问题。此外,人类健康问题也日益成为全球性挑战。这再次证明了本文的现实意义。

外部环境和社会心理因素都会影响人的生存环境。保护人的环境权,是保证人类安全和环境安全的重要条件。行使环境权利与人类的环境安全理念有直接关系。显然,人类健康直接依赖于国家的环境状况,同时也取决于国家在环境法律关系中的调节作用。国家有义务保障环境安全,维护人与自然的和谐发展,建设良好的生态环境。

在全球性危险袭来的背景下,环境安全已成为各国安全体系中不可或缺的一环,人类的生存直接取决于其生存环境是否适宜。人类作为生命存在和社会的主体,环境的变化不仅会引起人类自身的变化,而且还会引起以人类为基础的整个社会法律关系体系的变化,最终破坏甚至抹杀“人是最高价值”的观念。因此,保护环境、保障生态安全、合理利用自然资源应成为各国环境法律政策的重要内容。

一、历史上塔吉克人民对环境立法和人类健康保护的法律思考

世界卫生组织宣布新型冠状病毒正在全球广泛流行,这也给各国法学家提出了一个非常重要的问题:法律,特别是与环境法有关的立法,在应对一场已经演变为威胁世界安全的流行病大爆发时能发挥什么作用?为了回答这个问题,我们试图从塔吉克族的历史中找寻答案。

在世界很多民族的历史文献中,都有关于生态环境与人类健康相互依赖的记载。在塔吉克斯坦,这类文献以拜火教的圣书《阿维斯塔》为代表,它包含了阿契美尼德王朝、萨珊王朝和萨曼王朝时期的许多典籍。直至8世纪初,塔吉克人仍然主要信奉拜火教,其教义渗透着对生态环境和人类健康方面的规定。

《阿维斯塔》是拜火教的圣书,是古代宗教教义和国家法律的渊源,也是宗教在各国传播的社会关系调节器。根据加富罗夫的研究,现存的《阿维斯

塔》包括以下几个部分:亚斯纳(关于拜火教神灵的颂歌)、万迪达德(应当遵守的教规和戒律)、维斯帕拉德(关于祷告和礼拜仪式的颂歌),以及其他一些篇幅和非重要性章节。塔吉克斯坦著名的法律学者哈里科夫指出,《阿维斯塔》的每一章都有关于环境保护的描述,而万迪达德篇则记述了当时最全面的环境保护机制,其中记载了当时环境法规的基本内容;更确切地说,万迪达德篇实际上强调了社会与自然的相互作用,以及保护人类健康的重要性。不久之前,塔吉克学者、历史学家和医学家努拉里耶夫就表达了这种观点,他认为万迪达德篇是人类健康和环境保护或生态环境方面最古老的法典。在阿契美尼德王朝时期,人们已经认识到尸体是大部分疾病的来源。努拉里耶夫写道:“根据日常生活的经验,阿契美尼德人发现与病人、动物或人的尸体接触会增加患病风险。”当时,他们已经知道当尸体或其分解物污染了土壤和水源时,人们更容易患上各种危险的疾病。从万迪达德篇中得到的信息来看,在古时候,当霍乱、瘟疫等危险疾病夺去成千上万人的生命时,社会的主要生态目标就是保护人类的生存环境,即保护土壤、水资源和家园不受污染。

值得一提的是,《阿维斯塔》中记录了许多当时保护环境免受污染,预防疾病的规范和防治措施,也记载了许多不同类型的疾病信息,并表明它们是通过食物、水、空气和接触某些东西来传播的。所以,在拜火教和塔吉克人的医疗传统中,现存的关于保持人类健康和医生职责的部分包含了非常丰富的生物学知识。

在萨珊王朝(公元224年或226年至651年)和萨曼王朝(公元9世纪至10世纪)时期,为了保障人们的健康,国家积极制定法规来调节生态关系。这个时期,以穆罕默德·扎卡里亚·拉齐、阿布·雷汉·贝鲁尼、阿布·阿里·伊本西纳(阿维森纳)为代表的塔吉克族著名的医学家走上了世界科学舞台。总体来说,萨曼王朝时期的医学吸收了萨珊、希腊、印度和藏族医学的优秀成果,并为后世维护人类健康准则奠定了理论基础。同时,也在当时的法律渊源中体现了相应的法律关系。这充分说明,在塔吉克民族历史上,独立而又系统地存在一套生态环境法则,体现了其通过法律调整环境法律关系,保障环境安全和人类健康的思考与研究。

鲜明的历史事实已经证实了这一结论,即人类健康依赖于其生态环境,以及有必要利用法律对生态环境进行调控。而且,在古时候人们就已经知道,人的健康与生存环境有直接的关系,它取决于环境的条件、人与自然的和谐关系以及人对自然环境的改造行为。所以今天开展生态环境方面的立法,保障社会的防疫安全,是法学界非常有意义的研究方向。它是以保护人类赖以生存的自然环境为首要目标的重要法律部门。

二、安全问题是环境立法和人类健康保护领域研究中的核心内容

在现阶段,关于环境保护和公共卫生保障的法律规定中,特别强调了“健康”、“生命”和“安全”等问题。与此同时,在当今的医疗卫生领域,安全保障的概念也越来越受到重视。由于安全范畴被看作是一般范畴,因此在立法上被学者广泛应用。

保障安全必须以实施一系列涉及政治、经济、法律以及医疗的国家政策为前提。保证人类健康是维系国家安全的基础,既有利于个人,也有利于社会。有关政策的实施,首先要以周密的决策和严谨的科学研究为依托,以达到保护人类生命,保障人类健康的目的。如今,保护人类生存环境的问题显得尤为突出,人类的未来有赖于这类问题的解决。

如前所述,在塔吉克斯坦共和国现行法律中,“安全”这一范畴涉及的范围很广。目前,在国家的法律体系中,很多法律名称都含有“安全”字样。例如,塔吉克斯坦共和国的《辐射安全法》(2003 年)、《食品质量安全法》(2002 年)、《安全生产法》(2004 年)、《生物安全法》(2005 年)等。

“安全”的范畴不仅范围广,而且适用面宽。但在对相关法律规定进行研究时,我们会发现,“安全”范畴并没有涉及行政关系领域。于是问题就出现了:什么是“安全”的范畴?

如果要科学地评价和分析现行法律中关于“安全”这一法律范畴的含义,首先应研究它在法律规范文件中所包含的含义。

安全,是指个人、社会和国家的重大利益不受内外威胁的一种保护状态。塔吉克斯坦法律在界定“安全”概念时,并未超越其基本内涵。《塔吉克斯坦共和国食品质量安全法》将食品安全定义为一种合理的状态,即在正常情况下食用食品不会对人体健康造成危害。根据《塔吉克斯坦共和国安全生产法》的规定,工业安全就是保护个人和社会的重大利益,使其免受工业生产事故等的影响。

由此可得出如下结论:“安全”这个词汇的含义,体现的是一种保护个人权利和自由免受破坏,确保社会物质和精神财富不受威胁的状态。这一术语客观地“展示”了个人、社会和国家的存在状态,因受制于各种威胁而需要对它们进行保护。

目前,塔吉克斯坦现行法律和国际法中没有任何其他词汇与“安全”一词的含义相似。在许多情况下,为了体现对重大社会利益的保护,法条中可能不是使用“安全”一词,而是使用其他词汇,如“保护”“破坏”等,以此来强调这些利益的重要性。《塔吉克斯坦共和国结核病防治管理法》规定了国家结核病防治政策的基本内容,规范了执行防治措施的机构和法律秩序。“安全”一词并未出现在这部保障国内居民卫生防疫安全的法律中,但它的重要性丝毫未减。上述法律主要用“保护”“破坏”等词语来表示保障安全的含义,它反映的不是一种状态,而是一种行为概念。

在立法上,“安全”范畴是一个集合概念,作为一般法律术语,它被广泛地应用于各种部门法。从内容上讲,它可以表现出防止和避免各种不利因素造成危险后果的含义。这种不利因素可以是社会的、自然的,也可以是人为的。“安全”一词的使用对立法具有重要意义,借助于该词,法律和法规的用语得以简洁明了。

“安全”这一范畴还包含社会性意义。实质上,它反映了国家、社会和个人都应受到保护,免受任何消极影响的状态。这种消极影响有可能损害人类的生命健康、财产安全、社会秩序和国家秩序,甚至危及人类的生存环境和世界秩序。在立法中运用安全的概念可以使人们对未来产生安全感和信心。

采用安全概念来增强法律规范的作用，使国家有能力（物质、财政、经济、技术等）维护法律秩序、加强国防力量、保护人民和环境。

简言之，“安全”一词具有普遍性，它客观地表现出一种个人、社会和国家的利益受法律明确保护且不受威胁的状态。

三、塔吉克斯坦共和国在环境立法和人类健康保护领域的法律政策

传统上，环境法律政策是在保护环境和合理利用自然资源以及保障环境安全的框架内制定的，其目的是通过相关的立法和章程，创造和提供有利于公民生活的环境条件。

各国环境立法的主要目的在于降低各种生物对人类健康造成不良影响的风险，保障环境的生态平衡。归根结底，保护人类生命和健康是环境立法的一个基本原则。这听起来似乎有些矛盾，苏联解体后，在立法行为层面对环境关系进行的法律调整大概是从20世纪末开始的，那时人类环境及其保护问题早已存在。波列尼娜指出，直到最近，这一环境公共关系领域一直是通过规范性法案进行管理，但在通常情况下是由部门法管理，最多是由政府法令进行管理，这是立法者低估环境因素的主要原因。换言之，到目前为止，对环境法律关系的调整都具有附属性和部门性，当然，这是对环境立法不利的。

环境立法是当今世界各国立法体系中的一个重要分支。

全世界的事态发展为国际社会提出了一项任务，即要求对环境立法与全球危机和挑战相互影响的进程进行更深入的研究。不能否认的事实是，世界卫生组织所宣布的当前的疫情情况实质上体现了与生命健康相关的全球性危机。全球媒体公布的官方数据显示，新型冠状病毒疫情暴发的主要原因是环境不能满足基本卫生和流行病学要求。众所周知，环保立法在保障人民生命健康方面的作用是巨大的，换句话说，保障公众健康以及卫生和流行病学安全的一个关键因素是改善环境，保护公民免受食物中毒的威胁。依照《塔吉克斯坦共和国食品质量安全法》第14条，食品安全应通过实施国家食品安

全监管措施来保障;食品检疫应由从事食品生产和加工、组织、农业化学品、兽医、技术、工程、卫生和流行病以及植物检疫的自然人和法人机构实施;应执行有关食品的相关标准文件以规范食品的生产、储存、运输和销售的条件;对食品的安全、生产、储存、运输和销售的条件进行行业检查;可以适用民事法律、行政措施,必要时追究刑事责任。

这次疫情表明,依法规范卫生和防疫安全,不应仅仅是国家现行立法中的一种宣言或一般规范,而应是整个国家法律政策中不可缺少的一部分。具体来说,世界各国的环境法律政策应该在保护公众健康、改善生活质量、维护环境安全、协调社会与环境的关系等方面作出明确规定。目前大多数国家的现代环境政策主要是对环境保护和自然资源的合理利用两方面进行规范,而对于环境安全,尤其是对公众健康的保护等方面则普遍缺乏重视。

应当注意到,许多国家的立法尚未为此次疫情的暴发做好准备。这是因为在制定环境和公共卫生方面的法律政策时未预见到相应的风险,也未考虑到所有影响立法发展的社会因素。如果不能全面考虑立法活动中的广泛社会因素,就不可能解决上述问题,而环境因素在立法过程中尤为重要。

即使在制定法律政策概念的过程中,塔吉克斯坦也考虑到某些可能的风险,草拟了一系列立法政策,其中就包括应对目前面临的风险。

2018 年 2 月 6 日第 1005 号法令[1]批准了《2018 ~ 2028 年塔吉克斯坦共和国法律政策草案》。首先,应当特别指出,在这一政策中,除处理改善立法和执法以及保护国家等任务外,还应优先考虑保护公共卫生安全的任务,这为采取适当的措施和立法来保障国家卫生和流行病学安全奠定了基础。

塔吉克斯坦共和国立法系统内有很多与生态和卫生相关的规范性法律。这些法律包括《食品质量安全法》(2002 年)、《居民卫生防疫安全法》(2003 年)、《居民食品安全法》(2019 年)等。

这些法律规范的有效实施,是公共卫生领域内的国家政策有效实施的保

---

〔1〕 Концепция правовой политики Республики Таджикистан на 2018 – 2028 гг. Душанбе, 2018. 60с.

证。为了实现立法现代化,使法律符合社会生活的需要,有效调节社会关系中的矛盾问题,就必须考虑到所有影响公共卫生安全的因素,保证环境卫生安全,完善传染病防治政策对保障公众健康起着重要作用。众所周知,卫生流行病学因素对人口和环境的健康状况的影响最为直接。所以要尽可能地减少不利影响,促进人类生活环境的改善。[1] 在环境因素方面,要形成有利于人类发展的良好环境,协调人与自然的关系。为实现上述目标,环境保护法应该建立在保护公众卫生的法律基础之上。为此,《塔吉克斯坦共和国环境保护法》第 3 条第 3 款规定,公共卫生和传染病防治等法律旨在规范上述环境法领域的法律关系,确保公民的环境安全。[2]

无论如何,《2018～2028 年塔吉克斯坦共和国法律政策草案》具有前瞻性和预测性。考虑到全球化进程和一些世界性危机,该政策旨在扩大塔吉克斯坦与其他国家的互利合作交流,并积极参加各种国际人道主义活动以及国际经济、社会、政治和文化关系活动。这份文件还特别侧重于经济危机后的复苏,以及在立法和执法方面改进国家活动的问题。这就意味着应使国家立法适应现代世界发展的需要。

《2018～2028 年塔吉克斯坦共和国法律政策草案》还提出了改进各领域立法的措施,其中包括保护公共健康、确保卫生和流行病安全以及预防传染病扩散。为此,第 22 条特别提到了保护公民健康的措施,尤其是禁止进口危害人类健康的食品、药品、生物制品和其他产品,包括转基因生物。第 29 条提到了改善囚犯卫生服务、防止囚犯感染传染病以及为囚犯的工作和活动制定新的形式和方法。这种形式和方法的重点是保护他们的身心健康,帮助囚犯发展各种形式的自治,加快改造进程。第 31 条规定了一些措施,如向人们提供清洁饮用水等,这将大大改善环境立法,特别是在环境保护方面。为提高公民的法律和生态文化水平,该草案还提出要开展广泛的宣传活动,必要时加强法律责任。该草案还讨论了建立管理框架来评估环境影响和环境战

〔1〕 Ахбори Маджлиси Оли Республики Таджикистан. 2003. № 12. Ст. 677.

〔2〕 Ахбори Маджлиси Оли Республики Таджикистан. 2011. № 7 – 8. Ст. 614.

略，以激励民众和企业实体保护环境，并引入“绿色经济”原则。该草案强调，必须发展农业生产多样化，采取创新方法来取代危险化学品，同时应考虑提高环境和土壤质量。

结　论

生态环境与人类健康相互依存、相互制约，其法律规制具有历史性和客观性。良好的生态环境意味着保护公民健康免受各种形式的侵害。就现阶段而言，在目前疫情状态下，有必要出台法律规范来保障环境安全，确保公民健康。其中“公共卫生与生命”“安全保障”等范畴是至关重要的。但是，在世界范围内，后者越来越多地包含了医学内容。需要指出的是，“安全性”的概念通常具有普遍性。事实上，它适用于所有立法领域。而且，安全需要政治、经济、法律和卫生等公共政策作为基础。因此，医疗措施的目的在于落实法律规定和科学研究，帮助人们完成保护生命和健康的基本任务。

环境立法是整个立法体系的一个组成部分，它以规范公共关系为目标。环境立法不仅要规范环境保护和自然资源的利用等方面，还要促进人与自然的协调发展。虽然环境立法已经取得了很大进展，总体上与《2018～2028 年塔吉克斯坦共和国法律政策草案》的关键条款相一致，但是环境立法的现代化工作仍不容忽视。国家有义务保障公共卫生；为人民生活创造有利的条件；完善食品、药品、生物和医学领域的规范；改善医疗服务质量；预防传染病；保持公民身心健康。上述内容也是人类环境立法一直以来特别重视的。因此，要提高公民的法制文化和生态文化水平，就必须开展广泛的宣传工作，并在必要时加强个人、法人对破坏环境行为的法律责任。如今，各国立法者都面临着修改和完善环境立法的艰巨任务，以此来适应新冠病毒在世界范围内广泛传播的现状。

新冠疫情防控中应用人工智能的法律边界

[俄罗斯]卡什金(С. Ю. Кашкин)

季先科(С. А. Тищенко)

阿尔图霍夫(А. В. Алтухов)*

朱文镜　李鹏雪**　译

当今世界正面临一场前所未有的病毒感染危机。尽管过去曾发生过这样的全球性流行病,但是在数字时代的今天,人口密度已经成倍增加,人们的生活逐渐转向大城市,情况变得更为复杂。随着人工智能技术全球化的发展,为了全面对抗新冠病毒,必须引入人工智能技术。根据对当前情况的分析,可以确定应对疫情的三大方面:

- 预防和控制
- 检测和监测
- 隔离和治疗

(之后再回到预防和控制这一步骤,如此循环往复)

在抗疫的各个阶段,各国都十分重视人工智能的应用。归根结底,也正是通过人工智能整合了大量不同的信息源,我们才能快速有效地分类和处理

---

* 卡什金·谢尔盖·尤里耶维奇,法学博士,莫斯科国立法律大学法学院欧洲法教授,俄罗斯联邦律师;季先科·谢尔盖·亚历山德罗维奇,物理数学副博士,莫斯科国立大学经济学系经济信息学副教授;阿尔图霍夫·阿列克谢·瓦列里耶维奇,瑞士洛桑联邦理工学院物理工程师,莫斯科国立大学经济系创新经济学工程师,研究生。本文原刊载于《俄罗斯法律杂志》2020 年第 73 卷第 7 期,第 105 ~ 114 页。

** 朱文镜,上海外国语大学 2020 级法律硕士研究生;李鹏雪,上海外国语大学 2020 级法律硕士研究生。

人们的身份信息,如人的行为、轨迹和健康状况等。

但由于我们生活在现代法治国家,人权被认为具有最高价值,即使是最有效的技术,其使用也不得侵犯公民权利,而且必须符合法律规定。对应用人工智能技术抗疫的国际经验的分析,有助于帮助确定我国乃至世界的法律发展方向。

一、全球应用人工智能防控新冠病毒的法律规制经验

众所周知,中国已经开始采取防治新冠病毒的措施。疫情期间,"病患识别系统"在中国得到广泛应用,而且使用最广泛的移动终端应用"支付宝"和"微信"上也都运行着健康凭证系统。该系统会根据申请者的健康状况生成同颜色的二维码:绿色(可通行)、橙色(7 天隔离)或红色(14 天隔离)。[1]

以色列卫生部推出了一种通过手机对个人进行监控的应用程序,以提示手机用户可能接触潜在传染病感染者的风险,一旦用户靠近上述人员,该系统就会发出警报。

韩国是少数几个没有封闭口岸的国家之一,但只有在对感染人群及其密切接触者进行完全控制的情况下,这种管控方式才可以实行。因此,需要每天通过人工智能分析公民的个人信息,如全球定位系统的坐标、银行卡交易信息、车辆使用情况和视频监测数据等。如果发现异常,相关资料就会被立即送往专门设立的卫生部门。

新加坡为抗击疫情开发了一款移动终端应用——"全民追踪"(Trace Together),它可以使公民避免大规模的隔离。这款应用通过蓝牙连接来收集数据,并以这种独特的方式收集感染者及密切接触者的活动轨迹。一旦有人感染,政府将根据这些数据通知那些 14 天内与感染者有过密切接触的人,并要求他们采取必要的措施。

---

〔1〕 Шэнь Ян: Насколько эпидемия приблизила будущее? //URL: https://inosmi.ru/social/20200403/247185785.html(дата обращения:19.04.2020).

意大利采取的个人数据分析方式最为传统。他们推出的应用程序可以帮助追踪感染者的轨迹,并向其密切接触者发出警告。但是这些信息是绝对保密的,电信运营商表示他们不会泄露用户的数据,只是记录下用户的活动轨迹。[1]

同样,美国也无法拒绝对新技术和人工智能的应用,尽管美国尚未找到成熟的解决方案,但政府已经从企业那里获取了他们所收集的公民的匿名数据。众所周知,移动设备提供的数据最为重要,基于此,苹果公司和谷歌公司已经公开宣布,他们将合作开发一项技术,用来追踪手机用户(感染者)的密切接触者,从而减缓病毒的传播,并尽可能地使其得到控制。正如我们所知,该项目的目标是创建一个与大多数国家使用的技术相似的应用程序,以跟踪感染者并通知其密切接触者。

根据对全球经验的分析,我们可以得出这样的结论:应用人工智能和大数据能全面有效地抗击新冠病毒。然而,在法律领域,[2]关于技术手段及其运用的争论颇多。在抗击疫情的过程中,如果无法解决技术创新应用在法律监管领域的问题,不仅无法被现代社会所容忍,而且可能还会带来许多经济和社会问题。

同时也要注意到,人工智能的应用为我国乃至全世界的疫情防控提供了多种可能性。虽然应用人工智能等技术会暂时限制人们的行动自由,但是对预测疫情的发展,保护民众以及控制疫情会起到重要作用。

人工智能能够极大优化医疗检测程序,加快必要医疗产品的研发。在基因治疗过程中,人工智能技术的应用可以加快基因组测序的进程,为快速诊断和检测基因疾病提供有力的帮助。

---

〔1〕 Ли К. Как система искусственного интеллекта DAMO Academy обнаруживает случаи коронавируса //URL: https://www. coe. int/en/web/artificial-intelligence/ii-i-kontrol-koronavirusa-kovid-19(дата обращения:19. 04. 2020).

〔2〕 Джонсон А. Как искусственный интеллект помогает в борьбе с коронавирусом //URL: https://www. coe. int/en/web/artificial-intelligence/ii-i-kontrol-koronavirusa-kovid-19 (дата обращения: 19. 04. 2020).

对于利用人工智能抗击病毒是否需要法律监管这一问题，社会上几乎没有反对声音。创新技术的应用在医学领域必不可少，特别是在病毒极具传染性时，只有利用创新技术，才有可能在最短的时间内准确地诊断、记录病情，继而进行疫苗的研制。

很早之前，包括人工智能在内的高科技在医学领域的应用就被证明非常有效，并且得到的评价基本上都是正面的。众所周知，危机可以促进发展，这一点在医学领域也同样适用。然而，在防治新冠病毒的过程中，随着人工智能在其他生活领域的应用，无论是在社会上还是在法律领域都引发了不少争议，其中，与应急反应部门为抗击疫情在人工智能方面所采取的限制性措施有关的社会问题尤为严重。这也引发了一波关于尊重公民权利和自由以及疫情背后的信息保护问题的讨论，并且关于全面使用创新技术抗击病毒的法律争议在欧洲委员会的活动中也得到了体现。

例如，欧洲委员会在2020年3月提出了“人工智能与新冠病毒防控”的概念，并且强调了疫后各国以及全世界对抗疫措施进行评估的重要性，这对分析引入人工智能等数字化工具所产生的正反面影响十分重要。对于这个问题，著名科学家们也进行了广泛的讨论，并在论著中表达了他们的原则和立场，即为了控制疫情而采用最新技术的临时措施，绝不应被视为常规措施，相反，它应当被认定为只是暂时性措施。[1]

此外，应当特别注意俄罗斯在紧急情况下所采取措施的时限问题。在为应对医疗紧急情况而采取的限制公民的权利和自由的措施方面，法律上缺乏明确的时间限制规定。要知道，任何在社会上没有群众基础的解决方案都可能带来诸多负面影响。

国民首先担心的是，疫情结束以后，如果继续实施在疫情紧急状态下采取的措施，他们的某些受法律保护的权利就会丧失。这种担心并非毫无根

〔1〕 Overview carried out by the Ad hoc Committee on Artificial Intelligence(CAHAI) secretariat. 19. 03. 2020//URL: https://www. coe. int/en/web/artificial-intelligence/ai-and-control-of-covid-19-coronavirus/(дата обращения:20. 04. 2020).

据,因为历史上曾有过这样的例子——在紧急情况下采取的不具有群众基础的措施被永久地载入了法律。美国就是这种法律现象的典型代表,例如,“9·11”事件后,美国情报机构监视公民的权力大大扩张。现在,这一扩张性权力仍然保留在美国的法律当中。

上述现象在一个高度重视主权和公民权利的现代社会是极为不可取的。对公民权利的侵犯,会严重阻碍包括经济在内的社会各领域的发展,建立新的法律监管制度是发展抗疫技术的一个重要课题。

因此,欧洲委员会于2020年4月7日通过了一系列适用于各成员方的文件,这些文件的标题很有说服力:《在新冠病毒的感染危机中尊重民主与人权,维护法律至上》。该文件的内容可用于形成一个现代法律框架的基础,有利于包括俄罗斯联邦在内的其他国家应用人工智能技术防治新冠病毒。该文件旨在帮助各国建立起应对全球性危机的机制,毕竟即使在危机时刻,各国也必须保障民主原则不受侵犯。该文件的目的是为各国政府提供一个前提,即以尊重民主、法治和人权等基本价值的方式,应对当前存在的前所未有的大规模病毒感染危机。[1]

到目前为止,各国政府在保护人民免受新冠病毒带来的生命和健康威胁方面面临着巨大挑战。毫无疑问,我们必须注意到,“在实施防治病毒所必需的基本措施的情况下,也就是遵守各种形式的社会隔离的前提下,将无法维持社会的正常运转”。[2] 与此同时,还应注意,“所采取的措施不可避免地会限制公民的权利和自由,而这正是民主和法治社会所固有的和必要的基本

〔1〕 Information Documents《Respecting democracy,rule of law and human rights in the framework of the COVID - 19 sanitary crisis》SG/Inf(2020)11//URL:https://rm. coe. int/sg-inf-2020-11-respecting-democracyrule-of-law-and-human-rights-in-th/16809e1f40(дата обращения:23. 04. 2020).

〔2〕 Данные отслеживания КОВИД - 19 и риски, связанные с надзором, являются более опасными, чем их польза//NBC News. 19 марта 2020 г. URL: https://www. nbcnews. com/think/opinion/covid-19-trackingdata- surveillance-risks-are-more-dangerous-their-ncna1164281(дата обращения: 20. 04. 2020).

价值"[1]。

在当前疫情日益严重的情况下,对民主原则的保护变得极为困难,但是对各国已采取的既定行动以及其他国家在类似情况(先例)下的行为的分析,将有助于我们预测疫情的动态。正如欧洲委员会所指出的,为应对当前新冠病毒带来的威胁,所采取的方式及其规模都要因特定国家所处的抗疫阶段的不同而有所区别。

二、应用人工智能技术防控新冠病毒的原则

应当指出的是,目前欧洲委员会的成员方所采取的措施是合理的,符合《欧洲人权公约》的规定。但是这些措施可能并不足以应对当前的疫情,而采取新的特殊措施,可能会导致部分成员方无法履行该公约所规定的义务。这些事件的严重程度难以预测,但是我们必须认识到,我们所采取的所有措施都必须有充分根据,并且应与危险的程度相适应。为此,必须要坚持以下基本原则:

(一)合法性原则

突发事件的出现不会削弱法治在社会发展中的作用,相反,只有充分发挥法治的作用,政府和其他主管部门为控制疾病暴发而采取的一切行动才能够顺利进行。这里的法律不仅包括国内法,还包括为应对突发事件专门制定的条例(这些条例需具备宪法基础)。值得一提的是,许多国家的宪法都规定了一种特殊的法律制度,即扩大紧急情况下行政机关的权力,也就是说,"立法机构有权针对出现的流行病危机制定超越现有法律的紧急性法律"。[2]

---

[1] Конвенция о защите прав человека и основных свобод(заключена в г. Риме 04. 11. 1950)(с изм. от 13. 05. 2004)[вместе с Протоколом (N 1)(подписан в г. Париже 20. 03. 1952), Протоколом № 4 об обеспечении некоторых прав и свобод помимо тех, которые уже включены в Конвенцию и первый Протокол к ней(подписан в г. Страсбурге 16. 09. 1963), Протоколом № 7 (подписан в г. Страсбурге 22. 11. 1984)]//СЗ РФ. 1998. № 20. Ст. 2143.

[2] Overview carried out by the Ad hoc Committee on Artificial Intelligence(CAHAI) secretariat.

（二）紧急状态和特别措施的时限性原则

在探索紧急情况下应用人工智能的原则时，需要特别注意所采取的措施是否有效。尤其要注意的是，在紧急状态期间，政府会被授予颁布法案的一般性权力，这种做法在世界上相当普遍。这类附加权力如果有时间限制是可以被接受的，[1]如果没有，就会严重侵犯人权和公民基本权利。紧急状态制度的主要目的是度过危机，尽快恢复正常生活。授予政府的紧急立法权，应限制在紧急状态期间。对政府在紧急状态期间制定的法律，也应限制其适用期限。

（三）必要性原则

如前所述，明确决策的目的是很重要的。在应急措施的最终目标实现的同时，也要最大限度地减少民主决策制度和程序的变化。

（四）权力分配与执法监督原则

为了确保行政部门迅速、有效地采取行动，可能需要简化决策程序，放松制衡。[2] 这就要求在宪法框架内改变地方、地区和中央政府的权力划分标准，以应对与病毒作斗争的具体挑战。一旦情况允许，要尽快恢复秩序。

（五）个人信息保护原则

利用新技术收集和处理个人数据有助于控制病毒蔓延，而防疫政策的基本职能就是监测、跟踪和预测。国际法中的相关规定表明，人工智能在应对新型病毒方面至关重要。众多国家的经验表明，必须采用一切最有效的新技术（包括人工智能、人脸识别技术、社会网络分析和地理数据定位等）与病毒作斗争。

---

〔1〕 Конвенция о защите физических лиц при автоматизированной обработке персональных данных(заключена в г. Страсбурге 28. 01. 1981) [вместе с Поправками к Конвенции о защите физических лиц при автоматизированной обработке персональных данных (СДСЕ № 108), позволяющими присоединение европейских сообществ, принятыми Комитетом Министров в Страсбурге 15.06.1999]//Бюллетень международных договоров. 2014. № 4.

〔2〕 Cahn A. F., Veiszlemlein J. COVID – 19 tracking data and surveillance risks are more dangerous than their rewards//NBC News. 19 March 2020. URL: https://www.nbcnews.com/think/opinion/covid-19-tracking-data- surveillance-risks-are-more-dangerous-their-ncna1164281.

同时,不能利用现代技术侵犯公民的隐私。数据保护原则和欧洲委员会的《公民个人数据保护公约》使我们能够在保护个人信息、公共利益与健康和有效防治流行病之间取得平衡。

该公约允许在有限的时间内,通过适当的保障措施并根据有效的监督制度,对正常的数据保护规则作出特别调整,以确保能够顺利收集、分析、储存和预测数据。该公约强调:“只有在科学证据充分表明人工智能给公共卫生带来的潜在益处大于其可能存在的数据泄露风险时,它才能被用于大规模处理个人数据。”

三、俄罗斯联邦和莫斯科政府使用人工智能技术应对新冠病毒

疫情的快速传播,再一次证明单靠人力是很难应对疫情的,而人工智能一直以来都是保证公民守法的有效手段。作为世界上最大的城市之一——俄罗斯首都莫斯科无疑是测试最新技术的极好的试验场。

国家杜马三读通过了第 896438 – 7 号联邦法律草案,该法案于 2020 年夏季生效。此次立法活动为发展和应用人工智能技术创造了必要的条件,届时将依照专门条例在俄罗斯联邦首都莫斯科进行试验。除此之外,还修订了联邦《个人信息法》第 6 条和第 10 条。然而,目前国内外日益严重的传染病状况对我们发现和应用新技术、制定有关技术实施的法律法规提出了新的挑战。由于疫情的暴发,信息技术(尤其是人工智能)的重要性、有效性和不可替代性在全世界范围内得到提升。开发这种前沿技术是一项巨大的挑战,我们希望这不仅能使医疗领域得到极大的发展,同时也能够帮助对抗新冠病毒的传播。

显而易见,如果没有自动化系统和最新技术的参与,执法机构采取的与检疫和自我隔离有关的应急措施就无法展开。这些技术处于前所未有的核心地位,它们在控制病毒传播方面的贡献可以和医务工作者相比,因此加强监视、监测、探测和控制能力在各国行动方案中有着极高的重要性。

《高度戒严期间实行数字通行证登记和使用制度》[1]制定后，我国部分地区特别是首都，对这一问题进行了广泛讨论。这并不是莫斯科采取的全部措施，根据市长令，首都信息部门已开始利用社会监测技术，对确诊患有新冠病毒并居家治疗的病人进行定位监测。该法令规定，“为监测莫斯科公共卫生系统医疗组织规定的家庭自我隔离制度的遵守情况以及遵循医嘱情况，对在特定地理区域内感染新冠病毒的公民及与之共同生活的人员使用技术设备和其他软件等手段进行电子监测”。

莫斯科政府称，自 2020 年 4 月 15 日起，首批新冠病毒确诊患者的手机上就安装了“大众监测”（Social monitoring）软件。市卫生部门表示，“这种技术手段可以让市里监测到市民是否遵守了隔离政策，并及时发现相关违规行为，这将有助于防止疫情的进一步扩散”。[2] 莫斯科经常率先采用最新的数字技术，我国其他地区也会借鉴莫斯科市的经验马上跟进。

“大众监测”软件会自动读取手机用户的地址。据当地政府说，这个应用程序并不能追踪使用者的所有轨迹，只能根据注册地址找到他们的位置。此外，“大众监测”还会要求手机用户定期提供照片以确认其位置。

对在家接受隔离治疗的病人，会由远程医疗队提供帮助。在线医生可对病人的病情进行评估，解答疑问，并给出建议。截至 2020 年 4 月 2 日，已有 836 名患者从远程会诊中受益，其中有 94 例病人被转送就医或转送急诊。

一旦疫情加剧，就可能需要采取更多的限制措施。但如果国际组织在公共卫生方面的建议得到认真贯彻，那么政府就有望在采取最低限制措施的情况下控制住流行病。

以前，流行病学专家在患者出现症状后，会询问病人去过哪里，见过谁，

---

〔1〕 Указ Мэра Москвы от 05.03.2020 № 12 – УМ（ред. от 27.03.2020）《О введении режима повышенной готовности》（вместе с Перечнем непродовольственных товаров первой необходимости，Перечнем заболеваний，требующих соблюдения режима самоизоляции）//Официальный портал Мэра и Правительства Москвы. 27.03.2020.

〔2〕 Максимов А. С. Москва технически готова к оперативному запуску умной системы контроля соблюдения домашнего режима//04. 04. 2020. URL：https://www.mos.ru/news/item/72153073/（дата обращения：19.04.2020）.

然后整理出一份联系名单，并对病人进行监控。现在，数字化工具可以在几分钟内提供患者的密切接触者和行踪轨迹信息。

以上对各国抗击新型冠状病毒的数据和创新技术的分析，以及欧洲委员会为应对这一挑战所采取的做法，不仅需要通报患者信息，而且还前所未有地暂时限制公民各种权利和自由。上述情况都表明了在应对病毒危机甚至战争等新的挑战和威胁时，必须加强准备工作。

新冠病毒是史无前例的，国际上对各种高科技（人工智能、数据库、合成生物学等）的运用尚缺乏监管和控制，所以关于高科技应用的新试验必将到来。为此，我们必须认真分析取得成绩和酿成的错误，努力吸收和借鉴国外的先进经验，使之与我国的国情相适应，并对可能出现的新威胁做好充分的准备。

结　语

目前，俄罗斯政府正面临控制疫情的艰巨任务。这场史无前例的疫情迫使俄罗斯公民受到越来越多的限制，但是关于此类限制措施的法律规定总体上仍不完善。事实证明，在紧急状态下建立的体系，未必符合安全标准。同时还意味着，在实施特殊措施时，个人数据信息有可能被泄露。

在疫情暴发之后，旨在保护公民和法人的权利和合法利益的法律可能会存在诸多问题。高度缺乏保护的数据是否会被非法利用？是否会侵犯商业利益？在没有为大量信息处理提供安全保证的情况下，贸然应用人工智能是不可取的，因此，必须通过技术应用，并参照现行法律规定，为信息的无害化储存和使用创造条件。

如果没有上述条件的保障，我们的国家就不可能充分发挥人工智能的潜力。因为在对抗疫情暴发过程中所收集的个人或商业信息可能会泄露或丢失，这方面存在巨大的安全隐患和风险。

英国《2020 年冠状病毒法案》对个人自由和人身安全的限制

[英]乔纳森·普夫(Jonathan Pugh)*

杨旭菲　任世玮　王　芳**　译

一、绪言

新型冠状病毒(以下简称冠状病毒)疫情暴发后,各国政府加强了对公民人身自由的限制,以控制这种传染性强、毒性大的病原体的传播。主要的限制措施包括关闭企业、限制旅行、隔离确诊病例,以及隔离与病毒有接触的个人等。

在某些法域的公共卫生法律体系中,国家有权实施此类限制措施以保障公众健康。在冠状病毒疫情暴发之前,英国为保证英格兰和威尔士的公共卫生安全,有权强制采取限制自由措施,这主要体现在《1984 年公共卫生(疾病控制)法案》(以下简称《公卫法案》,经《2008 年卫生与社会保健法案》修订)。[1] 但在 2020 年年初,英国政府首先制定了《2020 年卫生保护(冠状病

---

* 乔纳森·普夫,英国牛津大学上广实用伦理学中心研究学者。感谢期刊的匿名审稿人。本文仅代表本人个人观点,如有错误,由本人自担。本文原刊载于《法律与生物科学期刊》2020 年第 7 卷。

** 杨旭菲,上海外国语大学 2020 级法律硕士研究生;任世玮,上海外国语大学 2020 级法律硕士研究生;王芳,上海外国语大学 2020 级法律硕士研究生。

[1] 参见苏格兰和北爱尔兰法律文件,苏格兰政府,《2008 年公共卫生法案(苏格兰)》,载 http://www.legislation.gov.uk/asp/2008/5/contents;北爱尔兰政府,《1967 年公共卫生法案(北爱尔兰)》,载 http://www.legislation.gov.uk/apni/1967/36/contents(最后访问日期:2020 年 5 月 6 日)。

毒)条例》(以下简称《卫生保护条例》),随后又颁布了《2020年冠状病毒法案》(以下简称《冠状病毒法案》),该法案废除了上述条例,以补充《公卫法案》。上述两部文件中都扩大了有关机构对于潜在感染者限制其人身自由的权力。

毫无疑问,冠状病毒的流行所引发的局势具有紧迫性。但在这一紧急事件中,权力的扩张自然而然地会使人们担心这是否符合《人权法》。〔1〕事实上,国内和国际上的生物伦理组织都已经发表了声明,呼吁在采取限制性措施应对冠状病毒大流行的同时必须保障人权。〔2〕并且,这些对于人权的关注即使在病毒流行结束后仍具有重要意义。正如欧洲科学和新技术伦理小组(EGE)的声明所指出的那样,在这种情况下,紧急立法带来的一项重大风险是:它可能会在一个大流行病后的世界里创造一种权利和自由被削弱的新"常态"。〔3〕

当然,个人可以诉诸《人权法》来反对那些足以构成严重剥夺人身自由的限制性措施。举例来说,在欧洲,他们可以诉诸各种条例,条例中相关的规定也将《欧洲人权公约》(以下简称《公约》)纳入其国内法体系。但是出于保护公众健康的目的,即使是《人权法》也不能将个人自由权利置于一切问题之上。尽管《公约》第5条第1款规定,人人有权享有个人自由和安全,但该条还规定,为了防止传染病的传播,可以按照法律规定的程序限制个人的

〔1〕 实际上,英国议会人权联合委员会呼吁提供证据证明政府对新型冠状病毒肺炎所采取的应对措施对人权的影响。*COVID-19 Response Scrutinised to Ensure Human Rights Are Upheld—Committees—UK Parliament*. 载 https://committees.parliament.uk/committee/93/human-rights-joint-committee/news/145641/covid19-response-scrutinised-to-ensure-human-rightsare-upheld(最后访问日期:2020年5月6日)。

〔2〕 The Nuffield Council on Bioethics, *Guide to the Ethics of Surveillance and Quarantine for Novel Coronavirus*, 2020. 载 https://www.nuffieldbioethics.org/news/guide-to-the-ethics-of-surveillance-and-quarantinefor-novel-coronavirus; UNESCO International Bioethics Committee and the UNESCO World Commission on the Ethics of Scientific Knowledge and Technology, *Statement on COVID-19: Ethical Considerations from a Global Perspective—UNESCO Digital Library*. 载 https://unesdoc.unesco.org/ark:/48223/pf0000373115(最后访问日期:2020年4月17日); European Group on Ethics in Science and Technologies, *Statement on European Solidarity and the Protection of Fundamental Rights in the COVID-19 Pandemic*, 2020. 载 https://ec.europa.eu/info/publications/ege-statements_en(最后访问日期:2020年5月6日)。

〔3〕 European Group on Ethics in Science and Technologies, 第3页。

自由。[1] 这就是"公共卫生例外"。下面,笔者将会阐述欧洲人权法院的判决是如何进一步解释公共卫生例外的范围的。[2]

本文将以《冠状病毒法案》为例,说明在流行病背景下制定的紧急立法与国内人权法之间存在何种冲突。首先,我将简要地介绍英格兰和威尔士正在(或已经)实施的关于公共卫生领域的法律文书中对自由的主要限制。在本文的后半部分,笔者将讨论这些限制权力与《公约》第5条第1款(通过《1998年人权法案》纳入英国国内法)的相互作用。为此,笔者将首先介绍欧洲人权法院为确定《公约》第5条所规定的公共卫生例外的范围所采取的主要标准。人权法院在恩霍尔(Enhorn)诉瑞典案的判决中对此作了阐述。[3] 这些标准包括:提出的剥夺权利的行为:(1)是否符合国内法;(2)是否具有相称性和必要性。因此,《冠状病毒法案》所规定的某些限制自由的措施可能因不符合这些标准而受到质疑。特别是在扣留、检疫或隔离的规定方面,某些情况下可能会侵害到《公约》第5条第1款的权利。此外,虽然政府在人口层面采取的相对平和的限制性措施也十分重要,[4] 如通常被称为"封锁"的措施,但本文并未对此给予特别关注。

二、《公卫法案》和《冠状病毒法案》

(一)《公卫法案》

《2008年卫生与社会保健法案》对《公卫法案》进行了重新修订。其中,

---

[1] 欧洲人权法院、欧洲委员会:《欧洲人权公约》(1950)第5条第1款。载 https://www.echr.coe.int/Documents/Convention_ENG.pdf(最后访问日期:2020年5月6日)。

[2] 参见 Enhorn v. Sweden(欧洲人权法院 2005)。欧洲人权法院、欧洲委员会:《欧洲人权公约》(1950)。

[3] 《1998年人权法案》。载 http://www.legislation.gov.uk/ukpga/1998/42/introduction(最后访问日期:2020年3月30日)。

[4] 关于这些干预措施的合法性,以及在此背景下限制自由和剥夺自由的区别的深刻讨论,参见 Jeff King, *The Lockdown Is Lawful*: Part Two. UK Constitutional Law Association, 2020.1.4. 载 https://ukconstitutionallaw.org/2020/04/02/jeff-king-the-lockdown-is-lawful-part-ii/; Alan Greene, *States Should Declare a State of Emergency Using Article 15 ECHR to Confront the Coronavirus Pandemic*. Strasbourg Observers(blog), 2020.1.4. 载 https://strasbourgobservers.com/2020/04/01/states-should-declare-a-state-of-emergency-usingarticle-15-echr-to-confront-the-coronavirus-pandemic(最后访问日期:2020年5月6日)。

《公卫法案》将控制传染病传播的主要责任交由太平绅士,即由王室任命的治安法官(通常为非专业人士)承担。《公卫法案》第45G条规定,治安法官在认为下列情况属实时,可以对个人(代称“P”)实施各种限制措施:

(1)P是或可能是感染者;

(2)相关感染或传染会对人体健康造成或可能造成严重危害;

(3)存在P感染或传染他人的潜在风险;

(4)需要发出一项命令,以消除或降低这一风险。[1]

《公卫法案》还明确指出,治安法官应当有证据证明存在以上情况。第7款虽然没有规定具体的证据等级,但该款规定,“有关部长必须通过条例规定治安法官在采取司法行动之前必须取得的证据”。

第45G条第2款列举了11项治安法官可施加的“特别限制”。就本文的写作目的而言,其中列举的前四项限制与本文关系密切。其中规定,治安法官可命令:

(1)送P接受体检;

(2)将P送至医院或其他适当的机构;

(3)将P扣留在医院或其他适当的机构内;以及

(4)将P隔离。[2]

整个第45G条概述了治安法官在公共卫生方面对个人施加自由限制的权力。第2A部分的其他条款还规定,国务大臣有权为此制定其他一般条例,但是,制定其他一般条例存在若干限制。其中值得注意的是,第45D条第3款所规定的限制之一是,国内条例中禁止列入直接实施第45G条第2款第1项至第4项(上述措施)规定的限制措施(根据第45 C条颁布)。[3] 因此,在

---

[1] 《公卫法案》(英国),第2A部分,第45G条第1款。载http://www.legislation.gov.uk/ukpga/1984/22/part/2A(最后访问日期:2020年5月6日)。

[2] 《公卫法案》(英国),第2A部分,第45G条第2款。载http://www.legislation.gov.uk/ukpga/1984/22/part/2A(最后访问日期:2020年5月6日)。见第45C条第6款(a)项关于“特别限制”的相关定义。

[3] 《公卫法案》(英国),第45D条第3款。注意类似的限制并不适用于第45B条所规定的关于国际旅行者的条例。

新条例中不能规定直接在人口层面实施强制性体检、住院、扣留、检疫和隔离,但新条例可以规定,在指定机构逐一评估的基础上间接实施此类措施。[1] 另外,第45E条也禁止条例中列入直接强制医疗的规定(包括疫苗接种)。[2]

(二)《冠状病毒法案》

《冠状病毒法案》是一部为了应对冠状病毒疫情而制定的内容广泛的法律。其各项规定旨在使英国能够在各个领域广泛应对这一流行病。这些规定(除其他规定外)包括专业医护人员紧急注册[3]和刑事诉讼中使用实况连接的附表。[4] 该法案的有效期为两年(除非满足某些条件,如第90节所述),[5]议会每隔6个月负责法案条款的审查。[6]

《冠状病毒法案》附表21扩大了现有公共卫生服务管理局控制传染病,特别是在控制新型冠状病毒的权力方面。此举构成政府在2020年2月10日颁布的《卫生保护条例》中对这些权力初步扩张的进一步延伸。鉴于生效后的《冠状病毒法案》替代了该条例,[7]此处也将重点讨论法案中的规定。在本节结尾处仍然列出了条例中最初规定的权力扩张与现行生效的《冠状病毒法案》之间的权力规定的两个显著区别。此外,为了简洁起见,我只会集中讨论《冠状病毒法案》附表21中授予"在英格兰地区"的潜在感染者的权利(如《冠状病毒法案》附表第2部分所述)。

此处探讨的权力都需要满足三个条件。第一,权力的行使必须在宣布的

---

[1] Jeff King, *The Lockdown Is Lawful*: Part Two. UK Constitutional Law Association, 2020. 1. 4. https://ukconstitutionallaw.org/2020/04/02/jeff-king-the-lockdown-is-lawful-part-ii/.

[2] 《1984年公共卫生(疾病控制)法案》(英国),第2A部分,第45E条。

[3] 《冠状病毒法案》(英国),附表1。

[4] 《冠状病毒法案》(英国),附表23。

[5] 《冠状病毒法案》(英国),第89~90条。

[6] 《冠状病毒法案》(英国),第90节。

[7] 《冠状病毒法案》(英国),附表21,第24条第1款。值得注意的是,政府以《2020年健康保护(冠状病毒限制)(英格兰)条例》的形式,对《冠状病毒法案》附表21进行了补充。这些法规授权对行动自由和聚会自由进行了明显限制。载 http://www.legislation.gov.uk/uksi/2020/350/contents/made(最后访问日期:2020年5月6日)。

“传播控制期”内。只有当冠状病毒的传播对英格兰的公共卫生构成严重的和迫在眉睫的威胁,而《冠状病毒法案》附表中概述的权力将是延缓或防止明显的进一步传播的有效方法时,才能宣布进入“传播控制期”。[1] 英国政府于2020年2月10日宣布进入“传播控制期”(根据当时现行的《卫生保护条例》的规定)。[2] 该项对权力行使期间的限制,某种程度上可以减轻欧洲科学和新技术伦理小组在声明中提出的担忧,即国家在紧急情况下,立法中对自由的限制有可能成为一种“新常态”,结论部分中我将再谈到这一点。第二,行使有关权力的个人必须有“合理的理由怀疑相对方具有或可能具有传染性”。[3] 第三,权力主体只有在其认为必要且适当的情况下,出于个人最佳利益、他人的利益或维护公众健康的目的,才能行使这些权力。[4] 该标准符合欧洲人权法院对公共卫生例外范围的主要解释标准,下文将对其进一步探讨。

与此同时,《冠状病毒法案》还将控制冠状病毒相关传染病的权力扩展到了当地治安官(《公卫法案》所规定的权力主体)以外,从而将一系列重要权力集中于当前的传染病防治工作。法案中规定“公共卫生官员”现在有权实施限制性措施。在讨论公共卫生官员的定义之前,先简要说明一下他们的权力。

依据《冠状病毒法案》,公共卫生官员可以施加的限制包括(除其他事项外),将人员转移送至适合进行检查和评估的地方。[5] 一旦将某人带到合适的地方进行检查和评估,公共卫生官员可以要求其在此处停留不超过48小

[1] 《冠状病毒法案》(英国),附表21,第4~5条。

[2] 《冠状病毒法案》(英国),附表24,第3条。

[3] 《冠状病毒法案》(英国),附表21,第6条第1款;第7条第1款;第8条第1款第(b)项;第13条第1款第(b)项;第14条第1款第(b)项;第15条第5款第(a)项。

[4] 《冠状病毒法案》(英国),附表21,第6条第3款;第7条第3款;第8条第2款;第13条第6款;第14条第2款;第15条第2款第(b)项。

[5] 《冠状病毒法案》(英国),附表21,第6条第2款和第3款。

时，[1] 并在该期间内进行检查和评估。[2]

如果检查结果证实：(1)已经确诊或者感染冠状病毒，或(2)结果未定，或(3)有合理理由相信其具有传染性，公共卫生官员可以进一步行使权力采取限制措施。[3] 其中，他们可以(根据《冠状病毒法案》第 14 条第 3 款)指定期限和地点实施扣留，并在该期间内将相对人与他人隔离。[4] 行使这些特定权力时，公共卫生官员必须考虑到相对人的健康和个人情况，[5] 扣留的时间不得超过 14 日。[6]

然而，根据《冠状病毒法案》第 15 条第 5 款的规定，如果公共卫生官员怀疑相对人在该 14 日期限结束时有潜在的传染性，则可再延长一个“指定期限”。[7] 在最初的 14 日期限之后，任何形式的扣留必须由公共卫生官员至少每天审查一次，一旦发现该人不再具有传染性，扣留必须解除。[8] 此外，如果所涉限制措施只用于指定地点的拘留，则对扣留期限的规定最长不得超过 14 日。但值得注意的是，该法案明确指出，针对要求相对人留在特定的地点实施的“与他人隔离”的措施不适用 14 日补充性的期限规定。[9]

除授予特定的公共卫生官员上述限制自由的权力外，该法案也赋予警员和移民官员在行使其职能过程中相当大的权力(尽管他们在行使权力之前需要征求公共卫生官员的意见)。[10] 警员或者移民官员可以引导或者将潜在感染者直接移送至适合评估和检查的地方。[11] 他们还可以在公共卫生职员

[1] 《冠状病毒法案》(英国)，附表 21，第 9 条第 1 款。

[2] 《冠状病毒法案》(英国)，附表 21，第 10 条第 1 款。

[3] 《冠状病毒法案》(英国)，附表 21，第 14 条第 1 款。

[4] 《冠状病毒法案》(英国)，附表 21，第 14 条第 3 款第(d)项和第(e)项。

[5] 《冠状病毒法案》(英国)，附表 21，第 14 条第 6 款。

[6] 《冠状病毒法案》(英国)，附表 21，第 15 条第 1 款。

[7] 《冠状病毒法案》(英国)，附表 21，第 15 条第 5 款。

[8] 《冠状病毒法案》(英国)，附表 21，第 15 条第 7 款和第 8 款。

[9] 《冠状病毒法案》(英国)，附表 21，第 15 条第 6 款。这说明“除非有第 14 条第 3 款第(e)项提到的要求(要求保持孤立状态)，否则第 5 款规定的进一步期限不得超过 14 天”。

[10] 《冠状病毒法案》(英国)，附表 21，第 15 条第 7 款和第 8 款。

[11] 《冠状病毒法案》(英国)，附表 21，第 7 条。

履行上述职责之前直接将该人扣留在某个地点。[1] 警员可以扣留一个人24小时(如果公共卫生官员在最初扣留期间履职不当,由高级警员批准,可以再延长24小时),而移民官员只可以扣留3小时(如满足上述类似条件,可以再延长9小时)。[2]

法案中对这些权力的扩展有两点尤为关键。第一点,它将扣留个人的权力授予给可能缺乏公共卫生专业知识的当局。对于警员和移民官员可以实施有时间限制的扣留,当然不存在问题。然而,在这一背景下,要考虑到《冠状病毒法案》中对于公共卫生官员的定义。公共卫生官员是指:

(1)国务大臣为本附表的任何或所有目的而指定的官员或者;

(2)指定的注册公共卫生顾问。[3]

可以看出的是,"公共卫生官员"不必是已经注册的公共卫生顾问,也不需要在其指导下行事。法案中所采用的方法与《卫生保护条例》中的规定完全不同。根据之前的《卫生保护条例》,公共卫生官员被定义为在英格兰公共卫生部门工作的专业注册公共卫生顾问,或者在注册顾问的监督下在英格兰公共卫生部门工作的人。[4] 此外,在《卫生保护条例》中,只有一种公共卫生官员有权限制自由。[5] 相反地,根据《冠状病毒法案》,所有公共卫生官员都拥有法案赋予的上述权力。

下文将指出,尽管《冠状病毒法案》表面上承诺遵守这些标准,但其第一个特征让人们开始担心这些限制措施是否相称,是否必要。而在此需要强调的第二点则涉及法案的另一个特征。该特征也可能偏离了《公约》对公共卫生例外范围的解释标准。法案的第二个特征是,《冠状病毒法案》对个人被隔离的时间没有明确的限制。这明显是对《公卫法案》的一种背离,《公卫法

[1] 《冠状病毒法案》(英国),附表21,第13条第2款。

[2] 《冠状病毒法案》(英国),附表21,第13条第1~5款。

[3] 《冠状病毒法案》(英国),附表21,第3条第2款第(a)项。

[4] 《卫生保护条例》(英国),第2条第1款。载 http://www.legislation.gov.uk/uksi/2020/129/introduction/made(最后访问日期:2020年5月6日)。

[5] 《卫生保护条例》(英国),第5~8条。根据法规,不是注册顾问的公共卫生人员不能施加限制,但可以帮助执行某些要求(例如,执行筛查测试)。

案》第45L节对扣留、隔离和检疫令规定了28日时限。[1] 而根据《冠状病毒法案》,如果认为有必要将某人扣留超过14日(这是目前估计的新型冠状病毒的潜伏期),[2]则公共卫生官员必须至少每24小时审核一次该限制的延续情况。尽管《冠状病毒法案》规定了14日的进一步扣留期限,但这一期限不适用于继续隔离的要求。[3]

有趣的是,相较于之前的《卫生保护条例》,《冠状病毒法案》在期限方面也已经有所改进。虽然该条例也要求对最初14日期限之外的扣留进行每日审查,但是对于超过最初14日的拘留没有规定时间限制。[4] 这一点与国务大臣依照《公卫法案》制定新条例的限制性规定相符。《公卫法案》在这方面仅规定,如果相关法规授权的扣留、检疫或隔离令的有效期超过28日,则特定的人可要求每隔28日或更短的时间对其进行持续有效的审查。[5]

三、公共卫生例外的范围:恩霍尔诉瑞典案(Enhorn v. Sweden)和《公约》第5条第1款

《1998年人权法案》规定,英国通过的法律必须与《公约》[6]的内容保持一致。《冠状病毒法案》对上述权力的规定与《公约》规定的内容存在较大的差别。《冠状病毒法案》中授予的权力是否违反了《1998年人权法案》第5条规定的权利,有以下两个判断依据:

首先,所施加的限制的严重程度是否构成对于《公约》第5条规定的对自由的剥夺,而不仅仅取决于其限制的形式和持续时间。事实上,欧洲人权法

---

〔1〕《1984年公共卫生(疾病控制)法案》(英国),第45L条。

〔2〕Lauer et al., *The Incubation Period of Coronavirus Disease* 2019(*COVID-19*) *From Publicly Reported Confrmed Cases: Estimation and Application*. Ann. Int. Med. DOI:10.7326/M20-0504(最后访问日期:2020年3月10日).

〔3〕《冠状病毒法案》(英国),附表21,第15条第6款。

〔4〕《冠状病毒法案》(英国),第9节。

〔5〕《1984年公共卫生(疾病控制)法案》(英国),第45F条第7款和第8款。

〔6〕《1998年人权法案》,第3节。

院在奥斯汀诉英国案(Austin v. UK,一个在非公共卫生背景下被扣留数小时的案件)的判决中指出,仅长时间扣留这一事实,"本身并不足以剥夺自由"。[1] 判例表明,这种决定必须考虑被扣留者的具体情况,并兼顾各种考虑因素,包括"有关措施的类型、期限、实施效果和执行方式"。[2]

这种情况与当下的情形有关,因为《冠状病毒法案》允许较短时间的扣留(尽管如上所述,隔离不受具体的时间限制)。虽然法案批准其他形式的扣留最长期限为28日,远远超过奥斯汀诉英国案判决中的扣留期限,但法案批准的扣留很有可能并非都能够剥夺自由。[3] 这一点特别适用于警察和移民局所实施的短期限制。

其次,即便该措施确实剥夺了相对人的自由,仍然存在另一个问题,即它是否属于《公约》第1节第5条权利中规定的公众健康的例外情况。该例外规定是指为了防止传染病的传播,可以依照法律规定的程序剥夺相对人的自由,对其采取扣留措施。该项例外的范围已在欧洲人权法院关于恩霍尔诉瑞典案[Enhorn v. Sweden(2005)][4]的判决中得到明确。该案是一名自知感染人类免疫缺陷病毒(艾滋病毒)的患者被迫隔离的案件。正如罗宾·马丁(Robin Martyn)在该案的深刻评论中所陈述的那样,原告认为,这种限制侵犯了他依据《公约》第5条第1款的规定所享有的权利,理由有以下两点:其一,该措施不符合国内法的实质性和程序性的要求;其二,措施与阻止传染病传播的程度并不相称,因此也不符合《公约》第5条的实质性规定。[5]

法院没有采纳其第一个观点而是采纳了第二个观点。对于第一个观点,虽然法院认为限制措施符合瑞典国内法的要求,但法院同时强调,在限制自

---

[1] Austin and others v. The United Kingdom, App. No. 39692/09[2012], Eur. Ct. H. R. 459, 第41页(2012)。

[2] Guzzardi v. Italy, 7367/76, Chamber Judgment[1980], Eur. Ct. H. R. 5, 第92页(1980)。

[3] 感谢一名匿名审稿人敦促我澄清这一点。

[4] Enhorn v. Sweden, 第34~56页。

[5] Robyn Martin, *The Exercise of Public Health Powers in Cases of Infectious Disease: Human Rights Implications*, 14 Med. Law Rev. 132-43, at 133(2006). DOI: 10.1093/medlaw/fwi038.

由的案件中,法律的确定性原则是最重要的;因此,《公卫法案》的适用必须是明确的、可以预见的。[1] 关于第二个观点,法院强调,根据《公卫法案》的规定,对自由的剥夺必须符合相称性原则,并且施加的限制必须是必要的,即必须考虑过其他限制性较小的措施,并且认为这些措施是不足够的。[2] 法院之所以采纳原告方的第二个观点是因为强制隔离并非最后的处置措施。并且,相较于其他限制性较小的替代措施而言,将行为人扣留7年的限制措施(其中包括申诉人被扣留在医院的近18个月)与该措施所实现的降低传播风险的效果并不相称。[3]

在简述了法院的判决理由后,马丁评价了这一判决对当时英格兰和威尔士现行生效的《公卫法案》的影响,并指出了该法的重要缺陷。不过,该法案在个人分析报告发表两年后进行了重大修订,包括废除了分析报告中的重点章节中所阐述的规定。此外,2008年修订的《公卫法案》第2A部分解决了其先前指出的缺陷。例如,上一版本中没有规定强制扣留的时间限制,而该法案限制了适用该权力的可预见性,这意味着其适用很可能不符合恩霍尔诉瑞典案判决中强调的法律确定性要求。[4] 但正如上文所述,经修订的《公卫法案》在第45G部分加入了28日的限制。

在此,我不重述马丁对《公卫法修订案》的分析,而是以其对恩霍尔诉瑞典案判决的两条主线分析为起点,重点讨论《冠状病毒法案》中限制措施的行使是否会构成对于《公约》第5条第1款中规定权利的侵犯。

---

〔1〕 Robyn Martin, *The Exercise of Public Health Powers in Cases of Infectious Disease: Human Rights Implications*, 14 Med. Law Rev. 132 - 43, at 134; Enhorn v. Sweden, 第36页。

〔2〕 Robyn Martin, *The Exercise of Public Health Powers in Cases of Infectious Disease: Human Rights Implications*, 14 Med. Law Rev. 132 - 43, at 134; Enhorn v. Sweden, 第36页和第44页。

〔3〕 Robyn Martin, *The Exercise of Public Health Powers in Cases of Infectious Disease: Human Rights Implications*, 14 Med. Law Rev. 132 - 43, at 135.

〔4〕 Robyn Martin, *The Exercise of Public Health Powers in Cases of Infectious Disease: Human Rights Implications*. 14 Med. Law Rev. 132 - 43, at 138.

四、《公约》第5条第1款和《冠状病毒法案》

(一)国内法合法性问题

这一问题似乎没有实际意义,因为关于《冠状病毒法案》限制自由的规定是否符合国内法的要求是不确定的。只要该种限制以法案中明确规定的程序作出,那么这种剥夺自由权力的行使就遵循了国内法。[1] 但是,法案中对剥夺自由的一些规定可能会违反恩霍尔诉瑞典案判决中针对原告认为对其拘留不符合国内法的主张而得以探索确立的法律确定性原则。造成这种风险是由于法案中没有规定潜在感染者的隔离观察的期限(14日后仍规定需要进行每日审查)。

当然,我们不应该执着于期限的规定。在评估权力行使的可预见性时,应当将整部法律规范包括其中对于程序性保障的规定看作一个整体对待。因此,即使马丁就2006年实行的《公卫法案》缺少期限规定的问题提出的反对意见是正确的,《冠状病毒法案》对一些可能构成剥夺公民人身自由的限制性规定确实给予了程序上广泛的权利保障,包括日常的审查,可以在地方法院提起简单的上诉程序(而非提起司法审查程序),以及在事实上为许多这样的规定设置了期限。[2] 此外,如果法案中明确规定了期限问题,针对新兴的流行病,如目前的新型冠状病毒,在我们对其还没有充分了解的情况下,患者在康复后是否仍具有感染性这一问题无从知晓。[3] 在上述情况下,不确定期限相比具体化的规定可以得到更为灵活的适用。

《冠状病毒法案》(以及之前的法律法规)没有对隔离期限进行具体规定主要是由于两个原因。其一,隔离措施在公共卫生安全保护方面被视为一种

---

〔1〕 Owen Bowcott, *Man Wrongly Convicted under Coronavirus Law, Met Police Admit*, The Guardian, 14 April 2020, sec. UK news, 载 https://www. theguardian. com/uk-news/2020/apr/14/man-wrongly-convicted-under-coronavirus-law-met-police-admit(最后访问日期:2020年5月6日)。

〔2〕 《冠状病毒法案》(英国),附表21,第17条。

〔3〕 Lan et al., *Positive RT-PCR Test Results in Patients Recovered From COVID-19*, JAMA. DOI: \ignorespaces10. 1001/jama. 2020. 2783(最后访问日期:2020年2月27日).

特殊的拘留。其二，由于 2020 年的《冠状病毒法案》替代了 2008 年修订的《公卫法案》，这就意味着 2008 年版第 45L 节中对于隔离令最长不得超过 28 日的规定也失效了（除一般检疫和扣留令外）。即使考虑到上一段提到的减轻处罚的因素，鉴于欧洲法院高度关注法律文本中法律的确定性原则，《冠状病毒法案》中没有规定具体的隔离期限，这为长期实行隔离留下了可能性。但是，延长隔离期限可能会违反《公约》第 5 条第 1 款的规定。

（二）相称性和必要性规则

前文提及《冠状病毒法案》中规定了对于自由的限制必须符合必要性和相称性的原则。首先必须承认的一点是，相较于检疫以及强制隔离措施，法案的确规定了一些强制程度较弱的措施。例如，该法案第 14 条第 3 款设置了一项义务（除其他义务外），即要求向负责公共卫生安全的机关提供个人信息或者联系方式。相应地，马丁对 1984 年《公卫法案》的限制措施可能不符合欧洲法院的必要性条件，因为它几乎没有机会采取比检疫和隔离更少限制的措施，这种担心在《冠状病毒法案》中就减少了（不考虑修改后的 1984 年《公卫法案》）。[1]

但是，在肯定《冠状病毒法案》致力于措施相称性和必要性原则的同时，以该名义实施的限制措施往往无法满足符合这一原则的实质要求。由此，必须明确对自由的限制需要具备若干条件，才能既符合必要性又具有相称性。

评估相称性的目的是要确定在剥夺个人自由权利时的代价（包括主体在《公约》第 5 条第 1 款享有的权利和可能的其他权利）与确保这样做所取得的结果的必要性之间是否存在“公平的平衡”。[2] 在恩霍尔诉瑞典案中，欧洲人权法院还认为，在评估为防止传染病传播而拘留一个人的合法性时，只有

---

〔1〕 Robyn Martin, *The Exercise of Public Health Powers in Cases of Infectious Disease*: *Human Rights Implications*. 14 Med. Law Rev. 132 – 43, at 139.

〔2〕 Vasileva v. Denmark, 52792/99[2003], Eur. Ct. H. R. 457(2003)（最后访问日期：2020 年 4 月 17 日）.

当传染病对公共卫生或安全构成危险时,这种剥夺才是相称的。[1] 这里隐含的观点是:只有在这种情况下,公共安全利益才足以超越剥夺个人自由所付出的道德代价。值得注意的是,公共卫生利益可能包括保障其他公众成员的各种权利。[2]

恩霍尔诉瑞典案的判决中并没有明确地将剥夺自由对实现公共卫生利益的有效性考虑纳入其对相称性的评估中。但是,如果剥夺自由与所要实现的利益之间存在一种公平的平衡,那么,显然剥夺自由的行为,应当在一定程度上可以有效地实现利益。[3] 然而,正如马丁所指出的那样,这本身就提出了一个相当大的认识论挑战。因为客观上没有证据可以证明公共卫生剥夺自由的有效性。[4] 在新的大流行病中尤其如此,尽管各国疫情严重程度在国际上的差异可能为我们提供了一些有限的证据来证明不同的公共卫生措施在这方面的有效性。

据此,剥夺自由是否相称的问题,主要涉及剥夺自由的公共卫生利益是否超过其各种道德代价。相比之下,剥夺自由是否必要的问题涉及是否有其他替代性措施可以用来实现这些利益。例如,在恩霍尔诉瑞典案中,欧洲人权法院对必要性的理解是,是否存在"没有裁量余地"的问题。考虑过强制

---

〔1〕 Enhorn v. Sweden,第 44 页。

〔2〕 此处的篇幅不允许展开对于涉及相称性评估相关权利的实质性探讨。见 Alan Greene, *States Should Declare a State of Emergency Using Article* 15 *ECHR to Confront the Coronavirus Pandemic*. Strasbourg Observers(blog), 2020. 1. 4. 载 https://strasbourgobservers. com/2020/04/01/states-should-declare-a-state-of-emergency-usingarticle-15-echr-to-confront-the-coronavirus-pandemic(最后访问日期:2020 年 5 月 6 日)。关于在这种情况下可能适用的其他《欧洲人权公约》权利的讨论。

〔3〕 国内法倾向于将有效性因素的考量纳入相称性评估。参见 Lord Bingham of Cornhill 在 Huang v. Secretary of State for the Home Department[2007]UKHL 11(21 March 2007)的意见。英国最高法院在 R(Quila and another) v. Sec of State for the Home Dept[2011]UKSC 45 at 45(b)(UK Supreme Court 2011)案中,认为在评估相称性时(除其他事项外),必须考虑"为实现立法目标而设计的措施是否与立法目标有合理的联系"(最后访问日期:2020 年 4 月 17 日)。

〔4〕 Robyn Martin, *The Exercise of Public Health Powers in Cases of Infectious Disease*: *Human Rights Implications*. 14 Med. Law Rev. 132 – 43, at 140. 相反地,参见 Julia E. Aledort et al., *Non-Pharmaceutical Public Health Interventions for Pandemic Influenza*: *An Evaluation of the Evidence Base*, 7 BMC Public Health 208(2007). DOI: \ignorespaces10. 1186/1471 – 2458 – 7 – 208,其中提出为了公共卫生安全而克减人权的一些有效性证据。

性较弱的措施,但该措施仍不足以保障公共利益的情况时,拘留才会被认为是防止疾病传播的最后手段。[1]

为了评估以这种方式剥夺自由是否有必要,我们必须首先评估实施较弱的限制是否能够充分保障公众健康。因此,我们必须能够评估被剥夺自由的对象是否很可能构成传播风险,如果不剥夺自由,是否会造成重大损害。至关重要的是,在恩霍尔诉瑞典案中,原告是经证实的艾滋病病毒携带者,因此在认识论上不存在对必要性评估的障碍。相比之下,这一障碍在《冠状病毒法案》授权的情况下仍然存在,因为可以援引法案规定来拘留一些仅仅被"怀疑"有潜在传染性的个人,而无症状的个人有可能会有已经感染冠状病毒的风险。这使得应用恩霍尔诉瑞典案的判决来解释该法案授予的权力与《公约》第 5 条第 1 款权利的相互关系变得不那么简单。[2]

鉴于上述考虑,针对一种新型的病原体,在防疫措施中对剥夺自由的措施的必要性和相称性进行敏锐的、基于证据的评估需要大量的公共卫生专业知识。某种程度上,这一点在《卫生保护条例》中得到了隐晦的承认,《卫生保护条例》限制了授权注册公共卫生顾问(和国务大臣)对自由进行重大限制的权力(需要经过相称性/必要性评估),其中任何一方都需要有"合理的理由"相信这些限制事项的必要性和相称性。[3]

然而,《冠状病毒法案》潜在地将这一权威扩大到那些可能缺乏相关公共卫生专业知识而无法准确作出这种复杂判断的个人;回顾一下,根据该法案,可授权限制自由的公共卫生官员不需要是在英格兰国民保健服务系统工作的注册公共卫生顾问(与《卫生保护条例》形成鲜明对比),而且该法案还将限制的权力扩大到警察和入境事务官员。但更重要的是,这些缺乏公共卫

---

〔1〕 Enhorn v. Sweden,第 36、44 页。

〔2〕 Alan Greene, *States Should Declare a State of Emergency Using Article 15 ECHR to Confront the Coronavirus Pandemic*. Strasbourg Observers (blog), Jan. 4, 2020. https://strasbourgobservers.com/2020/04/01/states-should-declare-a-state-of-emergency-usingarticle-15-echr-to-confront-the-coronavirus-pandemic.

〔3〕 《冠状病毒法案》(英国),附表 21,第 5~8 条。

生专业知识的个人有“合理的理由”相信剥夺某个人的自由对实现公共卫生利益是必要的和相称的，但这种情况并不能为具有高度相关专业知识的人提供这种理由。

当然可以说，在这种情况下，只要那些缺乏高度专业知识的个人尽其所能地对构成这种合理理由的因素作出判断，那么他们在作出决定时可能是“非任意性”的。虽然我们可能不对这些事项作出不准确评估的非专家个人进行制裁，但这并不意味着基于非专家评估所采取的剥夺自由的措施应当被视为与《公约》第5条第1款权利相关的必要和相称。非专家个人对必要性和相称性的评估信息不足，只能说明他们作出的决定在明显减弱的意义上不存在任意性。因此，《冠状病毒法案》通过将对自由施加重大限制的权力扩大到先前法规授权的公共卫生顾问之外，这可以说是与该法案确保这种剥夺符合必要性和相称性原则之间的矛盾。

五、结论

非常时期可以通过紧急立法制定非常措施。但问题的关键是，为防止冠状病毒疫情的传播而采取的措施必须是符合人权的。

在恩霍尔诉瑞典案的判决中，笔者认为有两个依据可以对《冠状病毒法案》中规定的扩张权力提出质疑——构成对《公约》第5条的权利的侵犯。首先，法案中没有规定具体的隔离期限，这意味着这项措施可能会违反欧洲人权法院在恩霍尔诉瑞典案判决中强调的法律确定性原则的要求。其次，尽管法案相关规定的设置反映了欧洲人权法院对《公约》第5条权利的公共卫生例外的解释中确保剥夺自由的必要性和相称性规则，但是该法将权力扩大到可能缺乏足够的公共卫生专门知识的个人，可能会削弱对必要性和相称性进行准确评估的程度。

最后，笔者想谈两点对未来的看法。《冠状病毒法案》中扩张的权利受法案本身两年有效期及实施权力的限制，而仅限于已宣布的传播期内。然而，这并不能完全消除专家小组在声明中所表达的对在目前的流行病中实施限制性措施(见绪言)的关切。更具体地说,我们必须防止目前法案为了应对当前冠状病毒大流行的需要而开创权力扩张的先例,防止在当前危机对未来立法改革的影响下,自动转化成一种侵蚀人权和自由的"新常态"。[1] 而目前权力的扩张在疫情实际上还没有构成紧迫威胁的情况下,是不具有正当性的。

总之,可以看出,这里讨论的各种法律文件中并没有涉及一个随后可能被证明属于人权的问题。如今针对冠状病毒大流行的公共卫生应对措施可能很快引发这一问题。现在,我们正在通过大量的研究来寻找一种能够防止新冠病毒造成破坏性影响的疫苗。事实上,研发一种有效的疫苗可能是一种摆脱目前在全世界实施的广泛的公共卫生限制的脱身之法。在这种情况下,必须指出的是,无论是《卫生保护条例》还是《冠状病毒法案》都没有授权针对冠状病毒实施强制治疗,包括接种疫苗。此外,《公卫法案》也没有授权治安官可以下令进行这种治疗,并明确禁止今后的条例中包括强制医疗(包括疫苗接种)的规定。

强制接种疫苗凸显了对人权考量的问题,我无法在此讨论,因为这可能涉及宗教自由权(《公约》第 9 条)、言论自由权(《公约》第 10 条)、私人生活权(《公约》第 8 条),还可能涉及免受不人道和有辱人格待遇的权利(《公约》第 3 条)。然而,如若经证实疫苗是摆脱我们目前困境的最可行的战略,那么我们可能面临的问题是:强制接种是否符合保障公共卫生安全的必要性和相称性要求,以及我们在何种程度上愿意修改国务大臣为应对冠状病毒的传播而制定的现有条例的限制。

鸣　谢

在此,我想感谢丽萨·福斯伯格、汤姆·道格拉斯以及两位匿名的审稿人,感谢他们对我前一版的文章内容提出的宝贵意见。

[1] 我感谢期刊的匿名审稿人提出了关于流行病疫后限制的这一观点。

新冠疫情、公共医疗与“悲剧性选择”

——以《“治疗意大利”法令修正案》为视角

[意]朱塞佩·洛萨皮奥(Giuseppe Losappio)*

储可凡　苏宣任**　译

一、AS1766 号法令修正案

新型冠状病毒肺炎的暴发突如其来,疫情期间,医生为在医院内受到感染的患者提供免费诊断,由此产生了一系列矛盾与纠纷。为了解决这些问题,政府颁布了 AS1766 号法令。该法令的条款表述有许多不清晰的地方,但主旨十分明确,即呼吁各医院对在院内感染新冠肺炎的患者作出补偿。这引起了各律师协会和意大利全国医师联合会的关注,也引发了医疗事故处罚的相关讨论。一时间,各种与 AS1766 号法令有关的文本都涌现了出来,[1]如请愿书、报刊社论和修正案等,尽管它们的内容各不相同,但全部都得到了意大利医护人员的一致肯定。医务工作者在缺乏必要保护措施的条件下与疫

* 朱塞佩·洛萨皮奥,意大利巴里大学奥尔多·莫罗(Aldo Moro)学院的刑法学全职教授,高级法院的律师、辩护人,2013~2017 年任特拉尼(Trani)刑事分庭庭长。本文原刊载于《刑法学》2020 年 4 月刊。

** 储可凡,上海外国语大学 2019 级法律硕士研究生;苏宣任,上海外国语大学 2019 级法律硕士研究生。

〔1〕 2020 年 3 月 17 日第 18 号法令修正案,内容包括加强国家卫生服务措施以及新型冠状病毒肺炎突发事件期间对有关家庭、劳动者和企业的经济支持政策。

情抗争,感动了全国人民,因此,法令也获得了大众的支持。[1] AS1766号法令修正案是在AS1766号法令各个条款的基础上作出的,目前正在由参议院进行审查。[2]

我们可以将不同的提案大致分为以下三类:

(1)本院员工或第三方在医院内被感染的,医疗机构负责人和相关职工不承担个人刑事、民事责任。[3]

(2)仅在故意或者重大过失的情况下,由流行病引发的突发事件才产生责任。[4]

---

〔1〕 F. Carrara, *Lineamenti di pratica legislativa*(1874), edizione a cura di A. Cadoppi, il Mulino, Bologna, 2007, p. 365.

〔2〕 该修正案已于2020年4月10日提交议会进行讨论,并最终于2020年4月24日通过。——译者注

〔3〕 修正案1.1,第一签字人参议员萨尔维尼(Salvini):

“第1条第2款。(医疗工作者雇主的责任)(1)在新冠肺炎突发事件期间或因新冠肺炎突发事件而造成医院职工或第三方损害的,医院负责人、负责处理传染病卫生危机的领导无须承担个人刑事、民事责任。无论是在医院、社区还是在家庭护理中,在需要取证证明时,即便取证手段和方法不符合安全标准,也不能因此中断或耽误医疗救济的进程。(2)第1款规定的损害包括个人防护设备不足或不符合安全标准所造成的损害,由经营主体所属的唯一机构承担民事责任,在故意犯罪的情况下,个人不承担责任。”

与修正案1.2相同,第一签字人参议员夸里耶罗(Quagliariello)。

〔4〕 修正案1.0.4,第一签字人参议员马尔库(Marcucci):

条文后增加如下内容:

“第1条之2。(关于新冠肺炎流行病突发事件期间医疗服务经营者责任的定义和限制)

1. 对于2020年1月31日部长会议审议中提到的发生在新冠肺炎流行病突发事件期间或由新冠肺炎引发的所有事故,无论是公共医疗机构、私人医疗机构还是社会医疗机构,无论是专业医务人员还是专业卫生技术管理服务部门,均不负民事责任,也不对税务机关遭受的损害负责,除非事故的发生归因于以下情况:

(1)故意伤害他人的行为;

(2)重大过失行为,包括明显无正当理由违反规范国家医疗行业基本原则以及为应对当前情况而制定的协议或紧急计划;

(3)国家卫生服务部门官员或负责人故意实施犯罪,明显违反国家卫生服务部门基本原则的管理或行政行为。

2. 要判断是否存在第1款第(2)项规定的重大过失行为,必须考虑可支配的人力、物力资源与需要治疗的患者人数之间的比例,以及在紧急情况下根据工作人员不同的经验和专业水平而提供的不同性质的治疗。

3. 在不违反《刑法》第590条之6规定的前提下,对于2020年1月31日部长会议审议中提到的发生在新冠肺炎流行病突发事件期间或由新冠肺炎引发的所有事故,仅在重大过失的情况下施以刑事处罚。只有在明显无正当理由违反规范国家医疗行业基本原则,或根据第2款的规定为应对当前情况而

(3)对医疗机构负责人和医护人员面临的传染病风险进行货币化补偿。[1]

制定的协议或紧急计划的情况下,该过错才被认为是重大过失。"

修正案13.2(案文2),第一签字人参议员贝尼尼(Bernini):

在第1款后添加如下内容:

"第1款之2。根据2020年2月23日第6号法令及实施措施,在新冠肺炎流行病突发事件的整个过程中,除非事故是因故意造成人身伤害的行为、重大过失行为或故意实施的不当管理或行政行为引发的,否则本法令第102条规定的医疗专业人员及从业人员在紧急情况下为了挽救患者的生命健康采取行动,由于能力不足而导致过错的,不承担民事责任及税收损失的责任。

第1款之3。在不违反《刑法》第590条之6规定的前提下,对于由新冠肺炎流行病传染而引起的突发事件中发生的所有事故,仅在故意或重大过失的情况下施以刑事处罚。

第1款之4。要判断是否存在重大过失,必须考虑资源与需要治疗的患者人数之间的比例,以及为应对紧急情况,根据员工不同专业而提供的不同种类的治疗。"

修正案13.2,签字人参议员马勒尼(Mallegni):

在第1款后添加如下内容:

"第1款之2。根据2020年2月23日第6号法令及实施措施,在新冠肺炎流行病学突发事件的整个过程中,除非事故是因故意造成人身伤害的行为、重大过失行为或故意实施的不当管理或行政行为引发的,否则2020年3月17日第18号法令第102条规定的医疗专业人员及从业人员在紧急情况下为了挽救患者的生命健康采取行动,由于能力不足而导致过错的,其罪行不受《刑法》第589条和第590条规定的处罚。在涉及前述时间内的案件中,如果事故是由于缺乏经验而引发的,除《刑法》第590条之6规定的情况外,均不施以处罚。"

修正案13.0.1(案文2),签字人参议员洛穆蒂(Lomuti):

在条文后插入如下内容:

"第13条之2。(关于从事卫生执业人员的规定)

1.除非出现预先规定的情况,否则对于在2020年1月31日部长会议决定中提到的突发事件期间实施的专业医疗行为有关的司法或法外程序,只有在医疗执业人员故意犯罪的情况下才适用2017年3月8日第24号法令第9条的规定。该法条第6款最后一段不适用。

2.2020年2月23日或自2020年2月23日起,除本法令第103条第5款的规定外,针对国家卫生主管部门、医疗卫生企业、机构中卫生执业人员的纪律处分程序,将在2020年1月31日部长会议决定的整个紧急状态期间内暂停。

3.在第2款规定的同一时期内,所有纪律处分程序也将在2020年2月23日或自2020年2月23日起暂停,由1946年9月13日第233号临时国家元首法令第2条提及的名单上的委员会和中央卫生职业委员会实施。同时,在这一时期内实施的任何诉讼行为,包括与1946年9月13日第233号临时国家元首法令第19条规定的行为,都将暂时中止。"

[1] 修正案1.8,签字人参议员斯塔比(Stabile):

在第3款后添加如下内容:

"第3款之2。提高新冠肺炎传播突发事件中抗击疫情的药品经营者和医务人员在整个紧急期间的夜间和节假日的加班津贴,与现行标准相比增长100%。同时,每月向该类人员发放相当于2000欧元的传染病风险补贴,经济费用可量化为5亿美元,由单位承担。"

修正案1.0.5,第一签字人参议员萨维尼(Salvini):

"第1条之2。(冠状病毒补贴)1.除2017年5月25日第75.2号立法令第23条第2款规定的情况外,自2020年3月起至紧急状态结束,通过增加总薪酬的方式,向急诊和住院部以及为新冠肺炎感染者提供诊断、看护、治疗、康复的国家卫生服务企业或机构中的医务人员提供补贴,称为'冠状病毒补贴',相当于每月700欧元。第1款规定的补偿金受实际工作天数的影响,由医务人员所属单位支付。"

此外，还包括传染病案件中法律援助的例外情况。[1]

二、传染病风险“货币化补偿”的刑事推论

刑法学界对修正案的讨论主要围绕上文所述的第一类和第二类修正案，而在具体措施实施层面也涉及第三类修正案的内容。针对医院内部违反遏制传染病风险相关规则的行为，第三类修正案规定了应对措施，这里的医院应当从广义角度理解，即包括急诊部门、重症监护部门和康复部门的整个医疗体系。原先的危机在某种程度上是由传染病的肆意蔓延造成的，当然也有其他原因，如缩减各个地区医疗用品的供应，导致医护人员的安全标准无法得到保障，同时不予区分接触有症状患者和无症状患者所应采取的不同预防措施，这些都是突发事件中地区管理的严重疏忽，而随着疫情不断恶化，专家曾多次提到的“无症状患者”越来越多，因此有必要将与传染病风险有关的各项规定统一整合，换句话说，专家预测潜在的无症状感染者可能比确诊阳性患者多5倍至15倍，如果预测是真实的，目前采取的预防措施并不符合最高安全标准。在最高法院的判例中，法院曾凭借此种安全标准来界定医疗机

---

〔1〕 修正案13.0.1(案文1)，签字人参议员洛穆蒂(Lomuti)：

在条文后插入如下内容：

“第13条之2。(医疗从业人员相关规定)

1. 除2020年5月30日第115号共和国总统令规定的收入限制外，在2020年1月31日部长会议决定的紧急状态期间，职业医疗从业人员实施专业医疗行为引起纠纷的，可以在任何地区、任意级别的诉讼中免费获得国家法律援助。

2. 除非出现预先规定的情况，只有在医疗执业人员故意犯罪的情况下，才能实施与第1款规定内容有关的司法和法外程序及2017年2月8日第24号法律第9条规定的行为。该法条第6款最后一段不适用。

3. 除本法令第103条第5款规定的情形外，针对国家卫生主管部门、医疗卫生企业、机构中卫生执业人员的纪律处分程序条款，在2020年2月23日或自2020年2月23日起，将在2020年1月31日部长会议决定的整个紧急状态期间内暂停。

4. 在第3款规定的同一时期内，所有纪律处分程序也将在2020年2月23日或自2020年2月23日起暂停，由1946年9月13日第233号临时国家元首法令第2条提及的名单上的委员会和中央卫生职业委员会实施。同时，在这一时期内实施的任何诉讼行为，包括与1946年9月13日第233号临时国家元首法令第19条规定的行为，都将暂时中止。

5. 本条规定的费用约等于2020年的500万欧元，通过减少2002年12月27日第289号法律第61条1款中提到的发展和凝聚基金的相应金额来负担。”

构负责人的责任。[1]

在这种环境下,每月2000欧元的传染病风险补偿[2]以及更为具体的每月700欧元的“冠状病毒”补偿,[3]似乎意味着传染病开始成为一种常态,这对整个意大利的公共卫生状况构成了威胁。这种情况好比地震一般,是一种无法避免的、不可估量的自然现象。面对这种风险,必须采取适当的措施。有人提出,应当通过货币化补偿的形式应对风险,过去在面对其他长期影响环境和经济健康的严重危机时也曾采取此类解决方案,如所谓的“火灾之地”和里瓦集团,以及帕玛拉特和意大利航空事件。[4]

话虽如此,但是从立法的角度出发,考虑此次危机与之前的事件有多少相似之处都是毫无意义的。[5] 归根结底,冠状病毒突发事件的基本特征在于它的危机是系统性的,而非局部的。疫情期间对被感染确诊患者健康权的货币化补偿仅是权宜之计,如果因为应对此次危机,而将这种做法扩大到整个国家的卫生系统,就有可能导致故意感染获取补偿现象的发生,这将对我国25年来一直推行的劳动安全战略体系造成致命破坏。

“在紧急情况……期间实施医疗职业行为引发纠纷”之后,在后续相关司法程序中向医护人员提供法律援助在一定程度上与货币化补偿是类似的。[6] 除了法令修正案的案文内容之外,有人建议将上述条款与“红色法典”(Codice Rosso)中的类似条款合并使用,这种办法似乎可以解释这种立

---

〔1〕 相关基础信息参见 V. Torre, *La valutazione del rischio e il ruolo delle fonti private*, in Id. -F. Curi-S. Tordini Cagli-V. Torre-V. Valentini, *Sicurezza sul lavoro. Profili penali*, Giappichelli, Torino, 2019, p. 29。

〔2〕 修正案1.8。

〔3〕 修正案1.0.5。

〔4〕 Cfr. F. Forzati, *Irrilevanza penale del disastro ambientale, regime derogatorio dei diritti e legislazione emergenziale: i casi eternit, Ilva ed emergenza rifiuti in Campania. Lo stato D' eccezione oltre lo stato di diritto*, in archiviodpc. dirittopenaleuomo. org(11 marzo 2015).

〔5〕 同样地,这些规范性假设及相关解读的合理性也会遭到质疑,因为在所讨论的案例中,对比似乎是在由健康权的不同方面所界定的范围内展开的,在其中找到一个平衡点比将工人的健康权与财产性质的权利进行比较更为复杂。

〔6〕 修正案13.0.1(案文2)和修正案13.0.1(案文1)。

法选择。[1] 有相关事件表明，医护人员也成为某些职业的“猎物”，如律师们就跃跃欲试地扑向“新冠肺炎”带来的市场，即向医护人员索取在医院内感染的患者或其继承人的赔偿款。在这种情况下，取消获得法律援助的经济限制有助于保护患者，但对医护人员则没有影响。因为医护人员的诉讼费用一般由其雇主承担，而雇主一般拥有补充职业保险，而且通常会向专业律师寻求帮助，并且能够预付辩护费用。

三、医疗机构负责人在患者感染纠纷中的劳工责任分析

第二类修正案还包括一部分无约束力的附带性提案，大范围免除了医疗卫生机构的责任，这种做法是很不成熟的。[2] 面对疫情，我们采取的手段和方法并不总是完全符合安全标准，有时甚至可能会发生个人防护装置数量不足或标准不符的情况。但是出于保障卫生健康的目的，无论是在医院内还是在家庭中，必须确保医护人员的数量，以期持续对抗疫情。因此，在医务人员或患者被感染的情况下，除非医疗机构负责人或相关职工确属故意犯罪，[3] 否则不承担任何个人的刑事、民事责任。尽管各个政治团体都大力支持第二类修正案，但可以预想到，这一修正案的生效时间不会长久。该提案中所指的“受害者”还将包括没有合适的防护设备、未曾签订保护协议就被迫走到前线的医务工作者。他们和其他受感染者一样，在受感染后无法直接要求医疗机构负责人承担个人责任。在 105 名因传染病去世的患者和 12,688 名感染者——约占全国感染者总数的 10% 中，有 4183 人——约 1/3 都集中在伦巴第大区。感染人数众多，这是一个不可否认的事实。造成这一数字的原因不必深究，因为目前任何进一步的追责都无济于事。不过，上述提案的内容还是具有一定意义的。在医务人员和患者由于防护设备不足而受感染的情

---

〔1〕 例如，按照修正案目前的表述，在故意杀人和故意伤害的情况下，“利益”也会发挥作用。

〔2〕 B. Schünemann, *Unternehmenskriminalität und Strafrecht-Eine Untersuchung der Haftung der Wirtschaftsunternehmen und ihrer Führungskräfte nach geltendem und geplantem Strafund Ordnungswidrigkeitenrecht*, Köln-Berlin-Bonn-München, Heymann, 1979, p. 50 e ss. (in part.).

〔3〕 修正案 1.1 和修正案 1.2。

况下,要进行追责,必须首先保证医务人员的数量充足,因为面对疫情,医院和家庭能够获得足够的医疗服务才是最重要的。该提案旨在为医务人员在抗击疫情医疗活动中牺牲他人健康权和安全权的行为提供合理依据,我国必须根据现有的医务人力资源重组医疗服务结构,从而能够最大限度地应对暴发的疫情。

四、减轻医护人员刑事责任的有关提案

第三类修正案提出了对于长期紧急状况下意大利医生职业犯罪案件的认定问题。此前,无论是鲍德齐改革法令(c. d. Riforma Balduzzi)还是格里·比安科法(Legge "Gelli- Bianco"),即便已经经过最高法院联合部门的解读,也无法解决这一问题。对医生职业犯罪的界定主要缺乏强有力的数据支持,而国家目前正处于的悲剧性状态显然对此概念的重新界定起到了推动作用。〔1〕 最新修改的《刑法》第590条之6规定:"过失犯罪的处罚范围……绝对不适用医务人员在抗击新冠肺炎过程中采取行动而引发的突发事件"。相关刑法文献也指出:从组织管理能力方面来看,等待治疗的感染者人数日益增长,但治疗单位不够,医务人员紧缺,〔2〕疫情的危急性必然会导致某些

---

〔1〕 从2013年到2018年,有关职业犯罪的索赔案件数量一直在稳步下降。在此期间一共减少了44.8%,每年平均减少7.2%。参见 il rapporto ANIA, *L' assicurazione in Italia* 2018 – 2019, p. 251 (in www. ania. it)。而关于职业犯罪判断的演变实际上缺少普遍的和最新的统计调查。最深入的一次调查是由议会调查委员会对所有检察院调查公共财政赤字原因时进行的。相关的总结报告强调(参考2010年下半年的状况),职业犯罪中过失伤害案件总数为53,741例,其中901例涉及医护人员(1.68%)。有关诉讼进展和结果的数据涉及35,681份文件,其中保存的586份(1.64%)涉及医务人员:这其中有240份"结案"(41.0%),"结案"后237份(98.8%)存档。被认定构成职业犯罪的只有2份。关于过失杀人的案件总数为6586例,其中涉及医务人员的736例(11.18%)。有关诉讼进展和结果的数据涉及2958份文件,其中332份(11.22%)涉及医务人员:这其中有117份结案文件(35.2%),几乎所有文件都带有存档令(116/117 = 99.1%)。参见 C. Brusco, *Informazioni statistiche sulla giurisprudenza penale di legittimità in tema di responsabilità medica*, inarchiviodpc. dirittopenaleuomo. org (14 luglio 2016)中涉及最高法院判决的部分。

〔2〕 C. Cupelli, *Emergenza covid – 19, dalla punizione degli " irresponsabili" alla tutela degli operatori sanitari*, in www. sistemapenale. it(30 marzo 2020), p. 9.

权利暂时得不到保护，这一点也是上述新规的不足之处。[1] 无论是从现实角度还是从学术角度来看，[2]《刑法》第 590 条之 6 所规定的免责要件，都不应该仅仅因为此次突发事件就发生改变。这一点是十分重要的，法学界也支持这一观点，对主观归罪行为表示反对，认为“从理论上来讲，医务人员在从事治疗和护理活动中遇到困难时，主观罪过的衡量可以为界定环境背景和个人的紧急情况提供适当的工具”。[3]

在此种前提下，一些修正案或多或少有意识地将责任限制在了重大过失的范围内，但采用了不同的表述方式，例如，“明显不合理地违反规范医疗职业的基本原则或预先安排好的处理这种情况的协议或应急方案”[4]；“现有的资源和手段与需要治疗的病人数量，以及为应对突发事件而提供的服务类型与工作人员现有的专业类型之间”的不匹配。[5] 另一项修正案规定，“在新冠肺炎流行病突发事件的整个期间”，如果过错是由于治疗水平不足导致的，或是紧急情况下保障病人的生命安全所需，则不按照《刑法》第 589 条和第 590 条规定的罪责对医护人员[6]进行处罚。此外，由于医护人员经验不

---

[1] C. Cupelli, *Emergenza covid - 19: dalla punizione degli "irresponsabili" alla tutela degli operatori sanitari*, in www. sistemapenale. it(30 marzo 2020), p. 9. 作者指出，最高法院(Cass. Pen., Sez. un., 21 dicembre 2017, n. 8770)的判例界定了《刑法》第 590 条之 6 的适用范围，确认了罪过是否属于疏忽大意的过失或过于自信的过失(即便都是轻微的)而引发的事件；是否属于在具体案例不受官方准则的规范，且未经新的公共征集系统或有效的医疗救助行为验证的情形下，因疏忽大意(即使“轻微”)而发生的事件；是否属于在确认和选择的准则或有效的医疗救助行为不适用具体特殊病例的情况下，缺乏经验而造成的过失(即使“轻微”)引发的事件；是否属于在考虑到管理风险程度和医疗行为的特殊困境后，执行合适的准则或实施有效的医疗救助行为时缺乏经验而造成的“严重”过失所引发的事件。目前的“刑事保护”仅限于《刑法》第 590 条之 6 第 1 款明确提及的仅由于经验不足引发的，或行政行为中出现的致人死亡和过失伤害案件；仅限于遵守官方准则或有效的医疗救助行为；仅限于审慎考察官方准则规定的建议是否适合具体案件的特殊情况。参见 Cfr. C. Cupelli, *L' anamorfosi dell' art. 590 - sexies c. p. L' interpretazione 'costituzionalmente conforme' e i problemi irrisolti dell' imperizia medica dopo le Sezioni unite*, in Riv. it. dir. proc. pen., 2019, p. 1969。

[2] 这既体现出法律规定的不足之处，又体现出由于传染病病理的新颖性和当前治疗手段的不足，缺乏有效的医疗救助行为。

[3] C. CUPELLI, op. loc. ult. cit. .

[4] 修正案 1.0.4。

[5] 修正案 n. 13.2(案文 2)。

[6] 这里是指 2020 年 3 月 17 日第 18 号法令规定的主体。

足导致过错的,也不进行处罚。[1]

《刑法》条文专门、具体地指出了卫生突发事件期间,新冠肺炎风险管理在功能上的适用范围。条文提出,仅在重大过失(疏忽大意、过于自信)的情况下,职业犯罪才承担刑事责任,重大过失应当理解为严重违反规定或保护性协议,评价时应当考虑"环境背景"因素的权重,[2]并"根据准则考虑科学的不确定性,尽管准则未经官方认定,有效的医疗救助行为也未曾得到验证"。[3]

本文无法对每一个提案展开仔细研究,况且这一话题无论是从刑法学说还是从实践经验来看,都极其复杂和微妙。我们可以借助会议纪要或学术文献中提出的解决方法,分析其共同特征与矛盾之处,从而更好地把握提案的方针路线。

(一)突发事件中职业犯罪的区别

前文强调的内容进一步区分了过失伤害行为和杀人行为的刑罚问题,[4]这深刻地改变了《罗科法典》(Codice Rocco)最初的规定,在该法典中,过失杀人只有一种类型,而故意杀人有很多种。关于交通肇事致人伤害或死亡的改革使各种罪行进入了一个新的阶段。"过失犯罪"这一术语从"Crimen Colpae"转变为"Crimina Colposa",即便只是暂时的,在《刑法》第590条之6的规定下,要对职业犯罪进行重新定义,必然需要配备相应的惩罚机制,迄今为止,这一机制在同一形态中一直或多或少地遵循过错的现象学。

(二)治疗活动中的"悲剧性选择"

除细节上的差异外,各提案的主要分界线在于重新定义职业犯罪与突发事件之间的紧密关系,即一些规范重新界定了突发事件中构成犯罪的范围,

---

〔1〕 修正案13.2。

〔2〕 包括同时接受治疗的患者数量,与特定紧急风险管理相关的个体结构组织标准,由于个别工作人员专业化程度不同而导致的差异性。

〔3〕 C. Cupelli, *Emergenza covid – 19*, cit., p. 9.

〔4〕 Es. A. Roiati, *L' introduzione dell' omicidio stradale e l' inarrestabile ascesa del diritto penale della differenziazione*, in archiviodpc. dirittopenaleuomo. org(1 giugno 2016).

并且在不考虑与传染病危机之间紧密关系情况下，重新定义了突发事件期间与“卫生”有关的犯罪。

遗憾的是，这次传染病的规模是前所未有的，所以更加有必要进行干预。无疑，在一些地区，传染病的大规模蔓延导致抢救危重病人的进一步需求，但当前的医疗卫生系统无法满足该需求，不是所有需要辅助吸氧或强制换气的病人都能得到救助。根据推测，甚至可以肯定地说，虽然目前无法确定具体数字，但在相当数量的病例中，医疗机构没有像往常一样区分医疗手段的等级，而是在严重呼吸衰竭〔1〕的病毒感染者的生与死之间作出选择，不仅用“甲”种插管代替“乙”种插管，而且采取了更为悲剧性的做法，即为了治愈“丙”，放弃治疗“丁”。如此冷酷，甚至可以说是残忍的做法，引起了法学界的讨论，学界从病人拒绝治疗的角度出发，提出了自决权的相关内容。费兰多·曼托瓦尼(Ferrando Mantovani)指出，“能够主宰自己命运的，只能是病患本人，患者有权决定是否接受治疗，并在复杂的环境中权衡生与死的利弊”，〔2〕而在某些情况下，病人的这一特权会受到影响，尤其是在一些必要的

〔1〕“复杂、动态的决策过程，包括一系列能够确定获得治疗的优先次序的连续性行为和必要评估”，“以确保及时救助处于急诊状态的病人”，参见 M. Soldini, *voce Pronto soccorso/Dipartimento d'emergenza(DEA). Etica delle emergenze, in Nuova enciclopedia di bioetica e sessuologia*, a cura di G. Russo, Elledici, Torino, 2018, p. 1813。相反的观点参见 documento della SIAARTI del 6 marzo 2020：关于冠状病毒传染病的预测，新冠肺炎……在接下来的几周中，许多中心地区急性呼吸衰竭病例（需要接受重症监护）的增加，导致实际临床需求以及紧张的可用有效资源之间的严重失衡。……根据治疗相当性原则，在医疗资源严重短缺的情况下，必须优先治疗治愈成功概率更大的患者，在此基础上分配医疗资源，也就是说，优先保护“生还希望更大”的患者。因此，重症监护的需求必须与重症监护“临床适用性”其他要素结合在一起，这些要素包括疾病的类型和严重性、是否有并发症、其他器官和系统的损伤及其可治愈的概率。这意味着重症监护不一定必须遵循“先到先得”的标准。可以理解的是，无论是从文化还是从受教育的角度来看，医护人员都不太习惯按照最大紧急程度进行分类，因为当前的情况较为特殊，但他们很有可能“基于分配正义的标准（供需之间的极端失衡）来判断是否适用重症监护，在这种特殊情况下寻求合理性”。Società Italiana Dianestesia Analgesia Rianimazione e Terapia Intensiva, *Raccomandazioni di etica clinica per l' ammissione a trattamenti intensivi e per la loro sospensione*, in condizioni eccezionali di squilibrio tra necessità e risorse disponibili, 6 marzo 2020(http://www.siaarti.it/).

〔2〕30 多年来，即使对于不认同这些说法的人来说，在提到相关话题时也是不可回避的一点。

时候,可能会发生“令人震惊且深恶痛绝的后果”,〔1〕例如,医生有可能在两个病人之间决定孰生孰死。

因此,对于特殊的情况无疑需要具有针对性的法律法规。无论当前的一般判断方法是好是坏,在复杂的案件中,运用这一方法来进行管理和判断是极为不公的。

此次突发事件需要一个合理的解决方案,进行干预的时机以及内容有待进一步明确。况且,要在充分考虑传染病造成的特殊情况后保证刑罚的实施,最佳解决办法就是进一步重新界定职业犯罪。此外还存在另外一种补充性选择,〔2〕即依靠必要性来进行解释。在当前抢救设备稀缺,需求量超过可用资源的情况所造成的悲剧性选择中,刑法学以此来界定等同的、激烈的〔3〕法律冲突。〔4〕这里不再深入研究支持此种或彼种解决方法的理由。简言之,反对适用《刑法》第54条的人认为,这种豁免意味着一种“完全的容忍”,为在法律范围内实施“与社会价值不匹配的医疗活动提供充分或现实的理由”。〔5〕从医生的角度来看,在两种互相冲突的义务之间作出选择,就是在履行自己治疗的职责。然而,如果从国家应当保护的权利角度来看,冲突本身就表明了国家履行治疗义务的失败,因此,只有依靠法律制度的改革才能解决问题。从法律的角度来看,这一系列问题的曲折性似乎都支持了对医疗

---

〔1〕 I trapianti e la sperimentazione umana nel diritto italiano e straniero, CEDAM, Padova, 1974, p. 226. La sintesi del pensiero di Mantovani è tratta da F. Viganò, *Stato di necessità e conflitti di doveri. Contributo alla teoria delle cause di giustificazione delle scusanti*, Milano, Giuffrè, 2000, pp. 12 – 13.

〔2〕 对于正当理由行为,特别是过当行为的惩罚,必须符合《刑法》第42、43、47条的共同规定。这几个条文之间的联系在《刑法》适用中的重要性似乎并不明显,但在任何情况下,都需要确定过当的过错是否符合《刑法》第590条之6的要件。这一问题的解决办法并不明确,因为在个案中,特别是在最高法院的解读中,是以具体的、几乎是专门的方式来处理违反保护性条例行为的,且具有强烈的客观性。而应受谴责的超越必要性限度的行为则带有主观性(行为人希望发生死亡的后果,或虽然不希望死亡结果的发生,但至少在某种意义上不排斥该死亡结果)过错,主要是感性的或行为性的过错,会导致对引发义务冲突的条件的评估缺乏根据。因此,不是说修改《刑法》第590条之6就能解决悲剧性选择的问题,在缺乏应对特殊情况的相应干预手段时,对《刑法》第54条的积极或解释性干预也无法起到决定性作用。本文在总结中也将提到,没有仔细分析多次的经验,似乎就不可能对这个问题作出回答。

〔3〕 “激烈的”意味着摧残你的生命。

〔4〕 F. Mantovani, *Diritto penale. Parte generale*, X ed., Wolters Kluwer, p. 266.

〔5〕 F. Bellagamba, *Ai confini dello stato di necessità*, in Cass. pen., 2000, p. 1860.

外科活动实行特别豁免的提案，这一点是无可否认的。[1] 一般来说，医生在履行职责时无法及时考虑当前情况的复杂性，在这种情况下，从医生的角度来看，该选择行为在必要的范围内是合法的，但从受害者和法律制度的角度来看，无论法律上如何对这种情况作出分类，都会存在漏洞，因此必须根据公平原则填补该漏洞。《刑法》第54条和《民法典》第2045条规定的结合，较好地解决了“悲剧性选择”的诸多问题，既排除了医疗行为的刑事违法性，同时又留有余地，在这方面，学界可以讨论在任何情况下造成“被害人”损失所导致的责任分配问题，且无须考虑该事实是否存在其他刑事外的违法问题。[2]

五、关键点：预防性保护协议、1988年《刑事诉讼法》第360条和突发事件后大量担保的风险

现有数据显示，在大多数情况下，涉嫌职业犯罪的诉讼程序在初步调查阶段就结束了，在1988年《刑事诉讼法》第360条规定的顾问提供担保以后，检察官一般就不再受理此类案件。在司法实践中，这种担保首先根据病历上记载的内容，向所有在待调查的医疗服务期间执业或曾与病人有过接触的专业临床人员发出“保证通知”。因此，调查波及的医生人数远远超过了顾问要审查的进行诊断和治疗行为的医护人员人数，这些人将长期接受调查，并承担所有因信息登记在犯罪记录册中造成的后果，且媒体极有可能对案件或多或少进行曝光，从而进一步产生不利影响。就新冠肺炎突发事件的规模而言，有关《刑事诉讼法》第369条的一般意见，极有可能转变为大量的保证信息。这对被卷入传染病造成的一系列司法案件的医务人员而言，无疑是可怕的。

---

〔1〕 例如，由所谓的帕格利亚罗委员会（Commissione Pagliaro）起草的委托改革刑法法律草案第16条。

〔2〕 此外，法定赔偿条款并不要求行为的非法性，这一点是无法预料的。《民法典》第2045条是否意味着有违法行为存在争议。参见E. Mezzetti, *voce Stato di necessità*, in Dig. disc. pen., 1997 (pen drive)。

只有协同把握问题的三个方面，才有可能找出有效的对策。

(1)必须认识到，当前要避免的实际风险不是未必会发生的审判，更不是更为遥远的定罪。医生需要尽可能避免的是，长时间、无针对性的调查所带来的痛苦。

(2)我们坚持认为，从这个角度来说，职业犯罪的改革也许并没有必要实施，其条件也不够充分。我们除了要对实体《刑法》进行干预外，还需要对《刑事诉讼法》进行干预，除了修改惩罚制度外，还需要通缩性治疗手段的支持，尽管这并不会立马与制裁层面产生关联。

(3)根据目前的认知，一切并不顺利，甚至在某些方面出现了问题。[1]当然，这不是通过诉讼质疑国家卫生服务部门衔接的问题，更不是对流行病期间的犯罪进行大规模调查的问题，但若非如此，在准确、具体、有理有据的约束责任的控诉中，如某些医院已经暴发了流行病或某些呼吸道病毒，此时利用临时规则放弃优先担保就会变得情有可原。

六、摆脱危机的三个关键词：真实、赔偿、优先

此外，最好从法律以外的角度处罚，不带任何指责或羞辱的意思，不追究过错和责任，单纯地寻求事实真相，对已经发生和仍在发生的事情进行深刻的反思。对意大利的未来而言，找出错误比找出犯错误的人更为重要。[2]从更广泛的角度来看，应当认真考虑采取一种普遍但谨慎的“宽大处理”措施，如果没有这种措施，疫情后的刑事司法就可能面临预后不利的风险。

各地区应当对急救人员作出的悲剧性选择的“受害者”进行赔偿。虽然由于紧急情况的发生，医护人员的刑事责任得以免除，但仍然要考虑资源分配的不合理选择所导致的问题。[3] 此种选择虽然与评价法律责任无关，但会导致医疗机构无法确保所有病人接受治疗，这违反了《欧洲人权公约》第2

〔1〕 Così G. Gori(sindaco di Bergamo),5 aprile 2020,fonte AdnKronos(www. adnkronos. com).

〔2〕 当然，如果一些明显不称职的公共决策者个人自发进行悔过，也是值得提倡的。

〔3〕 Cfr. G. Calabresi-P. Bobbit, *Tragic choice*, trad. it., Ⅱ ed., Giuffrè, Milano, 2006, p. 11.

条规定的保障生命的义务，此外，《欧洲人权公约》第15条规定，即使在危急情况下也不能产生例外。

有理由相信，这些措施可能会产生通货紧缩的效应，[1]特别是这些措施规定放弃包括与前述专门提到的突发事件相关的过失致人死亡事件在内的刑事诉讼。可以通过认真制定优先性的标准或采用针对性较强的调查协议来解决大量诉讼的风险。即使没有专门的规定作为参考，各局领导也会同意将与新冠肺炎传染病有关的过失致人死亡和伤害案件作为绝对优先事项，通过委托文件提交给检察官处理。可以要求顾问在已经预先严格确认的前提下尽快选择明显不构成犯罪的案件，显然，对于这些案件，正式代理人可以立即请求不予受理。此时才有可能评估注定要继续进行的调查的有效程度，同时根据法律和现行的判例准则对可能导致审判的责任概况作一个初步的了解。只有这样，法律的制定才不是纸上谈兵，才有可能对法律进行修改——并非仅针对紧急情况下的修改，以纠正适用《刑法》第590条之6时，由于不允许界定悲剧性选择造成的极端条件而可能产生的偏差。

〔1〕 其他类似的来自不同领域法律体系的学者可以给予更为恰当的描述。

西班牙警报状态下的公共卫生制度

[西]阿尔贝托·帕洛马尔·奥尔梅达(Alberto Palomar Olmeda)*

马铭远　高　新**　译

一、国家警报状态下的公共卫生制度

新冠疫情中,西班牙公共卫生制度暴露出的一些问题,让我们不得不进行反思。相关制度的缺陷一方面源于历史遗留问题,另一方面是由新的社会情况引发的新问题。本文主要从两个方面开展分析:一是统一部署下自主举措的可行性,二是个人财产和权益所受到的限制和影响。

针对新型冠状病毒造成的社会健康危机,西班牙于 2020 年 3 月 14 日出台第 463/2020 号皇家法令,正式宣布国家进入警报状态(Estado de alarma),随后卫生部出台一系列防控措施,各自治区也采取了相应的行动。可见,西班牙警报状态下的公共卫生制度主要包括皇家法令、各部门和自治区发布的规章条例。

与此同时,西班牙依据第 463/2020 号皇家法令第 4 条设立了临时特设机构。法令规定,该机构应由政府设立,但并未明确其行政级别,也没有规定该机构的人员构成。根据第 463/2020 号皇家法令,各部门将在西班牙首相

* 阿尔贝托·帕洛马尔·奥尔梅达,西班牙卡洛斯三世大学行政法学教授,原文刊载于《法律与健康》2020 年 3 月第 1 期。

** 马铭远,上海外国语大学 2019 级法律硕士研究生;高新,上海外国语大学 2019 级法律硕士研究生。

的指导下，行使法令赋予的职权。国家警报状态下的主管机构是国家卫生部。卫生部长将作为临时特设机构的负责人，行使除第463/2020号皇家法令第4条第1款、第2款、第3款所规定的有关国防部、内政部、交通部、城市规划部权限以外的，涉及公共卫生事务的权力。

综上，第463/2020号皇家法令是一项授权性命令。它不同于西班牙在2015年10月1日发布的关于公共部门法律制度的第40/2015号法律。[1]与第40/2015号法律相比，第463/2020号皇家法令确立了有关部门在国家警报状态下具有更广泛的职权。第463/2020号皇家法令第12条和第13条规定了卫生部进行统一部署的具体职责范围，我们可以将西班牙警报状态下的公共卫生措施总结为以下内容：

制度管理方面，第463/2020号皇家法令第12条第1款规定，西班牙领土上所有民政部门和卫生部门，包括相应隶属的工作人员，由国家卫生部直接管理其人员防护、财产保全和场所防控。必要时，国家卫生部长可根据国家警报状态的持续时长和特点，要求有关部门及其人员采取有针对性的行动。

地方权限方面，第463/2020号皇家法令第12条第2款规定，维持各自治区的自治权能。自治区和地方政府应在其职权范围内对卫生服务进行管理，确保其正常运作。在此基础上，为促进服务的公平高效，卫生部长可以要求采取其他的必要措施。

公民个体健康权利方面，第463/2020号皇家法令第12条第6款仅作出了一个模糊的规定，即卫生部长可以出于对公民健康的考量，对民营健康、保健、医疗服务机构行使必要的权力。

由上可知，卫生部长在整个国家卫生体系中处于最高领导地位。国家卫

---

〔1〕 2015年第40/2015号法和1992年第30/1992号法都对有关职权的授予与分配作出了规定。具体可参见Muñoz Machado，S.，*Tratado de Derecho Administrativo y Derecho Público General Tomo X. La Administración del Estado*，2a ed.，BOE，Madrid，2017，pp. 78 – 87，e Izquierdo Carrasco，M.，"Las competencias de los órganos administrativos y sus alteraciones"，*Tratado de Procedimiento Administrativo Común y régimen jurídico básico del sector público*，Tomo Ⅱ（Gamero Casado，E.，Dir；Fernández Ramos，S. y Valero Torrijos，J.，Coords.），Tirant lo blanch，Valencia，2017，pp. 2675 – 2765。

生部门的运作和具体职能的履行由其众多下级卫生行政机关或私人领域的健康医疗服务机构承担。上述单位在卫生部长的统一部署模式下，仍保有其在各自领域行使和公共卫生有关的权能。理论上，第463/2020号皇家法令赋予了卫生部长对所有公共卫生服务机构极大的管理权力。我们大概可以推论，立法者是想将卫生健康系统转变为一个在卫生部长统一领导下，公私并存、自我治理的宏观制度设计：宏观层面，卫生部长统一领导西班牙警报状态下的公共卫生制度；具体的公共健康职能履行层面，公共卫生机关和私人卫生服务机构在其服务体系内，仍具有自主权，以自我管理、自我治理的方式，为公民提供公共卫生健康服务。

尽管该制度的具体实施效果还有待时间的检验，但是，我们可以先作出以下判断：一个缺乏有效监管制度的指挥领导的实际效果，往往取决于组织成员的忠诚度和自觉性。但是"缺乏有效监管"这一理念与立宪后公共卫生方面的惯常做法相违背，而上述制度设计也会在一定程度上阻碍外界的监管。

在财产和个人权益限制方面，第463/2020号皇家法令第13条作出以下规定：卫生部长可下达必要的命令，以确保医疗物资的供应和短缺医疗物资生产机构的正常运作；国家卫生部门可在必要时暂时接管化工厂、加工厂、生产车间、农场等单位，包括私人拥有的医疗保健中心、卫生服务机构以及制药机构；此次公共健康危机下，国家卫生部门可对所有类型的财产实行临时征用，如为充分保护公众健康所必需，可对个人实行强制医疗。行政机构经授权可履行其在警报状态下公共卫生方面的管理职能，必要时可对个人的财产及个人权利作出一定的限制，以实现国家整体公共健康的需求。

二、强制提供医疗服务及私营部门参与协作

除立法层面上的缺陷外，西班牙警报状态下公共卫生制度其他方面的不足在于：卫生部统一部署体制下有关措施的实际执行缺乏强制力，以及缺乏

对与公共卫生体系无关的私人财产的管理。[1]

自第463/2020号皇家法令通过后，政府又相应颁布了其他各类行政命令。首先是2020年3月15日第SND/232/2020号命令。该命令主要针对新冠疫情下的人员管理和防疫措施。该命令第8条规定："……向各自治区提供其他行政机构和私营卫生机构的卫生设施和资源。因疫情的扩散和加剧，在每自治区分配到的物资和人力不能充分满足防疫需求时，各区可利用区内私人卫生医疗机构及其工作人员，以及工伤事故和职业病互助社（las Mutuas de accidentes de trabajo）的资源[2]……"

其次是2020年3月20日第TMA/263/2020号命令。该命令规范了交通运输和城市建设部（Ministerio de Transportes，Movilidad y Agenda Urbana）购买和分发口罩的程序。该命令第2条规定："应根据卫生部规定的通用标准购置口罩，并以第5条规定的分配标准和分配比例，分发给高风险地区从事运输的有关人员，在全国、自治区和地方公共交通提供公共服务的工作人员，以及与全国性客运、货运有关的私营部门工作人员。确保在最大限度上满足对上述主体的口罩供应。"

最后是2020年4月13日第SND/344/2020号命令，该命令为强化国家卫生系统及遏制疫情的进一步蔓延制定了特别临时措施，其具体内容如

---

〔1〕 有关西班牙的公共卫生医疗体系，可参见Navarro Espejo，A. J.，"El Sistema Nacional de Salud（Ⅰ）：organización y funciones" y Álvarez Gonzalez，E. M.，"El Sistema Nacional de Salud（Ⅱ）：ordenación de los servicios de salud de las comunidades autónomas"，ambos en Tratado de Derecho Sanitario，Yol. Ⅰ（Palomar Olmeda，A. y Cantero Martínez，J.；Dirs.），Aranzadi Thomson Reuters，Cizur Menor（Navarra），2013，pp. 327－361 y 363－397，respectivamente，así como la obra colectiva dirigida por Perez Galvez，J. E.，Retos y propuestas para el Sistema de Salud，Tirant lo Blanch，Valencia，2019. También puede verse Dalli，M.，Acceso a la asistencia sanitaria y derecho a la salud. El Sistema Nacional de Salud español，Tirant lo Blanch，Valencia，2019，especialmente pp. 103－128；Moreno Fuentes，F. J.，"Retos，reformas y futuro del Sistema Nacional de Salud"，Revista de Estudios Autonómicos y Federales，n° 18，2013，pp. 238－266，la monografía de Blasco Lahoz，J. F.，Las prestaciones del Sistema Nacional de Salud. Su aplicación legal y judicial，Tirant lo blanch，Valencia，2014 y la obra colectiva dirigida por ABELLÁN PERPIÑAN，J. M.，El sistema sanitario público en España y sus Comunidades Autónomas，Fundación BBVA，Bilbao，2013。

〔2〕 工伤事故和职业病互助社属于非营利性质的社会保障合作机构，在劳动和社会事务部的监督下运作，适用1995年第1993/1995号皇家法令。其主要职能是管理职业事故和职业病。——译者注

下:"……向自治区提供临时诊断医疗中心。(1)自治区可利用位于其自治区内但不隶属国家卫生系统的私人临床诊断中心、医疗服务机构和卫生机构及其人力资源。(2)任何情况下,上述中心、服务机构和卫生机构为检测新型冠状病毒而进行的诊断测试都必须符合本命令第2条规定的要求。(3)本命令第1条中提到的手段包括可以采取必要措施,对新型冠状病毒的诊断检测价格进行调控……"

《西班牙宪法》及其他宪法性法律确立了卫生主管部门履行上述职权的权力,尤其是《西班牙宪法》第31条明确允许通过立法确立个人义务。[1] 在这一授权范围内,1981年6月1日出台的有关国家警报状态、非常状态(Estado de excepción)以及戒严状态(Estado de sitio)的第4/1981号《组织法》,规定可以对公民财产和基本权益进行必要限制,这些限制措施包括上述命令中的强制私营机构提供医疗服务。

除此之外,表述模糊和缺少针对性规定的责任分配条款,不利于西班牙警报状态下公共卫生体制有效运转。另外,如果惩罚措施规制的范围过窄,那么公共卫生领域已有措施的合法性都会受到质疑,甚至失去其应有的制裁效果。责与罚是西班牙第4/1981号《组织法》所规定的三种国家临时状态下授权制度中的两个关键要素,同时也是三种状态各自制度体系内需要进行改革,使其变得更加具体化的两个部分。

三、警报状态下不作为和滥作为的责任

就责任的分配和承担这一方面,统一部署这一做法在实际操作层面必然会引起不小的问题。第4/1981号《组织法》第3条第2款在此方面的规定是:"……因国家警报状态下实施的具体措施,且非自身原因导致其人身、财

---

[1] Establece el precepto en su apartado 3 que:"Sólo podrán establecerse prestaciones personales o patrimoniales de carácter público con arreglo a la ley". Sobre esta cuestión puede verse, por todos, Cazorla Prieto, L. M. y Peña Alonso, J. L., "Cometario al artículo 31.3", Comentarios a la Constitución Española de 1978. Tomo I(Arts. 1 a 96)(Cazorla Prieto, L. M., Dir.; Palomar Olmeda, A., Coord.), Aranzadi Thomson Reuters, Cizur Menor(Navarra), 2018, pp. 850 - 864.

产或权利上遭受直接损失的公民，有权根据法律规定获得赔偿……”我们可以看到，针对这一问题，第4/1981号《组织法》作出了一个较为笼统的规定，它只是确定遭受损害者有权获得赔偿，并未提及具体的责任分配与承担，并未很好地解决上述冲突。

(一)强制提供医疗服务的对价问题

公共卫生医疗体系的运作有两个重要问题亟须解决，第一个问题是私人卫生服务的利用问题，这些服务必须在事后以合同的形式，按照所提供的服务对价进行补偿。在法律所规定的医疗服务范围之外，公共卫生系统实际上也包括部分私人领域的医疗服务。因此，上述服务提供者应得到补偿。此种法律关系一般属于新冠疫情紧急程序下的服务采购合同关系。

已经有自治区公布了部分定价要素。例如，瓦伦西亚自治区于2017年12月28日颁布了有关收费标准的第20/2017号法律。该法律第29节对卫生税费作出了详尽规定。瓦伦西亚自治区为每一类医疗护理都规定了相应的价格标准。这些价格标准涉及医院流程的全额费用，并且针对不同的流程列明不同计算方式。因此，在定价方面，上述法律文件所规定的卫生税费具有重要作用。

第二个问题是对此类服务的量化问题。我们更多考虑的是医疗服务的提供这一行为，但在服务提供时并未对服务本身作出初步或最终的量化。真正复杂的是对提供这一行为的界定及其范围的评估，这也许在很大程度上取决于提供者自身的观念。如提供者能有效证明提供医疗服务这一行为影响到其业务开展等活动，那么提供服务的行为对其将具有明显的经济影响。

另外，如果说提供服务行为只是作为一种潜在的可能性，并没有真实、有效地进行组织和提供私人服务，那么这可能会产生不少争议。首先，当不能够有效提供服务时，我们需要明确提供者的赔偿责任；其次，我们也要确立具体定价标准，明确所提供的服务价值；最后，我们也要对提供者的供给程度作出评估。法律并未明确规定卫生主管部门在此种情形下需要承担支付费用的责任。那么私营部门参与协作,提供医疗服务,卫生主管部门是否需要向其支付直接或间接费用?在警报状态下有关规定确立的法定义务之外,提供专业医疗服务的一方是否需负担服务价款上的经济损失?卫生主管部门需要在自身职权范围内对公共利益进行一定的平衡。

这种“(在特殊时期)强制为公众提供服务”的概念要求个人一定程度上服从于公共利益,这会给个人造成一种实际或潜在的损失。这是公权力机关对个人进行补偿或赔偿的主要原因,也是估量补偿预算时的主要考虑因素。因此,需要对损失划定衡量标准。我们可以通过法条的形式将“个人(在特殊时期)强制为公众提供服务并负担相应的损失”确定为一种义务,使其具有强制性。我们也可以不将此种责任单独以法律形式确立下来,而是将其纳入卫生主管部门因行政行为所应承担的赔偿责任之中。

从理论上来说,谁从所强制提供的服务中受益,谁就应该承担责任。这样看来,对于责任承担问题的答案似乎较为明朗。然而,根据已经构建的公共卫生管理模式,这一问题尚不明晰。

在这一方面,如果我们总结一下开头的内容,我们就会发现,国家警报状态下的所有决定,本质上都是由中央政府授权的有关主管部门作出。为了建立相关责任制度并使其运转顺畅,并不是必须要颁布一部特别法细化公益义务的分配。相反,一部对责任承担作出细致、精确规定的一般性法规就足够了。这种因果关系的归责原则并没有表面上看起来那么简单。因为决定作出者是上文提到的在首相统一领导下的各部委,而执行者一般为各自治区,或者更为精确地说,是各自治区内的卫生主管部门。

从义务逻辑的角度看,可以肯定的是,这种对私营部门的强制义务能够强化特定医疗服务能力。因此,应在制度设计中将经济层面的责任归于最后获得被强化的医疗服务能力的单位身上。这是最现实、最合理的做法,但我们也应考虑到,“(在特殊时期)强制为公众提供服务”是一种临时义务,此种义务是否真正需要履行,所提供的医疗服务是否被真正使用,仍处于一个不确定的状态,这一切取决于主管部门具体的决定。但无论如何,此种不确定性已经带来了某种负面的影响。在这一层面,我认为公权力机关所应承担的更多的是赔偿而非补偿层面的责任。

(二)强制提供服务所带来的责任

根据前文的介绍,我们可以较为清晰地了解到,有关责任的分配和承担这一方面的具体规定并不明朗。但因为卫生部门、运输部门等机关在这场防疫战争中起着领导作用,他们在此框架内采取的行动,无论是属于原有的职务行为,还是经法律授权在特殊时期内可采取的行政措施,其所应承担的责任在性质上都可视为国家赔偿责任。公共卫生服务的体系制度在很大程度上会受到国家警报状态下相关法律法规的影响。

此次公共卫生体系的调整触及了许多深层次的问题,如服务供给体系的组织安排,有关人员的专业水平调整,工作体系和工作场所的自我管理,以及有关服务提供方式和内容的变化。如果我们从个体的视角出发并考虑施加给个人的种种义务,可以说,上述所有的调整都是以个体能力为基础的,也是以个人在提供卫生服务方面的义务为基础的。但是人们对于此种义务的来源和适用的条件存有较大争议,下文将对此进行集中论述。

1. 义务的来源及其适用条件

尽管疫情当下形势紧迫,但有关义务来源及其适用条件的问题仍应得到重视。公共卫生部门制定的措施为社会所应提供的不同程度的医疗服务设定了标准,上述标准既适用于公共卫生部门所直接提供的医疗服务,也适用于通过私人医疗机构等第三方单位所提供的医疗卫生服务。私营主体提供的医疗服务所应达到的标准是由卫生主管部门所决定的,那么违反此类义务所应承担责任的主体就应该也是决策者,即卫生主管部门。可见,上述问题在一定程度上已经得到了解决。

卫生部下达命令,相应的卫生主管部门根据命令采取具体行动,并适时决定将医疗卫生服务的部分工作委托给私人。这一过程为责任的分配和承担增加了许多不确定因素,淡化了本应强调的医疗服务标准以及相应标准的执行主体等核心问题。除非参与决策了提供医疗服务或制定有关服务标准,否则私营机构仅需对其所提供的医疗服务负责,不应对其未曾参与的先前环节承担责任。

2. 资源的集中配置

在国家警报状态下所采取的一系列措施会影响市场资源配置。中央政府拥有资源分配权,需要将资源优先供给到公共卫生领域。资源统一分配一方面涉及资源的购买频次、物资的流向以及现有物资的征用;另一方面也限制了市场的自由度。尽管目前很难评估资源统一分配模式在实际运行中的效果,但显而易见的是,资源的供给仍是不充足的。由此也有必要对现有的有限物资进行管理,但进行此种管理无疑会对社会医疗服务质量和方式造成影响。

提供医疗卫生服务的主体面临着复杂的处境。对公共机构而言,在集中采购、集中分配和集中使用等方面都有不同的规定。对私人主体而言,资源统一分配模式下应当划定征用物资的条件。资源的统一配置将改变市场规律,因此同时也要明确实施资源分配者的责任。针对可能出现的复杂问题,法律及其相关的责任制度应当给出相应的解决方案。但当面对某些未曾预料的新问题时,特别是因资源集中分配而改变市场规律,导致出现最高限价等情形时,市场的复杂性和多变性将为责任的分配和承担提出新的难题。之所以有这种困难是因为,对一个短期内迅速膨胀的市场,我们通常很难确定,在集中配置模式下是否就可以最有效地保障相关购买力和供应能力。无论是公共还是私人医疗服务提供单位,都面临着供给难题,这些或多或少受到了例如资源集中配置模式的影响。这些决定可能大大增加了提供服务的成本,从而影响或制约市场的运作,由此会产生相应的赔偿责任。

资源集中配置模式在一定程度上限制了市场的自由度,要求市场放弃部分盈利的动机,但是这种模式同时可以让参与卫生系统的所有组织在短时间内较快恢复供应能力。一方面,该模式为每一个参与主体确立了需要承担的责任标准;另一方面,参与主体可以要求实行资源分配者严格按照既定标准行事。对所遭受的可评估的经济损失,参与主体也可以向资源分配者主张损害赔偿责任。

四、责任制度的确立

(一)决策与责任

前述部分的种种考量证明,法律条文所载明的现有手段似乎很难解决当下危机。那么,我们是否需要对紧急情况进行预测?是否需要在危机发生前采取先行预防措施?或许我们可以从以下三个方面进行分析:

1. 行政信息系统

为方便信息共享,保证行政机关在职权范围内所作出的行政行为的合法性和合理性,西班牙在2003年5月28日出台的第16/2003号《国家公共卫生体系改革法》建立了一个完整的行政信息系统。[1] 那么,该行政信息系统在实际运行中是否运转顺畅、高效呢?是否能够提供足够的预见性,对有关信息作出及时的分析、处理,在危机初期迅速提供解决方案呢?从目前来看,仅在每日新增确诊病例和死亡人数统计等方面,这一系统并未发挥其应有的功效,有关方面的制度设计严重影响其实际运作的效果。

对公共政策研究者而言,信息和数据无比重要,在某种程度上,信息和数据是制定和修改公共政策的决定性因素。因此,我们仍需进一步完善公共卫生信息系统以及进一步扩大该信息系统的开放度,使其面向所有参与公共卫生体系的单位和个体开放。旨在建立更为科学合理的法律制度的改革必须要有真正的实效性,而不是在一直被边缘化或使用不足的状态中变为一纸空文。法律实施的效果在实际操作中很难认定,所以是否存在规定的权利和义务来促进和保障法律措施的有效执行?如果没有,那么法律实施的效果就很难得到保障。

---

〔1〕 Sobre esta cuestión pueden consultarse los trabajos de Rey Del Castillo, J., "Algunos comentarios para el análisis de la Ley de Cohesión y Calidad del Sistema Nacional de Salud", Revista de Administración Sanitaria Siglo XXI, Vol. 1, n° 3, julio 2003, pp. 365 - 402; Escribano Collado, P., "La cohesión del Sistema Nacional de Salud. Las funciones del Consejo Interterritorial", Administración de Andalucía. Revista Andaluza de Administración Pública, n°52, 2003, pp. 11 - 34.

2. 前期协调

前文提到，西班牙第463/2020号皇家法令建立了一个在卫生部长统一部署下，各自治区拥有自主权的公共卫生权能体系。如何合理地协调和分配中央和地方的权力是一个较为复杂的议题。如何处理、协调国家警报状态下的法律、非常时期中的法律法规以及自治区自治权限之间的关系，同样也值得深入探讨。

我们应当将突发公共卫生事件及其他各种突发公共事件的应急响应机制规范化，以某种形式确定下来，减少权力滥用的情形。除此之外，我们还要厘清国家警报状态下，政府命令、过渡措施以及国家和各自治区法规的法律位阶及相互关系。法律法规的复杂性，在一定时间内会带来理解和适用上的问题，也会对具体的实施效果产生影响。

3. 突发公共事件法律制度的调整

因突发公共事件而导致的法律制度调整，会涉及合同的签订、行政程序法、国家和地方预算、财产所有制和公共福利制度。现阶段，对突发公共卫生事件的应急措施并不成熟，政策决定的作出及措施的执行似乎具有一定的随意性，临时制定的规范很难与已有的行政体制进行整合。在未来几个月甚至数年内，紧急预案、现金垫付、报销或退款、发放补贴等事项都将在行政领域频频出现。临时措施和法律框架之间的冲突可能会带来适得其反的效果。行政系统应当更好地应对紧急情况，避免所作出的决策和采取的措施加剧行政体系内部的矛盾和冲突。

（二）私人协作作用的界定

虽然在前述情形下，公权力机关介入私人领域的行为都能够在已有的法律法规中找到相应的依据，但随之而来的问题是：如何明晰私人参与社会协作的义务？如何规定公私主体之间的合同条款？

人们对最终具体的解决方案尚无统一意见。可能由公权力机关参照公共领域类似服务性质的收费标准主动进行补偿，也可能由个体向公权力机关提出类似国家赔偿的索赔请求，但是此种情形下，难以界定具体的赔偿数额。

总之,对私主体而言,是否需要参与社会协作实际上处于一个较大的不确定性状态,因为这会影响自身的正常运营,增加商业成本,降低自身资源的可调配性。因此往往会有人通过购买保险来规避这一风险。那么,我们是否可以理解为,这一风险本身就是一种对私营部门的损害呢?有关保险费用是否需要公权力机关来承担?

何为针对强制提供服务的补偿机制,私营部门应当对此有较好的理解。我们不否认在新冠疫情期间“强制为公众提供服务”的合理性,同时我们也认为,应在法律层面上,从社会和社区援助的角度,确定公益的范围,并对其进行补偿。我们也不能忽视,“强制为公众提供服务”属于公权力的介入行为,这会与私营部门的自我管理及利益产生一定的冲突。我们应尽量避免此种冲突,避免公共卫生系统下的行政机关的不作为或迟延作为。

应对新冠疫情的法律措施

——兼论公共健康领域的立法模式

[西]何塞·玛丽亚·安特克拉(José María Antequera)*

刘秋月　张丛丛**　译

一、引言:西班牙医疗卫生体系的瘫痪

2020年3月11日,世界卫生组织(WHO)正式宣布新冠病毒(SAR-Cov-19病毒)为国际大流行病,同时世卫组织总干事公开了病毒在世界范围内传染的情况:[1]"从一开始,我们就对新冠病毒的暴发进行了跟踪性、持续性的评估,我们对病毒传播速度之快和人群感染程度之严重感到震惊,同时也对我们抗击病毒时的无力深感忧虑。新冠病毒是一种大流行病,它引发的公共卫生大危机影响广泛,波及各方。因此,我们所有部门和所有人都必须参与这场斗争。"从疫情在西班牙的演变来看,上述话语具有预见性。

在流行病肆意横行的情况下,西班牙医疗卫生和社会卫生服务系统逐渐

---

* 何塞·玛丽亚·安特克拉,西班牙国立卫生研究院健康法学和生物伦理学教授,马德里律师协会执业律师。

** 刘秋月,上海外国语大学2019级法律硕士研究生;张丛丛,上海外国语大学2019级法律硕士研究生。

〔1〕 2020年1月30日,世界卫生组织在国际上宣布了新型冠状病毒感染的肺炎疫情已构成国际关注的突发公共卫生事件,这意味着各国需具备必要的应对措施,以及承担在疫情控制和流行病学监测方面的义务。西班牙卫生部卫生协调和紧急情况中心发布,详见以下网址:https://www.mscbs.gob.es/profesionales/saludPublica/ccayes/alertasActual/nCovChina/documentos/Valoracion_declaracion_emergencia_OMS_2019_nCoV.pdf。

崩溃。面对如此糟糕的处境,我们不得不采用某些法律手段来切断病毒在社区传播的链条,以缓解上述服务系统的压力以及减轻相关人员的护理压力。为了保护公民的人身和生命安全,遏制新冠病毒的传播,以及加强我国医疗卫生系统,第 463/2020 号皇家法令激活了"宣布警报状态"的宪法机制,并宣布西班牙于 2020 年 6 月 14 日正式进入警报状态。

当前新冠病毒的大流行,对国家医疗卫生体系及相关法律制度都是一项巨大的挑战,国家迫切需要立法者制定出新的法律以应对危机。对立法者而言,他们的当务之急就是制定新法并将新旧法律有效衔接起来;对其他法律从业者而言,他们的任务就是理解和应用新的法律。但无论如何,可以肯定的是,无论是先前的制宪者还是后来的立法者,他们都无法预想到一场有关法律和生物伦理的风暴竟然会对一个国家民主运作的基础产生重大影响。大流行病的暴发已经破坏了我们的医疗卫生体系,因此我们不得不采用《西班牙宪法》规定的特殊手段。虽然这么做会影响公民对基本权利的行使,但因形势所迫我们必须为之。因此,本文旨在对控制疫情的规范性手段进行分析并提出建议,希望能够加强国家未来面对类似医疗卫生危机的法律解决能力。

面对全球大流行病,《西班牙宪法》和法律规定的应对措施是非常有限的,这一点已经得到了证明,我们不得不采用特殊机制来应对这场医疗卫生危机。我们采用特殊机制的目的很现实,就是要避免目前的医疗卫生和社会服务系统继续崩溃下去(例如,护理、院外急救服务、疗养院、家庭护理等服务系统),从而有能力为新冠病毒患者和非新冠病毒患者提供足够的医疗服务。然而,目前西班牙医疗卫生系统一直处于崩溃状态,以致我们无法保证患者享有充分的医疗服务,加之公众明显缺乏自我保护意识和自我保护手段,使新冠病毒健康危机给医疗卫生和社会卫生专业人员也带来了严重的、直接的危险。糟糕的情况又进一步造成司法诉讼显著增加,司法活动秩序混乱。这一系列的连锁反应产生的直接后果就是,人们受有效司法保护的基本权利变得脆弱不堪。

西班牙的国家医疗卫生系统建立在普及性和公平获得医疗服务的原则之上。基于以上原则，国会颁布了两项基本法律，即第14/1986号《普通卫生法》（LGS）和第16/2003号《国家卫生系统团结和质量法》（LCCSNS）。这两部法律规定的医疗卫生结构与设计发展了《西班牙宪法》第43条的健康保护权，并与《西班牙宪法》第15条的生命权和身体完整权相呼应。同时根据上述法律，西班牙将医疗卫生管理权全面下放。但是，在面对新冠病毒的冲击时，我们的医疗服务需求仍大幅增加，这说明以上法律文件已经不能满足我们对抗新冠病毒的要求了。在笔者看来，由于法律文件天然缺乏应对紧急事件的能力，才使西班牙各区公共卫生管理部门之间的抗疫工作不见成效。此外，西班牙的卫生分权模式也暴露了其公共卫生管理部门之间明显缺乏统一性和协调性，每个自治区的卫生行政部门都采取不同的应对措施，根本无法团结一致地对抗新冠病毒危机。意识到该问题后，为了使各部门的工作协调统一，西班牙众议院设立了社会和经济重建委员会，并在此基础上成立了医疗与公共卫生工作组。[1]

在当前西班牙医疗卫生体系向“新常态”过渡的背景下，[2]西班牙的法律制度需要进行改革，以填补法律漏洞。事实证明，现有的法律制度无法有效保障公民在医疗卫生和社会卫生领域的生命权和人身安全。[3] 这场健康危机不仅影响了人们的自由，也影响了公民基本权利的基础，即生命和人身安全。至此，我们必须得提及1981年6月1日的第4/1981号《组织法》，其规定了未来应对类似医疗危机时的紧急措施，即宣布警报状态、非常状态以及戒严状态。同时，我们还要提及2020年4月30日宪法法院作出的

〔1〕 参见医疗与公共卫生工作组的网址：http://www.congreso.es/portal/page/portal/Congreso/Congreso/Organos/SubPon?_piref73_1339276_73_1339269_1339269.next_page=/wc/documentacionInformComisiones&idOrgano=390301&idLegislatura=14。

〔2〕 2020年6月9日的第21/2020号皇家法令规定了关于紧急预防、控制和协调的措施，以应对新冠病毒造成的健康危机。

〔3〕 《西班牙宪法》第1.1条规定：“西班牙是一个法治的社会民主国家。”

判决,[1]该宪法判决非常重要,其作用在于,帮助判断国家或自治区政府宣布进入警报状态是否有利于保护公民的生命和人身安全。在这种情况下,限制行使权利的目的应该被认为是合法的,而且《西班牙宪法》第 15 条(保障人身安全)和第 43 条(保护公民人身健康)也提及了相关规定,特别是在目前的情况下,限制公民权利的行使和保护公民人身健康和安全之间的联系异常紧密,难以分割。这是因为,在目前健康危机情况下采取限制公民行使权利措施的目的与宣布警报状态的目的一致,都是为了阻止新冠病毒的传播,抑制新冠病毒对人类健康、身体完整和生命权的影响。但鉴于这种不确定性非常突出,且难以根据《西班牙宪法》第 9 条第 3 款的规定对国家相关应对措施进行调整。因此,保持社交距离、进行居家隔离以及严格限制群体接触活动,是目前发现的唯一能够有效抑制该大流行病的措施。

当然,西班牙也正在探索一个全新的、未知的法律领域,这个领域被称为"新常态",[2]其定义为:"本皇家法令旨在制定必要的紧急预防、控制和协调措施,以应对新冠病毒造成的健康危机,并防止潜在的疫情暴发;同时,确保某些自治区、岛屿完成向新常态过渡计划的第三阶段。2020 年 3 月 14 日,第 463/2020 号皇家法令将警报状态时间延长,以防止因新冠病毒造成更大的医疗卫生危机。"

许多因素导致了新冠病毒在西班牙的扩散,其中之一就是缺乏应对相关状况的法律法规,现有的许多法规不仅滞后而且各自治区之间的规定缺乏统一性。因此,立法者需要时间来设计一个新的法律方案,以应对目前严重的公共健康风险。

---

[1] 参见第 47/2020 号新闻稿。详见以下网址:https://www. tribunalconstitucional. es/NotasDePrensaDocumentos/NP_2020_047/NOTA% 20INFORMATIVA% 20N% C2% BA% 2047 - 2020. pdf。

[2] 2020 年 6 月 9 日的第 21/2020 号皇家法令规定了关于紧急预防、控制和协调的措施,以应对新冠病毒造成的健康危机。

二、确立应对集体流行病和传染风险的法律措施

目前,我们处理新冠病毒危机时的卫生法律制度是不统一的、过时的和落后的。下文将简要介绍一些兼具法律和卫生效用的应对措施,来对抗和解决所有可能对集体健康产生威胁的流行病。在众议院全体会议上,时任卫生部长萨尔瓦多·伊利亚·罗卡(Salvador Ilia Roca)表明,虽然第21/2020号皇家法令旨在为我们提供切实可行的法律依据,[1]但实际上我们仍缺乏适当的、易于实行的法律制度来处理新冠病毒等情况。

(一)1981年6月1日关于警报、非常和戒严状态的第4/1981号《组织法》[2]

第4/1981号《组织法》规定了《西班牙宪法》的例外情况,因此有必要回过头来分析它的起源。时任内政部长洛松·贝雷斯(Rosón Pérez)在宪法委员会支持该法案通过时曾说,这不是一部理想的法律。但是,其有扎实的现实依据,这些现实源自各国人民的历史、政治制度的历史,以及古往今来的经验。对此,我们从辩证的角度对1981年6月1日关于警报、非常和戒严状态的第4/1981号《组织法》进行了定义。虽然这是一部不受欢迎的法律,也是一部没有人愿意适用的法律,但是历史告诉我们,要应对社会风险作出迅速反应,相关法律是不可或缺的。目前我们正经历这样一种考验,它使整个社会的抗压能力变弱,同时又给公民基本权利的行使带来了法律上的阻碍。

关于宣布警报状态对处理新冠病毒健康危机的适宜性和充分性,学者们已经讨论了很多。对此,立法者也明确表示采用第4/1981号《组织法》中第4条第b款的规定来应对流行病和严重污染等健康危机。《健康"警报"国家

〔1〕 时任卫生部长萨尔瓦多·伊利亚·罗卡出席2020年6月25日第32届众议院全体会议的发言。详见以下网址:http://www. congreso. es/wc/wc/audiovisualdetalledisponible? codSesion = 32& codOrgano = 400&fechaSesion = 25/06/2020&mp 4 = mp4&idLegislaturaElegida = 14。

〔2〕 使用"健康警报状态"的概念,便于法律工作者和社会经营者更好地理解和掌握。

宣言》授权国家可以采取必要措施保护公民的生命和身体健康,[1]尤其是在有流行病风险的情况下。但是,这种授权也直接导致了授权机关对公民其他基本权利的限制,比如,限制公民在全国范围内自由行动的权利或集会权。在笔者看来,这种限制是合理的,因为保持社交距离是目前遏制新冠病毒在社区传播的最佳工具,此外还能避免医疗卫生和社会服务的持续崩溃。

第4/1981号《组织法》第4条第b款所述的内容就是对《西班牙宪法》第43条的保障,它有助于保障公民在面临新冠病毒等真实紧迫的重要风险情况下的生命权。与此同时,鉴于流行病发生时的紧迫性,国家可通过《西班牙宪法》的例外规定对公民的基本权利进行限制。

(二)1986年4月14日关于公共卫生领域特别措施的第3/1986号《组织法》

该法律文件虽然影响公民的基本权利,但是不会影响所有自治区的医疗卫生危机管理、规划、治理以及行政管理。在新常态框架内,政府尚未宣布结束新冠病毒造成的健康危机状况之前,第3/1986号《组织法》规定的特别措施可能成为一个有用的机制,能够在更具体、可识别且可控制的人群或地区限制病毒的暴发。该法能为我们应对目前不断变化和不可控制的健康危机提供兼具灵活性和适当性的措施。

该组织法主要规范以下两种情况:第一,对受病例影响的个人或群体采取行动,对社会造成实际和一定风险的病人进行包括强迫住院等在内的强制医疗手段;[2]第二,在上述情况下,卫生行政部门可根据本组织法的特别授

[1] 1981年6月1日第4/1981号《组织法》第6条第2款对警报、非常和戒严状态作出规定:法令应确定警报状态的领土范围、持续时间和效力,警报状态不得超过15天。只有在众议院明确授权的情况下才能延长,在这种情况下,众议院可以确定延长期间的范围和条件。

[2] 1986年4月14日第3/1986号《组织法》第2条对公共卫生领域的特别措施作出规定:如果发现有合理的迹象表明,由于个人或群体的具体健康状况或由于开展某项活动的健康状况,存在对人体健康的危险,卫生主管部门可采取确认、治疗、住院或控制措施。

权,对个人或群体采取控制、监视、接触监测、跟踪等行动。[1] 在这两项规定中,公民基本权利的行使都受到了明显的干涉。圣地亚哥第二行政诉讼法庭认为,为了捍卫公共卫生安全,这些基于维护公共卫生而采取的措施是合法的。[2] 第3/1986号《组织法》第3条对公共卫生领域的特别措施作出规定:为了控制疾病的传播,公共行政部门有权采取适当的措施控制被感染者、相关的密切接触者以及附近的场所。在这种情况下,经有关部门出具证明,可以对新型冠状病毒检测呈阳性的患者进行强制隔离和搜查,以便卫生主管部门能够启动措施,保护公民免受公共卫生风险。

该组织法把在公共卫生方面发挥作用的相关规定高度集中于某一具体人群。为了更具体地说明这一点,有必要提及马略卡岛帕尔马省法院于2020年4月24日作出的第318/20号判决,[3]在该案件中,一公民因为未遵守西班牙3月14日第463/2020号皇家法令宣布的国家紧急状态令而最终受到多项惩罚,其中就包括刑罚和行政处罚。判决理由认为,除诉诸刑法之外,卫生当局还可以借助其他部门法规定来解决特定的危害公共健康的案件,如关于公共卫生领域特别措施的第3/1986号《组织法》《1986年卫生健康基本法》《2002年公共卫生基本法》。由此可知,刑罚制裁并不是防范公共健康风险的唯一手段。

(三)2015年7月9日第17/2015号《国民保护法》

2002年3月14日第463/2002号皇家法令第5.4条授权内政部协调民防紧急情况下的“干预和援助服务”。[4] 3月15日第TNT/228/2020号法令

---

[1] 1986年4月14日第3/1986号《组织法》第3条对公共卫生领域的特别措施作出规定:为了控制传染病,卫生当局除采取一般预防行动外,还可对病人、相关密切接触者和主要活动场所采取适当措施,以及在出现传染性质的危险时采取认为必要的措施。

[2] 2020年6月23日圣地亚哥—德孔波斯特拉第二行政诉讼法庭的命令。http://www.poderjudicial.es/search/AN/openDocument/38ee907128e0e180/20200625.

[3] 马略卡岛帕尔马省法院2020年4月24日第318/20号法令。http://www.poderjudicial.es/search/AN/openDocument/f5e72e53a438fc93/20200429.

[4] 2020年3月14日第463/2020号法令第5.4条:7月9日关于国民保护制度的第17/2015号法律第17条所界定的对公民在保护紧急情况下的干预和援助服务应该在内政部的指导下行事。

对该款内容进行了阐述,确定了3月14日第463/2020号皇家法令的适用标准。根据第463/2002号皇家法令的规定,有关部门可以宣布国家进入警报状态以应对新冠病毒造成的公共健康危机。[1] 第TNT/228/2020号法令的主要内容包括:(1)国家协调委员会的建立;(2)通过国家应急中心加强沟通;(3)向民众进行宣传和警告;(4)启动民防志愿服务。

为了更好地理解"干预和援助服务"的内容,可参考2015年7月9日第17/2015号《国民保护法》第17.1条的内容:所有公共行政部门的民防技术部门、紧急情况部门、消防部门、森林火警部门、安全部门、紧急医疗卫生部门、武装部门、军事应急小组、自治区紧急协调机构、森林部门、环保部门、救援部门等与受害人及其家属有联系的人员等都是在民防紧急情况下提供干预和协助服务的主体。

除规定国家宣布进入紧急状态后可以启动民防紧急服务外,前述第17/2015号《国民保护法》还规定了公共卫生与健康预防条款。该法第3条规定了国民保护制度的建立:国民保护制度在其职权范围内整合了所有公共行政部门的民防活动,以保证通过以下行动作出协调和有效的应对:(1)规划面对风险情况所需要的手段和措施,在紧急情况下采取迅速有效的应对干预措施;(2)采取措施以恢复、重建基础设施和服务减轻等突发情况造成的损害;(3)对国家民防体系进行协调、监测和评估以确保其高效、流畅地运转。

该法第28条界定了关乎国家利益的紧急状况:(1)根据第4/1981号《组织法》的规定,需要对公民人身和财产安全进行保护,调整国家警报状态、非常状态和戒严状态。(2)紧急状况影响多个自治区,需要不同行政部门的通力合作以及提供超自治区一级的资源供给。(3)根据紧急状况的规模需要国家一级的指挥调控。

该法第30条规定了宣布国家紧急状况的法律效果:(1)在不违背有关国家警报状态、非常状态和戒严状态的法律规定以及国家安全的特殊规定的前

[1] https://www.boe.es/boe/dias/2020/03/15/pdfs/BOE-A-2020-3696.pdf.

提下,国家进入紧急情况后,首相负责领导组织协调部门行动,筹备国家、自治区以及受影响地区的资源。(2)首相有权根据紧急事件的严重程度要求不同的公共行政部门提供协助,即使该机关管辖地区并未受到紧急事件的影响。

(四)2011年10月4日第33/2011号《公共卫生基本法》

第33/2011号《公共卫生基本法》的第5章完善了国家卫生部门管控权,所以该法在应对新冠病毒以及类似流行病方面具有重要意义。该法扩大了第3/1986号《组织法》的效力范围,其第54.1条规定:在不违背第3/1986号《组织法》规定的措施且存在特别严重或者紧急的原因时,作为例外情况,国家行政总署及自治区政府可以在其职权范围内采取任何必要的措施以确保法律得到遵守。除面临紧急情况外,任何时候都应当听取利害关系人的意见,与此同时,行政机关在任何时候采取的措施都必须符合比例原则。[1]

(五)2020年6月9日第21/2020号皇家法令

这项关于"新常态"的皇家法令旨在制定必要的紧急预防、控制和协调措施,以应对新冠病毒造成的健康危机,防止可能的疫情暴发。西班牙现在已经进入了一个过渡期,在这期间,为了避免新冠病毒的再次暴发,给卫生和社会服务系统造成又一次的持续性崩溃,西班牙政府将通过法律对公民行使基本权利进行限制。除了保持公共卫生服务的应对能力这一目标之外,该法令还旨在最大限度地减少新冠病毒对公民生命和身体健康造成的影响。

一旦宣布卫生警报状态,这个"新常态"的皇家法令就会被激活,届时卫生合宪性例外规定与普通的卫生合法性规范同时有效。因该皇家法令缺少国家紧急状态下有效的司法应对机制,我们需要例外性的法律规范来应对医

〔1〕 2011年10月4日第33/2011号《公共卫生基本法》第54.3条:在听取有关各方意见后采取措施,除非对人口健康构成迫在眉睫的特殊风险。因采取本条所述的预防措施而产生的费用,应由责任人或者企业承担。

疗卫生危机。因此,考虑到目前新流行病的暴发和新的不明传播链的出现,会对人民身体完整和健康的保障再次产生影响,并将使现有的卫生资源再次面临巨大压力。所以,从公共卫生当局通过预防措施组织来履行保护公众健康的宪法义务的角度来看,我们迫切需要采取这种预防措施,直到正式宣布健康危机状况结束为止。

此外,这场健康危机的波及范围和严重性,也凸显了我国法律监管中存在一定的缺陷,以至于在应对健康危机时束手无策而宣布进入警报状态。因此,人们认为有必要对卫生立法进行一系列具体的修改,以保证今后卫生当局对这类危机作出有效、协调的反应。其中一项重要的创新就是建立快速反应的法律机制——公共卫生协调行动,以此形成一个新的具有特殊过渡性的法律生态体系。

西班牙政府颁布第 21/2020 号皇家法令并详尽地阐述了立法理由,以为过渡到不确定的“新常态”阶段打下足够的法律基础。该法第 8 条为医疗卫生和保健系统提供了一个总体框架,以便应对后续的普通医疗卫生需求以及与新冠病毒有关的医疗需求。同时该条确定了一系列义务,以避免出现患者和专业人员缺乏保护措施的情况:第一,确立保健中心和服务机构在应对新冠病毒和新冠病毒之外的其他疾病的不同措施。第二,保障健康物资的战略储备。该法令的施行将有助于加强我国医疗卫生体系的应对危机能力,避免国家卫生系统再次处于崩溃和瘫痪状态。

适应“新常态”的有效措施是制定相应的应急预案。第 21/2020 号皇家法令最重要的新增内容之一,就是规定自治区有义务制订应急计划以保证各地区卫生系统具有充分的应对和协调能力,这一措施显然适用于我国的公共卫生、初级保健和医院护理服务。应急预案是针对所有公有制和私有制基层医疗中心医院的强制性预案,在社会恢复正常状态之前,这些预案可以提供对可能暴发的疫情进行规划、管理和治理的法律手段。

该项皇家法令中最重要的方面体现在其扩充了法律的适用范围,将公共卫生和食品安全协同行动纳入健康法的调整范围。同时还对第 16/2003 号

《国家卫生系统团结和质量法》第 65 条作出了解释。其最显著的特征在于：第一，在面临紧急情况时，如发生了突发公共卫生事件，可能威胁到群体公共健康，卫生部长可以在符合法律规定的范围内直接采取必要措施，这一点与以往发布正式声明前必须取得卫生系统地区间委员会的一致同意不同。第二，由于形式化的法律文件适用范围过于狭窄，在特殊情况下需要进行例外规定，因此相关部门在编制法律文件或者紧急计划时应当考虑到这些例外情况。根据本法的立法宗旨，可以归纳出以下两个方面的内容：首先，强调应对公共卫生特殊状况和紧急风险的预防措施；其次，建立控制和管理卫生危机的一系列手段，对处理卫生紧急情况的行动计划和战略进行规划。

三、建立快速应对健康危机规范体系的立法建议

前内政大臣胡安·何塞·罗森·佩雷斯（Juan José Rosón Pérez）认为关于国家警报状态、紧急状态和戒严状态的法律并不理想，他认为如果西班牙的法律制度一开始即着眼于医学和公共卫生预防，就不会出现合宪性的例外情况。在当前的法律生态体系下，对公民基本权利的过度干预是不可避免的。根据前文对应对公共卫生危机时法律规范进行的简要总结，可以得出这样一个结论：在法律领域，当务之急是进行深层次、大范围的法律改革，以避免应对健康危机的法律制度再次崩溃。正如西班牙需要社会卫生资源的战略储备一样，西班牙也需要一个能够真正发挥作用的法律体系，以便应对诸如新冠病毒这样的卫生危机。

当前，西班牙的卫生专业人员、公民，以及国家卫生服务体系一直处于高度紧绷的状态之下，所以对法律进行创新的需求已经迫在眉睫。在一个“新常态”的社会背景下，立法者必须对卫生领域的法律规范进行反思和引导。因此，采取以下措施是必要的：

（1）编纂健康领域的法律规范。

（2）建立新的干预国家健康危机的组织。

(3)制定规范医疗服务人员流动的法律。

(4)通过一项关于卫生和社会卫生战略储备的法律。

(5)通过关于医务人员薪酬津贴规定的法律。

(6)批准一项关于社会和社会保健中心服务质量的法律。

新冠疫情防控中隔离患者的法律依据

——基于国家防疫措施与人权保护的比较研究

[摩洛哥]穆赫塔拉·阿亚迪(المختار العيادي)*

詹欣意　张孟孟**　译

随着新型冠状病毒传播的不断加剧,由新型冠状病毒引发的肺炎确诊病例不断增加,肺炎的蔓延在全球引起恐慌。日本政府公告称,由于肺炎疫情的暴发,"钻石公主"号游轮需要在横滨港口进行隔离,有两名乘坐"钻石公主"号游轮的老人死于冠状病毒,他们是这艘受影响的游轮中感染肺炎的600多人里最先死亡的两个人,船上感染总人数达到621人。

随着疫情的蔓延,肺炎感染的重心转移到了欧洲大陆。截至2020年3月30日,西班牙感染人数累计达到87,956例,法国感染人数累计达到44,550例,意大利感染人数累计达到101,739例,比利时感染人数累计达到11,899例,德国感染人数累计达到66,885例,美国感染人数累计达到161,647例。全世界的死亡人数已超过33,000例,其中约26,000例在欧洲,而意大利是死亡人数最高的国家,它的死亡人数为11,591人,其次是西班牙,死亡人数为7340人,全世界共有16万人被感染。

随着事态的发展,世界各国采取了一些预防措施来避免这种病毒传播到

---

* 穆赫塔拉·阿亚迪,摩洛哥犯罪学研究所研究员。本文原刊载于哈桑一世大学《国际法杂志》2020年第2期。

** 詹欣意,上海外国语大学2019级法律硕士研究生;张孟孟,上海外国语大学2020级法律硕士研究生。

本国境内,其中摩洛哥卫生部发布了5份与该病毒有关的本国疫情的报告,并对从疫情高风险地区返回的167名摩洛哥公民采取了隔离措施。前述167名公民在拉巴特的穆罕默德五世军事医院和梅克内斯的西迪赛义德医院接受了为期20天的隔离,并由专门的医疗队对他们进行医疗护理。

隔离是一种限制人员和货物流动以防止传染病传播的措施,隔离可以分为检疫隔离和卫生隔离。

基于冠状病毒全球大流行的情势,我们有必要厘清检疫隔离和卫生隔离的概念,定义其法律框架,采取隔离措施的疾病范围并了解为应对新型冠状病毒感染的肺炎疫情所采取的国家战略,然后我们将探讨隔离措施和卫生紧急状态对人权制度的影响程度。在此之前,有必要将这个主题置于其历史背景下,通过3个独立的调查,来了解随着时代发展人类社会对该措施所进行的最初实践。

一、隔离的概述

(一)隔离的概念

隔离(la quarantaine)一词原意为“40天”,可以追溯至公元14世纪的意大利威尼斯市,其源于1347年至1352年横扫欧洲的“黑死病”,在这场流行病中,约2000万人死亡,占欧洲大陆总人口的30%。当时,欧洲大陆国际港口为防范流行黑死病、霍乱、黄热病等疾病,对要求入境的外来船舶和人员采取在进港前一律在锚地滞留、隔离40天的防范措施。在此期间,如未发现船上人员染有传染性疾病,方可允许船舶进港和人员上岸。[1]

在《利未记》(《摩西五经》或《旧约》的圣书之一)中,也提到通过隔离感染者的方式来防止更多人感染引起皮肤溃疡的疾病。

在热那亚、威尼斯和南欧城市实行隔离前,大马士革就已经知道要实行隔离,在倭马亚王朝第6任哈里发瓦利德·本·阿卜杜勒·马利克

〔1〕 جوزيف بيرن، الموت الأسود، منشورات هيئة أبو ظبي للسياحة والثقافة، الطبعة الأولى 2014 الصفحة 18 وما بعدها.

(الوليد بن عبد الملك)统治的10年间(公元705~715年),他在大马士革建立了第一家隔离医院(بيمارستان),并下达了隔离麻风病患者的命令,以避免麻风病患者与医院的其他患者接触。[1] 同时,由哈里发向包括麻风病患者在内的病人支付薪水,提供免费援助和治疗,并选择最好的医生和治疗师来为患者服务。

"伊斯兰世界"在公立医院中对麻风病患者进行非自愿隔离的做法持续了几个世纪。1431年,奥斯曼人在奥斯曼帝国首都阿德里亚诺普尔建立了专门的麻风病医院。

18世纪和19世纪末,黄热病席卷了北美城市,最著名的例子是1793年发生在费城的黄热病疫情,以及1856年和1888年分别在佐治亚州和佛罗里达州黄热病的暴发。19世纪,霍乱和天花又持续流行,国家和州政府普遍依赖检疫,这是一项控制人们出入受疫情影响的社区的行政和预防措施。[2]

工业革命时期,欧洲国家开始通过武装警卫来实行隔离,以防止所有疑似感染传染病的人进出,但是许多措施在实施过程中受到了政治因素的破坏,或者有违纯粹的卫生习惯。

(二)什么是检疫隔离

木部分将首先明确检疫隔离与卫生隔离的区别,其次探讨检疫隔离的程序,最后探讨检疫隔离的范围。

1. 卫生隔离和检疫隔离的区别

隔离[3]是指驱逐和隔开接触过病原体或可能感染该疾病的人。有些看

---

〔1〕 شلدون واتس: الأوبئة والتاريخ: المرض والقوة الإمبريالية ترجمة أحمد محمود عبد الجواد، المركز القومي للترجمة - القاهرة، الطبعة الأولى، الصفحة 25 وما بعدها.

〔2〕 شلدون واتس: مرجع سابق، الصفحة 239 وما بعدها.

〔3〕 "La quarantaine est le fait de mettre à l' écart des personnes, des animaux, ou des végétaux durant une certaine période. Cet isolement sanitaire forcé avait pour but d' empêcher la transmission de maladies supposées contagieuses et est toujours utilisé en cas de suspicion de ce type de maladies. Elle désigne aussi au figuré la condition d' une personne mise volontairement à l' écart." Françoise Bériac, Histoire des lépreux au moyen-âge: une société d' exclus, Imago, 1988, partie Ⅲ, chap. Ⅱ (《La ségrégation des lépreux》), pp. 180 – 202.

似健康的人实际上可能携带了某种病毒或病原体，虽然暂时不会显露出任何体征和症状，但当经过一段时间后，病毒开始起作用，此时可能已经造成多人感染。如果采取隔离措施，在隔离期间，医院会提供一系列的医疗措施，以阻止感染的进一步扩散。隔离的目的是防止传染病患者与健康的公众接触。卫生隔离的概念被广泛运用，可以从家庭一级开始。也可以从地区一级开始。例如，在某些地区，为了防止疫情进一步扩散，该地区的人员不得离开本地区，有感染或疑似感染的人需要留在家中以待进一步观察。

卫生隔离[1]与检疫隔离的不同之处在于，卫生隔离适用于已经确诊该疾病并已表现出症状和体征的人，为了阻止病因的传播，他们可以在其家庭、医院或私立机构进行隔离，并得到特殊的治疗和护理，被隔离的地方称为隔离区。

仅在确认了感染者和他们身上的疾病症状之后，才将卫生隔离应用于包括较少数量感染者的人群，以使他们与其他人隔离。

应当指出的是，在两种情况下（检疫隔离和卫生隔离），患者均需接受专门治疗和控制流行病医疗团队的监测与治疗，并且检疫隔离和卫生隔离在大多数情况下是完全自愿的，需要患者与专家、护士和医生等服务提供人员的相互配合。但是，如果病人拒绝接受隔离，当局有权为保护他人不受感染而强制实施隔离。原因在于，通过卫生隔离和检疫隔离，医疗人员可向感染者提供及时和强化的治疗，从而预防其出现症状加剧恶化，甚至死亡的问题。

2. 检疫程序

实施检疫隔离需要采取若干相应的配套措施，其中包括：

（1）短期隔离措施是指强制患者留在家中，不能外出；

（2）封锁某些地区，当地人员不得离开，以避免疫情进一步蔓延；

（3）禁止船只和飞机通航及限制其乘客进入具有感染风险的国家或地区，以避免其再传播给本国国民；

〔1〕 اللوائح الصحية الدولية لسنة 2005 عرفت العزل بكونها:" تعني فصل الأشخاص المرضى أو الذين يحملون التلوث عن غيرهم أو الأمتعة أو الحاويات أو وسائل النقلأ والبضائع أو الطرود البريدية الموبوءة عن غيرها بطريقة تحول دون انتشار العدوى أو التلوث ".

(4)禁止有患病可能性的人员外出旅行;

(5)禁止确诊患者和具有患病风险的人在国内或城市内迁徙并与公众接触;

(6)取消可能会在同一地点聚集大批公众的公共庆祝活动,并暂停公共集会;

(7)告诫公众不要靠近封闭的购物中心、商业中心和游乐场等集会场所。

3. 检疫范围

当感染发生时,当局可以对哪些疾病的患者和疑似患者进行隔离和检疫?由于感染的严重性和感染方式的多样性,许多疾病能够通过呼吸、水污染、环境污染、体液转移或接触被感染的表面的方式迅速传播。例如:

(1)霍乱;

(2)结核;

(3)麻疹;

(4)瘟疫;

(5)伤寒;

(6)麻风;

(7)疟疾;

(8)禽流感病毒;

(9)猪流感病毒;

(10)SARS 和炭疽病毒;

(11)丙型肝炎病毒;

(12)埃博拉病毒;

(13)HIV 艾滋病病毒。

隔离期限在监护期满后结束,时间因疾病而异,不超过 40 天。

宣布某一地区实行隔离并不意味着该地区的所有人都感染了该疾病,仅是通过采取预防措施减少感染风险,例如,(1)接触受污染的物体表面时,应采取适当的防护措施,如戴好口罩和医用手套,防止感染病毒。确保及时对个人用品进行消毒,不要与他人共享,尤其是在公共办公场所或人员复杂的社区、学校和医疗中心。(2)避免与他人进行直接的物理接触,如握手,在病毒通过呼吸传播的情况下,该类型接触会增加病毒传播的概率。(3)在禽流感病毒传播时,食用蔬菜和水果等天然免疫力“增强剂”,避免食用肉类。如果发现任何疾病症状,应立即就医,并进行适当的医疗护理。

另外,还有一些情况需要进行医疗隔离,例如,某些存在机体免疫缺陷的病人(如癌症病人、艾滋病病人),以及在器官移植或敏感卫生手术(如眼科手术)之后服用免疫抑制药物的病人,这些病人很容易感染各类病原体,然后健康遭到损害。因此应预防性地将其隔离,避免出现并发症,延误其康复。

二、隔离传染病患者的法律框架以及应对新冠疫情的国家战略

本文将于第一部分探讨摩洛哥法律体系中的检疫法律框架,于第二部分探讨抗击新冠肺炎疫情的国家战略。

(一)摩洛哥法律体系中的传染病检疫总体框架

“疾病”系指无论其病因或来源如何,对人类构成或可能构成严重危害的任何疾病或病症。[1]

“病人”系指患有或感染可造成公共卫生危害的身体疾患的个人。[2]

根据世界卫生组织的规定,“感染”系指感染性病原体进入人体和动物身体并在体内发育或繁殖,并可能构成公共卫生危害。[3]

《国际卫生组织条例(2005)》已将“检疫”定义为限制疑似感染病毒但无症状出现的个人或可能携带病毒的行李、集装箱、交通工具或物品的流动和

[1] 参见《国际卫生组织条例(2005)》。
[2] 参见《国际卫生组织条例(2005)》。
[3] 参见《国际卫生组织条例(2005)》。

(或)将其与其他的个人和物体隔离,以防止感染或污染的可能。[1]

在1974年第18号《检疫法》(1974年3月14日)中,苏丹立法者对"检疫"作出规定:"卫生当局应采取措施,对船舶、飞机等运输工具、仓库或任何其他货运或卸货工具进行检疫,以防止疾病的蔓延和扩散。"[2]

阿联酋立法者将"检疫"定义为:"限制在疾病传播期间(相当于最长潜伏期)暴露于病原体的健康人或动物的活动。"[3]

至于摩洛哥立法者,则没有为检疫下定义,而是确定了检疫范围,摩洛哥将1967年6月26日第65.554号法令作为明确某些疾病并采取预防措施以消除这些疾病的法律,[4]将公共卫生部长1967年6月27日第65.511号法令确定为适用第65.554号法令的法律框架。[5]

摩洛哥立法者在上述第65.554号法令第1章中确定了检疫疾病的范围,其中指出:"根据公共卫生部长的决定列出的检疫性疾病、社会性疾病以及传染性或流行性疾病,一经发现,必须由医学专业人员证实,并由地方管理当局和劳工医疗部门或地区医疗部门立即宣布。任何被合法授权从事医疗活动的专业人士,如果他们怀疑存在上述疾病,必须立即向工作地负责管理医疗事务的当局报告,由政府部门的医师进行核实。"

---

[1] 参见《国际卫生组织条例(2005)》。

[2] – قانون الحجر الصحي رقم 18 لسنة 1974 الباب الأول.

كما عرف المشرع السوداني العزل بقوله:" يقصد به عند تطبيقه على شخص أو مجموعة من الأشخاص عزل ذلك الشخص أو تلك المجموعة عن غيرهم فيما عدا موظفي الصحة القائمين بالعمل من أجل منع انتشار العدوى".

– المشرع المصري أصدر قانون رقم :137 بتاريخ:1958/09/11 بشأن الاحتياطات الصحية للوقاية من الأمراض المعدية بالإقليم المصري تضمن العديد من الإجراءات المتعلقة بالتطعيم ضد الأمراض المعدية كما أصدر القانون رقم:45 لسنة 1955 بشأن إجراءات الحجر الصحي.

– المشرع القطري أصدر قانون رقم:17 بتاريخ:1990/09/03 بشأن الوقاية من الأمراض المعدية عرف فيه العزل في مادته الأولى بقوله : " العزل هو عزل المريض المصاب او المشتبه في إصابته بأحد الأمراض المعدية في أماكن و ظروف خاصة لمنع انتشار مسببات المرض بطريق مباشر أو غير مباشر إلى الأشخاص الآخرين .ولا يسمح بدخول احد على الشخص المعزول إلا لمن يقومون بمعالجته و خدمته بإذن من الطبيب المسئول."

– المشرع الفلسطيني أصدر قانون رقم:124 لسنة 1922 بمثابة قانون الحجر الصحي والذي قرر في مادته الثانية ما يلي:
"ينشيء مدير الصحة مصلحة حجر صحي في فلسطين لمنع تسرب الأمراض السارية إلى فلسطين عن طريق البر أو البحر و انتقالها منها إلى البلاد الأخرى."

– المشرع العراقي أصدر قانون رقم:06 بتاريخ:1992/01/01 بشأن نظام الحجر الصحي حدد فيه إجراءات الحجر الصحي و مدته التي تختلف حسب مدة حضانة كل مرض من الأمراض المعدية.

[3] المادة الأولى من القانون الإتحادي رقم :14 لسنة 2014 في شأن مكافحة الأمراض السارية.

[4] منشور بالجريدة الرسمية عدد:2853 بتاريخ:1967/07/05 الصفحة: 1483.

[5] منشور بالجريدة الرسمية عدد:2855 بتاريخ:1967/07/19 الصفحة: 1608.

第65.554号法令第4章还规定："在公共卫生面临严重威胁的情况下，必须采取紧急措施，负责评估病情严重程度和紧急程度的首席医师或工作人员有权命令任何患有第1章所列疾病的人或任何可能传播这种疾病的人住院治疗。"

在这一背景下，摩洛哥公共卫生部长决定在1967年6月27日发布的第65.511号法令第1章中具体说明需要检疫的疾病。

伊斯兰历1387年1月17日（公元1967年6月26日）第65.554号法令第1章宣布的法定疾病：

（1）检疫疾病：鼠疫、霍乱、黄热病、天花、虱传斑疹伤寒、登革热。

（2）社会性疾病：肺结核、原发性和继发性梅毒、猪瘟。

（3）传染病或流行病：伤寒、接近伤寒的发烧、白淋病、破伤风（新生儿破伤风或破伤风）、白喉、麻痹症、脑炎、由布鲁氏菌引起的流行病。

由此可知，根据第65.554号法令第1章，摩洛哥立法机关确定了需要检疫的疾病为鼠疫、霍乱、黄热病、天花、虱传斑疹伤寒、登革热。

然而，随着国际社会的发展，以及随之出现的比立法机构界定的更为致命的病毒和其他疾病，仅以检疫来应对就法律框架内提及的各种疾病是远远不够的。例如，摩洛哥当局仅能在行使警察行政职能的框架内，对167名从疫情高风险地区返回的摩洛哥公民进行为期20天的隔离，并由专门小组对他们进行医疗观察，经确认未感染病毒后，再将其释放。

在法国，允许国家代表根据《公共卫生法》第13115－10章采取相应措施，防止疾病的国际传播，包括根据地区卫生机构总干事的建议，将受感染或可能受感染的人进行隔离，并立即向卫生部长报告。[1] 在应对突发异常情

---

〔1〕 Le représentant de l'Etat peut prendre, par arrêté motivé, toute mesure individuelle permettant de lutter contre la propagation internationale des maladies, notamment l'isolement ou la mise en quarantaine de personnes atteintes d'une infection contagieuse ou susceptibles d'être atteintes d'une telle infection, sur proposition du directeur général de l'agence régionale de santé. Il en informe sans délai le procureur de la République. Un décret en Conseil d'Etat détermine les conditions dans lesquelles le représentant de l'Etat peut recourir à de telles mesures, notamment au regard de la gravité de l'infection et des risques de sa transmission.

况时,法国在立法方面表现得很好,立法者通过构建完善的法律框架确保当局在采取临时应对措施时有法可依,并以此来确保在实施这些措施时能尊重个人权利和自由。通过对两国立法方面的比较,我们发现摩洛哥在公共卫生的法律体系人权保障构建方面较为欠缺,仍待完善。

但值得注意的是,2020 年 2 月 5 日,参议院投票通过了《卫生安全法》草案,该法案涉及家庭监禁、驱逐、强制隔离和隔离。新修订的《公共卫生法》第 1. 3131 条规定:"地区卫生部长可以根据合理的医疗建议,代表国家行使行政权力,对感染或接触本法第 1. 3113 条所列疾病的公民采取限制性措施。"

(二)防控新冠肺炎疫情的国家战略

自从新冠肺炎疫情暴发以来,为了保护公民免受疫情影响,避免新冠病毒进入摩洛哥领土,摩洛哥政府采取了多项预防措施,包括将 167 名摩洛哥公民从疫情高风险地区接回进行为期 20 天的隔离,并由专门小组对他们进行医疗观察,经证实无人感染病毒后再解除隔离。

为了应对新型冠状病毒及其发展,摩洛哥卫生部制订了一项监测和防治该病毒的国家计划,该计划通过以下四个轴线进行:

(1)流行病学和医学监测;

(2)早期检测和流行病学与病理学调查;

(3)医疗保险;

(4)各机关部门之间的分工与协调。

此外,卫生部承诺将以透明的方式向社会公众通报摩洛哥的疫情局势。

为了加强国家安全体系,摩洛哥政府另采取了若干预防措施,其中包括:

(1)关闭摩洛哥的海、陆、空边界,禁止旅客进入本国领土;

(2)学校采取停课措施;

(3)取消体育、文化和艺术集会等活动;

(4)中止法院的案件审理;[1]

(5)暂时关闭清真寺;

(6)关停不必要的公共交通措施,关闭不必要的公共领域。

在国内出现第一批新冠肺炎病例后,穆罕默德六世国王陛下于2020年3月17日主持了工作会议,会议主题致力于追踪疫情的蔓延趋势,以及进一步采取措施和行动以应对疫情的发展。同时,国王颁布国王令建立临时医院,并称必要时将动用地区军事资源以抗击疫情。

为应对新型冠状病毒疫情,摩洛哥王国采取的最重要的行动之一是建立新型冠状病毒肺炎管理基金并通过两项强化现行国家法律体系的《卫生应急法令》。

1. 创立用于应对新冠疫情的基金

根据穆罕默德六世国王陛下的指示,摩洛哥政府于2020年3月16日颁布了第2.20-269号法令,设立名为“新冠疫情管理基金”的专项基金账户,[2]该基金的主要目的是保障在相关机制下提供适当的基础卫生设施和购置应急设备的费用。通过支持受新冠疫情影响较大的部门,维持就业岗位,减轻疫情的社会影响,促进对国民经济的支持。

摩洛哥的公共机构、私营机构和个人都对这一皇家倡议作出了积极响应,并通过向该基金账户捐款,表现出巨大的爱国主义和团结精神。

2. 完善在应对新型冠状病毒方面与控制传染病有关的国家卫生法律体系

上文提到的1967年6月26日颁布的第65.554号法令,是一部关于某些疾病的宣传和采取预防措施消除这些疾病的法律,而由公共卫生部长于

---

〔1〕 دورية السيد الرئيس المنتدب للمجلس الأعلى للسلطة القضائية عدد:1/151 بتاريخ:2020/03/16 بشأن تنظيم العمل بالمحاكم للوقاية من وباء كورونا و التي تضمنت تعليق انعقاد جميع الجلسات بمختلف محاكم المملكة ابتداء من يوم الثلاثاء 17 مارس 2020 حتى إشعار آخر باستثناء الجلسات التي لا يمكن إيقافها و التي تتعلق بمايلي:- قضايا الجنايات و الجنح الخاصة بالمتهمين الذين يكونون في حالة اعتقال احتياطي و مودعين بمؤسسات سجنية – قضايا التحقيق للتقرير في وضعية الأظناء المقدمين للتحقيق معهم بعد إيداعهم في إحدى المؤسسات السجنية أو التحقيق معهم في حالة سراح- قضايا الأحداث للتقرير فيما إذا كان سيتم إيداعهم في إحدى مؤسسات إعادة التربية او تسليمهم إلى ذويهم – القضايا الإستعجالية و هي التي لا تحتمل التأخير حيث يتعين البت فيها حتى خارج أوقات العمل و بكيفية مستعجلة، تفاديا لضياع حقوق أحد الأطراف في انتظار البت في النزاع من طرف محكمة الموضوع .

〔2〕 منشور بالجريدة الرسمية عدد:6865 مكرر بتاريخ:2020/03/17 صفحة : 1540.

1967 年 6 月 27 日颁布的第 65.511 号法令,则是关于对传染病患者进行隔离的法律框架。由于针对传染病的立法存在缺陷,而且考虑到流行病学状况的变化和新流行病的出现,目前国家卫生法律体系尚不足以应对包括新冠病毒在内的新兴传染性疾病的出现和传播。因此,摩洛哥立法机关通过颁布两项重要法律条款来加强这一体系,包括:(1)2020 年 3 月 23 日颁布的第2 - 20 - 292 号法令,是对进入卫生紧急状态和宣布程序的规定;(2)2020 年 3 月 24 日颁布的第 2 - 20 - 293 号法令,宣布全国进入卫生紧急状态,以应对新冠疫情的暴发。

(1)2020 年 3 月 23 日颁布的第 2 - 20 - 292 号法令[1]

该法令载有关于突发卫生状况的多项一般规定,[2]其中规定了宣布进入紧急状态的法律程序,宣布进入紧急状态情况的主管当局、范围和违反紧急状态的限制措施:

第一,宣布卫生紧急状态的程序及其范围。

2020 年 3 月 23 日的第 2 - 20 - 292 号法令授权政府通过该法令宣布进入卫生紧急状态,[3]并由负责卫生和内政事务的政府机构提出联合提案。宣布进入卫生紧急状态必须包含三个基本决定因素:

①在空间范围上要具体说明:根据第 2 - 20 - 292 号法令第 1 条,当人们的生命和安全受到传染病或流行病传播的威胁时,可以在办公场所、社区,一个或多个地区,或整个国家领土上宣布卫生紧急状态。

②进入紧急状态的期限必须是固定的:2020 年 3 月 23 日第 2 - 20 - 292 号法令第 2 条规定,紧急状态的有效期必须具体规定。对此,2020 年 3 月 24 日第 2 - 20 - 293 号法令第 1 条规定,为应对新冠疫情,在全国范围内实施卫生紧急状态的期限为 2020 年 4 月 20 日 18 时。不过,该法令在第 1 条没有规

〔1〕 منشور بالجريدة الرسمية عدد:6867 مكر بتاريخ:2030/03/24 صفحة: 1782.

〔2〕 للمزيد من الإطلاع على مفهوم الطوارئ الصحية و تمييزها عن المفاهيم المشابهة انظر مقال لزميلنا ذ.امبارك بوطلحة :النظام القانوني لحالة الطوارئ بالمغرب وفق المعايير الدولية ،منشور بمجلة مغرب القانونwww.maroclaw.com بتاريخ:2020/03/29.

〔3〕 في فرنسا صدر قانون رقم:290-2020 بتاريخ:2020/03/23 المتعلق بالطوارئ الصحية لمكافحة كوفيد 19 منشور بالجريدة الرسمية عدد:73 بتاريخ:2020/03/25.

定紧急状态的生效日期,但政府首脑会议已发布公报宣布从 2020 年 3 月 20 日 18 时起全国进入卫生紧急状态。

第 2 - 20 - 292 号法令第 2 条允许政府根据该条第 1 款规定的方式延长紧急状态的有效期,但只能延长一次。该条款明确规定,宣布紧急状态的法令必须规定有效期,不能是开放性的时段。

2020 年 3 月 23 日颁布的第 2 - 20 - 292 号法令[1]第 3 条规定,从宣布进入卫生紧急状态之日起的两个月内,根据抗击新冠肺炎疫情的实际情况,对卫生紧急状态的有效期可以延长,也可以在规定期限届满之前终止。[2]

③需要具备必要理由:在 2020 年 3 月 23 日颁布的第 2 - 20 - 292 号法令第 2 条第 1 款中规定了必要的卫生紧急状态声明,并且该法令的第 1 条规定了宣布进入紧急状态的必要理由如下:

a. 传染病或流行病的蔓延威胁到特定地区或整个国家领土内人民的生命和安全。

b. 必须采取紧急措施,以防治疾病和减少疾病的传播。

c. 这些传染病或流行病的传播可能会带来危险。

第二,关于宣布进入卫生紧急状态的主管当局。

---

〔1〕 Dans les conditions prévues à l' article 38 de la Constitution, le Gouvernement est habilité à prendre par voie d' ordonnance, dans un délai de deux mois à compter de la publication de la présente loi, les mesures d' adaptation destinées à adapter le dispositif de l' état d' urgence sanitaire dans les collectivités régies par l' article 74 de la Constitution et en Nouvelle-Calédonie, dans le respect des compétences de ces collectivités.

Un projet de loi de ratification est déposé devant le Parlement dans un délai de trois mois à compter de la publication de l' ordonnance.

〔2〕 حيث نصت المادة الرابعة من قانون رقم:290-2020 بتاريخ:2020/03/23 المتعلق بالطوارئ الصحية لمكافحة كوفيد 19 على أنه:

Par dérogation aux dispositions de l' article L. 3131 - 13 du code de la santé publique, l' état d' urgence sanitaire est déclaré pour une durée de deux mois à compter de l' entrée en vigueur de la présente loi.

L' état d' urgence sanitaire entre en vigueur sur l' ensemble du territoire national. Toutefois, un décret en conseil des ministres pris sur le rapport du ministre chargé de la santé peut en limiter l' application à certaines des circonscriptions territoriales qu' il précise.

La prorogation de l' état d' urgence sanitaire au delà de la durée prévue au premier alinéa du présent article ne peut être autorisée que par la loi.

Il peut être mis fin à l' état d' urgence sanitaire par décret en conseil des ministres avant l' expiration du délai fixé au même premier alinéa.

第 2 – 20 – 292 号法令第 3 条规定，在卫生紧急状态期间，政府可以根据有关法令和行政命令及决定，采取一切必要措施，或通过传单和通知，立即采取紧急干预措施，以防止该流行病的进一步恶化，并可以调动一切可用的手段来保护和保障人民的生命和安全。

由于在紧急状态期间，政府采取这些特别措施可能会对社会、市场和经济产生不利影响，因此，立法机关应依照第 2 – 20 – 292 号法令第 5 条，本着绝对必要的原则，允许政府采取一切经济、财政、社会或环境方面的紧急措施，以直接帮助消除宣布进入卫生紧急状态所带来的任何经济、金融或其他不利影响。

第三，关于卫生紧急状态对法定时效期间的影响。

2020 年 3 月 23 日颁布的第 2 – 20 – 292 号法令第 6 条规定："在宣布进入卫生紧急状态的情况下，法律和法规规定的所有时效期间中止，并自紧急状态解除之日起恢复计算。"

就逮捕案而言，该法令第 6 条第 1 款的规定不适用于对被拘留者提起上诉的时效，也不适用于对前瞻性拘留和审前拘留的延长。

该法令第 6 条引发了对时效期间是否受本条法令限制的法律争议。有判例〔1〕认为，立法者采用的"所有"一词指的是所有法律规定的所有类型的期限，包括失效期、债务清算期、某些合同（如保险合同）的到期日以及辩护准备期、将被告提交检察机关的期限、行使某些权利的期限和对判决提出上诉的期限，包括时效期间。

而有些观点〔2〕认为，第 2 – 20 – 292 号法令第 6 条涉及时效期间，但不包括时效期间，并将其适用范围限制在根据法律行使各项立法和条例规定的程序方面，因此，中止不包括民事和刑事诉讼的时效，以及执行判决和刑罚的

〔1〕 参见网址：https://www. facebook. com/MarocDroit（最后访问日期：3020 年 3 月 30 日）；https://www. hespress. com（最后访问日期：2020 年 3 月 29 日）；https://al3omk. com（最后访问日期：2020 年 3 月 25 日）。

〔2〕 参见网址：https://www. hespress. com（最后访问日期：2020 年 3 月 20 日）。

时限。在紧急状态期间,法律规定的所有诉讼时效都将继续有效,但前提是所提及的时效并未被第 6 条明确限制在暂停适用范围内。

这一规定无疑会在实践中带来许多问题,但司法制度仍然是维护善意当事人的合法权益,实现司法公平正义的关键。

第四,关于违反卫生紧急状态规定的处罚。

2020 年 3 月 23 日第 2 – 20 – 292 号法令第 4 条规定:“处于宣布卫生紧急状态的任一地区的每个人都必须遵守前述第 3 条所指公共当局发布的命令和决定。违反前款规定的,可处以 1 ~ 3 个月的监禁和 300 ~ 1300 迪拉姆的罚款,或两项处罚中的任何一项,且不会影响更严厉的刑事处罚。”

以暴力、威胁、欺诈或胁迫方式阻碍执行本法令的公共当局的决定的,应处以相同的刑罚。此外,通过在公共场所或会议上发表演讲,分发或者出售印刷品、磁带,通过公开展示的图片、海报、视听或电子媒体煽动他人违反本款所述决定的,以及为达到此目的所采取的任何行为,都在处罚的范围之内。

为了加强公诉机关在紧急状态期间的执行力,最高法院首席检察官通过 2020 年 3 月 24 日 3 时 23 分公布的第 2 – 20 – 293 号法令,指出必须严格执行限制令。公共当局遵照相关法令、决定,或是为了保护公民的生活、健康和生计,可以采取一系列限制措施。对公共当局在卫生紧急状态下采取措施方面的违法行为,检察机关应进行审查并起诉。

为了尊重犯罪和刑罚合法性的原则,这些惩罚性规定适用于第 2 – 20 – 293 号法令于 2020 年 3 月 24 日在《国家官方公报》上公布后而实施的行为。

在第 2 – 20 – 293 号法令颁布前,学界引发了关于法令中限制性条款的法理学讨论,并由此产生了三种观点:

第一种观点认为,1967 年 6 月 26 日发布的第 65.554 号皇家法令的第 6 条,是关于必须宣布和报告特定传染性疾病并采取预防措施消除这些疾病的法律,该法令还规定:“凡违反该法令的工作人员,应判处 6 天至 2 个月的徒刑,并处 40 ~ 400 迪拉姆罚金,或两项处罚中的任何一项。”这一观点的对象主要是公共卫生部门的工作人员,从相关法律可以看出,从事法律授权的医疗和类似医疗职业的专业人员有向当局报告突发传染病例的义务。

第二种观点认为，违反卫生紧急状态的行为，构成《刑法》第 308 条规定的拒不服从或抵抗罪，该条款规定："凡拒绝执行行政当局发布的命令或决定的，应处以 2～6 个月的监禁和不少于 120 迪拉姆和不超过赔偿金 1/4 的罚款。任何人，凡通过聚众、威胁或暴力形式实施前款所述行为的，应处以 3 个月至两年的监禁，并处前款所述罚款。"《刑法》将拒不服从或抵抗罪界定为个人拒不服从公权力机关依法发布的决定和命令，或在国家公职人员合法行使职能时以暴力进行抵抗的行为。不服从或抵抗罪必须具备以下要素：存在抵抗行为；有主观上的故意；抵抗行为危害到公共利益。

第三种观点认为，违反卫生紧急状态的行为，适用于《刑法》第 609 条第 11 款的规定，该款规定："违反行政当局依法颁布的法令或决定，如果该法令或决定没有规定对违反法令或决定的人进行特别处罚，则应处以 10～20 迪拉姆的罚金……"该观点最符合法理学逻辑，并与健全的刑事法律逻辑和刑事合法性原则相一致。

对限制性条款给予特别关注是很有必要的，前述讨论的最终目的是为新颁布的法令寻找法律依据，奠定其合法性基础。

(2)2020 年 3 月 24 日颁布的第 2－20－293 号法令

根据 2020 年 3 月 23 日颁布的第 2－20－292 号法令，以及 2020 年 3 月 24 日颁布的第 2－20－293 号法令，政府宣布全国进入卫生紧急状态，以应对新冠病毒的暴发[1]，并在其第 2 条中规定了有关公共卫生当局应采取的必要措施：

①根据卫生当局的指示采取必要的预防措施，公民不得离开住所地。

②除下列绝对必要的情况外，禁止任何人在其住所地以外的地方流动：

a. 在关键公共部门工作的人员、私营企业主、自由职业者以及由相关政府当局确定的核心机构工作人员，从住所到工作地点的流动，但应遵守有关

---

[1] منشور بالجريدة الرسمية عدد:6867 مكرر الصادرة بتاريخ:2020/03/24 الصفحة:1783.

行政当局为此确定的管制措施；

b. 为购买维持生计所必需的产品和商品而产生的流动，包括从药房采购药品；

c. 前往诊所、疗养院、医院、医疗分析实验室、X 光站和其他保健机构进行诊断、观察和治疗；

d. 出于家庭困难、迫切需要救济和帮助等紧急原因的流动。

③禁止以任何理由举行任何集会、聚餐或会议，不包括为专业目的举行的会议，但要遵守卫生当局规定的预防措施。

④在宣布进入卫生紧急状态期间，关闭商店和其他公共机构，只允许业主为其个人目的开放。

第 2－20－293 号法令第 3 条还规定，在宣布进入紧急状态期间，允许地区和州的长官采取一切必要的行政措施，以维持公共卫生秩序，无论这些措施是预期性的、预防性的还是保护性的。例如，强制或自愿的卫生检疫，对居民住所进行临时限制，限制交通以阻止居民聚集，关闭公共商场，或是经法律批准的任何其他行政措施。

三、抗击新冠病毒的隔离措施与卫生紧急状态的宣布，以及二者与人权制度的关系

世界各国在应对新冠病毒引发的肺炎疫情时所采取的各种控制措施向国际和地区公众舆论揭示了他们对开展国际合作的诸多看法，其中包括经济、社会问题与挑战、各国人民在享有人权和基本自由方面的平等以及不受歧视的个人尊严。

同样，新冠病毒的全球肆虐也在一定程度上表明，发达国家虽然具有更完备的预警系统以及更先进的研究中心和实验室，但就病毒传播时卫生系统的准备工作而言，其与发展中国家相比存在难以想象的差距。

上文所提到的情况让我们对这些国家履行其义务、落实尊重和保障健康权的程度产生了质疑。健康权是《经济、社会及文化权利国际公约》规定的

一项基本人权之一,该公约于1966年在联合国会议上通过,并于1976年生效。迄今为止,已经有100多个国家或地区批准或加入了该公约,也就是说,自从各缔约方承诺"保证人人有权享有能达到的最高的体质和心理健康的标准"以来,已经过去了40多年。

该公约第12条规定,各缔约方已认识到,为了确保充分享有这项权利,必须做到预防、治疗和控制传染病、风土病、职业病以及其他疾病,同时也要确保有充分的准备来保证所有人在患病时能够获得服务和医疗照顾,包括对改善周围环境卫生状况给予重视。

人们逐渐认识到,健康权是一项需要有充足的财政资源支持才能实现的经济、社会和文化权利。尤其是发展中国家,为了得到类似世界卫生组织这样的联合国专门机构和捐助国的国际支持,有关国家会竭尽全力地利用本国资源,履行其在卫生保健方面的义务。

"人类的发展是关键,国家尊重其权利和自由"这一原则是衡量一个国家文明程度和进步的根本标准。健康权不仅是指享有良好健康的权利,还包括有充足、卫生、安全的饮用水和食物,能够得到照顾,获得相关卫生信息以及卫生条件良好的工作场所的权利,同时也要使每个人都能从当地的卫生保护制度中平等受益,享有其他的基本权利和自由,包括心理和身体完整性的权利,免遭酷刑或未经许可对其进行医学试验的权利。

因采取隔离措施和宣布卫生紧急状态而施加的限制是否侵犯了人权?

如前所述,世界各国应该团结起来,向世界其他地区提供援助,以克服全球卫生系统的脆弱性,使其协调应对抗击新冠病毒与尊重和保护人权以及公众自由之间的关系。实行隔离措施以及限制人们行使大多数基本权利给政府、国有及私营企业造成的损失,可能会导致长期的经济衰退,但目前计算其比例和影响还为时过早,因为这些损失目前还无法预测。

在这种情况下,受到最直接影响的权利包括:

(1)健康权:国家确保此项权利存在,以及有享有的可能性,包括治疗流行病以及提供与流行病监测和控制系统、免疫接种和治疗方法有关的人道主义和技术援助；

（2）不受歧视的权利：国家确保人人享有健康权，不因种族、肤色、性别、语言、宗教、政治或其他见解、出身、民族、社会地位、财富、国籍或其他原因而受到任何歧视；

（3）迁徙权：个人之间、群体之间可以相互交流，能够返回自己的家园并开展活动；

（4）工作权：包括提供健康和安全的环境，并获得维持其有尊严地生活的工资；

（5）获得食物的权利；

（6）言论自由权：包括寻求、获取和发表正确信息，使公众了解周围所发生的事情的权利。

为在抗击新冠疫情以及其他流行病方面取得切实成果，各国应当让个人和居民团体参与进来，使他们全面参与到与健康有关的决策阶段，实施并尊重他们的决策。当个体遵守义务时，感染率就会下降，而当个体不履行义务时，感染和死亡人数则会增加。

应当指出的是，紧急状态下允许对某些权利施加法律限制。当这种紧急情况威胁到国家和公民的安全时，国际人权公约已经允许国家限制某些基本权利的行使，正如《公民权利和政治权利国际公约》第4条所规定的那样。它对宣布紧急状态规定了严格的条件，允许各国在必要的限度内宣布紧急状态，同时规定了紧急状态的期限，并通知联合国秘书长，以确保在适用所有人的情况下能够实现平等和不歧视。但即使宣布了紧急状态，某些基本权利也不能加以限制，例如：

（1）任何人都不能被任意剥夺生命；

（2）任何人不得施以酷刑，或予以残忍、不人道或侮辱之处遇或惩罚；

（3）公平的审判标准；

（4）禁止一切形式的奴隶制，任何人不得强迫或强制他人为其提供劳役；

(5)任何人不得仅因无力履行契约义务,即予监禁;

(6)任何人之行为或不行为,于发生当时依国内法及国际法均不成罪者,不为罪;

(7)人人有被承认为法律人格之权利;

(8)人人有思想、信念及宗教之自由,非依法律,不受限制,此项限制以保障公共安全、秩序、卫生或文化或其他基本权利自由所必要者为限。

新冠肺炎的蔓延使这些权利受到限制,同时也促进了包括迁徙权和工作权在内的这些权利更好地实现,以保障公共安全和公众健康。

毋庸置疑,国家层面和国际层面上与新冠肺炎的抗争具有积极和消极两方面表现:

1. 积极表现。人类集体已经形成了一种普遍状况,即无论是穷人还是富人、无论是明星还是普通人,世界上所有人都享有平等的权利和义务,他们都面临因握手、触摸物体表面或吸入感染者呼出的气体而遭受感染的威胁。飞机、火车、会议厅、电影院、运动场,甚至是礼拜场所,都是必须避免人群集中的地方。因此,每个人无须警告,都必须遵守相同的指示。

另外,积极的方面还表现在媒体和专业报刊及其数字平台处于前沿地位,它们可以获取官方的信息,采访官员,吸引公众的注意力。它们借助这些准确、可信、客观的信息来源,时刻向国民报道与流行病传播有关的全球以及国内局势。每天都有数以百计的会议、公告、声明和摘要充斥着公众场合。私人社交平台已经成为传播假消息和假新闻的场所。

新冠病毒带来的另一个好处是,在长达几小时甚至几天的家庭聚会中,父母对孩子的经历和在家里的所作所为有了更多的了解,而丈夫也发现了之前所没有看到的妻子的另一面。

2. 消极表现。此次肺炎暴露出卫生系统应对能力较弱,包括美国、意大利和西班牙在内的许多国家,感染人数快速上升,一些国家对建立适合其居民及其经济状况的卫生系统毫不关心。美国一些官员和政客在谈及新冠肺炎疫情时公开发表不负责任的歧视性言论,包括美国前总统唐纳德·特朗普的讲话,他的讲话是不客观、不负责任且有害的。

联合国人权事务高级专员米歇尔·巴切莱特女士呼吁,在与新冠病毒作斗争的努力中,应当将人的尊严和权利放在第一位,而不是将其放在后面。她还说:“封闭措施、隔离措施和其他旨在控制和打击新冠病毒传播的措施,始终要完全符合人权的要求,并与预估风险相适应。”

应对疫情的措施可能会影响数百万人的人权。首先,《世界人权宣言》保障了个人的健康权,其中规定了获得医疗照顾的权利、获得信息的权利、禁止在提供医疗服务方面受到歧视的权利、未经患者同意不能实施医学试验的权利以及其他重要保障措施。

按照国际法,限制行动自由权的健康隔离只有在绝对必要和自愿的情况下(只要有可能)遵循比例原则及事先确定的原则,为实现合法目标,以非歧视性方式适用,才能证明其是合理的。

健康隔离必须以安全和适当的方式实施。检疫人员的权利必须得到尊重和保护,包括确保其获得医疗照顾、食物和其他必需品。

世界卫生组织卫生与人权事务处处长戴勒里克·罗曼(ديدريك لومان)在声明中说:“保护人权是应对最近埃博拉疫情的关键。”同时指出:“在对抗病毒的措施框架内,限制行动自由和其他基本权利的措施必须合法、必要和适当”。此外,他还敦促刚果民主共和国政府“将保护卫生工作者,尤其是妇女作为工作的重点”。

联合国艾滋病联合规划署(日内瓦,2020年3月20日)呼吁各国采取以人权为基础的方法来应对全球新冠病毒传播。该机构要求战略上应着眼于社会,尊重所有人的权利和尊严。针对这一情况,联合国艾滋病联合规划署根据防治艾滋病毒工作中吸取的经验教训,编制了新的指南《COVID-19时代的权利:艾滋病的经验教训》。该指南旨在帮助政府、社会和其他机构制定并实施遏制病毒传播的措施,使社会能够有效地应对。该指南提供了有关艾滋病应对措施的重要信息,对确保以有效的以人权为基础的方式来应对突发卫生事件来说,至关重要,主要措施包括:

(1)消除受影响个人和组织所遭受的污蔑和歧视;

(2)关于弱势人群的优先考虑措施;

(3)排除享有人权的障碍;

(4)建立社区和卫生组织之间的信任;

(5)保护前线医务人员。

联合国艾滋病联合规划署执行主任温妮·拜亚尼玛(ويني بيانيما)说:"任何成功应对全球传播的办法都是来自人权和社区领导力。"此外,"降低艾滋病毒影响最成功的国家,采取了鼓励社会进行测试,并在适当的时候保护自己和他人免受病毒感染的策略。"[1]

联合国难民事务高级专员菲利波·格兰迪(فيليبو غراندي)在2020年4月19日呼吁:"不要忘记在困难时期逃离战争并遭受迫害的人,我们要保护这些难民免受新冠病毒感染"。他说,"我们现在的所有人比以往任何时候都要更加团结和富有同情心。"同时,其呼吁所有国家在这场特殊的危机中,要对本国边境实行有效管理。"但绝对不能关闭难民寻求庇护的渠道或迫使他们重新回到危险的环境中。"他还说:"各国一定要有解决方案。如果发现健康风险,则可以安排筛查、检测、隔离和其他措施,使政府能够更好地安置难民,同时也做到了尊重为挽救生命而建立的国际难民保护标准。"[2]

在摩洛哥实行隔离措施和宣布紧急卫生状态期间,司法机构处理了一些外国人的案件(自执行关闭海陆空边界的决定以来,这类案例首次出现)。新冠疫情暴发时,国家宣布暂停国外航班,摩洛哥政府对身处本国境内的外国人给予了特殊保护。一名利比亚公民准备从穆罕默德五世机场飞往突尼斯,当他到达机场时,摩洛哥政府宣布暂停飞往突尼斯的航班。于是,他被迫困在机场过境大厅3天。机场的有关部门也禁止他再次进入摩洛哥。之后,机场有关部门向卡萨布兰卡行政法院院长提出申请,请求允许该利比亚公民

---

〔1〕 参见网址:https://www.unaids.org/sites/default/files/styles/webstory_ptohogallerytopimage/public/rights-COVID19_960.jpg? itok=qvG3kAEE(最后访问日期:2020年4月10日)。

〔2〕 参见联合国新闻网站:https://news.un.org/ar(最后访问日期:2020年5月12日)。

拉姆从卡萨布兰卡穆罕默德五世机场重新返回摩洛哥境内。行政法院院长在确认其禁令期间未感染新冠病毒,查明了他在卡萨布兰卡的住所,并得到利比亚驻卡萨布兰卡总领事馆的保证后,允许其再次进入摩洛哥。此外,在解除禁令后,要对他的行程予以监视。[1]毫无疑问,尽管摩洛哥政府为应对新冠病毒暴发的威胁,关闭边界并宣布了卫生紧急状态,但这项允许外国人进入摩洛哥领土的司法裁定突出显示了摩洛哥司法机构在保护个人自由和法律地位方面的贡献和积极作用。然而,该上诉法院的上级行政法院却裁定取消上述紧急司法命令,并作出了如下解释:

一方面,有关信息表明,上诉人在前往突尼斯前,就一直留在第五机场过境区。这是因为摩洛哥政府实施了航空禁令的预防措施,以防止新冠病毒扩散。该禁止令是一项重要的决策,其法律效力不可否认或违背,除非禁止令本身或有关政府随后作出其他决定等例外情况。因此,第292、293号法令第38款关于入境、居住以及非法移民的相关要求是绝不能违反的。该款法律规定所涉及的外国人因个别原因而停留在等候区的相关程序,在正常情况下可以适用,而在特殊情况下不能适用。另一方面,若允许外国人进入本国领土,就必须要有法律相关规定,特别是要有允许其进入的法律规定。如果上诉人没有证据证明他是为执行工作任务而入境的官员,并且已获得签证,则该规定对他不适用。上诉法院在没有考虑全部条件的情况下,就作出了允许他入境的命令。因此,即使该项允许入境的裁定在实体上是可以被理解的,也必须予以撤销,并应当拒绝和驳回其再次提出的入境申请。[2]

在另一个司法判例中,拉巴特的行政法院作出裁定,对两名在西班牙阿尔盖斯莱斯的摩洛哥公民由丹吉尔港口进入摩洛哥的申请不予批准,即使他们承诺遵守政府采取的所有预防措施,尤其是接受隔离、不离开其住所的相关措施。

---

〔1〕 أمر استعجالي عدد:239 صادر بتاريخ:2020/03/23 في الملف عدد:2020/7101/358 صادر عن السيد رئيس المحكمة الادارية بالدار البيضاء وهو غير منشور.

〔2〕 قرار عدد:210 الصادر عن محكمة الاستئناف الإدارية بالرباط بتاريخ:2020/03/26 في الملف عدد:2020/7202/422، قرار غير منشور.

鉴于这两名申请人有摩洛哥国籍且之前居住在摩洛哥，根据《宪法》第24条第4款的规定，他们有权进出《宪法》规定的国家领土，该条规定："依法保障所有人在境内的行动自由、稳定以及离境和返回境内的自由。"正常情况下是可以适用该规定的。但上述情况并非如此，这两名申请人从西班牙进入摩洛哥时，由于摩洛哥政府采取了迅速果断的预防措施，他们只能继续停留在阿尔盖斯莱斯过境区。面对危险的形势，摩洛哥政府采取了海空方面的禁运措施，以维护和保护公共卫生，防止新冠病毒扩散。2020年3月23日，这些措施以第2－20－292号法令的形式颁布，内容涉及卫生紧急状态的相关规定和宣布程序。2020年3月24日通过第2－20－293号法令，宣布全国实行卫生紧急状态，以应对新冠病毒的暴发。这两项法令于2020年3月29日在《国家官方公报》第6867期上予以公布。所以，这些措施的法律效力不能被否认或违背，除非是禁止令本身所确定的情形，或者有关政府作出的其他决定（上诉法院于2020年3月26日在2020/7202/422号文件的第210号判决中作出了相同的决定）。基于此，上述暂停申请人乘坐航班的规定就成为一项规章措施，并不违反"本国公民出入境自由"的一般原则。而且，该规定与上述《宪法》第24条第4款的规定相同，该款规定：进出国家领土的自由必须由法律本身加以控制。虽然法律保障出入境自由，但摩洛哥所处的特殊卫生状况也使它有必要对此自由加以限制，以保护公众的健康。

因此，就前述第一个案例而言，允许利比亚籍申请人进入摩洛哥违反了卫生紧急状态的规定，是没有任何法律依据的。尤其是鉴于当前的局势，摩洛哥政府所做的一切都具有合法性。在任何情况下，行政法官都必须维护其合法性，所以，必须拒绝申请人的申请并限制他的自由。[1] 此外，笔者认为，上述关于两名摩洛哥公民的判例尽管在法律合法性方面有依据，但就司法和公正规则而言，并不合理。特别是两名申请人未感染新冠病毒，并承诺遵守政府采取的所有预防措施，包括接受隔离程序且不离开住所。

---

〔1〕 أمر قضائي استعجالي عدد:955 صادر عن السيد رئيس المحكمة الادارية بالرباط بتاريخ:2020/03/31 في الملف (القضاء المستعجل) عدد:2020/7101/667، أمر قضائي غير منشور.

参照国际人权法，显然，为对抗新冠病毒而采取的措施中，无论是隔离措施还是限制人员的迁徙自由，都应以充分尊重人权制度为前提，并且做到：

（1）合法性，即有法律依据；

（2）必要性；

（3）要有确定的时间期限；

（4）要和具体情况相称；

（5）不歧视。

2020 年 3 月 23 日颁布的第 2 – 20 – 292 号法令的第 1 条和第 2 条，对紧急状态和宣布紧急状态的程序作出了特别规定。基于国际人权制度，笔者认为，在宣布卫生紧急状态时必须遵守以下条件：

（1）根据内政部和卫生部的联合提议，由政府颁布法令宣布卫生紧急状态；

（2）宣布卫生紧急状态须是必要的；

（3）卫生紧急状态要受到时间和地点两方面的限制。

如果政府引用第 2 – 20 – 292 号法令第 5 条的规定，在经济、财政、社会和环境方面采取紧急措施，则隔离措施和突发卫生事件的影响就会减轻。在这种情况下，为减轻疫情对国民经济的直接和间接经济，政府作出了积极努力：成立经济警戒委员会，追踪新冠病毒的影响，并采取相关措施。政府已采取了多项措施，其中包括：

（1）社会层面：采取措施，避免那些在国家社会保障基金中从事授权工作的人或在非正规部门工作的人受益；

（2）经济层面：向面临困难的中小型企业和自由职业者提供帮助，主要包括暂停其社会捐款的义务，推迟支付银行贷款和与租赁贷款有关的款项（租金信贷），激活银行授信和中央基金担保的额外贷款额度；

（3）金融层面：将一些社会团体向银行贷款的付款期限推迟 3 个月，必要时可以延长；允许一些 2019 年营业额低于 2000 万迪拉姆的公司推迟纳税申报，暂停对它的税收控制，并在 2020 年 6 月 30 日以前，通知相关负责人员。

新冠疫情中的医疗资源分配制度：谁有生存的权利？

[德]约亨·陶佩茨(Jochen Taupitz)*

王后雪　苏　甦　王鲁杰**　译

在疫情期间，由于现有的呼吸机等医疗设备不足，很多国家都面临严峻的境况。那么，医疗人员有权或者应该根据哪一条规则来决定患者的生与死？

一、引言

疫情是指疾病在人类中跨国家、跨洲的传播，狭义上是指传染病的传播。它的特点是传播突破了地域限制。[1] 20 世纪初，所谓的"西班牙流感"在全世界至少夺走了 2000 万人的生命。在 2009 年的德国，所谓的"猪流感"(H1N1 流感疫情)也表明了，合适的疫苗从研发到经过充分检验需要多长的时间。疫苗根本无法在短期内覆盖到一个地区。虽然人们在不久之后认识到，这种疾病不像先前所担忧的那样严重，但仍然会出现这样的问题：应该先

---

* 约亨·陶佩茨，教授，博士。海德堡大学和曼海姆大学德国、欧洲和国际医疗法、公共卫生法以及生物伦理学研究所执行所长；曼海姆大学民法、民事诉讼法、国际私法和比较法高级教授。本文原刊载于《医疗法学》(Medizinrecht)2020 年第 38 期，第 440～450 页。

** 王后雪，上海外国语大学 2020 级法律硕士研究生；苏甦，上海外国语大学 2020 级法律硕士研究生；王鲁杰，上海外国语大学 2020 级法律硕士研究生。

[1] Kraft/Dohmen, PharmR 2008, 401; Pflug, Pandemievorsorge-informationelle und kognitive Regelungsstrukturen, 2013, S. 27.

给谁注射疫苗?给那些拯救生命的医护人员[1]还是妇女和儿童?如果单纯从医学和自然科学角度出发,是无法解决上述问题的。无论是过去还是现在,这都是一个关乎正义的问题,也是一个道德和法律方面的问题。[2]

目前,新型冠状病毒 SARS - CoV - 2(Severe Acute Respiratory Syndrome Coronavirus 2)导致许多人患上严重的肺部疾病 COVID - 19(Corona Virus Disease 2019),并且需要人工呼吸设备来维持生命。新冠肺炎的突出特点在于其既没有疫苗,也缺乏有效的治疗方法。而最主要的问题是,在许多国家(首先是意大利,之后是西班牙和法国),重症监护医疗资源很快就会耗尽,无法满足治疗的需求[3]——这也导致了严重的后果,即很高的死亡率。[4]在这样一种出现大量病患的灾难性情况下,现有的医疗资源并不足以治愈所有患者,那么就需要一个程序来决定哪些病人应该优先治疗,哪些病人在必要时不予治疗。对此,早先人们引入了"分流"这个概念。[5] 但是很显然,这里的主要决策标准存在很大争议:"道德与法律在理论上分道扬镳的悲剧已经急剧地转化为现实"。[6]

---

〔1〕 例如,在(至今仍然有效的)黑森州的防疫计划中[Stand:Februar 2007,载 https://soziales.hessen.de/sites/default/files/HSM/pandemieplan_des_landes_hessen.pdf(最后访问日期:2020 年 4 月 8 日)],明确首先应为卫生保健人员接种疫苗,因为一方面这些人更容易感染,另一方面如果他们无法工作,那么公共卫生事业将面临瘫痪。此外,负责维护公共安全和秩序的部队也要接种疫苗,因为他们在解决疫情中发生的次生问题时发挥着至关重要的作用。其余人群,应当在衡量了死亡率、发病率或潜在传播力等标准后,依次按时接种疫苗。

〔2〕 Brech, Triage und Recht, 2008, S. 151; Ach/Wiesing, in: Brudermüller/Seelmann (Hrsg.), Organtransplantation, 2000, S. 139, 145ff.

〔3〕 为此,在治疗多病症的老年新冠肺炎患者时,只采取保守的治疗措施("肺炎在老年人生命末期就像朋友一样伴随左右")。参见 *Thöns*, Drunter & Drüber 3.4.2020,载 https://www.dud-magazin.de/2020/04/03/corona-sprechen-wir-über-ethik-und-gerechtigkeit/? fbclid = IwAR2Ad3yCrTMuvXsbw1KB5 - _VCgmXbGSvVJNrnVlSi67paDSGDz8SjxUGhi8(最后访问日期:2020 年 4 月 8 日)。

〔4〕 参见约翰斯·霍普金斯大学(Johns Hopkins University)提供的概览表,载 https://coronavirus.jhu.edu/map.html(最后访问日期:2020 年 4 月 8 日)。然而,死亡率的数字(Case Fatality Rate)很难得到有效的解释。参见 Schrappe et al., Thesenpapier zur Pandemie durch SARS-CoV-2/Covid - 19, S. 5, 13ff,载 https://www.socium.uni-bremen.de/uploads/News/2020/thesenpapier_endfassung_200405.pdf(最后访问日期:2020 年 4 月 8 日)。

〔5〕 "分流"一词最早是在拿破仑时代创造的,用于挑选伤兵。

〔6〕 *Schöne-Seifert*, faz.net, 2020 年 3 月 31 日,载 https://www.faz.neleton/debatten/konflikte-wegen-corona-wensoll-man-sterben-lassen-16703671.html(最后访问日期:2020 年 4 月 8 日)。

二、出发点：医疗指征与患者同意

向病人提供医疗资源的先决条件是有医疗指征和患者（当下表示的、事先取得的或推定的）同意（《民法典》第630条d项）。这两个条件在治疗过程中都可能发生变化。从医学的角度来看，如果死亡无法避免，即当由于无法改善或稳定病情而医治无望时，或者患者始终不能脱离重症监护时，[1]就有必要更改医疗目标，如将目标转变为减轻病人的痛苦。当然在不同的情况下，患者的意愿也会不同。因此，如果医疗事实发生变化，医务人员也必须重新评估医疗目标。

由此可见，稀缺医疗资源的分配问题，针对的是那些既存在相应的医疗指征又认同治疗方案的患者。

三、疫情期间缺乏稀缺医疗资源分配的相关法规

在德国的法律中，关于疫情期间稀缺医疗资源分配问题，尚缺乏详细的规定。这似乎是不寻常的，因为立法者确实在各种不同的方面都采取了行动，并且对各种可能发生的疫情作了大量的规定。例如，《感染保护法》（das Infektionsschutzgesetz）[2]和联邦的《公民保护和灾害援助法》（das Zivilschutz-und Katastrophenhilfegesetz），[3]另外，还有各州的灾害防治与援

---

〔1〕 参见Divi、Dgina、Dgai、Dgiin、Dgp、Dgp和Aem的临床伦理建议2.1，载https://www.divi.de/empfehlungen/publikationen/covid-19/1540-covid-19-ethik-empfehlung-v2/file（最后访问日期：2020年4月8日）；（奥地利）生物伦理学委员会[（österr.）Bioethikkommission]，Zum Umgang mit knappen Ressourcen in der Gesundheitsversorgung im Kontext der Covid-19-Pandemie, März 2020, S. 11 f.，载https://www.bundeskanzleramt.gv.at/themes/bioethikkommission/publikationen-bioethik.html（最后访问日期：2020年4月8日）。

〔2〕 2000年7月20日《感染保护法》（BGBl. I S. 1045），第1条最新修改于2020年3月27日（BGBl. I S. 587）。

〔3〕 1997年3月25日《公民保护和灾害援助法》（BGBl. I S. 726），第2条第1点修改于2009年7月29日（BGBl. I S. 2350）。

助法律，以及在这些法律基础上所颁布的规定。[1] 然而，在(具有紧迫性威胁的)疫情期间，并没有通过法律对稀缺医疗用品的分配进行规范。

近年来，联邦与各州起草了疫情相关计划。在联邦的层面，针对流感制定的《国家防疫计划》(Nationaler Pandemieplan)对防控具有决定性意义(2005年首次发布，于2017年修订，[2]于2020年进行调整[3])。该计划旨在降低全民发病率和死亡率，保障对患者的护理，维持基本的公共服务，并确保政治决策者、专家、公众和媒体获得可靠和及时的信息。[4] 然而，该计划也仅仅包含了行为建议。[5] 决策机构甚至没能制定具有法律约束力的规章制度。该防疫计划的发起者是罗伯特－科赫研究所(RKI)的一个专家小组。因此，从形式上来看，并不能称为实体法。[6]《国家防疫计划》只有行政内部的约束力，也不能称为规章。[7] 行政法规由上级主管部门向下级机关发布，来确保法律和法定文书的统一适用和解释，[8]而且只能由行政机关发布。而罗伯特－科赫研究所的专家组并不属于行政部门。此外，该防疫计划

---

[1] Aktuelle Übersicht：Bayerischer Pandemieplan(Stand：15. 2. 2020)，19. 8ff.，载https：//www. stmgp. bayern. de/vorsorge/infektionsschutz/infektionsmonitor-bayern/#Bayerischer-Influenzapandemieplan(最后访问日期：2020年4月8日)。

[2] 该计划由第一部分(组织和措施)和第二部分(学术依据)组成。第一部分(Stand：1. 3. 2017)载https：//edoc. rki. de/handle/176904/187，第二部分(Stand：4. 4. 2016)载https：//www. rki. de/DE/Content/InfAZ/I/Influenza/Pandemieplanung/Downloads/Pandemieplan _ Teil _ II _ gesamt. html；jsessionid = 0B1C41488EF37B7DA7BE50455361ECCF. internet062？ nn = 2370466(最后访问日期：2020年4月8日)。

[3] 参见网址：https：//www. rki. de/DE/Content/InfAZ/N/Neuartiges_Coronavirus/Ergaenzung_Pandemieplan_Covid. pdf？ __blob = publicationFile(最后访问日期：2020年4月8日)。在针对SARS-CoV-2的版本中删除了流感防疫计划中规定的疫苗的使用，因为(尚)没有疫苗可用。

[4] Nationaler Pandemieplan Teil I(Fn. 12)，S. 7.

[5] 这套计划也只在巴伐利亚州的防疫计划中适用(Fn. 11)："《巴伐利亚流感防疫框架计划》(Der Bay. Influenzapandemie-Rahmenplan)执行联邦政府和各州防疫计划中与巴伐利亚相关的规定，并作为一份技术文件，向行政机关和其他机构提供信息、意见和建议。"

[6] 另见Walus，DöV 2010，127，132；Witte，Recht und Gerechtigkeit im Pandemiefall，2013，S. 143；Pflug Pandemievorsorge-informationelle und kognitive Regelungsstrukturen，2013，S. 178；也可参见Kloepfer/Deye，DVBl. 2009，1208，1214。

[7] 另见Walus，DöV 2010，127，132；也可参见Kloepfer/Deye，DVBl. 2009，1208，1214。

[8] Schmitz，in：Stelkens/Bonk/Sachs(Hrsg.)，Verwaltungsverfahrensgesetz，9. Au. 2018，§1，Rdnr. 212.

针对的也并非隶属于行政机关的成员;[1]因此,它也不能成为行政部门的内部规范。[2] 此外,该防疫计划也不是《联邦行政程序法》第35条第1款意义上的行政行为。[3] 由于《国家防疫计划》中的行为建议并未确定法律后果,因此它也缺乏行政行为所需的监管效力。所以,该计划不构成《联邦行政程序法》第35条第2款意义上的一般裁定。总而言之,《国家防疫计划》是一项不具有法律约束力的行为建议。[4]

在州和地方一级,也有流行病框架计划和防疫计划。[5] 它们基于《国家防疫计划》,并将其具体化,对本州内部的行政机构及其责任进行了适应性调整。与《国家防疫计划》一样,它们也只是规划,因此同样没有约束力。

四、制定法律规范的必要性

反对制定法律规范的人认为,基于传统的医疗伦理道德,医疗人员可以自主决定如何分配紧缺的医疗卫生用品。[6] 对于患者用药紧迫性及其成功率的判断,应该尊重医生的专业能力。无论如何,在存疑时法律要求都是基于医学标准的。[7] 因此,医生只要按照医学标准行事就足够了。[8]

然而这种观点反对的是,为了决定某位患者“优先于”其他患者接受药

---

〔1〕 参见《国家防疫计划》第一部分(Fn. 12),第7页及之后:“它主要是针对联邦、州和地方一级主管机关。《国家防疫计划》还应该让公众了解疫情的潜在风险,使规划具有透明度,并且指明必要的措施,作为医疗机构和公司等做进一步规划的基础”。另见《巴伐利亚流感防疫框架计划》的目标群体(Fn. 15)。

〔2〕 另见 Walus, DöV 2010, 127, 132; Witte, Recht und Gerechtigkeit im Pandemiefall, 2013, S. 143f。

〔3〕 另见 Walus, DöV 2010, 127, 132; Pflug, Pandemievorsorge-informationelle und kognitive Regelungsstrukturen, 2013, S. 178。

〔4〕 Kloepfer/Deye, DVBl. 2009, 1208, 1215; Walus, DöV 2010, 127, 132; Taupitz, in: Kern/Lilie, FS f. G. Fischer, 2010, SS. 521, 522 ff.

〔5〕 参见现行防疫框架计划和各州防疫计划概览,载 https://www.rki.de/DE/Content/InfAZ/I/Influenza/Pandemieplanung/Pandemie-plaene_Bundeslaender.html(最后访问日期:2020年4月8日)。

〔6〕 Herb, Die Verteilungsgerechtigkeit in der Medizin, 2002, S. 179.

〔7〕 关于作为法律评价基础的医学标准,见 Taupitz, in: Greiner/Gross/Nehm/Spickhoff, FS f. G. Müller, 2009, SS. 311, 318 f.。

〔8〕 Herb, Die Verteilungsgerechtigkeit in der Medizin, 2002, S. 179.

物或者呼吸机而制定标准。医学本身作为一门自然科学,是难以借助其“搭载的手段”(Bordmitteln)来解决人与人之间的分配问题的。[1] 它只能判断对病人的用药是否“有意义”。在对病人进行比较和对冲突进行权衡的时候,医学仍然依赖于规范准则(伦理道德、法律)的指引[2]。虽然医学伦理学也是医学的组成部分之一,[3]但是(医学)伦理学中也存在很多相冲突的观点(只列举功利主义、平等主义、个人主义、义务主义即可见一斑),[4]问题在于,哪一种观点应该占据主导地位。这个问题不能仅凭“伦理学”解决。无论如何,决定关键问题都需要法律的回应,并且根据联邦宪法法院(BVerfG)的重要性理论,[5]甚至需要议会立法者进行回应。这是因为,稀缺医疗资源的分配决定对公共利益意义重大,它与基本权利(公民的生命权、人身安全权和健康权)根本相关,也受到了依赖稀缺资源群体的高度关注。[6] 因此,在疫情之下,对于稀缺医疗物资的分配,更加有必要由立法者制定针对性更强的规则。[7] 相对而言,对规则的灵活性和标准化[8]这种反

---

〔1〕 Taupitz, in: Dietrich/Imhoff/Kliemt (Hrsg.), Standardisierung in der Medizin, 2004, SS. 263, 281; Gutmann, in: Schroth/König/Gutmann/Oduncu, Transplantationsgesetz, 2005, § 12, Rdnr. 21.

〔2〕 Ach/Wiesing, in: Brudermüller/Seelmann (Hrsg.), Organtransplantation, 2000, S. 139ff., S. 145; Brech, Triage und Recht, 2008, S. 101; Bausch/Kohlmann, NJW 2008, 1562, 1564; Lachmann/Meuter, Medizinische Gerechtigkeit, 1997, S. 166; Taupitz, in: Nagel/Fuchs (Hrsg.), Rationalisierung und Rationierung im deutschen Gesundheitswesen, 1998, SS. 86, 102.

〔3〕 Neft, NZS 2010, 16, 17; Neumann, NZS 2005, 617, 621.

〔4〕 概述可见 Brech, Triage und Recht, 2008, S. 123 ff.。

〔5〕 BVerfG, NJW 2018, 361, 364, Rdnr. 116 m. w. N.

〔6〕 Höfling, in: Feuerstein/Kuhlmann, Rationierung im Gesundheitswesen, 1998, SS. 143, 151; Brech, Triage und Recht, 2008, S. 311; Herb, Die Verteilungsgerechtigkeit in der Medizin, 2002, S. 178. 与重要性原则有关的一般标准见 Taupitz, Die Standesordnungen der freien Berufe, 1991, S. 804 ff.。

〔7〕 Kloepfer/Deye, DVBl. 2009, 1208, 1219; Trute, KritV 2005, 342, 361; Brech, Triage und Recht, 2008, S. 312 f.; Witte, Recht und Gerechtigkeit im Pandemiefall, 2013, S. 146ff.; Taupitz, in: Kern/Lilie, FS f. G. Fischer, 2010, 526; Walter, Zeit online 2. 4. 2020, 载 https://www.zeit.de/gesellschaft/2020-04/corona-krise-aerzte-krankenhaeuser-ethik-behandlungen-medizinische-versorgung(最后访问日期:2020 年 4 月 8 日); Zimmermann, Legal Tribune Online 23. 3. 2020, 载 https://www.lto.de/recht/hintergruende/h/corona-triage-tod-strafrecht-sterbenkrankenhaus-entscheidung-auswahl/(最后访问日期:2020 年 4 月 8 日)。关于《移植法》(Transplantationsgesetz)中基本条款涉及的移植方面的初步医学问题也可见 Gutmann/FatehMoghadam, NJW 2002, 3365, 3365 f.。

〔8〕 参见 Taupitz, Die Standesordnungen der freien Berufe, 1991, S. 807。

面考虑则处于次要地位。疫情并非一种无法为之作出规定的反常情况，因为长期以来人们都清楚地认识到它的存在——对于如今这样大规模的疫情，在2013年联邦国家风险分析(Bund-Länder-Risikoanalyse)中已经作了非常详尽的描述。[1] 分析中还明确指出："迄今为止，尚未制定针对疫情期间大规模感染情况的法律法规。这个问题不仅需要复杂的医学考量，也需要伦理学考量，而且要尽可能地避免在发生危机时才思考这个问题。"[2]然而立法者至今仍未听从这条建议。

五、法律规范不允许

2020年3月27日，德国伦理委员会(der Deutsche Ethikrat)发表了题为"新冠危机中的团结与责任"的特别意见。伦理委员会在意见中指出：[3]

"国家不得评判人的生命，所以不得规定在冲突情形之下优先拯救哪些生命。即使在大规模灾难性的紧急情况之下，国家的义务也只能是尽可能多地挽救生命，并且首先要保证在法制的基础之上。

因此，国家几乎不可能对稀缺资源制定抽象的约束性规范。《基本法》给出的主要是对禁止行为的消极规定。相比而言，它们几乎没有为临床中的具体选择提供任何积极的指导。但是，这并非意味着不可以制定指导方案。上述禁止国家评判生命的规定也并不排斥制定指导方案。因此，将社会各阶层的具体标准结合起来是有意义的。这指的是，例如，发挥专业学会的功能，它们可以也应该在上述基本要求的框架内提供重要指引。而从内容上看，上述指引已经超出了国家被允许的范围。

由此强调的医疗卫生对个案决定及实施的主要责任，源于前述基本法对国家制定规范的限制。然而，这种责任不应该只在'临床'上，即在个人医患

[1] BT-Dr. 17/12051 v. 3. 1. 2013, S. 5 f. und Anhang 4, S. 55ff.

[2] BT-Dr. 17/12051 v. 3. 1. 2013, S. 65, Fn. 7.

[3] "新冠危机中的团结与责任"的特别意见第4页，载 https://www.ethikrat.org/fileadmin/Publikationen/Ad-hoc-Empfehlungen/deutsch/ad-hoc-empfehlungcorona-krise.pdf(最后访问日期：2020年4月8日)。

关系的框架内履行。基于平等对待以及获取民众普遍接受的考量，在临床急救中需要统一的行为准则。为了应对当前的危机……医学协会已经公布了第一批建议。”

这些关于限制国家规范权力的观点，可能受到了联邦宪法法院关于《航空安全法》(Luftsicherheitsgesetz)[1]中相关规定的影响。该规定涉及的情况是，国家下令击落一架被恐怖分子劫持为武器的飞机，即国家自行采取措施，目标明确地主动结束机组人员和乘客的生命，以拯救其他人的生命。在这种情况下，国家把自己变成了“肇事者”，把无辜的受害者“仅仅当作国家救援其他人的工具……把受害者的死亡作为拯救他人的手段，他们被物化，被剥夺了权利”。[2] 而在一个与疫情相关的规定中出现了与之相对的标准，即在物资紧缺的情况下，一些人优先获取医疗物资，其他人之后才能得到救助。那些被排在后面的人由于没有得到积极的医疗救治，只能听天由命，最终病死。这种情况与《移植法》中的规定并无二致，[3]根据《移植法》第 12 条第 3 款第 1 句，可供移植的器官由专门的分配机构(Eurotransplant，欧洲脏器移植基金会)依据“符合医学要求，尤其是手术成功率以及配型适合病人的紧迫需求的规则进行提供”。德国医学协会(Bundesärztekammer)的任务是根据《移植法》第 16 条第 1 款的规定以及医学科学的现状，从专业角度具体落实法律规定并且填补法律漏洞。[4] 而为什么在疫情下不允许有类似的规定，这一点让人无法理解。[5] 我们至少应该通过议会讨论立法者在公民的尊严、生命和健康受到威胁的情况下能够做到什么，或者立法者在什么情况下

---

〔1〕 BVerfG, NJW 2006, 751ff.

〔2〕 BVerfG, NJW 2006, 751, 758, Rdnr. 124.

〔3〕《移植法》于 2007 年 9 月 4 日颁布(BGBl. I S. 2206)，第 1 条最新修订于 2020 年 3 月 16 日(BGBl. I S. 497)。

〔4〕 相关重要内容参见 BGH, NStZ 2017, 701；法律分类和评价方面的其他内容见 Taupitz, NJW 2003, 1145 ff.。

〔5〕 关于移植医学与《航空安全法》规定的情况的区别，已有阐述见 Dannecker/Streng JZ 2012, 444, 449 f.。

必须保持克制。[1]

当然,这并不会干涉医疗领域,而且由于医疗人员具备专业知识,他们也有能力评估关于适应症、成功率和紧迫性等医学问题,并使之成为一般准则。因此,在当前疫情背景之下,最近几周出现了一些涉及医疗资源短缺的分配问题[2]的建议和声明。鉴于意大利北部的严峻局势,意大利麻醉、镇痛、复苏和重症监护医学协会(SIAARTI)首先发声,[3]随后瑞士医学科学院(SAMW)、瑞士重症监护医学协会(Schweizerische Gesellschaft für Intensivmedizin)[4]以及奥地利麻醉、复苏和重症监护医学协会(ÖGARI)[5]也相继发表了各自的观点。在德国,各专业协会也发表了关于新冠病毒感染患者护理的声明。[6] 然而,仍有一个问题,即为什么伦理委员会认为专业协会有资格为临床紧急情况制定"行动准则"?[7]伦理委员会是否更应该有这方面的义务,或者是否至少要表明它支持哪一方观点呢?如果专业学会本身只能在《基本法》的"上述基本要求的框架"内行动,那么它们在国家行为之外还有多少余地呢?[8]或者说,应该尽可能均等地实施违法行为[根据下文六(六)情况二]。

---

〔1〕 Gelinsky, Brauchen wir ein Triage-Gesetz?, 2020,载 https://www.kas.de/documents/252038/7995358/Brauchen + wir + ein + Triage-Gesetz.pdf/dd0cb801 - 4217 - 7219 - b531 - 278a774e311e?version = 1.0&t = 1586415062476(最后访问日期:2020 年 4 月 8 日)。

〔2〕 医学伦理学会(Akademie für Ethik in der Medizin)将持续更新这些建议和声明的列表,载 https://www.aemonline.de/index.php? id = 163(最后访问日期:2020 年 4 月 8 日)。

〔3〕 Clinical ethics recommendations for the allocation for intensive care treatments in exceptional, resource-limited circumstances,发布于 2020 年 3 月 16 日,载 http://www.siaarti.it/SiteAssets/News/COVID19% 20 - % 20documenti% 20SIAARTI/SIAARTI% 20 - % 20Covid19% 20 - % 20Raccomandazioni% 20di% 20etica% 20clinica.pdf(最后访问日期:2020 年 4 月 8 日)。

〔4〕 Covid - 19 - Pandemie: Triage von intensivmedizinischen Behandlungen bei Ressourcenknappheit,载 https://www.samw.ch/de/Ethik/Themen-A-bis-Z/Intensivmedizin.html(最后访问日期:2020 年 4 月 8 日)。

〔5〕 Allokation intensivmedizinischer Ressourcen aus Anlass der Covid-19-Pandemie vom 17. 3. 2020,载 https://www.anaesthesie.news/aktuelles/allokation-intensivmedizinischer-ressourcenaus-anlass-der-covid-19-pandemie/(最后访问日期:2020 年 4 月 8 日)。

〔6〕 DIVI 等(Fn. 8)。

〔7〕 准确阐述见 Walter(Fn. 33)。

〔8〕 参见 Deutscher Ethikrat(Fn. 37)第 3 页:"《基本法》的基本要求也是对医德的约束。"

六、疫情期间稀缺资源分配的基本法规范

如果现有的法律无法为疫情期间的病人选择提供指引，那么《基本法》是否也没有呢？

（一）疫情造成资源稀缺情形下的国家保护义务

众所周知，国家保护公民生命和身体安全的义务主要来自《基本法》第2条第2款第1句。[1] 此外，根据《基本法》第1条第1款和第20条第1款的福利国家原则，国家对公民负有最低物质生活保障责任。[2] 国家出于其保护责任，需建立运作良好的医疗体系，并在相应范围内储存和提供医药产品和医疗设备。[3] 在这方面德国是否已经做到了足够的程度，是一个相当有争议的问题。

（二）原始参与权

原始参与权，即根据基本权利向国家直接提出防卫权意义上的权利，按照现今的主流观点，当然可以从《基本法》中引申出最低生活保障的问题。[4] 基于此点以及《基本法》将人的生命作为"最高价值"[5]来看，消除对生命的危险优先于消除对身体和健康的危险。[6] 进一步来说，即"紧迫性"原则上必须优先于"成功率"。[7] 如果放弃对"赤裸裸的存在"的保护，进而放弃对生命的保护，那么基本法权利的构建就很难形成了。[8] 而从原

---

〔1〕 Dazu statt vieler BVerfG, NJW 2006, 751, 757, Rdnr. 120 m. w. N.

〔2〕 BVerfGE 125, 175, 222ff.; Huster, DVBl. 2010, 1069, 1070; Witte, Recht und Gerechtigkeit im Pandemiefall, 2013, S. 124ff.

〔3〕 参见 Witte, Recht und Gerechtigkeit im Pandemiefall, 2013, S. 124 ff.。

〔4〕 参见 Taupitz, in: Nagel/Fuchs (Hrsg.), Rationalisierung und Rationierung im deutschen Gesundheitswesen, 1998, S. 91f.; zum Existenzminimum vgl. BVerfGE 82, 60, 85; BVerwGE 1, 159, 161f.; BSGE 57, 59, 63。

〔5〕 BVerfG, NJW 2006, 751, 753, Rdnr. 85 m. w. N.

〔6〕 Brech, Triage und Recht, 2008, S. 258 f.

〔7〕 参见 Walter (Fn. 33); zur Transplantationsmedizin Neft, NZS 2010, 16, 18; ähnlich: Schreiber, in: Nagel/Fuchs (Hrsg.), Soziale Gerechtigkeit im Gesundheitswesen, 1993, SS. 302, 308。

〔8〕 Taupitz, in: Wolter/Riedel/Taupitz, Einwirkungen der Grundrechte auf das Zivilrecht, Öffentliche Recht und Strafrecht, 1999, SS. 113, 118ff.

始参与权来看,对于如何处理若干人的生命受到威胁但并非所有人都能获救的情况,无法得出任何解决方案。

(三)难以界定的病人选择标准

《基本法》更具体地规定了一些不得用于分配的标准。《基本法》第3条第3款列举了性别(与通常的观点相反,即“妇女优先”的格言不应适用于应对灾害时期)、[1]血统、种族、语言、祖国和出生、信仰、宗教或政治观点以及残疾。

(四)衍生权利

此外,《基本法》第3条第1款根据平等原则规定了衍生权利,即如果国家想要提供某些福利,个人的衍生参与权或福利权利使国家权力有义务在获得或者给予福利上一视同仁(Wenn-Dann-Schema)。[2] 由此可见,程序制定尤其需要确保平等。[3] 进而得出,不得区别对待因COVID-19或其他疾病而同样具有生命危险的人。[4]

(五)法律准许的分配标准:紧迫性

抢救最急需治疗的人的生命,是减轻最大痛苦的价值判断。[5]《刑法》以此为行动准则,也并非偶然:在有正当理由的危急情况下,根据《刑法》第34条的规定或在合理的职责冲突中,允许优先考虑那些最急需救援的法

---

〔1〕 参见 Deutscher Ethikrat (Fn. 37), S. 3; SAMW (Fn. 46), Punkt 2; Brech, Triage und Recht, 2008, S. 207。

〔2〕 Brech, Triage und Recht, 2008, S. 197; Witte, Recht und Gerechtigkeit im Pandemiefall, 2013, S. 129ff.

〔3〕 在目前的情形下,制定平等分配的标准是理所应当的。s. Deutscher Ethikrat (o. Fn. 37), S. 4; Deutsche Bischofskonferenz, Triage, 8. 4. 2020, Punkt 4, 载 https://dbk.de/nc/presse/aktuelles/meldung/triage/detail/(最后访问日期:2020年4月8日)。

〔4〕 DIVI et al. (Fn. 8), Punkt 2. 2; Schöne-Seifert (Fn. 7); Stoecker, Verteilung knapper Ressourcen in der Intensiv-und Notfallmedizin, S. 6f., 载 https://www.aem-online.de/fileadmin/user_upload/Ralf-Stoecker-Ethischer-Hintergrundkommentar-zur-Stellungnahme-der-Fachverbaende-und-AEM-1.pdf(最后访问日期:2020年4月8日)。

〔5〕 Lachmann/Meuter, Medizinische Gerechtigkeit, 1997, S. 186 f.; Brech, Triage und Recht, 2008, S. 258.

益。〔1〕关键是在这种抽象考察中,应该如何确定危急利益的顺位从而体现生命的最高价值呢?然而,也并不能孤立地考虑被危及法益的等级,而是要综合权衡利益,考虑即将发生的危险的范围和程度。例如,相比于较远的生命危险,应先避免即将发生的严重损害健康的危险。〔2〕

因此,在疫情期间应该为有紧迫危险的人群,即发病率高或者死亡率高的人群,优先接种疫苗。〔3〕其后是不可避免地置身于感染风险的医护人员,〔4〕还有那些由于先前疾病而抵抗力较弱的病人。〔5〕

在疫情这种医疗灾难背景之下,这种分流组是为法律所允许的,也有其合理之处,因其调整了紧缺医疗资源的分配顺序。第一组为急性病患或有生命危险的人。第二组为急需治疗但尚可推迟的重患病人。轻型患者被分到第三组,将会推迟治疗。而那些无望存活的人,被分到第四组,紧缺的医疗资源对他们来说并无多益。对于这类患者,不再去费力抢救,而重在缓解痛苦。第一组至第三组符合《基本法》规定。〔6〕

但是,对第四组患者的治疗其实与第一组同样迫切。他们的区别只在于治疗成功率。只有允许将治疗成功率作为区分标准时(见下文),这两个分流组的区分才能在《基本法》上站得住脚。从伦理的角度来看,在灾难尚未发生时,即只要没有人知道自己会被归入哪个组,最大限度地增加幸存者的数量,是符合全体公民利益的,这不失为一种合理的做法。那么,即使是那些因灾难而被置于第四组的人,也会遵守这一假定的规则共识。〔7〕德国主教

〔1〕 Kautzky/Illhardt/Künschner, in: Eser/v. Lutterotti/Sporken (Hrsg.), Lexikon Medizin, Ethik, Recht, 1989, S. 1042; Uhlenbruck, MedR 1995, 427, 434.

〔2〕 Künschner, Wirtschaftlicher Behandlungsverzicht und Patientenauswahl, 1992, S. 325; Brech, Triage und Recht, 2008, S. 259; Taupitz (Fn. 28), S. 99.

〔3〕 Brech, Triage und Recht, 2008, S. 259.

〔4〕 SAMW (Fn. 46), Punkt 2.

〔5〕 Brech, Triage und Recht, 2008, S. 259; Kloepfer/Deye, DVBl. 2009, 1208, 1220 f.

〔6〕 Brech, Triage und Recht, 2008, S. 260.

〔7〕 Lübbe, Verfassungsblog, 载 https://verfassungsblog.de/corona-triage/(最后访问日期:2020年4月8日)。

会议从正义论的推理逻辑角度出发,也是这样论证的。[1]

(六)存疑的分配标准

1. 幸存者人数最大化

(1)情况一:同时抢救急需救助者

从学术和目前的讨论来看,存在很多所谓的最大化公式的支持者。他们认为,紧缺医疗资源的分配方式,应当从临床成功率出发,尽可能多地挽救患者生命。[2] 上述医学学会对此也尤为赞成。[3] 伦理委员会也认为国家"有尽可能挽救更多生命的责任",[4]甚至德国主教会议也认为在尽可能挽救更多生命的前提下进行分流,是"允许的、合理的乃至必须的"最后手段。[5]

然而,从《基本法》的角度来看,以幸存者人数最大化作为分配标准并非没有问题。原因在于人的生命往往被描述为一个绝对的最大值,[6]而一个人的生命是无法衡量的,是与为集体牺牲根本区分的,也是不能被其他任何利益所超越的。[7] 由此引申出量化禁止,即禁止以抵消损益的方式衡量人的生命。[8] 人的生命的独特地位不允许将其当作物质产品清算。[9]

此外,特别是在德国的历史背景下,还需注意放任他人死亡或成为其他事件开端的危险。[10] 人不应该沦落为服务于更高目标的手段。如果一个"被选择者"仅有计算价值,那么人的生命就被剥夺了主观的、独特的特征。

---

〔1〕 Deutsche Bischofskonferenz(Fn. 61),Punkt 6.

〔2〕 Brech,Triage und Recht,2008,S. 208;Lübbe,Ethik in der Medizin 2001,SS. 148,149;Nagy,Zivilverteidigung 1984,14,15;SchöneSeifert(Fn. 7);Körtner,science@ ORF. at 29. 3. 2020,载 https://science. orf. at/stories/3200432(最后访问日期:2020 年 4 月 8 日)。

〔3〕 DIVI et al. (Fn. 8);SAMW(Fn. 46);ÖGARI(Fn. 47);SIAARTI(Fn. 45).

〔4〕 Fn. 37;ebenso(österr.)Bioethikkommission(Fn. 8),S. 11.

〔5〕 Deutsche Bischofskonferenz(Fn. 61),Punkt 5,9.

〔6〕 Laber,Der Schutz des Lebens im Strafrecht,1997,S. 152;Peters,JR 1949,496,496;Spendel,in:Bockelmann,FS f. Engisch,1969,SS. 509,516.

〔7〕 Erb,in:Joecks/Miebach,MüKo/StGB,Band 1,3. Aufl. 2017, § 34,Rdnr. 116 m. w. N.

〔8〕 Küper,JuS 1981,785,791;Brech,Triage und Recht,2008,S. 209.

〔9〕 Laber(Fn. 76),S. 153.

〔10〕 Brech,Triage und Recht,2008,SS. 214,241.

挑选的原因只能是治疗无望。[1] 事实上,最大化公式将会导致人命相抵。因此,从最大化的角度来看,不能为了一部分人的利益而搁置另一部分人的利益。[2] “纯粹的功利主义权衡模式,即仅仅在人的生命或者生存年限上进行最大化权衡”,不符合《基本法》要求。[3]

然而,有人会当然地提出异议:量化禁止至少在日常医学之外绝对不能适用。即使联邦宪法法院把人的生命归为“独特的存在”,但准确地说并不是作为最高价值,[4]即人的生命不是无限值,而是有限值。在特定情形下,即当生命与同样地位的基本法权益进行权衡时,[5]以牺牲对生命的保护为代价的平衡也是可能的。这不但适用于公众在保障刑事司法系统正常运行方面的利益,[6]也适用于诸如“以命抵命”的情况。[7] 毕竟,根据《基本法》第2条第2款的第1句和第3句,对生命的合法权益是可以依法限制的。若假设人的生命具有同等的价值,那么,两条人命比一条人命更有价值(“价值随数量的增加而增加”)。[8] 据此不应是量化禁止,而是从量化规定出发。[9] 否则,若依严格规定对所有患者一视同仁,就可能出现没有人能得到稀缺物资的情况。[10]

---

〔1〕 Brech, Triage und Recht, 2008, S. 262 f.; Künschner, Wirtschaftlicher Behandlungsverzicht und Patientenauswahl, 1992, S. 91; Opderbecke, MedR 1985, 23, 25.

〔2〕 Brech, Triage und Recht, 2008, S. 214; Witte, Recht und Gerechtigkeit im Pandemiefall, 2013, S. 155.

〔3〕 Deutscher Ethikrat (Fn. 37), S. 3; vgl. ferner Sternberg-Lieben, in: Schönke/Schröder, StGB, 30. Aufl. 2019, Vorbem. zu § § 32ff., Rdnr. 74 m. w. N.

〔4〕 Brech, Triage und Recht, 2008, S. 258 f.

〔5〕 BVerfGE 88, 203, 253 f.

〔6〕 BVerfGE 46, 214, 222; 51, 324, 343.

〔7〕 Di Fabio, in: Maunz/Dürig (Hrsg.), Kommentar zum Grundgesetz, Stand: 89. EL Okt. 2019, Art. 2 Abs. 2 S. 1, Rdnr. 40; Schoor, Lebensschutz an der Schwelle des Todes, 2002, S. 117.

〔8〕 Brech, Triage und Recht, 2008, S. 246f.; Scheid, Grund-und Grenzfragen der Pflichtenkollision beim strafrechtlichen Unterlassungsdelikt, 2000, S. 58; Harris, Der Wert des Lebens, 1995, S. 52.

〔9〕 Brech, Triage und Recht, 2008, S. 217; Taupitz, in: Kern/Lilie, FS f. G. Fischer, 2010, S. 529; Dannecker/Streng, JZ 2012, 444, 447ff. m. w. N.

〔10〕 Stoecker (Fn. 62), S. 5.

此外,法律制度的目标之一是实现对合法权益的最佳保护。[1] 若不同公民的基本权利发生冲突,就得通过实际的协调,尽可能地使每项基本权利得到保障。[2] 如果无法保护所有权益,如在疫情期间医疗资源紧缺的情况下,那么,只有在医疗资源的使用方式能挽救尽可能多的生命时,才能达成最大限度地保护合法权利的目标。[3] 这甚至特别考虑到了人的生命的平等价值。因为任何其他的分配方式,最终的结果都是放弃挽救生命的可能,从而否定了那些被遗弃的"非急需"的人的生命价值。[4]

但是,首先必须考虑以下几点:这里要讨论的案例并不涉及为了挽救另一个人而主动缩短一个患者的生命。更确切地说,无法救治的人的命运取决于疾病程度和医疗物品的短缺情况。[5] 这里的情况类似于否定医疗指征的存在;它不涉及对生命的禁止估价,而是允许对目前医疗措施问题的估价,[6]即在危机情形下,用(有限)的医疗资源使尽可能多的病人从医疗服务中受益。[7] 正因如此,《移植法》要求按照成功率标准来分配待移植器官,以实现患者集体移植总成功率最大化的目标。[8] 因此,总体来说,分配医疗措施以挽救尽可能多的生命是一个可行的方案。[9] 毕竟,根据《联邦卫生条例》(Bundesärzteordnung)第 1 条,医生为"个人和整个国家的健康"服务。

---

〔1〕 Scheid, Grund-und Grenzfragen der Pflichtenkollision beim strafrechtlichen Unterlassungsdelikt, 2000, S. 27; Brech, Triage und Recht, 2008, S. 229.

〔2〕 Dazu Hoffmann-Riem, AöR 144(2019), 467 ff.

〔3〕 Brech, Triage und Recht, 2008, S. 238.

〔4〕 Dannecker/Streng, JZ 2012, 444, 449.

〔5〕 Taupitz, in: Kern/Lilie, FS f. G. Fischer, 2010, S. 530; s. auch Merkel, faz. net 4. 4. 2020, S. 11, 载 https://www. faz. net/aktuell/feuilleton/debatten/beatmung-in-der-medizin-eine-fragevon-recht-und-ethik-16710882. html(最后访问日期:2020 年 4 月 8 日)。

〔6〕 Taupitz, Gutachten A zum 63. DJT, 2000, S. A 24.

〔7〕 DIVI et al. (Fn. 8), Punkt 2. 2.

〔8〕 Gutmann, in: Schroth/König/Gutmann/Oduncu, Transplantationsgesetz, 2005, Rdnr. 12. 与各种观点不同的是,联邦法院在 2017 年 6 月 28 日的判决(NStZ 2017, 701)中也没有宣告成功可能性标准一律违宪,而只是宣告当时德国医学会在规定中提到的 6 个月的固定"等待条款"违宪。

〔9〕 另见 Taupitz, in: Kern/Lilie, FS f. G. Fischer, 2010, S. 528 ff. 。

因此,疫情期间重症医疗首先应着眼于短期成功率,即病人在重症治疗结束后出院的可能性。[1] 因此,对于那些即使接受重症治疗也极有可能死亡的患者,最有可能放弃治疗。同时,随着资源稀缺的加剧,应更加重视中期成功率。但在任何情况下,都必须确保为缓解症状提供足够的医疗供应。[2]

(2)情况二:对在后病患的挽救

在这里,存在争论的是,是否也允许终止对一个病人维持生命的治疗,以便用由此释放的资源挽救其他病人的生命。例如,瑞士医学科学院[3]明确要求,至少每隔48小时根据临床标准的详细清单检查哪些患者的恢复可能微乎其微。在这种情况下,应停止重症治疗,以便腾出空间给其他治疗前景更好的危重病人。因此,需要的是统一的后续分流。奥地利麻醉、复苏和重症监护医学协会也建议,如果另一名患者,"——以接受重症治疗的合理标准来衡量——预期可以得到更好的效果,但由于缺乏资源(如没有重症监护床位)不能及时接受治疗来避免对生命的严重威胁",则可以终止对因疾病而具有死亡风险的COVID-19患者的重症治疗。[4] 德国重症监护和急救医学跨学科协会(Deutsche Interdisziplinäre Vereinigung für Intensiv-und Notfallmedizin, DIVI)[5]以及意大利麻醉、镇痛、复苏和重症监护医学协会的建议也大致相同。[6] 在分流的情况下,所有的说法都背离了医学上原本适用的原则,即所有病人都有同样的治疗机会,最重要的是下一位病人,[7]换句话

〔1〕 SAMW(Fn. 46), WHO(Fn. 101), S. 21; Punkt 3 und 4(österr.) Bioethikkommission(Fn. 8), S. 11 f.

〔2〕 SAMW(Fn. 46), Punkt 3; WHO, Guidance for Managing Ethical Issues in Infectious Disease Outbreaks, 2016, S. 22, 载 https://apps.who.int/iris/bitstream/handle/10665/250580/9789241549837-eng.pdf;jsessionid=2FB63D1A7179EB93BFCA087FEEB7EE2F?sequence=1(最后访问日期:2020年4月8日)。

〔3〕 SAMW(Fn. 46), WHO(Fn. 101), S. 21; Punkt 4.4.

〔4〕 ÖGARI(Fn. 47), Punkt 6.

〔5〕 DIVI et al. (Fn. 8), Punkt 3.2.2.

〔6〕 SIAARTI(Fn. 45), S. 3.

〔7〕 参见 Blaul/Biesing, RPG 1996, 23, 26: „Im Konfliktfall steht... an erster Stelle das Wohl des gerade behandelten kranken Einzelnen"。

说:“先到先得。”[1]显然,在灾难的情况下应考虑采取不同的方法,如对下述情况进行区分,即一个病人是只需要几天的恢复时间就有可能痊愈,还是即使经过长时间的修养也仅有一丝痊愈的希望。[2] 如果更有希望痊愈的病人占用更短的治疗时间,那么很快就可以将资源用于挽救其他病人,因此,总体来说可以挽救更多的生命。

而德国伦理委员会则持不同看法。据其特别意见,[3]“在这种情况下,[4]作出合乎道德的良心决定并遵循公开透明的标准——如医学会规定的标准——的人,可以期待法律制度在对该事件进行可能的(刑事)法律评估时给予宽大处理。但是,为了挽救第三人而主动终止正在进行的、仍有指征的治疗,客观上并不合法……即使在灾难时期,国家也要确保法制的基础”。

但法规对人的行为的评价不同于伦理学角度的评价。令人惊讶的是,伦理委员会竟如此生硬地将一项“合乎道德”的决定在客观上宣布是非法的,甚至认为它违背法制的基础。相应行为的违法性判断尚有争议。因为在这里需要评估的情况也确是如此,即不再向其提供必要的医疗资源的人是死于疾病,而不是因为对其生命的外部干预。对此,如果一个人认为他能够被拯救——以不拯救别人为代价,则这种情况也必须适用于其他具有相同情形的人(见上文情况一)。因为在那种情况下,需要同时救助所有相同情况的人,所以没有得到救助的人一定会感觉这是对其权利的侵犯。这两种情况都涉及选择决定,因此就会产生这样的问题,即为什么同时作出必要决定就能按照某种标准使选择合法化(在法律上亦是如此),而不同时间作出的必要决

---

[1] 瓦尔特也主张在疫情期间采取此种措施(Fn. 33);Zimmermann(Fn. 33);a. A. Dufner, Zeit online 4. 4. 2020, 载 https://www. zeit. de/gesellschaft/2020 - 04/behandlung-coronavirus-patienten-krankenhaeuser-triagenotfallmedizin-aerzte-annette-dufner/komplettansicht? print(最后访问日期:2020 年 4 月 8 日)。“然后是住得离医院近或买得起车的人,先到先治疗。或者说在于生活方式:先感染,先治疗。但这也并不一定公平。”如果默克尔(Fn. 95)想把已经在去诊所的路上的预约患者当作已经到达的病人,那么她就违反了她自己所假设的前提,即只有不可能救治的情况才有理由这样做。

[2] Stoecker(Fn. 62), S. 5.

[3] Deutscher Ethikrat(Fn. 37), S. 4; ähnlich (österr.) Bioethikkommission(Fn. 8), S. 13; Deutsche Bischofskonferenz(Fn. 61), Punkt 7.

[4] 在这方面,伦理委员会支持“事后竞争中的分流”。

定却不合法。不过,伦理委员会认为,以下情况只适用于同时急需治疗的人:[1]“被剥夺治疗机会的患者,并不是因医疗决策者的不作为而被‘杀死’的,而是由于不幸因病而死,即任何人都不能被迫去做不可能的事。”

伦理委员会也承认,根据广泛的意见,中断治疗并伴随积极的行为(如从重症监护室转出)不应被视为不作为,而应被视为(应受惩罚的)作为。[2]但是,联邦法院判决认为,“不能仅从外在行为划分允许行为和禁止行为的标准”。法律对避免结果的不作为和造成结果的作为作了根本区分,因为《刑法》第13条第2款对不作为造成结果的情况规定了可选择的减轻处罚。但是,这种一般性的区分同时也可能使人们对作为和不作为给予同等评估,从而在犯罪构成要件下,对它们一视同仁。[3] 随后,联邦法院专门就终止治疗这一问题作出进一步表示:“停止治疗并非仅限于自然和社会意义上单纯的不作为;相反,它通常可以包含大量的积极和消极行为,根据教义学和《刑法》第13条规定的不作为犯罪的判例法所制定的标准,对其进行分类是存疑的,而且一定程度上可能存在巧合的情况。因此,将所有与终止治疗有关的行为归纳、合并为终止治疗的规范性评价,是合理且有必要的。其中,不仅包括行为要素,而且包括有关人员的主观要素。目前采取的医疗措施分为两种。第一种情况是根据患者的整体意愿而终止已经开始的医疗措施。第二种情况是根据患者及其护理人员的意愿,按照指示的护理和治疗要求,缩小实际治疗的范围。患者无论是通过省略进一步的治疗措施,还是采取行动主动终止治疗,如关闭呼吸机或移除营养探针,都有权拒绝接受治疗。这同样也适用于终止不再需要的治疗。”

综上所述,在分流的情况下,很可能把“所有与……终止医疗相关的行为都归纳为终止治疗,并且将其作为在规范性评估中的通用术语”,并将其等同

---

〔1〕 Deutscher Ethikrat(Fn. 37),S. 4. Der Ethikrat spricht insoweit von „Ex-ante-Konkurrenz“.

〔2〕 Zum Streitstand s. Schneider, in: Joecks/Miebach, MüKo/StGB, 3. Aufl. 2017, Vorbem. zu § 211, Rdnr. 118; Sternberg-Lieben, in: Schönke/Schröder, StGB, 30. Aufl. 2019, Vorbem. zu §§ 32 ff., Rdnr. 74; Knauer/Brose, in: Spickhoff(Hrsg.), Medizinrecht, 3. Aufl. 2018, § 216 StGB, Rdnrn. 6 ff.

〔3〕 BGH, NJW 2010, 2963, 2966.

于法律所允许的终止治疗(见上文情况一)。[1] 因为在法律允许终止治疗的情况下(在分流的情况下),是否终止治疗并不取决于当事人的意志。最重要的是,它涉及的行为仅限于重新确定一种条件,使已经开始运行的治疗过程得以顺利进行,而不是有针对性的干预,使结束生命与治疗疾病相分离,这种情况肯定是不被允许的。[2]

如果在分流的情况下,依据大众普遍接受的道德伦理[3]和法律观念,[4]则应当把终止治疗看作一种不作为,而不是一种作为。这样一来,就可以权衡各种救援义务。在这种情况下,必须有特别充分的医学理由,才能为了另一位患者而终止某一位病人的呼吸。毕竟,病人原本是有机会获救的。因此,必须要有一个理由来解释为何剥夺他(她)接受医疗护理的权利。在这一点上,我们往往以医疗措施成功率为依据。[5] 因为,人们对于"延缓死亡和拯救生命"是普遍接受的,[6]但对"生命"这一法益的评估则并非如此。"多眼原则"(Mehr-Augen-Prinzip)等程序性保障措施固然有用,[7]但是如果医生基于"他的决定在道德上是合理的,并遵循那些由医学专业协会制定的公开透明的标准",那么这就好比是道德委员会的标准一样,只不过是个借口罢了。[8] 在疫情期间,医务人员除了要承担明显过高的精神负担外,还

---

〔1〕 霍芬对治疗现场及治疗过程也有类似观点,faz. net 31. 3. 2020,载 https://www. faz. net/einspruch/triage-entscheidungen-auch-auf-das-alter-kommt-es-an-16705931. html(最后访问日期:2020 年 4 月 8 日)。

〔2〕 参见 BGH,NJW 2010,2963,2967;Knauer/Brose,in:Spickhoff(Hrsg.),Medizinrecht,3. Aufl. 2018,§ 216 StGB,Rdnr. 11;zuvor schon Höfling,JuS 2000,111,113;Verrel,Gutachten zum 66. DJT,2006,C 64。

〔3〕 Stoecker(Fn. 62),S. 10;Schöne-Seifert(Fn. 7);Birnbacher,Tun und Unterlassen,1995,S. 339;Emmanuel et al.,NEJM 23. 3. 2020,S. 4 f.,载 https://www. nejm. org/doi/full/10. 1056/NEJMsb2005114? query = featured_coronavirus(最后访问日期:2020 年 4 月 8 日)。

〔4〕 Tag,in:Kick/Taupitz(Hrsg.),Handeln und Unterlassen,2003,SS. 37,47 f.

〔5〕 Stoecker(Fn. 62),S. 10.

〔6〕 Neumann,in:Kindhäuser/Neumann/Paeffgen,StGB,5. Aufl. 2017,§ 34,Rdnr. 130 m. w. N.

〔7〕 参见 SAMW(Fn. 46),Punkt 5;DIVI et al.(Fn. 8),Punkt 3. 1;ÖGARI(Fn. 47),Punkt 9. e。

〔8〕 道德委员会采用"容忍"的措辞可以类比施罗德提出的"法律秩序的容忍理由";参见 Sternberg-Lieben,in:Schönke/Schröder,StGB,30. Aufl. 2019,Vorbem. zu § § 32 ff.,Rdnr. 108——法律角色及生物委员会紧急情况下的追索权(Fn. 8),S. 13。

要面临刑事责任的重大风险，甚至可能发生正当防卫和紧急救助等紧急情况。尽管这些人员的行为符合《基本法》范围内的规定，但违法风险还是存在的。如果针对医护人员非法行为的指控成立，他们被指控欺骗处境不利的病人及其亲属，使其失去获得真正的治疗机会，那么这“既不符合民主、透明和公平的基本思想，也不符合对医疗制度的长期信任”。[1] 有些人甚至说，“司法部门事后肯定会理解医生们的两难处境”，让他们意识到不会追究他们的责任，这种观点也是虚伪的。指望司法部门去理解医护人员的两难处境，这一希望很可能是渺茫的。[2] 显然，我们在这方面有必要采取立法行动。否则，法律制度会把责任推给法院，推给无法制定基本规则，却需运用这些规则的人。[3]

（3）问题：紧迫性与成功率

需要紧急治疗的住院病人，往往都是伤势最严重的或面临风险最大的病人，否则他们的治疗需求不会如此紧迫。反过来这又意味着，他们治疗成功的概率相对较低。[4] 因此，紧迫性与成功率之间存在一种潜在的矛盾关系。虽然在资源充足的情况下，我们要特别重视病人伤势的紧迫程度，但在疫情当前，重点则是更多地转向预测治愈的可能性。[5]

---

〔1〕 Schöne-Seifert（Fn. 7）.

〔2〕 von der Meden/Schneider, faz. net 30. 3. 2020，载 https://www. faz. net/einspruch/exklusiv/toeten-um-leben-zuretten-16703383. html（最后访问日期：2020 年 4 月 8 日）；unsicher auch Hoven（Fn. 113）. Anders aber Zimmermann（Fn. 33）：医生原本不必担心被起诉。

〔3〕 Walter（Fn. 33）.

〔4〕 Feuerstein, Das Transplantationssystem, 1995, S. 245; Lachmann/Meuter, Medizinische Gerechtigkeit, 1997, S. 188 f.; Junghanns, Verteilungsgerechtigkeit in der Transplantationsmedizin, 2001, S. 93.

〔5〕 Deutsche Bischofskonferenz（Fn. 61）, Punkt 6; ähnlich Wiesemann, Süddeutsche Zeitung 2. 4. 2020，载 https://www. sueddeutsche. de/gesundheit/coronavirus-medizin-triage-1. 4864794（最后访问日期：2020 年 4 月 8 日）。另见“covid 19 宣言：从全球观察中得来的道德约束”，des UNESCO IBC und der UNESCO COMEST, 6. 4. 2020, Punkt 3，载 https://unesdoc. unesco. org/ark:/48223/pf0000373115（最后访问日期：2020 年 4 月 8 日）。

2. 生存年限及生存质量

相比短期和中期治疗成功率,更成问题的是长期的生存年限〔1〕和生存质量标准,即所谓的"质量调整寿命"(Qualys)。〔2〕如果我们只抢救那些能够有望获得更长生存或更高生命质量的患者,则意味着那些剩下的患者的生命将不可避免地被划归为价值较低的生命。〔3〕此外,长期存活的可能性也很难被预测。而且,这容易与年龄和可能挽救的生存年限的标准相关联。就生活质量而言,如何衡量生命质量这一问题也超出了可能预测的范围。我们对于生命质量的评判,高度依赖于人们的主观感知,而欠缺一种客观的评价方法。〔4〕此外,那些年老的、即使治愈后生活质量也只能稍有改善的患者,事实上会受到双重评价。〔5〕而那些受疾病或残疾影响大,且通过医疗措施只能使生活质量稍有提高的人,说得难听点,就是"被抛弃了"。〔6〕

3. 年龄

此外,是否允许将病人的年龄作为选择标准? 毕竟,根据《基本法》第3条第3款,年龄并没有被列为不可参照的标准,而且年龄在各种法律领域都被用作区分因素。〔7〕例如,在法律行为能力或选举权方面,或作为从事某职业的限制,都以年龄作为划分的依据。因此,对年龄的考虑本身并不违宪。〔8〕

赞成单纯地以年龄为依据,来调控医疗资源的配给的理由是:老年人的

〔1〕 参见 Hoven(Fn. 113)。

〔2〕 „Quality Adjusted Life Years Saved", dazu Bullinger, in: Nagel/Fuchs (Hrsg.), Soziale Gerechtigkeit(Fn. 57), S. 214 ff.; v. d. Schulenburg/Schöffski, ebenda, S. 178 ff.; Lauterbach, in: Nagel/Fuchs(Hrsg.), Rationalisierung(Fn. 28), S. 58 ff.; offen dafür auch WHO(Fn. 101), S. 21.

〔3〕 Künschner, Wirtschaftlicher Behandlungsverzicht und Patientenauswahl, 1992, S. 327; 参见 auch Deutscher Ethikrat(Fn. 37), S. 3; (österr.) Bioethikkommission(Fn. 8), SS. 6, 10。

〔4〕 Brech, Triage und Recht, 2008, S. 265.

〔5〕 Brech, Triage und Recht, 2008, S. 269.

〔6〕 Taupitz, ZEFQ 2010, 400, 403.

〔7〕 公开支持者 SIAARTI(Fn. 45)建议:可能需要对升入重症监护室的患者年龄进行一次调整。为使有限资源的利益最大化,应当为"可以活更久"的年轻人保留一些资源。持反对意见的有 Lübbe(Fn. 70); Zimmermann(Fn. 33)。

〔8〕 Brech, Triage und Recht, 2008, S. 277.

剩余年龄比年轻人少。所以，在比较中可以得出，老年人治疗的“效益”也比年轻人小。而且，老年人的治疗费用往往特别高。[1] 此外，对年龄的考虑涉及所有人。每个人在人生的相应阶段，都应受到平等的对待。因此，有人认为，不存在歧视的可能性。但事实恰恰相反。[2] 此外，这一选择标准的支持者认为，老年人已经有很多机会实现他们的人生规划，这表明要优先治疗那些还没来得及实现人生规划的年轻患者。[3] 而且，每个人都有权享受“公平的医疗服务”，以达到正常的预期寿命。因此，如果从一个理性人的角度出发，应该让年轻患者获得稀缺的医疗资源，让他们达到正常的预期寿命。[4]

然而，这种观点没有考虑到患者不同的医疗需求，尤其是在紧迫性方面。此外，很难确定什么是“正常”的预期寿命。而且，由于遗传、环境、健康意识行为等不同因素，每个人的寿命都有所不同。[5] 因此，仅仅在年龄的基础上分配医疗资源，有悖公平。由于一个 50 岁的人也有可能和 25 岁的人一样具备生命力，因此有必要根据生物年龄来分配医疗资源。[6] 然而，生物年龄也同样难以确定。此外，年轻人也可能存在身体素质差的情况，如患有不治之症。[7] 然而，老年人往往被先入为主地认为生命价值较低。这种贬低老年人生命价值的做法，显然违反了《基本法》第 1 条规定的人的尊严，而人的尊严是每个人在其生命的各个阶段都应享有的不可分割的权利。联邦宪法法院在关于《航空安全法》的判决裁定中再次强调，无论一个人的生命可能持

---

〔1〕 Fuchs, MedR 1993, 323; Ehlers, MedR 1993, 334, 335; Uhlenbruck, MedR 1995, 427, 427.

〔2〕 Brech, Triage und Recht, 2008, S. 278; Lachmann/Meuter, Medizinische Gerechtigkeit, 1997, SS. 205, 210; Breyer/Schultheiss, in: Gutmann/Schmidt (Hrsg.), Rationierung und Allokation im Gesundheitswesen, 2002, SS. 121, 137; Huster, MedR 2010, 369, 372.

〔3〕 Junghanns, Verteilungsgerechtigkeit in der Transplantationsmedizin, 2001, S. 105.

〔4〕 Breyer/Schultheiss, in: Gutmann/Schmidt (Hrsg.), Rationierung und Allokation im Gesundheitswesen, 2002, S. 146; Junghanns, Verteilungsgerechtigkeit in der Transplantationsmedizin, 2001, S. 104.

〔5〕 Brech, Triage und Recht, 2008, S. 281.

〔6〕 Künschner, Wirtschaftlicher Behandlungsverzicht und Patientenauswahl, 1992, S. 328; Conrads, Rechtliche Grundsätze der Organallokation, 2000, S. 33.

〔7〕 Brech, Triage und Recht, 2008, S. 281; Leist, in: Gutmann/Schmidt (Hrsg.), Rationierung und Allokation im Gesundheitswesen, 2002, SS. 155, 163.

续多久,其生命和尊严享有同样的《基本法》保护。[1]

因此,就法律角度而言,不允许根据年龄来分配稀缺医疗产品。[2] 只有当年龄从医学层面来说有意义时,才会出现例外。因此,年龄可能与评估成功率间接相关。此外,并发症以及体弱多病也可能是对患者的评估因素之一。[3] 而且年龄也可能与某些特定风险相关。[4] 例如,如果处于成长阶段的儿童因缺乏医疗,会受到比对成年人更多的、不可逆转的损害。[5]

4. 社会价值

一个人的社会价值由一个人对社会的有用性决定。[6] 因此,在资源稀缺的情况下,一方面,可能优先考虑那些过去因家庭、社会、政治、军事或经济原因而作出突出贡献的人,从而对其他人产生激励。[7] 另一方面,那些预期具有特殊社会价值的人,如在疫情期间,维持重要社会功能或者其他对社会有用的人,应当受到嘉奖性的优待。

然而,根据《基本法》第 1 条对人的尊严的保障和平等原则,法律禁止根据成就和社会地位而认为某些生命比其他生命更有价值,[8]除非救助一个病人能够使存活数量最大化。[9] 从这个角度来看,那些对他人的救助有不

---

〔1〕 BVerfG, NJW 2006, 751, 758 ff., Rdnrn. 85, 119.

〔2〕 Deutscher Ethikrat (Fn. 37), S. 4; (österr.) Bioethikkommission (Fn. 8), S. 12; Taupitz, in: Kern/Lilie, FS f. G. Fischer, 2010, S. 532; Breyer/Schultheiss, in: Gutmann/Schmidt (Hrsg.), Rationierung und Allokation im Gesundheitswesen, 2002, S. 134; 另见 DIVI et al. (Fn. 8), Punkt 2.2。

〔3〕 SAMW (Fn. 46), Punkt 3.

〔4〕 Taupitz (Fn. 28), S. 101; 同 (Fn. 55), S. 129。

〔5〕 Brech, Triage und Recht, 2008, S. 283; Lachmann/Meuter, Medizinische Gerechtigkeit, 1997, SS. 78, 207.

〔6〕 Lachmann/Meuter, Medizinische Gerechtigkeit, 1997, S. 237 f.; Junghanns, Verteilungsgerechtigkeit in der Transplantationsmedizin, 2001, S. 98.

〔7〕 Brech, Triage und Recht, 2008, S. 288; Junghanns, Verteilungsgerechtigkeit in der Transplantationsmedizin, 2001, S. 98.

〔8〕 Deutscher Ethikrat (Fn. 37), S. 4; Künschner, Wirtschaftlicher Behandlungsverzicht und Patientenauswahl, 1992, S. 330; Taupitz (Fn. 28), S. 100 f.; Junghanns, Verteilungsgerechtigkeit inder Transplantationsmedizin, 2001, S. 98; Schoor, Lebensschutz an der Schwelle des Todes, 2002, S. 112; Witte, Recht und Gerechtigkeit im Pandemiefall, 2013, S. 165 f.; 另见 BVerfG, NJW 2006, 751, 757, Rdnr. 119。

〔9〕 Brech, Triage und Recht, 2008, S. 291.

可替代性的人[1](拯救更多的救援人员),以及那些直接为基础设施的维护作出贡献的人,可以在紧急情况下优先得到救助。[2] 不可否认的是,公共秩序的维护和国家的运行是一个优先考虑的公共利益问题。因此,在发生(威胁性的)疫情时,应当优先维持国家的基本职能。[3]

5. 治疗的费用

在决定谁能获得稀缺的医疗产品时,治疗所需的财政支出能否起到决定性作用,这点值得商榷。的确,人的生命不能用金钱来衡量。[4] 法律中的比例原则也适用于此,然而在某些情况下,提供本已稀缺的资源似乎不符合比例原则。[5] 如果这种想法与优化原则相结合,那么治疗方案也可以在成本效益的基础上作出选择。对成本效益因素的权衡有助于抢救更多的病人。[6] 医生不仅要为眼前的病人服务,更要为个人和整个国家的健康服务。此外,医疗卫生系统的正常运作是一项非常重要的共同利益。[7] 由此可见,成本考量在医疗手段的选择及医疗体系方面(也)可发挥作用,从而影响稀缺医疗资源的分配。

6. 抽签

有人认为,在分流的情况下,稀缺医疗资源的分配根本不应该由个人意志来决定,而是要抽签决定。这种做法遵循了"命运的威严,或者,对信奉上

---

[1] Gäfgen, in: Enderle (Hrsg.), Ethik und Wirtschaftswissenschaften, 1985, SS. 249, 265; Bernsmann, Entschuldigung durch Notstand, 1989, S. 346; Witte, Recht und Gerechtigkeit im Pandemiefall, 2013, S. 158 ff., 171 ff.; Stoecker (Fn. 62), S. 8; WHO (Fn. 101), S. 21; Deutsche Bischofskonferenz (Fn. 61), Punkt 6, 9.

[2] Kloepfer/Deye, DVBl. 2009, 1208, 1220.

[3] 支持者:Kloepfer/Deye, DVBl. 2009, 1208, 1220; WHO (Fn. 101), S. 21; 反对者:Brech, Triage und Recht, 2008, S. 291; Harris, Der Wert des Lebens, 1995, S. 160; Lachmann/Meuter, Medizinische Gerechtigkeit, 1997, S. 239。

[4] Uhlenbruck, MedR 1995, 427, 433.

[5] Taupitz (Fn. 55), S. 131.

[6] Brech, Triage und Recht, 2008, S. 274. Zu Recht SAMW (Fn. 46),特殊的资源干预只有在明确表明其效益的情况下才应使用。

[7] BVerfG, NJW 2001, 1779, 1780; BverfGE 57, 70, 99; NJW 1988, 2290, 2290.

帝的人来说,是顺从了上帝的意志”。[1] 然而,有一种非常明确的反对意见指出,也正如前文所述,我们要考虑患者不同的身体素质情况,也要考虑他们的救治概率。因为抽签决定医疗资源分配的观点没有考虑到这样的事实:一个更有可能治愈的病人所需的治疗时间也更短。这样一来,我们可以更早地腾出资源救助别的患者。这种情况不应当被忽视,否则,其观点是没有说服力的。[2]

七、结论

在疫情期间,药品以及重症医疗资源不存在所谓的“公平分配”,也没有法律制度规定“公平分配”的依据。然而,《基本法》禁止为分配和挽救生命的措施提供依据和理由。[3] 因此,《基本法》首先要设立一个基本的限制框架。议会立法者的首要任务就是填补这一框架,可以也有必要将医学等专门学科纳入法律框架。但立法者不能完全依赖其他学科,基本的规定仍需由其完成,进而有足够的法律确定性(客观合法性)来指导实践。[4] 或者说,立法者必须对拟设立的监管机构的组成和程序给出足够确切的准则(个人合法性)。合法性的两股力量中,一股力量越弱,另一股力量就必然越强。[5] 然而在疫情背景下,德国议会迄今未能及时跟进并通过相关的基本决定。如果议会不尽快采取行动,“病人、医生和法官将不得不为议会的懦弱承担后果”。[6]

---

〔1〕 Walter(Fn. 33);s. auch Zimmermann(Fn. 33).

〔2〕 SAMW(Fn. 46),Punkt 3;Dufner(Fn. 106).

〔3〕 Merkel(Fn. 95).

〔4〕 参见 BGH(NStZ 2017,701)。

〔5〕 Schmidt-Assmann, Grundrechtspositionen und Legitimationsfragen im öffentlichen Gesundheitswesen,2001,S. 103 ff.;Höfling/Augsberg,Zeitschrift für medizinische Ethik 2009,45.

〔6〕 Walter(Fn. 33).

新冠疫情背景下的医患关系

[乌拉圭]迭戈·安德拉德·索萨(Diego Andrade Sosa)
瓦莱莉雅·伊斯科巴尔·苏尔(Valeria Escobar Suhr)*
钱杨艺　邢文杰　周雪妮**　译

一、引言

新冠肺炎正在全球蔓延,给世界范围内公共卫生系统带来巨大挑战。正如卡米洛·诺格拉·帕尔多(Camilo Noguera Pardo)所强调的那样:"新冠不仅向卫生系统提出了挑战,也向保护公民基本权利、履行公民义务提出了挑战。当务之急是制定并实施有效的公共政策,但传统的法律制度和道德模式逐渐不足以为其指明方向。在这样的情况下,拥有重要前沿理论的生物伦理学和生物法学及相关研究填补了该领域的空白。这些学科和研究的目标,是为政府采取相关举措提供重要建议,并引导制定以谋求全人类利益为宗旨的国际协议。"该学者进一步指出:"上述理论研究是通过推理、辩证等论证方式,在指导临床生物理论研究及实际应用过程中所形成的。在这次由新冠肺

* 迭戈·安德拉德·索萨,乌拉圭国立大学法学院法律与社会科学系博士,法学院生物伦理学与法律研究小组成员;瓦莱莉雅·伊斯科巴尔·苏尔,乌拉圭国立大学法学院法律与社会科学系博士,法学院生物伦理学与法律研究小组成员。

** 钱杨艺,上海外国语大学2020级法律硕士研究生;邢文杰,上海外国语大学2020级法律硕士研究生;周雪妮,上海外国语大学2020级法律硕士研究生。

炎引起的全球卫生危机中，许多问题都涉及生物伦理学。"[1]

新冠肺炎的出现，使得生物伦理和规范方面的困境重新摆在人们面前。由于这牵涉医患关系中每个人的根本利益，本文将详细阐述如何应对这一困境。

针对一些情况，本文直接从乌拉圭现行生效的法律中，寻找办法来尝试应对这些问题，而对于另外一些情况，我们也会从其他学者乃至国际组织的观点及看法中汲取灵感。

通过这两种方式，首先，本文将提出一个在生物伦理学领域中常见的争议问题，即如何配置有限的卫生资源。在新冠肺炎疫情下探讨这一问题具有特殊意义。

其次，本文将讨论可能出现的对自由意志的限制，特别是在病患行使不知情权和违背医生意愿要求出院的情况下。

再次，作为当前形势下无法回避的问题之一，本文将对患者健康数据隐私的保护进行探讨。

最后，笔者通过对上述内容的整合与分析，结合疫情下的相关法律政策，提出了自己的观点。

二、有限资源分配的常见困境

（一）平等地获得卫生资源的途径

无论是在国内还是在国外，许多官方文件都提及、确认了一个事实：每个人都平等地享有健康权，有权平等地获取医疗资源。

放眼全球，在1948年联合国大会通过的《世界人权宣言》中，各国已经达成这样一个共识：人人生而自由，在尊严和权利上一律平等，不分种族、肤色、性别、国籍、出身，也不因语言、宗教、政治或其他见解、财产或其他身份不同

---

〔1〕 Noguera Pardo, C. (2020) Bioética y biojurídica en el covid - 19. El tiempo Recuperado en 20 de mayo de 2020 de https://www.eltiempo.com/vida/educacion/bioetica-y-biojuridica-en-el-covid-19-480846（最后访问日期：2020年5月20日）.

而区别对待。其中,第 3 条规定,人人有权享有生命、自由和人身安全;第 25 条规定,人人有权享受为维持本人和其家属的健康、福利所需的生活水准,包括食物、衣着、住房、医疗和必要的社会服务。

1966 年《经济、社会及文化权利国际公约》进一步明确了人人享有的健康权,其中,第 12 条规定,各缔约国承认人人有权享有能达到的最高的体质和心理健康的标准,并为充分实现这一权利而采取“预防、治疗和控制传染病、风土病、职业病以及其他的疾病”“创造保证人人在患病时能得到医疗照顾的条件”等措施。

在这一框架下,联合国教科文组织于 2005 年 10 月 19 日颁布了《世界生物伦理与人权宣言》,其中第 10 条指出,尊严和权利面前人人平等的基本原则应得到尊重,以确保所有人得到公正和公平的对待。第 14 条第 2 款规定,鉴于享有最高可能水准的健康是所有人的一项基本权利,不分种族、宗教、政治信仰、经济和社会地位,科学技术的发展应当有助于提供高质量的医疗服务和必要的药品,尤其是要有助于妇女和儿童的健康。生活离不开健康,必须将健康视为社会和人类的福祉。

除了国际公约、条约以外,国内立法也将这一问题考虑进来,如《乌拉圭共和国宪法》第 44 条明确规定,国家应当就与国民健康和公共卫生有关的所有事项进行立法,以此推动全体国民在身体健康、道德修养、社会交往等多方面的进步。

此外,2008 年 8 月 15 日通过的第 18.335 号法律《关于患者及医疗服务用户的权利与义务》规定,每位患者不分种族、年龄、性别、宗教、国籍、社会地位、性取向、文化程度或经济能力,享受平等的待遇;每位患者都有享受优质医疗服务的权利,可以平等地享受由正规医疗机构提供的服务。同时,各患者均有权进行体检,对体检过程中有关使用设备的使用情况,以及检查结果享有知情权。所有疾病,无论是急性的还是慢性的,可传播的抑或不可传播的,都必须通过科学有效的医疗手段进行治疗,包括但不限于提供药品以及落实公共卫生部所制订计划中确定的医疗福利。公共卫生部负责监督实施,弥补上述要求在执行中的疏漏。

从上述法律规范中不难看出，根据当前医学发展状况，所有人都有权不受歧视地获得治疗、药物及其他资源，这无疑有助于国民更好地获得医疗救助。

但在现实中，用于治疗各类疾病的资源有限，上述权利在行使时受到限制的情况时有发生，这种状况主要归因于医疗成本的增加，根据德·恩派尔(D'empaire)的观点，其中包含了一系列因素，如科学技术的发展、患者提出更高的健康要求、信息不对称(患者并不清楚他们自身的实际需求以及其他有助于诊断和治疗的替代方法)、第三方付款人的存在(由于通过公共卫生机构或私人保险机构支付医疗费用，而不是由患者直接承担，也不是由医生支付，因此往往很少考虑费用的问题)、保守型治疗(由于担心患者提起诉讼，有些医生会夸大成本，增加不合理的费用)以及健康卫生系统工作效率的低下。[1]

正是由于上述因素的存在，使得医疗团队不得不作出艰难的抉择，即权衡如何在患者之间分配有限的医疗资源，换言之，如果资源过分倾向于一方，必然导致他方不能享受优质的医疗服务。关于这个问题，笔者将结合现状在后文进行阐释。

(二)在资源受限的情况下作出决定——原则之间的冲突

由新冠病毒引起的危机使得全球的卫生系统受到挑战。该病毒传染性极强，导致前往医院和护理中心进行治疗的患者急剧增多，与此同时，患有其他疾病的人也需要得到治疗，如何在新冠肺炎患者和其他患者之间分配资源，是一个值得探讨的问题。

在这一大流行病的背景下，针对危重病人，探讨如何分配呼吸机这一问

---

〔1〕 D'empaire, G. (2001). Aspectos éticos de la distribución de recursos escasos y el derecho a la asistencia médica. Gaceta Médica de Caracas, 109(4), pp. 455 - 467. Recuperado en 27 de mayo de 2020, de http://ve.scielo.org/scielo.php? script = sci_arttext&pid = S0367 - 47622001000400002&lng = es&tlng = es (最后访问日期:2020年5月27日).

题具有示范意义。就这一问题,加泰罗尼亚生物伦理学委员会主席马克·安东尼·布罗基(Marc Antoni Broggi)的发言一度引发了关注,他说:“把病人送进重症监护室插管治疗,并不是对抗新冠病毒的有效方法,也不是挽救病人生命的根本之策。我们所做的只不过是给病人某种支撑,希望病人能够通过自身战胜病毒。从医学的角度上讲,并不是每个人都可以从插管治疗中获益的。”〔1〕

正如加尔杜纽·埃斯皮诺萨(Garduño Espinosa)、罗萨巴尔·加斯(Rosas Vargas)和雷内斯·曼祖(Reynés Manzur)所指出的那样:通常来说,人们期望医生百分之百地为病人的利益服务,而不考虑其他人的需要,这种个人主义的做法在“医生父权主义”和“患者自主权”中保留下来。在这种情况下,病人的意愿成为决定使用何种资源的主要标准。然而,另一种价值——公正,正逐渐成为影响医疗决策的重要因素。这意味着资源的分配更具有社会性,在这一过程中,还要考虑其他患者的需求和权利。医生不仅要对自己的患者负责,从一定程度上说,还要对其他病人负责。在没有相应医疗资源的情况下,医生不能直接效仿拥有该资源的医疗机构的做法,更不能对患者说:“如果没有钱,那不是我的问题,是医院的问题。”在面对这种情形时,医生需要作出选择,既要考虑到个人,也要考虑到集体。在急诊资源不充足、重症监护室床位紧缺、器官移植配型不成功或者疫苗短缺等情况下,如何在两个或两个以上都需要这些治疗机会的患者中作出选择,这是每个医生都难以回避的问题。医生应当决定哪些病人能分配到资源,哪些病人不能分配到资源,并清楚地意识到此种决定的后果。这些负责资源分配的医生应当尽可能地平衡有利原则、不伤害原则、自主原则、公正原则,以及共同利益等其他价值之间的冲突,将可能造成的损害降到最低。假设这样一种情形:在重症监护室只有一张病床,而两位病人同时在等待,并且他们的治愈可能性也

---

〔1〕 Macpherson A. (2020) La escasez de respiradores dispara el temor a no ser tratado de la mejor manera. La vanguardia. Recuperado en 6 de mayo de 2020 de https://www.lavanguardia.com/vida/20200406/48329557057/dilemas-eticos-epidemia.html(最后访问日期:2020 年 5 月 6 日).

相当,那么资源应该分配给谁呢?就此,有关伦理性原则的争论在很大程度上有助于作出最公正的决定。[1]

相关学者建议,分配资源时应当考虑以下内容:第一,所有的病患都有权获得医疗救助,并且由政府出面完善相关制度;第二,资源总是不充足的;第三,尽管没有任何理论是毫无缺陷的,但是每一个理论都存在合理之处,因此理解不同的哲学理论能丰富思维角度;第四,对医疗资源的分配必须遵循严格的医学和伦理标准,并应建立在有利、不伤害、自主、公平分配、成本收益等原则的基础上;第五,应事先认识到,一部分患者将会从中受益,而另一部分患者将会受到损害,因此,应当充分衡量各方利益,实现受益的最大化,并将损害限制在最小范围内。同时应避免无用或多余的治疗措施,对此,姑息治疗有更为明确的标准。另外,为了加强对晚期病人的家庭护理,还应促进"上门医疗服务"计划的发展。[2]

根据西班牙学者德·罗拉(De Lora)的观点,他建议采用卫生经济学家艾伦·威廉(Alan Williams)提出的"质量调整生命年限"(QALY)模型来评估治疗措施,并在此基础上决定患者接受治疗的优先次序。简言之,我们不能只考虑治疗可以延长的寿命,还应考虑治疗后的生活质量。我们把最糟糕的身体状况(相当于死亡)视作"0",把完全健康的身体状况视作"1"。如果一个人的身体状况非常差(假设为0.2),但接受治疗后能在10年内保持高质量生活(假设为0.9),那么他的QALY指数将为7(0.7×10)。假使我们能得知治疗的费用,那么就能轻易计算出QALY的成本,从而可以比较不同的治疗方案。通过类似的方法,威廉姆斯证明了在成本收益方面肾脏移植要

[1] Garduño-Espinosa A., Rosas-Vargas R. y Reynés-Manzur J. (2013). Asignación de recursos escasos en pediatría. Acta Pediátrica de México, 34(5), pp. 298–299.

[2] Garduño-Espinosa A., Rosas-Vargas R. y Reynés-Manzur J. (2013). Asignación de recursos escasos en pediatría. Acta Pediátrica de México, 34(5), pp. 301–302.

优于血液透析。[1]

上述观点似乎都更侧重于通过假设来衡量治疗措施的成本收益和患者治疗后的生活质量。但是在新冠肺炎肆虐、呼吸机无法满足重症患者需求的特殊情况下,如何权衡治疗的成本效益和患者的生活质量,是一个难以确定的问题。德·罗拉明确强调QALY标准应优先考虑那些预期寿命更长、无终身残疾的患者,为此他提出了是否存在更优选择的疑问,并引述亨利·西奇维克(Henry Sidgwick)的观点:“每个人的利益都同等重要,没有高低之分,因此,所有的患者都是独一无二的,并且具有不可估量的价值,应该平等对待。唯一能够在伦理上被认可的方式就是抓阄,这也是约翰·罗尔斯(John Rawls)提出的纯粹程序正义中的一种情形。”

根据西班牙联合重症医学和冠脉学会(SEMICYUC),以及意大利麻醉、镇痛、复杂和重症监护学会(SIAARTI)的建议,德·罗拉指出,应当摒弃按照“先到先治,先住院先治”的标准对需要呼吸辅助设备的患者进行排序的做法,因为“这是一种相当随意的标准,它使得那些晚到的病人陷入了更危急的状况。此外,这一标准忽略了应当被考虑在内的其他要素。因此,应当考虑预后(指根据经验预测的疾病发展情况)和身体康复的可能性”。[2]

同时德·罗拉还指出,在疫情下的资源分配难免会导致对如呼吸设备等医疗资源的管理不当,而且可能会出现设备被撤除的情况。即便在严格尊重病人的自由意志或遵循实用原则的前提下,上述情形也存在于临床实践中,最终使得该资源在另一位患者身上发挥更好的效用的同时,不可避免地牺牲

---

[1] De Lora, P. (2020)¿No es respirador para viejos? Sobre la “ética del bote salvavidas” y la COVID-19. Letras Libres. Recuperado en 25 de mayo de 2020 de https://www.letraslibres.com/espana-mexico/politica/no-es-respirador-viejos-sobre-la-etica-del-bote-salvavidas-y-la-covid-19(最后访问日期:2020年5月25日).

[2] De Lora, P. (2020)¿No es respirador para viejos? Sobre la “ética del bote salvavidas” y la COVID-19. Letras Libres. Recuperado en 25 de mayo de 2020 de https://www.letraslibres.com/espana-mexico/politica/no-es-respirador-viejos-sobre-la-etica-del-bote-salvavidas-y-la-covid-19(最后访问日期:2020年5月25日).

了前一位患者的利益。[1]

林肯纳恩(Linconao)指出,这种极端的做法,即给病患分级,给予预后更好的病患特权,完全违背了生物伦理的公正原则。就新冠疫情而言,部分国家在医疗实践中优先考虑未成年人和预后更好的病患,但未对老年人和合并症患者实施充分救治。对此,该学者强调应当平等对待所有的病患。然而,在医疗资源十分有限的情况下,他认为有利原则尽管不那么公正,但能更好地解决这一难题。该原则旨在扩大受益(具体指提高治愈率),避免和弥补损害。具体可以分为两个方面:保护病人的利益和追求损益的平衡。优先救治治疗效果更好的病患实际上是追求受益最大化的体现。但这些措施无论多么苛刻,都不能逾越道德底线。[2]

林肯纳恩的观点论证了如何解决原则之间的冲突问题。贝尔纳·普利多(Bernal Pulido)提出适用规则有两种基本方式:权衡(ponderación)和涵摄(subsunción)。具体是指通过涵摄的方式适用规则,以权衡的方式来应用原则。[3] 就权衡的方式而言,罗伯特·阿列克西(Robert Alexy)进行了更为具体和明确的阐述,他指出所谓的"权衡法则"可表述为:"违反一项原则的程度越高,遵守另一项原则的重要性就越大。严格意义上来说,该法则贯彻的就是比例原则。"[4]根据这一法学家的推论,两个相互冲突的原则之间的权衡,实际上意味着一个原则向另一个原则的妥协。

但也有学者从生物伦理学的角度出发,根据不同的原则,提出了与林肯

---

[1] De Lora, P. (2020) ¿No es respirador para viejos? Sobre la "ética del bote salvavidas" y la COVID-19. Letras Libres. Recuperado en 25 de mayo de 2020 de https://www.letraslibres.com/espana-mexico/politica/no-es-respirador-viejos-sobre-la-etica-del-bote-salvavidas-y-la-covid-19(最后访问日期:2020年5月25日).

[2] Linconao, A. (2020). El COVID-19: Escasez de recursos y prioridad médica. Bioética y debate social. Recuperado en 24 de mayo de 2020 https://www.researchgate.net/publication/340116064_El_COVID-19_Escasez_de_recursos_y_prioridad_medica_Bioetica_y_debate_social(最后访问日期:2020年5月24日).

[3] Bernal Pulido, C. (2003). Estructura y límites de la ponderación Recuperado en 15 de mayo de 2020 de http://biblioteca.org.ar/libros/133287.pdf(最后访问日期:2020年5月15日).

[4] Alexy, R. (1988). Sistema jurídico, principios jurídicos y razón práctica Recuperado en 15 de mayo de 2020 de http://www.biblioteca.org.ar/libros/141737.pdf(最后访问日期:2020年5月15日).

纳恩不同的等级划分。按照迭戈·格拉西亚·吉杨(Diego Gracia Guillen)的观点,生物伦理原则应当按照以下顺序排列:公正原则、自主原则和有利原则。因此,假设这些原则之间发生冲突,维护公共利益的原则,即公正和不伤害原则应该始终处于第一位阶,优先于维护个人利益的原则,即自主和有利原则。尽管在实践中作出这样的划分并不容易,但仍有必要强调公共利益的优先性。[1]

关于原则之间的位阶,特别是公平原则的作用,贝罗·罗维拉(Berro Rovira)和克鲁赛特(Cluzet)提到了乌拉圭医学联合会和内政部医学联合会的《医疗道德守则》中第12条的规定:“医生应当为其病患寻求最佳的诊断和治疗手段,同时确保医疗资源得以平等利用和合理分配。在病人较多、医疗资源匮乏的情况下,避免出现任何浪费或疏忽,并要以公民的身份谴责和反对挪用或不良分配的行为。”[2]同样,在现行的实体法层面,我们注意到由第19.286号法律文件批准的《医疗道德守则》中第8条规定:“医生必须为其病人提供最佳的、科学上公认的诊断和治疗方法,并有效且公平地利用这些资源。”

简言之,格拉西亚·吉杨和林肯纳恩提出的等级划分虽然不同,但都指向同一个结果:共同或集体利益高于个人。这也一直是生物伦理学的一个鲜明特点。

另外,德·罗拉强调有一些国家的卫生系统拒绝进行无意义的治疗(如针对80岁以上的病人、合并症患者等治疗对象):“如果不是在医疗资源稀缺的情况下,一般不会撤掉呼吸机。而在当前疫情下,撤掉呼吸机不仅是一种严重违反职业道德的行为,而且从纯粹的工具主义角度来看,这会使我们对卫生系统的必要信任受到威胁。”德·罗拉认为,依据年龄区别对待可能也是

[1] Berro Rovira, G. y Cluzet, O. (2013) Bioética. En BERRO ROVIRA, G. Medicina Legal. Derecho Médico y aspectos bioéticos(p. 347). Montevideo: Fundación de Cultura Universitaria.

[2] Berro Rovira, G. y Cluzet, O. (2013) Bioética. En BERRO ROVIRA, G. Medicina Legal. Derecho Médico y aspectos bioéticos(pp. 347 – 348). Montevideo: Fundación de Cultura Universitaria.

合理的,因为每个人都有平等的机会享受若干年的生活。那么在已经享受过的人和没有享受的人之间应选择后者。对此持反对观点的学者认为:“以年龄大小作为能否使用呼吸机的衡量标准是不可取的,因为这样的标准就是一种赤裸裸的歧视。基于这样的做法,那么年龄将同种族、残疾或性别一样,属于一种不取决于个人意愿的特征(毕竟没有人认为可以通过提早结束生命来补救岁数大的问题)。”但德·罗拉认为,实际上情况并非如此,依据年龄区别对待不同于可怕的种族主义或者性别歧视,而是对那些没有机会达到预期寿命的人的公正补偿。〔1〕

对此还存在这样一种质疑:“假设一个50岁的人可以很顺遂地过完一生,实现了他年轻时的梦想,并在完成了他人生的重要篇章后死去,而一个80岁的人可能恰恰相反,在经历了将近一生的磨难以后,才刚刚开始享受人生的‘黄金年代’。”这样看来,以年龄作为得到救助的标准是有缺陷的,而最终以“社会有用性”为标准是比较能站住脚的。比如,在疫情期间为了能更有效地防止病毒的传播以及治疗尽可能多的患者,需要更多的医护人员。在医护人员不足的情况下,可以考虑返聘已退休的工作人员,让他们回到工作岗位以缓解这次的危机。如果因为他们照顾病人而感染病毒,我们也应当对其进行公平补偿。〔2〕

上文所概述的一些标准,在泛美卫生组织(OPS)所提出的《新冠病毒大流行期间在关键医疗服务中使用有限资源的道德准则》中也有所提及,其具体建议如下:“1.要建立透明的优先标准:透明和可公开查阅的标准可以加强民众对卫生当局的信心,这不仅是民众支持疫情应对措施的关键,同时也减

〔1〕 De Lora, P. (2020) ¿No es respirador para viejos? Sobre la “ética del bote salvavidas” y la COVID-19. Letras Libres. Recuperado en 25 de mayo de 2020 de https://www.letraslibres.com/espana-mexico/politica/no-es-respirador-viejos-sobre-la-etica-del-bote-salvavidas-y-la-covid-19(最后访问日期:2020年5月25日).

〔2〕 De Lora, P. (2020) ¿No es respirador para viejos? Sobre la “ética del bote salvavidas” y la COVID-19. Letras Libres. Recuperado en 25 de mayo de 2020 de https://www.letraslibres.com/espana-mexico/politica/no-es-respirador-viejos-sobre-la-etica-del-bote-salvavidas-y-la-covid-19(最后访问日期:2020年5月25日).

轻了医疗人员的负担,这使得他们不必再拘泥于这些原则。2. 要挽救更多的生命——这是根本准则,它包括优先考虑那些通过治疗最可能生存下来的人,而不是那些即使经过治疗也不可能康复的人。但需要始终明确的是,这并不构成对病人的抛弃,即使无法为他们提供积极的治疗,也必须始终为他们提供必要的姑息治疗。3. 要优先考虑那些以救人为己任的人,比如,冒着生命危险去救人的医护人员。鉴于他们在医治方面的核心作用,优先考虑他们才是公正的做法,这样才可以挽救更多的生命。4. 无论是患有新冠还是其他疾病的患者,都要同等地对待。为了公正和公平,必须确保不因种族、宗教、性取向、经济实力或其他不符合上述准则精神的个体差异而产生特权或歧视。"[1]

笔者认为,泛美卫生组织发布的这个文件可有效解决本文所述专题中可能出现的情况。这也符合林肯纳恩的说法:"法律面前当然要平等,但从医学角度来看,我们并不平等。在医疗资源稀缺的情况下,合理利用医疗资源是放在第一位的。"

笔者并不是批判上述标准,但我们都知道任何标准都不能被认为是单一的"静态模式",也不可能适用于所有的资源稀缺的情况。僵化的、永久性的应对措施不可能适用于所有的病例,甚至会给患者造成意外损失,从而引起责任承担纠纷。

从这个意义上说,如果要为这类情况所带来的两难困境确立一个指导方案,可以归纳如下:首先,在尊重所有人的平等权(特别是在获得机会方面)和人的尊严的基础上,保证尽可能多的感染者能够被医治;其次,实际上在不可能执行上述标准的情况下,需要进一步地权衡各方利益以解决冲突。

三、疫情下病患的不知情权和违背医嘱

第 18.335 号法律规定每个病人都有权知晓所患疾病的一切信息。这种

---

[1] Linconao, A. (2020). El COVID - 19: Escasez de recursos y prioridad médica. Bioética y debate social. Recuperado en 24 de mayo de 2020 https://www.researchgate.net/publication/340116064_El_COVID - 19_Escasez_de_recursos_y_prioridad_medica_Bioetica_y_debate_social(最后访问日期:2020 年 5 月 24 日).

权利是自治原则的必然产物。埃斯科巴尔·德里安娜(Escobar Triana)和阿里斯提萨巴尔·托布雷尔(Aristizabal Tobler)也指出:“出于对自主权的尊重,医生应当向病人提供必要和充分的信息,并确保提出的医疗方案能为患者理解和自愿接受”。[1] 奥尔多奇·卡斯蒂亚(Ordoqui Castilla)将病人的自主权定义为决定是否接受医生所提出的治疗方案的权利。如果没有自主权,就不存在知情同意这一说。一个人能拥有自主权,也就意味着他能按照自己的想法去做自己想要做的事情。[2]

从另一个方面来说,尊重病人的自主权也是医生的一项义务。具体而言,就是要确保患者有自主选择的权利。医生为了确保病人的决定是自由的、自愿的和真实的,他就必须保证病人对治疗方案的内容是知情的。

根据以上观点,病人的自主权可以分为知情权和不知情权两个方面。首先,关于知情权,第18.335号法律的第18条中规定病人的知情权范围包括:“(A)有权被告知以往的相似的病例以及将来可能出现的病变;(B)有权定期并全面地了解自己疾病的发展情况,经其申请可由医疗机构书面告知;(C)有权了解就医的机构是否具备相应的医疗资源”。

显然,新型冠状病毒感染者和其他疾病的患者一样,必然有权利知道自己的身体状况。

然而凡事都具有两面性,相对于知情权,另一面就是不知情权。克拉丽莎·罗德里格斯(Clarisa Rodríguez)将不知情权定义为“病人自愿地拒绝知晓与治疗过程有关信息”的权利。[3] 克拉丽莎·罗德里格斯通过引用奥尔

---

〔1〕 Escobar Triana, J., Aristizabal Tobler, C. (2011). Los principios en la bioé-tica: fuentes, propuestas y prácticas múltiples. Revista Colombiana de Bioética, 6, pp. 76 – 109. Recuperado en 15 de mayo de 2020 de https://pdfs.semanticscholar.org/5b6b/d751d73b804b0a0dede3678cd71b77a88207.pdf(最后访问日期:2020年5月15日).

〔2〕 Ordoqui Castilla, G. (2012). Consentimiento Informado. Ley 18335 y Decreto 274/10. Montevideo: Ediciones Del Foro.

〔3〕 Rodríguez, C. (2011). El consentimiento informado del paciente: análisis de su nueva reglamentación. Revista CADE: doctrina y jurisprudencia(11), pp. 21 – 35. http://www.rmu.org.uy/revista/proximo/rmu34 – 4_921 – gil-historia.pdf.

多奇·卡斯蒂亚(Ordoqui Castilla)的观点,揭示了不知情权的理论来源,即病人对医生的信任,或者对于病情的知情与否都不会影响对身体健康的确信。病人对知情权的放弃不必是明示的,也可以是默示的。[1] 根据奥尔多奇·卡斯蒂亚的说法,这种放弃需要病人有具体、清晰和明确的意思表示,以便医生在确认其选择时不存在任何疑问。另外,医生出于对个人选择的尊重,需要病人书面确认,如在病历上签字。[2]

第18.335号法律的第18条也有关于不知情权的规定:“出于对患者的利益考量,并征得患者亲属的同意后,在某些特殊情况下患者享有不知情的权利,或者患者已经明确表示不愿知道与自己疾病相关的内容。”但是,该条也规定了行使该权利的例外情况:当医生认为病人对自己的疾病不知情可能会对他人或社会构成危险时,则病人不再享有这一权利。

在目前的疫情背景下,这条规定发挥着重要的作用。试想一个新冠病毒携带者,如果他不知道自己已经被感染,也不采取任何的医疗措施,那他对整个社会来说就像是一颗定时炸弹,十分危险。此时,当原则发生冲突——公正优先还是自由优先,集体优先还是个人优先,显然集体利益占了上风。

上述法律的第24条还规定了病人自主权的其他方面:“如果病人或其家属拒绝接受相关治疗,或者做出违背医嘱的其他行为,因此而产生的后果由行为人自己承担。例如,病人擅自出院的行为将视为对医嘱的违背,并会被记录在病历上,在此情况下,医疗机构等相关人员不承担任何责任。”

但是,在疫情出现前,只要在临床病历中留下相关记录,违背医嘱出院就不会产生严重后果。然而,在疫情背景下,擅自出院或者其他违背医嘱的行为都可能给患者带来严重的法律后果。第18.335号法律的第22条也规定:

---

〔1〕 Rodríguez, C. (2011). El consentimiento informado del paciente: análisis de su nueva reglamentación. Revista CADE: doctrina y jurisprudencia (11), pp. 21 – 35. http://www.rmu.org.uy/revista/proximo/rmu34 – 4_921 – gil-historia.pdf.

〔2〕 Rodríguez, C. (2011). El consentimiento informado del paciente: análisis de su nueva reglamentación. Revista CADE: doctrina y jurisprudencia (11), pp. 21 – 35. http://www.rmu.org.uy/revista/proximo/rmu34 – 4_921 – gil-historia.pdf.

“根据《宪法》第44条的规定，每个人都有义务照顾好自己的身体，并在生病时接受治疗。同时《刑法》第224条规定，当公共卫生部门认为行为人的健康状况可能构成公共危险时，该行为人有义务接受可能对其实施的任何预防或治疗措施。”

《刑法》对此还规定了“违反卫生管理罪”，其定义为：“违反主管当局颁布和公布的防止任何性质的流行病或传染病在本国境内传入或传播的卫生规定，对人类或动物造成损害的，应处以3至24个月的徒刑。如果该行为对国民经济造成严重危害，则为本罪的加重情节。”

2020年3月13日通过的第93/020号法令宣布国家进入卫生紧急状态，随即公共卫生局发布了关于应对新型冠状病毒的意见。根据该意见，病毒携带者滥用上述的不知情权，不遵守疫情防控的要求，对其他社会成员的生命健康构成极大威胁的，根据《刑法》第224条的规定，可能会被认定为犯罪。学界对此尚未达成一致看法，笔者也认为该意见还需进一步商榷。

疫情之下，牺牲病人的自主权去保护更为重要的公共利益，这点是毫无争议的。然而，与任何例外情况一样，其适用必须有法律的明文规定。

四、健康数据隐私的保护

在出现这样一种规模庞大、传染性强的疾病时，治疗和预防方案都遥遥无期，医疗健康数据的管理也面临前所未有的挑战，尤其是在新冠患者的健康数据保护方面。当下，人们都时刻关注着新冠肺炎的一切信息。这种时候，任何对个人健康数据的不当泄露，对集体来说都是弊大于利。

在患者健康数据的隐私保护方面，《世界生物伦理与人权宣言》第9条规定：“应当尊重当事人的隐私和对他们个人的信息加以保密。应根据国际法，尤其是国际人权法，确保这类信息只用于正当用途，不得以其他目的使用或披露这类信息。”

在医疗领域，了解患者的个人信息，甚至是私密信息，有时可能还需要让患者展示身体的某些私密部位，这些工作对医疗人员来说都是不可避免的。

这种情况下,就会出现如学者贝罗·罗维拉(Berro Rovira)和阿德里亚索拉(Adriasola)所提出的隐私保护,即对患者的私密生活进行必要的保密措施。尽管医生或者其他医疗人员已经不可避免地接触到患者的隐私,但除医治目的外,相关人员对于患者的隐私应做到守口如瓶。在吉尔·雅克布索(Gil Yacobazzo)和维也加·罗德里格斯(Viega Rodríguez)的文章中都提到了由佛朗萨所定义的隐私权,即只要是涉及隐私的个人数据,任何人都有保护其信息的权利,且有权阻止对于个人隐私数据的不当传播和不良评价。[1]

阿德里亚索拉和玛格丽娅·坎萨尼(Maglia Canzani)引述了罗通多的观点,认为从生物伦理学的角度来看,隐私权属于道德规范的范畴,并指出,隐私权不是意思自治的衍生权利,而是一种源于自然需要的最基本权利。[2]在这方面,斯坦利·本(Stanley Benn)提出,建立保护隐私的规范是出于对个体的尊重,具体来说就是尊重个体,以使其活动免受外部侵害。

按照上述观点,与身体状况有关的信息应属于隐私权的客体范畴,并且毫无疑问,隐私权是个体应当享有的基本权利。把对该类信息的保护上升至隐私权保护的高度,有利于彰显其重要性并推动其后续的发展。

综观本国的法律规范,2008 年 8 月 11 日通过的第 18.331 号法律中第 1 条规定:“个人信息保护权是人固有的权利,它属于《共和国宪法》第 72 条所规定的宪法明文列举以外,人之所以为人所应当享有的权利”;并在第 11 条明确了谨慎使用原则,即任何通过合法手段从数据库获取个人信息的自然人或法人都应当谨慎处理个人信息,且只能将其用于特定目的,禁止向第三方传播;如果信息是通过非公开渠道获得的,则信息采集主体应严格保守职业秘密,一旦违反该义务,依据《刑法》第 302 条可能会承担相应的刑事责任;但

〔1〕 Gil Yacobazzo, J. y Viega Rodríguez, M. (2018). Historia clínica electrónica: confdencialidad y privacidad de los datos clínicos. Revista Médica Uruguaya, 34(4), pp. 226 - 231. Recuperado en 15 de mayo de 2020 de http://www.rmu.org.uy/revista/proximo/rmu34 - 4_921 - gil-historia.pdf(最后访问日期:2020 年 5 月 15 日).

〔2〕 Maglia Canzani, D., Gamero, S. y Rodríguez Almada, H. (2017). Documentos médico-legales I. Historia clínica. En RODRÍGUEZ ALMADA, H. Medicina Legal. Derecho Médico (pp. 181 - 192). Montevideo: Fundación de Ediciones de la Facultad de Medicina.

出于执行司法机关的命令或获得权利人同意的除外。

此外,第4条E款中将与个人健康有关的信息规定为“敏感信息”。第18条对该类信息的保护作出了明文规定:(1)不得强迫任何人提供敏感信息;(2)只有在获得权利人明确书面同意的情况下方可处理该类信息;(3)只有经法律授权出于公共利益,或申请者出于执行法令,方可采集、处理敏感信息。此外,还可以出于统计或科研的目的处理该类信息。

第19条规定:“公立、私立和专门的医疗机构采集与处理来院就诊或正在接受治疗的病患身心健康方面的个人信息,应当遵守保密原则、相关的规章以及本法规定的内容。”此外还需遵守第11条所规定的谨慎使用原则:“任何通过合法手段从数据库获取个人信息的自然人或法人都应当谨慎处理个人信息,且只能将其用于特定目的,禁止向第三方传播。利用自身的职务便利或与数据库负责人的关系能够接触或参与到个人信息处理的任何阶段的人员,必须严格保守职业秘密,否则根据《刑法》第302条可能会承担相应的刑事责任。上述规定不适用于执行司法机关的命令、遵守现行法律的规定或取得权利人同意的情形。与数据库负责人的关系终止后,上述义务仍然有效。”

最后应强调,该法第35条经2010年12月17日通过的第18.719号法律的第152条以及2015年12月19日通过的第19.355号法律的第83条修正,规定了电子信息管理局有权对违反上述谨慎使用义务的数据库负责人以及法律规定的其他主体采取制裁措施。

正如贝罗·罗维拉和阿德里亚索拉所说:“保密是生物伦理学的规则之一。医生或医护团队保密的义务是先于医患关系产生的,因此不必作为医患关系建立的附加条件。”[1]此外,这两位学者还指出,从古至今,所有的道德准则都规定了保密的义务以及泄密的后果。乌拉圭也不例外,在2014年9月25日通过的第19.286号法律,即《医疗道德守则》中具体规定了医生有义

---

〔1〕 Berro Rovira, G. y Adriasola, G. (2013). Confdencialidad. En BERRO ROVIRA, G. Medicina Legal. Derecho Médico y aspectos bioéticos (pp. 395 - 405). Montevideo: Fundación de Cultura Universitaria.

务对其在医疗活动中所知悉的有关信息保密。

该法第 3 条 E 款指出,医生应当尊重病人对其个人信息保密的权利,并妥善保存此类信息,未经病人的明确授权不得泄露。

第 20 条规定,医生有下列义务:“(a)对在会诊过程中知悉的以及病患所告知的信息进行保密,即使病患死亡该义务仍然存在;(b)为在特定情况下不愿或不能透露身份信息的病患提供医疗救助;(c)除非获得病患的明确授权,都应当对病患所告知的以及病历中所记载的信息进行保密;(d)加强所有医护人员对病患隐私的尊重,妥善保存各种医疗记录。”该条所规定的内容充分强调了此类医疗信息的保密性应当由多方共同维护,正如阿德里亚索拉和玛格丽娅·坎萨尼所阐述的:“在由多方共同提供医疗服务的情况下,保护患者隐私不只是主治医生或医疗团队的义务,更是医疗机构内所有工作人员的义务,无论是医生、助理护士,还是医疗机构的行政人员、化验员、外聘人员,都有义务保守医疗秘密,如果违反该义务,就可能构成违反保密义务罪。”[1]

该守则的第 21 条规定,在出具具有公共文件性质的医疗证明时,也应当保护病患隐私,医生应当避免公开披露患者的具体病情以及所采取的诊断和治疗措施。只有在病患明确授权的情形下,医生才能免除泄露隐私的责任;此外,如果医疗机构违反前述规定向患者施加压力,患者就可以向乌拉圭医学会举报。

第 22 条规定,尊重患者隐私、为患者保密,是医疗行业固有的义务,只有在为了公共利益,或是有正当理由的情况下,才无须履行该义务。具体而言,法律中规定了以下可以不履行保密义务的正当理由:(1)患者生命垂危,如在自杀的情形下;(2)患者患有传染性疾病,可能会导致他人身体健康受到威胁,但拒绝告知他人;(3)对他人的身体健康产生了其他具体威胁;(4)患

---

〔1〕 Adriasola,G. y Maglia Canzani,D. (2017). El secreto profesional médico. En RODRÍGUEZ ALMADA,H. Medicina Legal. Derecho Médico(pp. 167 – 180). Montevideo:Fundación de Ediciones de la Facultad de Medicina.

者向医生提起诉讼。显然,上述假设确有必要纳入正当理由的范畴中。

最后,该法第25条规定,社交媒体也应当遵守上述保密规则。

毫无疑问,从逻辑上讲,对于在病历中收集到的信息也应当予以保密。玛格丽娅·坎萨尼、加梅罗(Gamero)和罗德里格斯·阿尔马达(Rodríguez Almada)曾在论文中引用阿德里亚索拉的观点,他认为:"不对病历中的数据进行保护构成对职业秘密的间接侵犯。"根据这一论点,前述3位学者进而认为,对于在诊疗过程和病历中必须采集和登记的信息,如果不采取保密措施,就会妨碍公民行使《宪法》第44条规定的健康权。如果违反这一保密义务,患者提供的信息被公开,可能会造成对患者的歧视,也会限制该患者行使获得救治的权利。[1]

第18.335号法律第18条D款具体规定了可以查阅患者信息的情形,该条表明:"病历是病人的财产,应予保留,只有负责医疗的人员和有关的行政人员、病人或其家属,以及公共卫生部在适当的情况下才能查阅。检察机关在调查刑事犯罪过程中,如需调取受害人的病历,在征得受害人本人或其家属同意,且只用于刑事诉讼的情况下,可以直接向医疗机构申请调取。"

国家在相关法律的制定过程中又重申了上述内容,特别是2010年9月8日通过的第274/010号法令第30条中规定:"所有病历将被保留,并只有下列主体有权查阅:(a)负责医疗的人员和与医疗相关的行政人员,包括在第18.211号法律第51条D款提到的情况下的国家资源基金会的人员;(b)患者本人或经患者授权的人;(c)被宣布为无行为能力的患者的法定代理人;(d)患者无行为能力或明显不可能申请的情况下,其配偶、同居者或者其他近亲属;(e)在必要情况下的公共卫生部及国家健康委员会。除非是治疗病人所必需,或法院命令,或根据第18.335号法律第19条的规定外,卫生服务机构和卫生工作者必须对病历内容保密,不得泄露。"

[1] Maglia Canzani, D., Gamero, S. y Rodríguez Almada, H. (2017). Documentos médico-legales I. Historia clínica. En Rodríguez Almada, H. Medicina Legal. Derecho Médico (pp. 181 – 192). Montevideo: Fundación de Ediciones de la Facultad de Medicina.

与此同时,上述法令的第 32 条对查阅死者病历作出了规定,该条规定,死者的合法继承人均有权查阅死者病历,并且,当该病历内容涉及第三方(第三方是指与该医疗行为无关的人)时,除非获得第三方同意,或是法院和公共卫生部提出要求,否则不得泄露第三方信息。

根据上文所述的规则,为了公共健康、流行病学研究,或者是在紧急情况下,必要时可将有关病人健康的数据提供给第三方,但必须根据第 18.331 号法律的规定,通过适当的分离机制确保患者身份不被公开。

通过本文对概念和规范的描述,不难发现,即使病毒肆虐,情况危急,也必须按照条例的规定对患者的健康数据进行严格切实的管理。无论是医护人员还是医疗机构,也无论是公共组织、私人团体,还是政府机关,任何违反上述规范的行为都是对患者隐私权的侵犯,甚至有可能触犯《刑法》第 320 条,构成违反保密义务罪。

五、最后的思考

在疫情危机下,任何社会的基本常态模式都有可能被动摇。这就是为什么我们必须从生物伦理学和法律的角度出发来关注对个人基本权利的保护。在保障"公共利益"的前提下,需在社会本位和基本人权之间取得一种相对平衡的状态。

因此,当面临分配有限的资源这一复杂问题时,医疗机构必须牢记,解决方案不是单一的,在形成解决方案的过程中,可以遵循生物伦理的基本原则。

笔者主张以权衡的方式适用原则,使各原则起到相互补足的作用,但是在出现不可调和的矛盾时,应当以人的尊严和尊重机会平等为首要标准。

另外,即使是在新冠疫情背景下,也不能忽视患者自主权的行使。当然,在行使自主权时要秉持负责任的态度,以免产生不利后果。尊重个人的自由固然是法治最重要的价值之一,但自由价值也有其局限性,个体不得滥用权利导致他人遭遇危险。由此,我们列举了法律规定的患者行使不知情权和违背医嘱出院时的限制条款。

最后，尽管是在当前形势下，隐私权作为一项为各个国家及国际间官方文件所确认的权利，尤其是在对患者信息的保护方面，该项基本权利仍然应当得到充分的保障。从这个意义上说，无论是从个人信息保护的角度，还是从保守职业秘密的角度，处理相关问题都必须依据法律的明文规定。

新冠疫情中对医务人员的保护措施和法律责任

[意]克里斯蒂亚诺·古佩利(Cristiano Cupelli)*

孙佳悦　吴文婧**　译

一、导言

突发公共卫生事件引起了诸多法律问题,例如,在紧急状况下如何维持法治,疫情期间应采取何种临时性措施等。考虑到当前疫情的蔓延,国家在对违法者施以必要的处分时,也要保证身处抗疫一线的医护人员免受不当的刑事责任追究。

二、2020 年第 19 号法令

于 2020 年 3 月 26 日通过的第 19 号法令规定了针对新冠病毒引起的紧急事态的管理制度。到目前为止,根据区域第 19 号法令将执行条件和处分措施划分为不同的级别和类别。〔1〕 同时,为遏制疫情的蔓延,中央和地方相

---

* 克里斯蒂亚诺·古佩利,罗马第二大学刑法学副教授、刑法研究员,国际社会科学自由大学刑法和经济刑法研究员,那不勒斯费德里克二世大学刑法教授。本文原刊载于《刑法制度》2020 年 3 月刊。

** 孙佳悦,上海外国语大学 2020 级法律硕士研究生;吴文婧,上海外国语大学 2020 级法律硕士研究生。

〔1〕 总体来看,它重构了 A. Venanzoni 爆炸案后如何采取各种措施的复杂体系。相关信息参见 L' emergenza Covid – 19 tra diritti fondamentali e stato di eccezione, in Forum di Quaderni costituzionali, 26 marzo 2020; sul contributo del decreto-legge n. 19 del 2020 ai rapporti tra le varie fonti normative, v. in particolare U. Allegretti, Una normativa più definitiva sulla lotta all' epidemia del coronavirus . ivi, 28 marzo 2020。

继颁布新的法令,对公民自由和基本权利进行了限制。但是2020年2月23号颁布的第6号法令已经很难为这些措施的合法性提供有力法律根据,因此第19号法令也将其明文废除。

第19号法令在遏制疫情方面采取的措施可以总结如下:(1)第1条前两款列出了29种相关措施的具体适用情形;(2)第2条第1款按照管控措施的适当性和风险,列举了不同程度的违法行为;(3)第3条重申了国家权力在疫情防控工作的中心地位。一方面,国家有权对疫情风险级别作出规定,并要求各大区在紧急情况下及时制定相关措施;另一方面,法令明确禁止市长颁布与国家措施相悖或超出其职权的紧急地方法令。为确保在作出限制公民自由等措施时的合法性和民主性,第19号法令还要求政府与议会之间建立对话机制,政府应每15天向议会报告疫情状况。

三、违法者的责任与处罚体系

就处罚方面而言,第19号法令第4条制定了新的疫情防控处罚体系,规定了违反疫情防控的行为以及相应处罚措施。

(一)第一层次:行政违法

在这一新的处罚体系中,第一层次为行政违法行为。由于行政违法行为尚不构成犯罪,因此并不适用《意大利刑法典》第650条"扰乱公共秩序罪"的相关规定。对此,第19号法令第4条第1款明确规定,"在尚未构成犯罪"的情况下,应当对违反疫情防控措施的行为处以400~3000欧元的行政处罚。与此同时,根据第19号法令第3条第3款的规定,应根据公共卫生的需求,对先前已获授权的行政行为采取必要限制。

第19号法令第4条第1款最后一段规定,如果因违规使用车辆而违反防疫措施,罚款最高可在原有基础上增加1/3。第4条第2款和第4款不仅对从事商业或专业活动的合格主体规定了一系列的附加处罚措施,也对"多次违反同一规定"的情况增大了行政处罚力度,大大增强了法令的威慑力。第4条第8款中适时地规定了过渡性处罚条款,使新行政处罚能溯及旧法效力下的违法事实。事实上,如果没有上述第 8 款的规定,基于“法不溯及既往原则”,旧法效力下的违法事实既不会按照《意大利刑法典》第 2 条受到刑事处罚,也不会按照 1981 年第 689 号法律第 1 条受到行政处罚。

如今,意大利当局已经制定了一系列科学的规定,在确保处罚威慑作用的前提下扩大行政处罚范围,避免大量案件刑事化,从而减轻刑事司法系统的负担。但是,这些规定仍然引起了一些争议。

首先,为了避免行政主体滥用行政处罚权,依据 1981 年第 689 号法律第 9 条规定的“特别法优先原则”,立法者在第 19 号法令中对部分仅适用刑事法律的行为加以规定。另外,在该法令规定以外的其他情形下,若适用行政处罚也要以刑事法律未作规定为前提。在法律草案中,“不适用《意大利刑法典》第 650 条规定的处罚”这一表述显得模棱两可:从字面意思上看,立法者似乎只是想排除刑事处罚,而不是否定犯罪。但笔者认为,立法者的意图就是为了排除此种情况下对犯罪的认定。第 19 号法令将部分可能构成犯罪的行为确定为行政违法并予以处罚。但在其生效前,由于没有这一特别法的规定,此类违反疫情防控规定的行为不能被视为行政违法,仍应按照《意大利刑法典》的规定,对已经构成犯罪的行为处以刑罚。[1]

其次,第 19 号法令第 3 条第 3 款的规定也并不明确。第 3 条第 1 款和第 2 款分别规定了紧急情况下国家权力的中心地位,以及对大区立法权的限制。第 3 条第 3 款规定,“基于公共卫生理由,对行政行为进行授权”的权限也受到上述规定的限制。显然,该规定将部分行政行为特殊化,但并未明确界定行政违法与刑事违法的处罚适用规则,可能会造成行政当局和司法部门在解释和适用法律时存在差别。

最后,关于使用车辆的加重处罚情节,从措辞上看,处罚力度似乎只与车辆的使用方式有关,并未涉及使用车辆的目的以及违反疫情防控措施的具体情节。从这个角度理解,该规定可能会导致处罚与行为危害性不相称。例

---

〔1〕 主要是指对 2020 年第 6 号法令第 3 条第 4 款规定的废止案件的解读,有些人认为这是一种自主犯罪。相关信息参见 G. L. Gatta, *Un rinnoato assetto del diritto dell'emergenza Covid - 19*。

如,一个人独自驾车在附近兜风并未逗留,另一个人步行并与他人见面社交,此时不使用车辆比使用车辆更危险,但两个行为可能会受到相同处罚。

(二)第二层次:违规

在法律评价的第二层次,立法者在第19号法令第4条第6款中规定了一项特定情况,即根据1934年7月27日第1265号皇家法令第260条,若病毒检测呈阳性且被采取隔离措施者违反禁止离家的规定,根据第19号法令第4条第7款,执法者有权对其加重处罚,确保处罚力度符合事件的危害程度。

(三)最后层次:犯罪

还应注意的是,就审判案件而言,该法令明确规定不参照《意大利刑法典》第452条的危害公共卫生罪的量刑条件进行处罚,也不适用更严重的刑罚。例如,《意大利刑法典》第438条关于传播传染病的规定,若是仅传染了一人且无进一步扩散的危险,则行为人仅构成故意杀人罪或者故意伤害罪。可以看出立法者希望根据对公共健康可能造成的危害结果,对不同的违规行为给予适当的区别对待。在具体案件中体现为,在判断是否构成"传播传染病"这一行为时,必须综合衡量违规行为发生的时间和空间背景:不仅要满足已导致他人感染的前提,同时还需存在进一步扩散的现实危险,从而使不特定多数人的健康面临威胁。适用第1265号皇家法令第260条的前提是,行为人被带离住所并受到严格管控,不会产生进一步传播疾病的风险。

(四)选择的合理性

根据行为的危险性选择法律解决方案逐渐成为一种普遍做法,例如,2020年2月25日部长会议上通过了一项名为《农副产品犯罪事项新规范》的法案,扩大了刑法在农副产品行业的适用范围。就规范《意大利刑法典》所列罪行与超出刑法范围的违法行为之间的关系上,该新规对1962年第283号法律第5条所述的进口、出口、生产、运输、销售有害健康或不符合食用标准的食品罪重新作出了规定,并选定一种递进式刑罚制度。如此,过失行为按违法行为处罚,而故意行为则按犯罪处罚。在这一分级框架下,第283号法律第5条第2项和第3项规定的行政违法行为处于最低级别,此类违法行为包括违反临时性措施、不遵守预防食品安全问题的规定,以及运输和销售无营养成分或者伪劣食品的行为。[1]

从类似角度来看,2020年第19号法令的目的是依靠法律制裁手段,在刑事政策层面建立严格的疫情防控制度体系,使行为后果与刑事责任相适应,避免以紧急情况的名义歪曲传统规定。

政府在2020年3月24日第38号法令通过之前公布了第19号法令草案,再以新闻发布的形式在部长会议中予以确认。该法令规定,"病毒检测阳性患者在隔离期间故意违反离家禁令,按《意大利刑法典》第452条第1款第2项定罪处罚,并处以1年以上5年以下有期徒刑"。

显然,如果第19号法令第4条的最后案文与所宣布的草案内容相同,其实效可能受影响。由于难以认定行为人是否具有违反检疫义务的主观意识,法令规定的处罚难以适用。若将行为人故意违反隔离期的控制措施视为其具有主观故意,则可能与《意大利刑法典》第452条的规定矛盾,因为该条将这类行为归为过失犯罪。因为立法技术不完善,现行法律中没有关于罪刑升格的强制条款,即使犯罪主体有传播流行病的目的,也有可能无法按照《意大利刑法典》第438条的规定,以故意传播传染病罪对其定罪。

---

〔1〕 从犯罪规模的角度看,除了卡塞利委员会起草的指导方针(其中详细说明了行政过失、刑事过失和轻罪与重罪的区别)外,相关信息参见卡塞利委员会2015年农副产品改革和公共健康计划中M. Donini的论文。Le linee di politica criminale, in Diritto agroalimentare, n. 2/2016, e altresì in Diritto penale contemporaneo, 5 ottobre 2016, spec. § § 6 e 9, p. 20 ss., 42 ss.; Id., Health Protection and Food Safety Regulation in Italy, from the current legislation to the Reform Project, in A. Nieto Martin-L. Quackelbeen-M. Simonato Eds. (a cura di), Food Regulation and Criminal Justice, Portland, 2016, numero monografico della Revue international de droit penal, 2016, pp. 225 – 244 (spec. pp. 230 – 235); Id., La riforma dei reati alimentari: dalla precauzione ai disastri. Per una modellistica pentapartita degli illeciti in materia di salute e sicurezza alimentare, in B. Biscotti-E. Lamarque (a cura di), Cibo e acqua. Sfide per il diritto contemporaneo. Verso e oltre Expo 2015, Torino, 2015, pp. 21 – 45, spec. 36 – 40 (§ 8); Id., I Reati di pericolo e salute pubblica. Gli illeciti di prevenzione alimentare al crocevia della riforma penale, in Riv. trim. dir. pen. econ., 2013, pp. 45 – 89; in termini più generali, Id., Modelli di illecito penale minore. Contributo alla riforma dei reati di pericolo contro la salute pubblica, in M. Donini-D. Castronuovo (a cura di), La riforma dei delitti contro la salute pubblica. Sicurezza del prodotto, sicurezza del lavoro, sicurezza alimentare, Padova, 2007, 201 – 332, spec. 258 ss.

可以预见，这种选择可能会导致不合理的结果，例如，“违反隔离期外出禁令，半夜独自外出倒垃圾但并未与他人见面”，以及“在高峰时段没有采取任何保护措施就进入拥挤的超市，甚至是出于传播病毒的故意违反禁令”，这两种截然相反的情况都可能以同样的方式处理，即均可判处1年以上5年以下有期徒刑。

四、保护医疗工作者并考虑减轻其刑事责任的必要性

正如本文所探讨的，通过对行政违法、违规案件和刑事犯罪案件中的相应处罚进行分析，人们试图更好地划分关于主观过失行为的各种理论。即使做这种划分会引起较大争议，对遏制疫情也不能起到显著作用，但我们仍然期望能够通过这种理论的界定，在合理预测社会权益保障的范围时又不忽视针对个人保障所必需的条件。

在当今这种紧急卫生状况下，责任个人化似乎不可避免，但必须将其限制在必要的责任范围之内。由于所涉及的医护人员在感染者护理、集体健康防护方面发挥着不可替代的基础性作用，因此其承担的刑事责任不应过于严格。

许多媒体和政治辩论都提到，医生和护士等医务人员在工作时会不可避免地暴露于传染病的风险之中，因此必须为其配备必要的个人防护设备以确保安全，防止病毒进一步大规模传播。

然而，随着感染急剧扩散，需要治疗和住院的患者人数不断增加，尤其是对重症监护病房以及呼吸机等辅助呼吸设备的需求不断扩大，极大地凸显了如病床数量、药物和技术支持等现有资源在结构和组织分配上的不合理。同时还凸显了医护人员数量短缺、特定专业知识匮乏等医疗主体方面的不足。

事实上，在医护人员严重短缺的情况下，为了确保病人得到全面、优质的护理，我们不得不向一些缺乏相关医疗经验的其他医务人员寻求帮助。在此情形下，尽管医务人员自愿承担了相应的风险，法律仍应将其合理排除。这是因为，在正常情况下，如果他们违反了预先的审慎义务，从事与其资质或水

平不符的医疗保健工作,就应当受到相应的处罚。但在这一紧急状态下,尽管他们在从事相关医疗活动时缺乏必要的工作资质,但在实际上弥补了合格医护人员的短缺,从而避免了不良后果。因此,应当免除他们在此类公共紧急事件中的责任。

增加重症监护病房床位数量、改造和建设新病房、将患者转往其他机构、引进必要技术、扩大医护人员规模是国家和地区两级行政和财政工作的重点。然而,我们发现这一传染病正在以惊人的速度蔓延,以至于出现了一些不可想象的情况,例如,医生不得不在存活概率不同的患者之间作出艰难的生死抉择:将谁纳入或者排除在住院、进入重症加强护理病房或者使用辅助呼吸装置之外,实质上是在选择先治疗谁或者不治疗谁。[1]

因此在这种情况下,要求医务工作者在处理流行病紧急事件时还要面对可能的额外法律风险是不现实的。那么,在大量患者不可避免地直接或间接死于新型冠状病毒的情况下,医务工作者和相关医疗机构应当承担多少的责任和赔偿才是合理的?

这一问题已经在新闻报道中有所展现。[2] 医疗工作者对自身法律风险的担忧,将会压倒人类在面对紧急事件中表现出来的团结精神,而这种精神正是人们直面紧急事件的应对之道。所以我们迫切需要阻止这种结果发生。

(一)《意大利刑法典》第590条第6款的缺陷

2017年3月8日第24号杰里·比安卡法将第6款纳入《意大利刑法典》中,以明确医护专业人员的刑事责任。制定该规则一方面是为了降低医疗行业中的“刑事风险”,另一方面也是为了促进形成保守治疗的医疗环境,从而能够更有效地保护患者健康。但这一规则在公布之初就备受质疑,一是由于

---

〔1〕 从这个意义上来说,2020年3月6日SIAARTI(意大利麻醉、镇痛、复苏和重症监护学会)发布的《关于入院重症治疗以及需求和可用资源严重不平衡的特殊情况下暂停治疗的临床伦理学建议》的内容具有典型意义。

〔2〕 例如,可参见N. Ronchetti, Contagi alle stelle e 25 morti. I medici:“Scudo penale, oppure non operiamo più”, in Il Fatto quotidiano, 25 marzo 2020, p. 7; Id., I medici:“Noi a giudizio solo per colpa grave”, ivi, 29 marzo 2020, p. 8; A. Giannoni, Da eroi a capri espiatori sui medici piovono le denunce, in Il Giornale, 29 marzo 2020, p. 13。

制定过程并不顺利,二是界定这一规则的适用范围颇有难度。在2018年2月,即该法律生效几个月后,意大利最高法院刑事审判庭在马里奥蒂案的判决中不得不对该规则的适用作出必要的说明和解释,重新对第6款的适用范围作出界定,确立“专业医护人员也需要对过失造成的患者伤亡担责”的规则:

(1)因疏忽大意或过于自信的过失导致事件发生的;(2)医疗活动未遵循官方认可的行为准则,也未经新的公共采集系统或临床辅助实践的验证,过失导致伤亡结果;(3)医护人员缺乏经验,采取不适合患者的医疗行为,过失导致伤亡结果;(4)在医疗活动中由于缺乏经验而导致“重大”过失,在对医护人员归责时要考虑其对风险把控的能力和医疗活动中可能遇到的特殊困难。

目前,医护人员仍在与新型冠状病毒作斗争,在这种紧急情况下,现行法律对过失犯罪的处罚范围是不适当的。

目前“处罚豁免”的适用条件包括:

(1)仅限于《意大利刑法典》第590条第6款第1段明确提到的过失伤害和致人死亡案件;

(2)仅限于行为实施中非严重缺乏经验的情况;

(3)以遵守公认的行为规范或遵从有效的临床辅助实践为基础;

(4)在任何情况下,对于这些公认行为规范中的建议是否适当,应根据具体情况加以评估。

考虑到目前尚无明确的病理诊断和足够的治疗依据,在缺乏公认的行为规范和有效的临床辅助实践的情况下,医疗活动将会受到严重影响。无论是由于专业治疗上的不确定性,还是由于需要接受治疗的感染者人数日益增多而对组织管理能力提出了更高的要求,上述问题都与重症监护病房数量不足及专业医护人员短缺有关,新冠疫情这一公共卫生突发事件的特殊性质都使这些情况无法满足《意大利刑法典》第590条第6款所规定的“处罚豁免”的条件。

（二）司法上对主观罪过衡量的保留

需要强调的是，仅依靠这些理论上的主观罪过来判断是否具备救助能力是不现实的。医护人员在从事医疗和护理工作中偶尔会遇到困难，从理论上来说，“主观罪过衡量”这一要素在一定程度上能够提供相应的指导，更好地评估客观环境和个人因素在相关紧急情况中的影响。不过实践证明，《意大利民法典》第2236条的特殊归责原则和医疗活动中刑事责任的免责范围的相关规定仍然是司法机关进行归责定罪的主要依据。只有在极少数案件中，司法实践才会采用“主观罪过”来进行衡量。

五、提议：在新冠疫情紧急事件中限制专业医护人员的刑事责任的特殊规定

考虑到我们正面临一个前所未有的紧急状态，显然，我们不能苛求医生遵循在一般情况下必须遵守的审慎义务。因此，现在看来，有必要根据病毒大流行的特点制定特殊规定，扩大过失犯罪的免责范围，以及制定医护、救助管理等方面的临时刑事法律规范。

今后，理想的监管干预措施应当有严格界定的适用范围，手段上应涉及新冠疫情紧急情况的风险管控，阶段上则应限于卫生紧急状态期间。除此之外，还应考虑下列基本指导准则：

（1）将刑事责任的承担限定在故意和重大过失这两种主观方面之内。

（2）除当事人确无经验外，将“重大过失担责”的过失范围扩大到疏忽大意的过失和过于自信的过失。

（3）明确重大过失的定义：一方面强调行为人客观上违反了规则，另一方面也强调不能忽视其他现实因素的影响，包括同一时段的患者承载量、特定紧急风险管理相关的各机构的不同组织标准、因医护人员个人专业度不同产生的最终治疗结果差异。

（4）将过失免责的适用范围扩大到伤害和杀人以外的案件，即应当考虑到其他不良事件以及对缺乏相应防护的医生在被迫进行诊疗过程中过失犯

罪科以刑罚的可能性。

(5)考虑在尚无明确科学依据时遵守未获认可的相关行为准则或者采取尚未证实有效的临床辅助实践对结果的影响比重。[1]

在紧急状态结束后,我们还应继续深入探讨医疗卫生领域的过错责任。一方面,我们要反思特殊背景下界定“重大过失”的条款是否普遍适用;另一方面,我们也应思考除了因医疗活动中缺乏经验而适当降低行为人的刑事责任外,如何明确《意大利刑法典》第 590 条第 6 款规定的“不应受刑罚处罚”的行为边界。

〔1〕 在这个方向上,从我们了解的情况来看(见 G. Rodriguez, The majority amendments。专业人员的补充协议——应为所有医务人员配备口罩和有限的专业责任,发表于 Quotidiano sanità,2020 年 3 月 29 日),有一个由参议员 Marcucci(PD)提出的针对所谓 Cura Italia 法令(2020 年 3 月 17 日第 18 号法令)的修正案。该修正案规定,在因 Covid - 19 疫情暴发导致紧急情况时,医护人员仅在重大过失情形下承担刑事责任。同时,“重大过失”的认定也得到了进一步的解释和明确,即只有“当过失发生在整体上不合理地违反医疗卫生职业基本原则或违反针对此类紧急情况的预定规章或应急预案时”才能被认定为重大过失。此外,医疗机构、公立和私立社会医疗组织以及卫生院的保健、医疗、技术和行政专业人员不应被要求对民事行为或国家税收损失进行回应,除非损害行为可归咎于下列特点:(1)以蓄意损害他人健康为目的;(2)以重大过失为特点,包括总体上不合理地违反医疗卫生职业基本原则或违反针对此类紧急情况的预定规章或应急预案;(3)公然违反国家卫生院职业基本原则的管理或行政行动,并且在这些行动中已经证实制定或执行这些行动的官员或商人并非善意。

新冠疫情背景下儿童监护权纠纷的处理模式

[伊朗]穆罕默德·罗珊(محمد روشن)*

王克强** 译

本文主要探究“紧急状态”对权利和义务的影响,并着重对近亲属与子女之间的监护关系进行分析。

我们从法院现有的判决中可以得出结论:无论父母双方处于何种情况(包括分居或离婚),都必须共同履行抚养子女的义务。但由于一些强制性规定,父母可能无法履行该义务。因此在监护人感染新冠病毒的情形中,我们应当对其监护权予以剥夺,对抚养义务进行豁免,或是当其以该事实作为抗辩理由时予以采信。

伊朗的家庭法主要依据伊斯兰教法(Shari'a)及其衍生理论制定。作为其理论基础的部分教法概念在学界尚存争议,因此家庭法所调整的法律关系更需要进一步探究。在这种背景下,法院所作出的判决更应当注重其公正与可接受性,避免被学术分歧所影响。关于“紧急情况下的监护权”这一主题,本文将以伊斯兰教法为核心,结合对《古兰经》经文的解读和法学界的观点,并参照伊朗现行实体法以及《儿童权利公约》,试图得出一个可接受的结论。

---

* 穆罕默德·罗珊,副教授,任职于伊朗夏希德贝海什提大学家庭研究中心。本文原刊载于《法学研究》2020 年新冠疫情夏季特刊,第 89 ~ 109 页。(نقش اضطرار در رفع تکلیف قانونی حضانت کودکان و حق ملاقات در شرایط پاندمی کووید-۱۹)

** 王克强,上海外国语大学 2020 级法律硕士研究生。

一、新型冠状病毒肺炎与紧急情况的产生

新型冠状病毒肺炎是一种具有致死可能的传染性疾病，为了控制其在人群中的蔓延，许多国家都采取了居家隔离、宵禁等方式，并对违规者进行处罚。

世界卫生组织是联合国下属的一个专门机构，其宗旨是同艾滋病和流感等传染性疾病，以及心脏病和癌症等高危性疾病作斗争。目前，该组织已正式确认新冠肺炎是一种由新型冠状病毒引起的传染性疾病，但目前尚未研制出有效的疫苗，且未发现有针对性的治疗方法。[1]

疫情暴发后，伊朗成立了全国性的新冠病毒防疫总部。有关资料显示，该部门的设立经过了最高领袖的批示和国家最高安全委员会的批准，因而具有正当合法性。时至今日，防疫总部已经发布了大量命令，[2]总统等政府官员也多次号召大家遵守该部门的防疫要求。[3]

疫情暴发以来，司法机关也有不少应对疫情的作为。截至2020年4月15日，司法部发布了22项指示，例如，要求各级法院在诉讼程序中积极利用信息技术，通过线上视频等方式进行审讯；要求法院尽可能多地使用温和处

---

〔1〕 新型冠状病毒肺炎是一种由新发现的冠状病毒引起的传染病。大多数感染新型冠状病毒的人会出现轻度至中度呼吸道疾病，无须特殊治疗即可康复。老年人以及那些有心血管疾病、糖尿病、慢性呼吸道疾病和癌症等潜在医疗问题的人更有可能发展成严重疾病。预防和减缓传播的最佳方式是充分了解新型冠状病毒肺炎病毒，了解其引起的疾病及其传播方式。勤洗手或使用含酒精的洗手液，不接触面部，以保护自己和他人免受感染。当感染者咳嗽或打喷嚏时，新型冠状病毒肺炎病毒主要通过唾液飞沫或鼻分泌物传播，因此练习呼吸礼仪也很重要（例如，对着弯曲的肘部咳嗽）。目前，还没有针对新型冠状病毒肺炎的特定疫苗或治疗方法。然而，有许多正在进行的临床试验来评估潜在的治疗方法。一旦有临床发现，世界卫生组织将继续提供最新信息。https://www.who.int/health-topics/coronavirus#tab = tab_1.

〔2〕 伊朗新冠病毒防疫总部是在伊朗最高国家安全委员会和最高领袖的批准下于2020年2月在伊朗疫情暴发后成立的组织。该部门第一次会议于2020年2月25日举行，涉及新冠防疫的所有决定，包括最终疫情状态的取消都将由该部门发布通告。伊朗卫生部长赛义德·纳马基（سعید نمکی）是该部门的负责人。该部门的设立未经过伊朗伊斯兰议会的公开决议，而是通过宪法监护委员会的决定设立的。

〔3〕 时任总统哈桑·鲁哈尼的演讲称，防疫总部的命令具有普遍约束力，并要求各部门敦促民众执行卫生准则。

理方式，如延期审判、判处免除刑罚、中止起诉、中止刑罚执行等手段分流案件；要求法官对于轻罪案件（如《伊朗伊斯兰刑法》的第19条所规定的第7档和第8档情形）尽可能从轻处理[1]；要求执行机关对一些被判处监禁的犯人采取替代性刑罚；还对特殊情况下延期审理进行规定，[2]以及要求法院和执行机关在判决和执行时考虑犯人对其子女的监护问题。

二、教法检索

在本部分中，我们将首先对《古兰经》进行检索，寻找涉及紧急情况下个人责任免除的条文，接着还会从圣行、圣训、教法解释等资料中探求相关内容。

教法规则作为一种非常笼统的范式，自身虽具有法律效力，但将其作为法律推理的依据时却愈发受到限制。[3] 在这种趋势下，如何让教法规则中的“紧急情况”“困境消除”“罪过”“无损伤”概念与案情相符合，仍需要进一步讨论。如果有判例对这些概念进行了充分论证，那么对于抚养责任的免除、第三人抚养的限制、保姆拒绝履行责任的问题也将会有法理上的合理解释。

（一）经文

遗弃子女等禁忌行为在《古兰经》中被视为犯罪，但在特殊情形如过失、

[1] 《伊朗伊斯兰刑法》第19条将刑罚由重到轻划分为8个档次。第7档包括：93天以上6个月以下的监禁，1000万里亚尔以上2000万里亚尔以下的罚金，11鞭以上30鞭以下的肉刑，6个月以下的剥夺社会权利。第8档包括：3个月以下监禁，1000万里亚尔以下的罚金，10鞭以下肉刑。注1：剥夺社会权利一般作为附加刑使用。注2：“以下”不包括本数，即每一档的最大数字被认为是更高一档的刑罚。注3：若被判处的多种刑罚属于不同的档位，则以监禁的刑期作为定档依据。如果依旧无法判断属于8类中的哪一个档位，则按照第7档处理。注4：本条规定仅用于对刑期进行分档，对法定刑和宣告刑并无指导作用。注5：对犯罪工具和违法所得财产的没收、扣押，应排除本条和第20条所涉及的财产，并按照第215条处理。对犯人执行没收财产令时，必须保留足够维持其本人以及亲属基本生活的必要财产。

[2] http://www.dadiran.ir/news/articleType/ArticleView/articleId/93878/categoryId/410.

[3] محقق داماد، سيد مصطفي، قواعد فقه بخش مدني، تهران: انتشارات مركز نشر علوم اسلامي، چاپ پنجاهم. ۱۳۹۷ ، ص ۳؛ مكارم شيرازي، ناصر، القواعد الفقهيه، قم: مدرسه الامام علي بن ابي طالب(ع)، چاپ چهارم، ۱۴۱۶ق ص ۲۳ : هي احكام عامه "" مختلفه.

嬉戏等情况下，行为人也可以免除处罚。下列内容阐明了这一理念：

《黄牛章》第173节中写道："他只禁戒你们吃自死物、血液、猪肉以及诵非真主之名而宰的动物；凡为势所迫，非出自愿，且不过分的人，(虽吃禁物)，毫无罪过。因为真主确是至赦的，确是至慈的。"[1]从此处我们可以看出，如果发生紧急情况，行为人非出于恶意或者非出于自愿，且无享乐主义的动机和自我放任的前提，那么即使犯有禁忌行为，也不会受到惩罚。

《牲畜章》第119节中写道："除为势所迫外，你们所当戒除的，真主已为你们阐明了，你们怎么不吃那诵真主之名而宰的呢？有许多人，必因自己的私欲，而无知地使别人迷误。你的主确是知道过分者的。"[2]由此可知，《古兰经》中关于"紧急情况"与"非紧急情况"的措辞有不同之处。

在《朝觐章》第78节中写道："他拣选你们，关于宗教的事，他未曾以任何烦难为你们的义务。"[3]根据伊斯兰教的教义，真主移除了一切在履行义务中所遇到的阻碍。所以对于一位陷入困境的人来说，任何对于普通人或他个人而言无法负担的委托，都应当被免除。[4] 在这一节中出现了有关"义务豁免"的有力论据，经文中的场景预设与我们所要讨论的情况高度吻合。这也意味着，暂时中断父母与子女之间的抚养关系，或对于抚养关系加以限制的判决是有法理依据的。

(二)圣行与圣训

在穆圣和伊玛目的圣行、圣训记载中，也有在特殊情形下对部分行为予以赦免的记载，请见下文：

据穆圣和伊玛目萨迪克(Jaffar al-Sadiq)的圣训："真主在九件事上宽恕了我们的民族：罪恶，遗忘，强迫之事，无知之事，无能之事，无助之事，嫉妒，

[1] بقره، ۱۷۳: إِنَّمَا حَرَّمَ عَلَيْكُمُ الْمَيْتَةَ وَالدَّمَ وَلَحْمَ الْخِنْزِيرِ وَمَا أُهِلَّ بِهِ لِغَيْرِ اللَّهِ ۖ فَمَنِ اضْطُرَّ غَيْرَ بَاغٍ وَلَا عَادٍ فَلَا إِثْمَ عَلَيْهِ ۚ إِنَّ اللَّهَ غَفُورٌ رَحِيمٌ.

[2] انعام، ۱۱۹: وَمَا لَكُمْ أَلَّا تَأْكُلُوا مِمَّا ذُكِرَ اسْمُ اللَّهِ عَلَيْهِ وَقَدْ فَصَّلَ لَكُمْ مَا حَرَّمَ عَلَيْكُمْ إِلَّا مَا اضْطُرِرْتُمْ إِلَيْهِ ۗ وَإِنَّ كَثِيرًا لَيُضِلُّونَ بِأَهْوَائِهِمْ بِغَيْرِ عِلْمٍ ۗ إِنَّ رَبَّكَ هُوَ أَعْلَمُ بِالْمُعْتَدِينَ.

[3] حج، ۷۸: وَمَا جَعَلَ عَلَيْكُمْ فِي الدِّينِ مِنْ حَرَجٍ.

[4] موسوي بجنوردي، سيد محمد، مقالات اصولي، بي نا، بي جا، ۱۳۶۵، ص ۸.

卜凶，挑拨离间”。[1] 该圣训被称作“赦免圣训”，保守主义者对该圣训存在不同的见解，包括霍拉桑尼阿訇（Akhund Khorasani）和希赫·安萨里（Sheikh Ansari）都对此进行了讨论。[2] 他们认为，上述9种免予处罚的情形，也要求官方根据实际情况确定其罪行予以谴责，并由官方给出最后裁决结果。

在此基础上，我们可以得出结论：如果行为人出于外部压力而接受了本不应该承担的义务，或被迫犯罪，那么在这种情况下的罪行就不受惩罚。

此外，伊玛目萨迪克的圣训中还强调：“若人在危难时仍拒食禁物乃至饿死，这种死亡是异教徒的死亡”。

（三）教法学家（法基赫）的意见

对于在紧迫条件下作出禁止之事、错误之事、违背教义之事的情况，根据显明的教法规则，[3] 该“紧急情况下的赦免”规则都可以适用。这样，赦免规则在处理限制监护权和剥夺监护权时也应当同样有效。以该规则为圭皋，对于可能染病致死的特殊情况，世人并无权将自己的灵魂暴露于这种死亡的危险中。[4] 监护权人更无权将另一个崇高的灵魂——尤其是他应当照顾的那些，同其躯体一并置于死亡的威胁之下。

在发生由新冠肺炎引发的紧急情况时，该教法规则是论证“中止父母监护”这一裁定合法性的核心论据，用希赫·安萨里的话说：“它让一个本就受苦的人再次逃脱了被审判的厄运。”

阿卜杜勒·卡迪尔·吉拉尼（Abdul Qadir Gilani）认为“紧急情况”的定义是：主体处于危险的情势之中，且为摆脱当前的局势必须进行“一般意义上的犯罪行为”。[5] 而且这种情况通常指自然威胁因素，不包括来自他人的威胁。

---

［1］ صدوق، ابوجعفر، خصال، جلد 1، قم: موسسه النشرالاسلامي جامعه مدرسين، ۱۴۰۳ق، ص ۴۱۷؛ مجلسي، محمدباقر، بحار الأنوار الجامعه لدرر الاخبار الائمه الاطهار(ع)، جلد ۵، بيروت: دار احيا التراث العربي، ص ۳۰۳.

［2］ انصاري، مرتضي؛ فرائدالاصول، جلد ۲ ، قم: مجمع الفكرالاسلامي، چاپ اول، ۱۴۱۹ ق، ص ۲۸.

［3］ 伊斯兰教法中的规则分为两种：一种是古兰经经文或者是相关文献明文规定的，称为明文规则，另一种是由后来的法学家推理诠释出来的规则，称为次要规则。

［4］《古兰经》黄牛章第195节：“你们当为主道而施舍，你们不要自投于灭亡。”

［5］ عوده، عبدالقادر، التشريع الجنايي مقارنا بالقانون الوضعي، جلد ۱، بي جا، دارالكاتب العربي، ۲۰۰۶، ص ۵۷۷.

按照这一定义,“紧急情况规则”若要适用于对于人为胁迫下的行为时,还需要进一步的论证。必须指出的是,“紧迫”并非泛化地用来描述所有的危险情景,也不是简单地用来客观描述某种危险情景下的自然人状态,它是在某些极端情况下影响行为者决策的一个因素。之所以进行某些在常规场景下会被认为是犯罪的举动,是因为行为人当时正处于一种“紧急情绪”的支配中,而这种“紧急情绪”是由“紧急状态”中行为人所暴露出来的一种心理素质缺陷造成的。假定把某些伊斯兰教法家置于相同的场景,外部条件使得他们作出违反教法的行为,他们可能会将结果归咎于“紧急情绪”上,而不必是外部条件本身。

莫哈格·阿尔巴比利(Allama Mohaghegh Arbabili)认为,“紧急情况规则”是基于社会常识和公众的一般认知。这一认知可以被简述为:“保护公民的生命权毋庸置疑,限制监护权人的监护侵权且违背法律,但在这种冲突中,生命权优于其他权益。”

穆罕默德·哈桑·纳贾菲(Muhammad Hasan al-Najafi)认为,如果将一些难以治愈的慢性病患者如肺结核患者、精神病患者也归于“紧急情况”之下,有可能造成对父母监护权的恣意侵犯。然而,这种担忧可以通过转变思路得到解决:既然隔离措施必不可少,那么隔离也可以被理解为履行监护责任的一种方式,因为监护权同样基于上述社会普遍认识,这种处理并不矛盾。[1]

对生命的保护是伊斯兰教法的明确宗旨,这种保护从“肯定”和“否定”两个方面来实现。肯定的方式即对规则的实施,以及对制度本身的确认,如进行判决、礼拜、向真主表示遵循等。否定的方式即“移除”的手段,抹除那些导致我们无法保有所追求利益的阻碍之物。[2] 基于同样的目的,对被采取了隔离措施的父母进行监护权的剥夺,也必须在伊斯兰教法的范畴中先行予以评估,并以裁决的方式作出处理。

---

〔1〕 نجفي، محمدحسن، جواهر الكلام في شرح شرايع الاسلام، جلد۱۱، بيروت: مؤسسه المرتضي العالميه، ۱۹۹۲م، چاپ اول، ص۱۸۶.

〔2〕 زماني، محمدحسن و قيام الدين قمرالدين، بررسي تطبيقي مقاصد شريعت، مجله حبل المتين، دوره سوم، بهار ۱۳۹۳، شماره ۶، ص۳۰.

综上所述，法院在作出合理的判决之前，务必给出充分的依据。对基于儿童防疫目的所作出的任何“作为”和“不作为”的裁定，都必须遵循个人生命健康权利高于一切的原则。

三、法律检索

在本部分中，我们将会对《民法典》、《家庭保护法》以及《儿童权利公约》的相关规定进行探究。根据前文，法院就儿童的健康保护问题作出裁决在法理上并无质疑，但在某些法律关系已经明确的情形下，根据现行标准如何适当保障儿童的权益仍有争议。在这一问题上，立法机关倾向于优先保护儿童的权益。

（一）《民法典》

根据《民法典》第1168条的规定，子女的近亲属有对子女进行监护的权利。纳赛尔·卡图兹安（Nasser Katouzian）认为，这种权利在被授予给父母的同时，其也拥有着义务的性质，即义务人必须为被监护人的利益采取积极作为。[1] 他还指出，如果监护人侵犯了儿童的权利和健康，使儿童处于危险境地，法院有权将其对于儿童的监护权转移给其他人。[2]

根据《民法典》第1173条的规定，如果父母对孩子缺乏照料或道德败坏，导致孩子的身体健康或思想道德出现危险，则法院可以根据子女近亲属、监护人、委托监护人或司法行政机关负责人的要求，为孩子选择适当的监护人。

下列内容是对“父母对子女缺乏照料”以及“道德败坏”的具体情形解释：

（1）有酗酒、吸毒和赌博等恶劣嗜好；

（2）因贪污、卖淫等行为而声名狼藉；

（3）经法医鉴定患有精神疾病；

（4）虐待儿童，或者强迫儿童进行卖淫、乞讨、大体力劳动等非法行为；

---

〔1〕 كاتوزيان، ناصر؛ دوره حقوق مدني خانواده، جلد ٢، تهران: شركت سهامي انتشار، چاپ اول، ١٣٨٨، ص ٣٨٠.

〔2〕 كاتوزيان، ناصر؛ دوره حقوق مدني خانواده، جلد ٢، تهران: شركت سهامي انتشار، چاپ اول، ١٣٨٨، ص ٣٩٩.

(5)对儿童有超出一般程度的体罚或者殴打行为。

如出现前述情形,且儿童的身体、精神健康陷于危险,法庭可作出它认为对保护儿童有利的任何裁决。

《民法典》第 1174 条规定:“如果父母因离婚等原因不能与子女同住,此时不直接抚养子女的一方有权对子女进行探视。”探视的时间、地点等由父母双方决定,若发生意见分歧,则由法院指定。

按照这一规定,父母拥有合法的“探视权”。但需要指出的是,这一权利同样适用于儿童的祖父母、曾祖父母,甚至在某些情况下也适用于儿童的其他兄弟姊妹。

在这些有关近亲属的规定中,父亲享有一种特殊的“强制监护权”,因此必须与其他亲属区别对待。

《民法典》第 1175 条规定:“除非有法律上的依据,否则不得将儿童从直接照顾他们的父母手中带走。”与此对应,《民法典》第 1169 条、第 1170 条和第 1173 条对剥夺父母监护权的情形进行了规定。此处与我们正在讨论的主题较为符合的法条是第 1173 条,我们将在下面进行详细论证。

如果享有监护权的父母感染了类似梅毒、流感、伤寒等传染病,考虑到孩子被感染的可能性,我们是否要将他们的监护权进行剥夺?一些法学家对此持有较为简单的观点:除非这种情况下的父母能够通过委托保姆、护士等方式履行其监护职责,否则其监护权都将被剥夺。但我们也可以说,作为一项有亲属关系作为背书的基本权利,父母的监护权不应仅仅因为其中一方患有传染病就被剥夺。特别是在有些情况下,患者并不对照顾孩子负有责任,且已经采取了必要的措施来防止疾病蔓延。更何况在某些极端自然灾害情况下,按照普遍常理,人们也能够容忍某些疾病传播的危险,此时社会民众是不能接受对这种情况下的监护权进行剥夺的。当然对于重大疾病案件,法庭仍然有权根据最有利于儿童利益的原则,将儿童的监护权委托给其他人。[1]

---

〔1〕 صفايي، سيدحسين و اسدالله امامي، حقوق خانواده، جلد ۲، تهران: انتشارات دانشگاه تهران، ۱۳۹۰، چاپ پنجم، ص ۱۵.

（二）《家庭保护法》

《家庭保护法》第41条规定："如果法院认定与被监护人有关的探望、照顾、看护等事项违反了被监护人的利益，或监护人拒绝履行规定的职责，或监护人阻止孩子与其他近亲属的合法会面，则法院有权根据儿童利益最大化原则，就某些事项作出最适当的决定，如将监护权移交给其他人，或者指定一名监督人，规定其职责，负责对儿童的监护情况进行监督"。[1]

根据该法律，即使是监护人基于个人意愿采取的行为，也必须在被监护人的利益框架内制定，如果父母达成了协议对被监护人造成了侵害，则法院可以根据儿童最大利益原则作出适当的决定。《家庭保护法》第45条也规定："在法院或者行政机关作出决定时，必须尊重被监护人自身的利益和意见，维护其合法权益。"

《家庭保护法执行条例》[2]第23条规定："如果儿童以任何理由拒绝其监护人的照料，则该情况下监护职责的履行必须同法院协调后才可继续。"此外，案件还将根据情况被移交至社工或家庭咨询中心，以判断儿童对当前监护人的真实态度。如果经上述单位的专家确认或有充分证据表明其监护权、探视权的行使将损害孩子的心理健康，则法院可判决监护、探视权利的延期行使，直至儿童状况恢复正常为止。

前述法规中多次提及"精神健康"这一标准，因此目前防疫中心所发布的各种指示也应当考虑到我们所讨论的"监护与探视"问题。当这些权利的行使同人的"身心健康"相冲突时，首先要保护的利益应当是个体的身心健康。特别是涉及儿童群体时，社会各界必须达成共识，努力让他们处于家庭、法律和社会的多重保护中。

根据《民法典》以及《家庭保护法》的规定，我们可以归纳出两点：(1)遵循"儿童利益最大化原则"。(2)给予儿童倾斜性支持。这种倾向在所有的

---

〔1〕《家庭保护法》于2013年2月19日颁布。

〔2〕《家庭保护法执行条例》由最高法院于2015年2月16日签署颁布，文件编号：9000/72585/100。

法律中都是一致的。

（三）《青少年与儿童保护法》

《青少年与儿童保护法》是立法者在儿童保护问题上的最新立法成果，其内容显然考虑了当前的疫情情况，条文中明确指出：监护人以作为或者不作为的方式无视被监护人的合理需求，将被判定为有罪并将遭受相应惩罚。

该法第17条规定："任何人在明知已经发生了犯罪、灾害或者是其他对于儿童和青少年的安全造成严重伤害事故的危险，且有能力向主管当局或者有关部门举报并寻求其协助的情况下拒绝履行该报告职责；或者在不能及时联系到相关单位的情况下怠于采取行动对危险进行干预；或者怠于采取相应措施防止发生危险或减轻其危险时，将被处于《伊朗伊斯兰刑法》中第6档刑罚中的一项。但该行为人当时正处于危急情形下除外。"

需要注意的是，如果该法条所针对的行为人，依照法律法规或者其职务在该情形下本应进行协助，或者其职业特长能针对所处情形进行有效的干预，而又怠于作为，则该行为人应当被判处二到三项《伊朗伊斯兰刑法》中的第6档刑罚，并给予解除公职、职务，或者禁止从事该专项活动6个月至2年的处罚。

该法条中规定了一种基于客观情况而产生的预防义务，还规定了对于未发生危险的制止义务，这一细节同之前的条文相比有明显的进步。

第33条规定了社会工作者、司法人员等其他特殊行业人士的报告义务。[1]

第36条作出了更进一步的规定："当儿童或青少年面临危险或已经受到伤害时，法院应在必要时对他们的监护、看护、保护、探访等方面予以干预。并依据情况将受害人安置在临时家庭、福利中心或者其他教育机构、医疗机

〔1〕《青少年与儿童保护法》第33条规定："无论何时，当儿童和青少年处于本法第3条规定的紧急危险情况或者是可能遭受犯罪的情形中时，社会工作者都有义务在其职责范围内向司法部门和司法人员提供即时支持。同儿童、青少年的父母、监护人或者看护人相配合采取法律规定的行动，实施必要的措施以消除风险、降低伤害，防止犯罪事件的发生。或者在其他社会工作者的监督下将他们转移到福利中心或其他有关机构，并在12小时内将案件情况与行动报告提交给相应的检察官。"

构等可靠场所，也可委托给指定的人代管。检察官负责对受害人的相关情况以及前述措施的必要性进行评估，并将报告提交至受案法院。”

为避免危险而将儿童置于临时家庭、社会机构甚至公司的处理方式，是一种能让儿童继续享受到家庭环境的适当创新，其替代方法的特征同以前的法律相比有显著的优势。在疫情暴发时，合理使用法规可以更恰当地使部分儿童免受其家人传染的危险。此外，按法律规定的优先次序，循序渐进地选择最合适的解决方法，也是立法机关在制定规则时的一种智慧。

该法的另一项创新在当下的情况中也非常有建设性，即加强对父母等法定监护人的教育力度，特别是有关如何避免儿童感染新冠肺炎的卫生知识的教育。[1]

当前，对于限制监护人探望权的合法性论证存在非常迫切的需要，由于一些家长在正常情况下拥有探望子女，甚至将其接到自己住所的权利。在目前的情况下，该部分权利人仍然坚持要求行使其权利，这就需要司法机关积极介入，并依照法律规定进行判决甚至处罚。[2]

(四)《儿童权利公约》

伊朗于1993年加入了《儿童权利公约》，鉴于《儿童权利公约》作为国际法所具有的法律效力，法官在判决时也必须考虑该公约中的相关规定。[3]

我们将在这一部分列出《儿童权利公约》的一些要素。在涉及家庭、婚姻和子女的案件中，有些法官更加重视《儿童权利公约》，并在判决意见中多次提及其条款。

---

〔1〕《青少年与儿童保护法》第43条规定：“在本法涉及的所有情况下，主审法官可以要求儿童和青少年的父母，监护人或者其他参与过任何诉讼阶段与案件有关的人，要求其取得青少年权利培训课程的证书。”

〔2〕《青少年与儿童保护法》第42条规定：“法院在审理本法所涉及的案件时，为了儿童或青少年的利益，可以在判决时依照情况作出以下一项或几项额外要求：(1)将儿童和青少年或者其家庭介绍给在援助措施领域活跃的政府或非政府组织机构。(2)对其对于青少年和儿童监护权、探望权、看护权的行使施加限制。(3)临时将儿童和青少年转移到福利机构或者相关援助中心。”

〔3〕伊朗伊斯兰共和国政府同意加入《儿童权利公约》，并同意其导言和附录中所规定的第54条内容。但声明在该法律与国内法律以及伊斯兰规范发生冲突时，不应遵守相应规则。

《儿童权利公约》的序言部分规定:1924 年《日内瓦儿童权利宣言》以及 1959 年 11 月 20 日通过的《儿童权利宣言》都确认了对儿童的特殊照顾需求,这一需求在《世界人权宣言》、《公民权利和政治权利国际盟约》(第 23 条、第 24 条)、《经济、社会及文化权利国际公约》(第 10 条)以及关心儿童福利的各专门机构和国际组织的章程及有关文书中得到确认。全世界所有国家都有生活在极端困难环境中的儿童,这些儿童需要得到特别的照顾,同时需要考虑到每个民族的传统和文化价值观。各国需要确认国际合作对于改善每一国家、特别是发展中国家儿童生活条件的重要性。

根据《儿童权利公约》的第 3 条第 1 款,该公约的首要原则为"儿童最大利益原则"。第 9 条第 1 款规定在确有必要的情况下,可以将儿童同其父母分开;第 3 款规定,"缔约国应尊重与父母一方或双方分离的儿童同父母经常保持个人关系及直接联系的权利,但违反儿童最大利益者除外"。在《儿童权利公约》第 19 条第 1 款中,还考虑了对儿童怠于履行监护的问题。尽管伊朗立法机关在 2002 年颁布了《儿童和青少年保护法》以解决对儿童怠于履行监护的问题,最近又对该法律进行了修订,但是事实上从 1993 年伊朗加入该公约时,相关条款就已经可以作为判决根据了。

根据《儿童权利公约》的第 24 条,儿童必须享受最高水平的卫生标准。因此在新冠肺炎暴发期间,政府需要加强对于儿童的防护,尽可能彻底地排除卫生隐患。

《儿童权利公约》第 24 条第 2 款第 F 部分也指出对于儿童监护人的规定:缔约国需要开展预防保健、对父母进行指导以及计划生育教育和服务。该规定需要政府、父母的配合,并需要在必要的时候发布适当的司法裁决进行引导。

(五)法院倾向

对《民法典》第 1174 条还存在一些争议,即从教条主义的观点考虑,"父母"仅仅指子女的父亲和母亲,但在基于伊斯兰教法衍生的民法其余条款中,孩子的祖辈在一些情况下对遗产享有继承的权利,因此祖辈可以作为"父母”的扩大解释，对其孙辈主张权利或者履行义务，如在一些情况下对孙辈支付抚养费用或是亲自进行抚养等。[1] 甚至在其孙辈已经有一名看护人的情况下，一些祖辈还试图通过诉讼方式要求优先取得其抚养权。

因此，新冠肺炎所导致的紧急情况不仅影响到儿童的双亲，对其祖辈的权利与义务也有一定影响。[2]

某法院在其判决书中写道："对于某先生提出的对某4岁儿童的临时探望申请……对于孩子的照料是子女和父母的一项共同需求，并且是父亲、母亲和孩子的一项不可否认的权利，但不幸的是，包括伊朗在内的很多国家都暴发了新冠肺炎，且该病毒极易在人际间传播。根据医生和专业人士的建议，防护该病毒的最佳方法是待在家中进行居家隔离，除非是出于迫切需求，人际接触应当控制在最低限度。尽管医生的普遍看法是，年轻人感染该疾病的可能性很小(原因不明)，而且即使感染了该病毒，病情也不会很严重，但是应当注意的是，儿童一旦感染或携带了该病毒，就很容易将该病毒传播给第三人。特别是在世界范围内，父母与子女之间的接触方式都比较亲密，母子间的亲昵行为更容易引起病毒的传播。鉴于目前尚未充分了解病毒的性质，应避免所有可能导致儿童感染病毒的情况发生。根据《家庭保护法》的规定，法院有责任维护儿童的最大利益，因此基于当前的情况，该申请由于当前形势的紧迫性无法被实现，且即使假定该事项的紧迫性条件被排除，出于为孩子利益考量的原则，该请求也应当被拒绝。另外，当前情况下几个月的时间内不能亲近父亲的处理，并不会对儿童的身体以及心理健康造成损害。所以，为了不将儿童及他人置于危险之中，儿童的父亲不必冒这样的风险，除非相关部门宣布该病情已经得到控制，届时将孩子带出住所的行为才将被允

〔1〕《民法典》第1199条规定："抚养子女是父亲的责任。在父亲死亡或者无能力进行抚养的情况下，该责任由父亲的近亲属承担。在父亲和父亲的父母都死亡，或都没有抚养能力的情况下，该责任由母亲承担。如果母亲没抚养能力，该责任由孩子的双亲的其余近亲属共同承担，如果有多个同等亲等的近亲属存在，该抚养费用在他们之间平均分配，遵守平等原则。"

〔2〕当前有一些祖辈要求对其孙辈行使探望权的案件，按照《民法典》第1174条的规定，父母拥有孩子的探望权，但这一权利的主体不包括祖父母。因此这类案件部分以驳回申请终结。

许。目前,父亲可以通过电话和视频通话的方式与子女取得联系。法院根据2012年颁布的《家庭保护法》第7条以及第47条的规定,驳回该申请。"[1]

四、结论

伊斯兰教中真主颁布的禁令,是为了保护个人,防止人的灵魂和身体的完整受到损害。穆圣和伊玛目萨迪克在圣行中进一步拓展了伊斯兰教法中的理性原则,即"为了维护灵魂和肉体的安全,在遇到通常情况下无法预料的危险、且无伤害他人的目的时,允许为脱困行禁事"。根据伊斯兰教法和当前新冠疫情下的社会理性,社会所有的群体都应当得到保护,对于处境尤其艰难的儿童来说,社会和父母更有责任对其进行照顾,父母的权利与义务也应当以儿童的利益作为出发点来进行阐释。

国内的成文法律法规,尤其是《民法典》、《家庭保护法》(2012年修订)、《儿童和青少年保护法》(2020年修订),以及《儿童权利公约》都在朝着一个方向发展,即以"被监护人最大利益原则"作为法官解决纠纷的最根本依据。

在紧急情况下,父母等权利人的权利和义务理应接受一定的调整,在社会和法律的双重维度下,应达成对儿童的身心健康维护作为一项优先于其他法益的客体来进行保护的共识。

与此同时,法院还需要在有必要时,根据"无害化""困境消除"等原则,审查已经作出的裁决、裁定和判决的执行情况,并在某些情况下,以谨慎的态度和"伊智提哈德"(创制)的方式对法律进行相应解释,以判决的形式来维护司法公正。

[1] 费鲁兹阿巴德普通法院第一分庭,第980998717710号诉讼,2020年3月10日。

巴西审计法院应对新冠疫情的法律举措

[巴西]芙拉维娅·西贝罗(Flávia de Oliveira Ribeiro)

如那塔斯·萨拉贝里(Jonatas Dutra Sallaberry)

伊迪克蕾雅·桑德斯(Edicreia Andrade dos Santos)

加布丽艾拉·塔瓦雷斯(Gabriela de Oliveira Domingos Tavares)*

于佳雯　黄玺润**　译

一、导言

2020年3月初,世界卫生组织将新型冠状病毒(Sars-CoV-2)引起的疾病列为大流行病。新冠肺炎(Covid-19)在人与人之间传播,并在全世界范围内迅速蔓延[1]。这次的新冠病毒大流行事件是非常罕见的——上一次也许发生在100多年前。不过,范围更小的灾情在巴西较为普遍,比如,最近暴发的寨卡、登革热和基孔肯雅热病[2],布鲁马迪尼奥(米纳斯吉拉斯州)的环境灾害以及里约热内卢山区的洪水[3]。

---

* 芙拉维娅·西贝罗,南马托格罗索联邦大学会计科学硕士,南马托格罗索州审计法院审计师;如那塔斯·萨拉贝里,圣卡塔琳娜州联邦大学会计学博士,联邦审计署会计师;伊迪克蕾雅·桑德斯,圣卡塔琳娜州联邦大学会计学博士,巴拉那联邦大学会计科学系兼职教授;加布丽艾拉·塔瓦雷斯,马林加州立大学法学专业毕业。

** 于佳雯,上海外国语大学法学院2019级法律硕士研究生;黄玺润,上海外国语大学法学院2019级法律硕士研究生。

〔1〕 Deng & Peng,2020.

〔2〕 Valle,Pimenta,& Aguiar,2016.

〔3〕 Bataglin & Alem,2014;Almeida,Jackson,& Vilela,2019.

1988 年《联邦宪法》第 196 条规定："健康是所有公民的权利，也是国家的义务，国家必须通过社会和经济政策降低疾病和其他风险，确保公民能够普遍和平等地获得保护和康复的服务。"巴西第 188(2020)号法令宣布，巴西因新冠疫情的暴发进入全国公共卫生紧急状态。卫生部据此发布了指导方针，特别是第 356(2020)号法令，强调要在工作场所预防病毒传播，防止疫情恶化，并采取其他更多限制性措施来降低新冠肺炎的传染风险。卫生部还发布了第 454 - GM(2020)号法令，宣布该大流行病已进入社区传播状态。

卫生部颁布的关于社会隔离问题的指导方针，不仅变通了行政程序，改变了公共机构的运作，还对公务人员进出工作场所加以限制。在这些公共机构中，审计法院采取的行动最值得我们思考，如针对国家工作人员和民众采取的若干临时性限制措施。根据 1988 年《联邦宪法》规定，审计法院可与立法部门共同对公共行政事务采取外部控制行动。

巴西有 33 个审计法院，分别监督联邦政府和各州、市政府，并审查与之相关联的 2 万多家单位的行为合法性〔1〕。审计法院的宪法职责包括审查国家财政收支、监督国家工作人员的履职情况，并对其违法行为进行处罚。

除制定辖区单位负责人报账的规则和程序外，审计法院还负责监督政府部门对公共资源的管理〔2〕。在危机时期，公共政策的制定必须与社会需求的紧急性相匹配。相较于联邦政府，地方政府更有能力因地制宜地执行公共政策〔3〕。

基于上述情况，本文试图探讨巴西审计法院在其管辖范围内，为了满足社会需要，采取了哪些措施来确保疫情期间工作的有效运转，并评价这些措施是否有助于应对新冠疫情带来的影响。

对于个人而言，无力承担国家为应对危机所采取的大规模经济行动的影

〔1〕 Lino & Aquino, 2018.

〔2〕 Amorim, Diniz, & Lima, 2017.

〔3〕 Telhado, 2016.

响,国家应当采取市场限制措施,对个人实施帮助[1]。为应对一场危机,往往需要大量资源支持,这可能放大了权力滥用的风险,因此需要进行有效控制来降低风险。这是一个以政府机关与社会之间的权力关系为中心的跨学科研究领域。

此外,搜集和汇总各个审计法院不同或相似的做法,不仅有助于法院之间信息的整合和经验的交流[2],还有助于推广抗击新冠疫情的方法,用以指导社会和经济问题的解决。

二、理论参考

(一)审计法院行使的外部控制权

民主法治的现代化,使公共行政机关有义务说明其管理行为[3]。审计法院以往是作为公共财政的技术管制机构来配置其权力的,但现在它也承担了社会监督职能[4]。在巴西,审计法院具有混合型特征,其职能具有技术性和司法性,有自己独立的层级关系,拥有行政和职能上的自主权,还有自己的主动立法权和具体的管理权。这种自主权使审计法院能够控制公共实体,并对其产生影响[5]。

根据1988年《联邦宪法》第70条和第71条的规定,审计法院的法定职责是对国家活动进行会计、财务、预算、业务方面的合法性、正当性和经济性审查。因此,审计法院可协助立法机关就行政长官的账目预先提出意见。另外,它还要对其他费用组织者的年度账目进行评估;提出建议和警告;对违反法律规定的责任人处以与对国库造成的损失成正比的罚款或其他处罚;为违法机构或组织确定整改期限[6],以加强审计法院的处罚力度。滥用公共资

〔1〕 Lazzarini & Musacchio,2020.

〔2〕 Nunes,Marcelino, & Silva,2019.

〔3〕 Reis,Dacorso,& Tenório,2015.

〔4〕 Quintão & Carneiro,2015.

〔5〕 Fonseca,2019.

〔6〕 Lino & Aquino,2018;Quintão & Carneiro,2015.

金的行为甚至可以通过使管理者失去选举资格的方式来使其承担责任〔1〕。

综观历史,审计法院在核查公共资源的使用情况时,已经从事后控制的模式转变为预防性控制和伴随性控制的模式。也就是说,这个管制机构拥有了新的权力,除审查账目外,还有权以更积极的方式跟踪资金使用情况,及时避免公共资金的浪费或滥用,而不只是对违法行为进行事后追惩〔2〕。审计法院采用了定性的标准来分析辖区的整体情况,而不是仅仅为了遏制资源滥用和提高公共开支效率,就对法定限额进行严格的数字审查〔3〕。可以说,在采用定性分析的过程中,外部控制的行为也在变化,这就需要对法律规范进行解释,以评价整个管理行为和预期结果的实现情况〔4〕。

审计法院审查管理者的账目是一项重大挑战,不仅存在地域分散问题,所涉人员还包括多个行政长官、议会成员和间接行政机构工作人员〔5〕。至于如何将辖区内账目解释可操作化,每一个审计法院都有其具体决议和理解〔6〕,而这也可能会造成不确定性。

通过制定适合辖区内实体单位发展的管理指标,审计法院为社会提供了一个评估其管理者履职情况的标准。在功利主义视野中,管理者更倾向于制定能够改善社会条件的公共政策,以体现自己比其他管理者更好地履行了职责。

(二)控制标准和应急措施

关于公共灾难,1988 年《联邦宪法》规定得并不充分,之后的立法对此进行了补充。《公共行政招标和合同法》[第 8666(1993)号法律]和《财政责任法》[第 101(2000)号法律]规定:允许政府各部门在日常程序中更大范围地扩展业务运作的财政范围;灵活签订产品和服务合同;共同应对国家公共灾

〔1〕 Cella & Machado,2020.

〔2〕 Camargo,2020.

〔3〕 Camargo,2020.

〔4〕 Camargo,2020.

〔5〕 Lino & Aquino,2018.

〔6〕 Lino & Aquino,2018;Nunes,Marcelino,& Silva,2019.

难。国民议会在第6(2020)号法令中宣布,国家已进入《财政责任法》第65条所指的国家公共灾难状态。

在这种情况下,《招投标法》的一些规定使管理者能够快速有效地采取行动,他们不需要事先招标就可以直接签订货物和服务合同。为了应对新冠疫情而通过的第13979(2020)号法律也为采取其他措施保障公众健康提供了法律依据。该法规定的卫生标准和措施使服务和商品的采购更加灵活,除了批准进口未在国家卫生监督管理局备案的产品外,还允许商家延迟支付赔偿金。

随后,为了应对新冠疫情造成的国际公共卫生紧急情况,巴西国民大会根据第13979(2020)号法律,在第926(2020)号临时措施中规定了疫情期间购买货物和服务的程序,并专门为财务和资产的管理及控制制定了其他行政规则。

其中,下列条款最为突出:购买货物和服务免于投标(第4条);在证明是唯一供应商的情况下,公权力机关可与被宣布为非法或暂停营业的供应商签订合同(第4条);可以采购使用状况良好、能够保证运行的旧货(第4-A条);免除对普通货物和服务进行预先调查的要求(第4-C条);免除订约前的风险管理(第4-D条);简化调查事项的授权程序(第4-E条);在特殊情况下免于价格评估,附有正当理由,即可以高于市场价的价格签订合同(第4-E条);在限制竞争者的情况下,免除对税务和劳工从业资格审核的要求(第4-F条);缩短投标期限(第4-G条)。

审计法院在民主法制国家发挥着重要作用,它们利用自己的权力监督公共资源的使用,以保证公共机构的存在和维持。其功能超越了合法性层面,达到了公共管理的效力和效率层面[1]。

问责制被视为控制和协调各方之间关系的手段,管理人员有义务向审计法院说明主管机关委托的货物、现金和证券的用途、使用和流动情况。这样,

---

〔1〕 Amorim, Diniz, & Lima, 2017.

社会就可以监督国家工作人员的行为，向选民展示政治家的表现。

审计法院作为社会外部控制的代表，已向效率和效果的维度迈进，并建立了透明、具有可比性的居民生活条件参数[1]。

联盟、各州、各市和非营利组织之间为了承担紧急情况下的费用，需要调动大量资源。因此，对审计法院审计和判决的需求往往会增加，这就涉及为抗击新冠疫情所产生的各种不同费用流程[2]。

在这种流行病学危机的情况下，公共管理者作出的紧急决定带来了许多挑战，比如，如何保证公共支出执行规则的灵活性问题。由于审计法院必须遵守现有法律框架，所以它的行为就会受到影响[3]。此外，通过协商实施的指导公共管理人员的教学行动也至关重要。考虑到目前面临的困难，迫切需要改变严格的控制标准，但又不能扭曲控制系统和对公共资源的监控[4]。

三、方法论

本文采用了描述、参考文献和定性的方法来研究上述问题。为了收集数据，本文使用了2020年3月10日至4月17日巴西29个审计法院在其官方电子报刊发布的规范性指示、决议和法令等文件——其中包括1个联邦审计法院、24个州审计法院、3个市政审计法院和1个联邦区审计法院。但无法从里约热内卢州和圣保罗州的审计法院及其首都的审计法院获得数据。

我们详细查阅了各审计法院的《官方电子公报》，以“COVID”和“CORONAVÍRUS”作为关键词，在有关键词搜索功能的电子公报中进行搜索。对于没有关键词搜索的电子公报，则分别进行了单独检索。基于关键词的搜索，确定了审计法院采取的具有内部性、教学性、程序性、指导性和监测

〔1〕 Cordery & Hay, 2018.

〔2〕 Ito & Pongeluppe, 2020.

〔3〕 Rosa, 2020.

〔4〕 Rosa, 2020.

性的措施(如表1所示)。

表1　立法

审计法院	查找内容
阿克里州审计法院	第59、60、61、63、68、69号法令(Portaria),第1和2号规范性法案(ato)以及第1号技术注释
阿拉戈斯州审计法院	第27、28、34、35、36、40、41和42号法案,第1、11和53号法令
亚马逊州审计法院	第154、157、158、159、160、163、164、166和168号法令
圣保罗州审计法院	第182、192、207号法令,第79号执行决议(resolução),第177号规范性决议,第14号规范性决定(decisão),第1、2和3号建议(recomendação)
巴伊亚州审计法院	第36、38、41、46、47、48号法案,第12号决议
塞阿拉州审计法院	第168、172、174、186、189、192、193、207、208、211号条例和第3号行政决议
圣埃斯皮里图州审计法院	第22、24、25、27、46和56条法令
戈亚斯州审计法院	第113、114、124和129条法令
马拉尼昂州审计法院	第328、344、374条法令
米纳斯吉拉斯州审计法院	第19、20、21、22和23条法令
南马托格罗索州审计法院	第46、47、48、50条法令和第121号决议
马托格罗索州审计法院	第42、44、45、46、52、53号法令,第2号规范性决议和第47号联合法令
帕拉州审计法院	第35.882、35.906、35.922、35.939号法令和第19.176号决议
帕拉伊巴州审计法院	第49、51、52号法令,第1号规范性决议

续表

审计法院	查找内容
伯南布哥州审计法院	第93、94、95、96号规范性法令,第75、76、77、78、79、80、81、82号决议,州审计法院和审计署第1、2、3和4号联合建议
皮奥伊州审计法院	第157、159、173、190号法令,第4号决议和第1号技术注释
巴拉那州审计法院	第163、178、195、196、202、203和220条法令
北里约格朗德州审计法院	第94、101、103、104号法令,第8号决议,第1、2、3和4号技术说明
朗多尼亚州审计法院	第245、246、249、260、261号法令和第314号决议
罗赖马州审计法院	第344、353、354、372号法令,第7、8号决议,第2、3和4号规范性指令
南里约格朗德州审计法院	第401、404、408和426号条例,CG 3号通告,第1、2和3号院长令
圣卡塔琳娜州审计法院	第82、86、91、93、101和108号法令
塞尔希培州审计法院	第16、17、18、19、20、21和22号院长令
托坎廷斯州审计法院	第253、256、257、265、266、267、277、290、293、296、300号法令和第1号技术注释
联邦区审计法院	第92、98、102号法令,第331和332号决议
巴伊亚州市政审计法院	第179、181、188、195、197号法案和第1399号决议
戈亚斯州市政审计法院	第124、126、131、132、137号法令和第1号联合建议
帕拉州市政审计法院	第5号行政决议,第215、217、259、262号法令,第2和3号规范性指令
联邦审计法院	第61、62、71号法令,第182和185号规范性决定

来源:数据检索。

考虑到网上活动的开展,我们也访问了各审计法院的会计学院网站,查找对辖区、公务员和整个社会的教学行动。在使用既定的标准进行分析后,可将各审计法院采取的行动和措施进行归类(如表2所示)。

表2　措施分类

<table>
<tr><th>行动</th><th>项目</th><th>措施</th></tr>
<tr><td rowspan="9">内部性和教学性的</td><td>1</td><td>优先通过电子或电话为外部公众服务</td></tr>
<tr><td>2</td><td>暂停集体活动和会议(采取视频会议)</td></tr>
<tr><td>3</td><td>按比例(轮换)到岗或居家办公</td></tr>
<tr><td>4</td><td>限制或暂停/禁止成员和公务员旅行</td></tr>
<tr><td>5</td><td>控制开支</td></tr>
<tr><td>6</td><td>加强清洁工作</td></tr>
<tr><td>7</td><td>对有新冠病毒感染症状、危险人群、密切接触者或来自危险地区的公务员进行居家隔离</td></tr>
<tr><td>8</td><td>成立紧急委员会以采取措施抗击疫情</td></tr>
<tr><td>9</td><td>采取远程教育</td></tr>
<tr><td rowspan="4">程序性的</td><td>10</td><td>暂停全体会议或分庭会议</td></tr>
<tr><td>11</td><td>采用视频会议或电话会议</td></tr>
<tr><td>12</td><td>中止程序期限</td></tr>
<tr><td>13</td><td>中止或延长责任期限</td></tr>
<tr><td rowspan="2">指导性和监测性的</td><td>14</td><td>成立抗击疫情行动的工作组和监测组</td></tr>
<tr><td>15</td><td>指导司法机构采取行动紧急应对新冠病毒造成的严重危机</td></tr>
</table>

来源:数据检索。

本文对收集到的数据进行了分析,即上述表2中的文件内容。表2只列出了一个示范性的措施清单,并非最终详尽的清单,除本文中的措施外,审计法院还可能会采取其他措施。

四、数据分析和讨论

在账户监督方面,一些相关组织,如巴西审计法院成员协会(Atricon)、巴西市政审计法院协会(Abracom)、国家审计法院代任法官和委员协会(Audicon)、国家审计法院院长委员会(CNPTC)以及瑞·巴博萨研究所(IRB)已联合发布了旨在共同应对冠状病毒影响的第1(2020)号决议,为审计法院采取措施提供参考和建议。

虽然这些组织没有权力管理审计法院,但其成员来自各级审计法院,它们在一定程度上代表了审计法院法官的集体意志。协会提出这些建议,旨在促进审计法院间相互合作,共同履行检察监督职责,以避免因理解上的模糊不清而出现在紧急情况下妨碍管理人员的行动这一状况[第1(2020)号决议第2条]。

另外一项更加灵活的应急建议措施是中止程序期限并延长2019年度政府编制财务报告的责任期限[第1(2020)号决议第2条]。协会建议审计法院实施的内部行为规范包括注意保持身体距离、加强管理,并辅以信息及通信技术(TICs)支持司法管辖。

国家审计法院院长委员会指出,各审计法院在抗击新冠疫情的过程中面临如下问题:需讨论卫生支出限额;法院的事先控制和技术能力;管辖权保留;管理形式主义;公共政策评估;严格管制措施;合作与指导关系;税收减少以及各审计法院之间的相互协作问题等[1]。

此外,审计法院已经采取了应对冠状病毒的相关措施。它们涉及体制管理和管辖关系,包括优先实施卫生和经济领域措施、培训管理人员、成立委员会和技术小组以及合同评估。就远距离工作采取的措施而言,包括缩短工作时间和中止程序期限[2]。按照前述的研究方法,笔者对表1中列出的各项立法作了简要分类,并举例说明了各个审计法院所采取的行动。

---

〔1〕 Caldas,2020.

〔2〕 Caldas,2020.

（一）审计法院采取的内部性和教学性行为

自巴西首例新冠病毒感染病例确诊以来，审计法院实施了一系列用以应对该流行病的内部紧急行动。这些措施不仅使审计法院继续正常运作，而且确保了市政府、州政府和联邦政府能够从容应对这种紧急情况，并履行其法律义务。

由于审计法院每天接待大量人员，如公务员、承包商、内部成员、司法人员、检察官和律师等，因此其主要的限制性措施是针对外部公众的，如暂停或限制辖区内提供的服务，优先通过现代通信技术联系。随着线下服务的暂停，一些法院将各部门的联系人名单提供给司法机构和整个社会，比如，阿克里州审计法院。为了便利公共管理人员与民众的沟通并解决有关文件传递等其他问题，亚马逊州审计法院推出了一个名为贾维斯（Jarvis）的机器人，它作为人工智能技术的应用，带有交互式菜单，可用于虚拟援助。

考虑到信息及通信技术的局限性，某些服务不便以线上形式进行，一些审计法院不得不安排工作人员轮班或倒班工作。随着形势的恶化，审计法院需要采取更多的限制性措施，同时还需要确保服务的连续性，因此采用了远程办公制度，优先使用线上通信方式，最大限度地保障工作人员的人身安全。国内和国际旅行、线下会议、内部和外部集体活动都受到了一定的限制或暂停，但在不影响效果的前提下，有些会议和活动可考虑以远程的方式进行。

为控制和减少风险，防止大规模感染，某些审计法院创建了提供服务所需的虚拟会议室（如南里约格朗德州审计法院），并根据卫生部发布的防止新冠病毒传播的议定书和其他一些规范性文件，加强预防措施，购买卫生消毒产品，以确保内部工作区域不受病毒污染。

为降低审计法院工作人员感染新冠病毒的风险，前往过疫情风险地区，或是曾与疑似病例、确诊病例或高危群体密切接触的工作人员，需要进行居家隔离远程办公。

由于无法进行线下教学和培训，审计法院的会计学院通过远程学习平台提供课程和讲座。比如，巴拉那州审计法院的会计学院，为具有领导职务和司法权力的公共管理人员提供了一些在线课程。

为了不断评价各审计法院疫情期间采取的临时行动,并表明是否采取了必要的新措施,某些审计法院设立了疫情防控监督小组。经济预测显示,由于新冠疫情造成的影响,全球和巴西经济都将面临严重危机,公共机构的税收也会随之下降。

在公共管理领域,不良的财政状况直接影响各审计法院的预算。法院需要平衡预算与资金收支,削减成本优化支出。为此,各个审计法院正在实施削减开支计划,以优化支出和节约开支。

(二)审计法院采取的程序性行为

接受问责是公共实体中每个管理者的义务。他们必须汇报自己的工作内容、工作方式和如此为之的原因,并对自己的作为或不作为负责[1]。疫情期间,大多数审计法院都中止了程序期限,暂停了数据、报表和文件的传送。

阿克里州审计法院和圣保罗州审计法院都中止了程序期限和全体会议期限,阿克里州审计法院还中止了分庭会议期限。为了保证审计法院所作决议的公开性和透明度,阿拉戈斯州审计法院举行了虚拟全体会议。作为应对新冠疫情的一种手段,还可以通过视频会议进行线上辩论,这样可以保证审理过程的连贯性。

阿拉戈斯州审计法院通过电子设备进行视频会议或电话会议,对行政程序作出审理和判决,并允许律师在庭前登记后参与线上辩论。为了继续开展流程中的辩论环节,一些虚拟全体会议在会前单独安排了线上辩论。借助信息及通信技术的发展和远程办公流程,文件可通过电子文档的形式发送给法院,线上辩论也成为现实。

各审计法院这一时期发布的关于公共行政行为的指南,对每个司法辖区的问责程序都造成了一定影响。举例来说,圣保罗州审计法院颁布规范性文件,延长了各市政管辖区账目问责的期限,这涉及市政府、州政府和联邦政府

[1] Reis, Dacorso, & Tenório, 2015.

有关会计、财务、预算和股本数据的汇款。

(三)审计法院采取的指导性和监测性行为

审计法院的机构和管辖实体需要采取紧急措施,以便能够以灵活、有效和合作的方式在新冠病毒大流行期间获得设备、服务和用品。审计法院的任务是根据1988年《联邦宪法》第70条和第71条的规定,对公共行政、会计、财务、预算、业务和资产进行外部控制检查,这就是审计法院的指导和监督行动的宪法依据。

这些措施是为了最大限度地减少新冠病毒的影响,并就遵守因宣布灾难状态而产生的法律规则,如雇用工作人员和招标等,向司法当局提供指导。就此对外部控制机构与其他权力机构的合作制定了一系列准则和建议,以降低不规范行政行为的风险。

根据第13979(2020)号法律,公共机构在疫情期间应采取一些措施,在兼顾行为透明度的情况下,不进行招标而获取和承包服务。审计法院为司法当局制定的指导方针,包括制订具体计划和/或预算行动,以便确定抗击新冠疫情产生的相关费用。该指导方针侧重于应对紧急情况和公共灾难状况,为处理公共灾难而开设信贷、紧急情况下的收购和公共合同以及《财政责任法》的限制等问题。

根据公开、透明原则和《信息获取法》,审计法院要求管理人员立即在特定的官方网站上发布招聘和收购信息。《信息获取法》规定公共机构可获取关于行政行为和合同的信息。《透明度法》对《财政责任法》进行了修正,规定应实时提供关于公共实体预算和财务执行情况的详细信息。第13979(2020)号法律制定了抗击新冠疫情的措施,重申了疫情期间公共支出的透明度义务。

一些审计法院为应对疫情专门设立了工作组,如圣保罗州审计法院成立了工作组用来监督各州和市政府在以下方面采取的行动:有效履行合同和出版相关出版物;人员录用;制作电子表格,列明因公共灾难状况而颁布法令所造成的经济影响;列明为应对和恢复当地经济而采取的措施;指导如何避免因公共灾难以外的事件而支出费用，因为那些都不是行政管理机器运行和维护的优先事项和必要条件。例如，圣卡塔琳娜州审计法院为公共管理人员与普通民众建立了沟通渠道，以便为司法辖区提供技术指导并澄清可能的疑问。

这些工作小组负责提出战略和方法，以指导、控制和检查公共灾难期间的公共支出，并监督公共行政部门实施抗击新冠疫情的措施。他们甚至在获得产品和服务初期，就可以评估风险、失败概率或发现资源被挪用的情况，从而使审计法院能够进行预防性和教育性工作。这些工作小组能够及时开展视察活动，并力求保持政府条例的透明度，促进紧急采购，确保合同的效果、效率和履约情况。

此类紧急措施（如圣保罗州审计法院针对管理人员的行为指南）旨在向那些处于公共灾难状态的辖区提供参考，针对紧急情况产生的人员雇用以及财产、服务和投入提供指导。例如，马拉尼昂州审计法院和伯南布哥州审计法院建立了专门网站，集中向管理人员和民众提供有关招聘程序的信息和相关的指导，同时还有管理、预算和财务方面的信息。马拉尼昂州审计法院还成立了一个合同小组，根据第13379（2020）号法律的规定，用从联邦政府获得的资金来做宣传。

审计法院的指导意见有效防止了行政管理中出现的一些不当行为，因为涉及权力、机构、公共和私营实体的技术工作组，有助于在决策和寻求解决新冠疫情造成的公共健康、经济、财政和社会问题方面保持一致。

五、结论

本文旨在探究审计法院与其辖区合作共同抗击新冠疫情的努力。本文采用定性研究与文献分析相结合的方法，以审计法院的有关法令、决议及决定为例进行了说明。

审计法院实施的内部和教学行为包括采取针对外部公众的措施，如暂停或限制辖区内的线下服务，优先通过信息及通信技术进行联络；采用远程办公制度,以最大限度地确保员工的人身安全;限制或暂停国内和国际旅行、线下会议、内部和外部集体活动,在不影响效率的情况下,以远程的方式进行一些会议和活动。

审计法院实施的程序行为包括中止程序期限;通过视频会议或电话会议对行政程序进行评价和判断;延长市政法院上报账目的责任期限等。最后,颁布了一系列关于外部控制机构行动的准则,以指导公共支出用于获取和承包服务,并避免招标等风险。

审计法院采取的措施表明,传统的事后控制公共资源的状况发生了变化,这使得管理者在仍然有能力纠正错误的情况下,检查和监督公共资源的分配,在事前和事中都可以采取惩罚性行动。相关证据表明,审计法院力求在继续实施行政活动的情况下,优先考虑灵活性,减少官僚主义措施,如中止程序期限和延长市政法院上报账目的责任期限。

订立合同的效率问题和公共灾难情况导致的例外情形使得很多规范应运而生。审计法院必须依据最新规定进行检查和监督,以透明和公开的行动来处理新冠疫情引起的危机。本文有助于反思审计法院对未来突发事件的准备工作,因为《宪法》中关于公共灾难的规定重点在于,要求审计法院作为公共支出的执行者能够快速作出决策。

本文的研究结果应辩证地加以看待,因为其局限于所采用的范例、参考框架和所处时期,其他研究人员可能使用与本研究所采用的分析内容和标准不同的内容和标准。建议今后的研究可以重点关注审计法院在后疫情时代采取的特别是在问责方面的行动的有效性及其对司法当局的贡献。

第二编　传染病防治与法律应对

传染病暴发与国家赔偿责任

——以首尔高等法院 2018.6.14 宣 2018나2010317 号判决为例

[韩]梁台桢(양태정)*

孟小庆　杨晓梅　张静雯**　译

一、案件概述

在大田广域市西区 F 处 G 医院住院期间,D 某感染了中东呼吸综合征(MiddleEaSt ReSpiratory Synyrome CoronaviruS,MERS-CoV),最终死亡。原告系 D 某的子女,被告系 G 医院负责人兼医务人员 C 某、韩国政府及该医院所在的大田广域市西区。

由于腹痛持续一周未见缓解,D 某于 2015 年 5 月 11 日到 G 医院就诊。医生 H 某诊断其为腹水所致的腹痛和腹胀,但 D 某拒绝住院治疗,随后返回家中。

因腹痛症状仍未见改善,D 某于 5 月 14 日再次到 G 医院就诊。诊断结果为腹水伴有的酒精性肝硬化,此后 D 某在 G 医院 1 号病房住院接受治疗。5 月 18 日,在腹水穿刺后,D 某出现发热症状(37.8 度),因此再次用药(头孢曲松,Ceftriaxone)治疗,同日症状出现好转。

---

* 梁台桢,GooD LayweRs 律师事务所律师,毕业于首尔大学法学院。本文原刊载于《法学研究》2020 年 6 月第 1 期,第 619~648 页。

** 孟小庆,上海外国语大学 2020 级法律硕士研究生;杨晓梅,上海外国语大学 2020 级法律硕士研究生;张静雯,上海外国语大学 2020 级法律硕士研究生。

5月26日,D某首次发热至38度以上(38.1度),同时出现腹泻症状。5月28日至31日,D某持续高烧38度至39度。

在此期间,与D某同住G医院的中东呼吸综合征16号患者(以下简称16号患者)于5月31日确诊感染。6月1日2时30分,医院对D某进行核酸检测取样,同日6时起将其隔离。当日20时40分,D某因疑似感染中东呼吸综合征,被转院至J医院进行检查。6月1日,D某首次检测中东呼吸综合征呈阳性;6月2日,二次检测结果呈阴性;6月3日,第三次检测结果再次呈阳性(检测结果于6月5日公布)。因此,D某于6月3日确诊患有中东呼吸综合征。

转院后,D某于6月3日开始接受抗病毒药物三氮唑核苷注射治疗,6月5日开始接受额外的佩加西斯药物注射治疗,但症状持续恶化。6月6日,D某出现了中东呼吸综合征所致的肺炎症状。6月11日,经患者方同意后,停止对D某进行维持生命治疗。6月15日,D某死于肺炎及急性呼吸衰竭。

二、相关医学知识(中东呼吸综合征;MERS)

由中东呼吸综合征冠状病毒引起的呼吸道感染,是一种新型传染病,2012年4月主要出现于中东阿拉伯半岛。欧洲疾病控制中心的统计结果显示,2012年4月至2015年5月21日,在24个国家(中东地区10个国家、欧洲8个国家、非洲2个国家、亚洲3个国家、美洲1个国家)共发现了1158例患者,其中死亡病例有471例,主要发病国为沙特阿拉伯(1002例)、阿拉伯联合酋长国(76例)、卡塔尔(12例)、约旦(19例)。

尽管传染途径尚不明确,但传染源可初步确定为沙特阿拉伯境内的单峰骆驼,主要通过飞沫传播。大部分患者会出现严重的急性呼吸道疾病(肺炎),主要症状包括咳嗽发烧、呼吸困难、气喘、痰多等。孕妇还可能出现轻微的上呼吸道感染症状。除主要症状外,患者还会出现头痛、恶寒、咽喉痛、流鼻涕、肌肉痛,以及食欲不振、恶心、呕吐、腹痛、腹泻等消化道症状。

中东呼吸综合征的早期症状与感冒类似,如果不及时治疗,有可能发生呼吸衰竭、失血性休克、多器官功能衰竭等并发症。相较于非典型肺炎(Severe ACute ReSpiratory Syndrome,SARS),中东呼吸综合征患者更容易出现急性肾衰竭。有既往病史、免疫功能低下的患者更易发生感染,且预后较差。中东呼吸综合征的潜伏期通常为5天(最短2天,最长14天),致死率约为40%(以罹患特殊疾病者的死亡率为准)。

迄今为止,医学界尚无预防中东呼吸综合征的疫苗,也未研制出可以用于治疗的抗病毒药物。因此,对感染患者只能进行对症治疗,对重症病人配备人工呼吸机、进行透析治疗等。

三、一审判决要旨(首尔中央地方法院 2018.1.23 宣,2015 가합 558082 判决)

(一)对于被告C某的主张及判断

1. 对于医生注意义务的判例分析

基于医务人员维护人的生命与身体健康的工作性质,在进行诸如治疗等医疗行为时,他们负有根据患者具体症状或情况,采取最佳措施以防止危险的注意义务。但是,这种注意义务应当以医疗机构实施医疗行为时,临床医学领域的医疗水平作为判断标准。如果医生采取的医疗行为符合当时的医疗水平,则不能认为该行为违反注意义务,存在过失。[1]

2. 被告C某是否负有尽快为D某进行中东呼吸综合征诊断检查的注意义务

2015年5月18日16时,D某接受腹水穿刺。20时左右,其发热至37.8度,并伴有恶寒症状。但在注射镇痛解热剂(氯胺酮)后,D某的体温迅速恢复正常。此后,直到5月26日20时,除出现极少次短暂的低烧情况外,D某的体温一直保持正常。因此,当D某出现短时低烧症状时,G医院的医护人员无法根据D某的短时低烧症状,立即推定出其感染中东呼吸综合征。

---

〔1〕 参见韩国大法院,1999.3.26 宣 98 다45379,45386 判决。

另外,5 月 26 日 20 时,D 某首次高烧至 38.1 度。次日 20 时,D 某再次发烧至 37.8 度。5 月 28 日 20 时至 5 月 29 日 20 时,D 某出现持续高烧 38 度的症状。5 月 31 日 18 时至 21 时,D 某高烧至 39 度左右。

由于引起发热的原因众多,感染、发炎、损伤等均可能导致发热,故医务人员无法仅凭发热症状便立即怀疑 D 某感染了中东呼吸综合征。而且中东呼吸综合征是 2012 年 4 月左右才出现的一种新型传染病,G 医院也未收到其管辖卫生部门下发的关于中东呼吸综合征的通知和指南等信息。另外,按理说,只有中东地区旅行史,或者与其他中东呼吸综合征感染者密切接触的情况下,才有可能感染中东呼吸综合征,但 D 某到 G 医院前并未去过中东地区。更重要的是,与 D 某同一病房的 16 号患者是于 2015 年 5 月 31 日 6 时才被确诊的。因此 5 月 31 日之前,G 医院的医务人员并没有依据怀疑 D 某的症状是中东呼吸综合征所致。

因此,综上所述,被推定为 D 某传染源的 16 号患者在 5 月 31 日才被确诊感染。因而,在此之前,G 医院的 H 某等医生不负有对 D 某进行中东呼吸综合征诊断检查的注意义务,进而无法认定在 6 月 1 日 2 时 30 分对 D 某进行的中东呼吸综合征诊断检查存在延误。

3. G 医院医护人员的诊断及转院措施是否存在不及时

被推定为 D 某传染源的 16 号患者于 2015 年 5 月 31 日确诊感染中东呼吸综合征,随后对 D 某进行流行病学调查需要一定时间才能完成。因此,从 6 月 1 日 D 某的第一次检查结果来看,当天 21 时左右 G 医院医务人员将 D 某转至 J 医院,此举并非不及时。因此,无法认定包括 H 某在内的 G 医院医务人员在诊断和转院措施上存在延误,也无法认定上述人员对此存在过失。

(二)对于被告韩国政府的主张及判断

1. 是否存在对中东呼吸综合征事前研究不力及方针制定不当的过失

(1)判例观点

相关法律规定,在预防新型传染病时,被告韩国政府及其下属疾病管理部门有权自行决定如何开展调查和研究。因此,若要认定被告韩国政府及疾病管理部门在对新型传染病进行调查研究、制定方针时违反法律,就需要参照相关法律的宗旨和目的,结合具体情况,证明韩国政府或者疾病管理部门未依其权限,采取了明显不合理的措施,并根据现有经验和法律判定其违法。〔1〕

(2)被告韩国政府的公职人员在有关中东呼吸综合征的事前研究与方针制定上是否存在过失,以及该过失与D某的死亡之间是否存在因果关系

①对中东呼吸综合征的事前研究是否不力

根据《传染病防治和管理法》第4条,被告韩国政府有义务制定传染病预防及防疫对策,收集、分析并提供传染病相关资料,对传染病相关信息进行调查和研究,并对国外新型传染病传入韩国做好应对计划、准备、教育及培训工作。为了履行上述义务,保健福祉部设立了疾病管理部门,专门负责传染病相关工作。〔2〕

作为一种新型传染病,中东呼吸综合征首次发现于2012年4月,并于2012年9月首次向国际社会报告。中东呼吸综合征首次报告后,疾病管理部门已发现疑似人际传播病例。由于发生疫情的国家有所增加,于是在2013年6月12日,以传染病管理中心主任为首的中东呼吸综合征对策班成立并迅速展开工作,采取一系列强化防疫的对策,包括对到访中东地区的游客进行感染提示指导和发热监测,以及强化对早期发现的疑似患者流入国内医疗机构的监测体系。

韩国政府分别于2013年6月25日和2014年5月22日召开中东呼吸综合征疫情专家咨询会,分析中东呼吸综合征在国内外的流行情况,探讨政府的应对措施和未来的发展方向。2013年6月至2015年5月,韩国政府订购了中东呼吸综合征诊断设备并开展教育训练研究项目。2014年7月8日和12月24日,疾病管理部门先后发布了第1版和第2版《中东呼吸综合征防治方针》,并面向市、县、区卫生部门发布了中东呼吸综合征的诊断与申报标准,

〔1〕 参见韩国大法院,2006.12.7宣2004다14932等判决。

〔2〕《保健福祉部及其所属机关职制》第30条。

以及预防和管理中东呼吸综合征的指南。

因此，在疾病管理部门对中东呼吸综合征的前期研究等工作中，很难认定其存在明显过失。

②中东呼吸综合征管理方针是否不合理

2014 年 7 月 8 日，疾病管理部门制定了中东呼吸综合征的预防及管理方针。这些措施将入境的疑似患者、确诊患者的密切接触者，与疑似患者有过肢体接触的人，在确诊患者出现症状期间与其在 2 米内的空间里停留 1 小时以上的人列为重点对象。

疾病管理部门对上述人群作出了具体的说明：与患者共同前往有感染风险的葛氏区域（中东地区）旅行或活动的人员、照顾患者的护理人员、患者家属等同居人员、为患者进行诊治的医务人员、直接接触患者体液或呼吸道分泌物的人员、与患者同机的乘客（近座乘客）。

疾病管理部门根据世界卫生组织和美国疾病预防控制中心的标准，将接触距离设定在“2 米内”，并参照当时被认为比中东呼吸综合征更具传染性的甲型流感病毒密切接触者的标准，将接触时间设定在“1 小时以上”。

2015 年 5 月 28 日后，与中东呼吸综合征确诊患者有过短暂接触的其他病房患者也被传染中东呼吸综合征的事实得到确认。仅就事后情况而言，尽管 1 小时以上的时间标准并不恰当，但难以认定制定上述方针的韩国政府公职人员存在过失。

③疾病管理部门的过失与 D 某感染中东呼吸综合征乃至诊断不及时、死亡之间是否存在相当因果关系

2015 年 5 月 20 日，1 号患者确诊感染中东呼吸综合征。5 月 21 日，根据《中东呼吸综合征防治方针》第 2 版规定，疾病管理部门将住同一病房的患者规定为密切接触者。因此，与上述患者同楼不同病房的 16 号患者最初未能被划为密切接触者。

但是，即使上述 1 号患者被确诊，相关部门仍须以同楼的所有患者为对象，掌握有可能与 1 号患者有过短暂接触的对象，并采取比扩大隔离对象等

更为积极的措施。但考虑到掌握事实情况、听取陈述、确认监控录像等所需的时间,在2015年5月22日,16号患者入住与D某所在的G医院1号病房之前,无法认定其是疑似感染者并将其隔离,也无法仅凭上述情况判断可否切断D某与16号患者的接触。

此外,16号患者所在的K医院R号病房和1号患者所在的N号病房有电梯相隔。尽管疾病管理部门已将中东呼吸综合征密切接触者的标准定为"在患者2米以内停留的人",并在1号患者确诊后开始流行病学调查,但从当时掌握的医学知识以及国外的流行状况来看,仍然无法根据现有证据将16号患者认定为1号患者的密切接触者,从而对其进行提前诊断。

并且,根据前述基本事实,目前尚未研制出针对中东呼吸综合征的抗病毒药物。因此,即便能够提前诊断出D某感染中东呼吸综合征(在实际确诊日期2015年6月1日之前),也只能采用对症治疗这一唯一治疗方法。在D某住院期间,G医院针对其发热症状开了退烧药,并继续对症治疗。然而,中东呼吸综合征的致死率很高,尤其是对有既往病史的患者,结合中东呼吸综合征预后不良等情况综合分析,很难断定是D某因诊断不及时而死亡。

(3)小结

综上,无法认定参与中东呼吸综合征前期研究与方针制定的韩国政府公职人员存在过失。或者说,即使存在过失,也无法认定该过失与D某感染中东呼吸综合征、诊断不及时及死亡之间存在相当因果关系。

2. 是否存在因疑似患者申报而延误诊断检查的过失

(1)疾病管理部门工作人员拒绝或延迟对1号患者进行及时的中东呼吸综合征诊断检查,理由是1号患者曾经到过的巴林不是中东呼吸综合征的发病国,该行为是否存在明显不当

根据《传染病预防法》第11条第5款和该法施行规则第6条第4款规定的传染病诊断标准(2014.9.19保健福利部公告2014-148号)和法定传染病诊断与申报标准(2014.1疾病管理部门指南2号),中东呼吸综合征患者申报的诊断标准为:"疑似患者:临床学、放射学、组织病理学上有肺部实质疾

病(例如,肺炎或者急性呼吸衰竭症候群)的急性呼吸道感染者;发病前14天内有中东旅居史的人;由于不明原因感染重症急性呼吸道疾病患者的医护人员;在发病14天之内,与有症状的确诊或疑似患者有密切接触者。”该法仅规定,如果发现疑似患者有到访中东地区的经历就应当申报,并未将患者所至的相关国家限定于中东地区的中东呼吸综合征发病国。

截至2015年5月,中东地区有10个国家出现了中东呼吸综合征患者,其中包括沙特阿拉伯、阿联酋、卡塔尔、约旦、阿曼、科威特、埃及、也门、黎巴嫩和伊朗。尽管1号患者所至的巴林并非已知的中东呼吸综合征发病国,但从其所处地区来看,巴林是与沙特阿拉伯交界的邻国,并且极有可能与沙特阿拉伯处于同一生活圈。

2015年5月18日10时左右,江南区卫生部向疾病管理部门提出要对1号患者进行中东呼吸综合征疑似患者申报及诊断检测。然而,疾病管理部门拒绝了上述请求,理由是1号患者到达的是巴林而不是中东呼吸综合征的发病国。Q医院的医护人员从江南区卫生部得知上述情况后,于当日14时左右直接联系疾病管理部门再次提请进行诊断检测。对此,疾病管理部门表示,如果其他呼吸道病毒检测结果均为阴性,则会对该患者进行检测。并在再次确认1号患者的到访地以及其与骆驼等的接触情况后,指出应先进行流感检测。5月19日13时30分左右,Q医院医护人员向疾病管理部门报告,1号患者的流感检测结果为阴性。当日17时左右,疾病管理部门派遣1名流行病学调查专家前往Q医院,并于19时左右对1号患者进行核酸检测取样。5月20日6时许,1号患者被确诊感染中东呼吸综合征。

由此,可以认定疾病管理部门工作人员以1号患者为对象访问巴林而不是访问中东呼吸综合征发病国为理由,拒绝并延迟对患者进行中东呼吸综合征诊断检查,该行为显然不当。

(2)被告韩国政府公职人员的过失与D某感染中东呼吸综合征、未及时诊断及死亡之间是否存在相当因果关系

Q医院医护人员于2015年5月18日10时左右报告后,1号患者直接进

入隔离病房。由此可见,由于因疾病管理部门未及时对1号患者进行诊断检查,导致追加感染病例发生的可能性不大。此外,考虑到诊断检查结果出来所需的时间,即便在5月18日10时许立即对其进行核酸采样及检测,提前一天确认1号患者感染中东呼吸综合征(2015年5月19日),诊断也将于18日晚间或者19日清晨左右进行。

因此,从1号患者和16号患者的住院时间(2015年5月15日至17日,同在K医院8楼)来看,1号患者与16号患者之间的接触是无法避免的。此外,从他们各自的病房位置来看,即使1号患者被确诊感染中东呼吸综合征,在当时也难以将16号患者划为密切接触者。

所以,仅从提交的证据来看,并不能认定由于疾病管理部门的工作人员没有及时对1号患者进行诊断检查,导致1号患者与16号患者、16号患者与D某依次接触,从而导致D某感染了中东呼吸综合征。

此外,除对症治疗以外,未发现针对中东呼吸综合征的特别治疗方法,且2015年5月26日后,针对D某出现的发热等症状的治疗也一直在继续。从以上事实情况来看,仅凭提交的证据无法排除D某因此死亡的可能性。

(3)小结

无法认定被告韩国政府公职人员的这一过失与D某被感染、未及时诊断及死亡之间存在因果关系。

3.是否存在流行病学调查过后的监测体系不完善等事后管理措施不当的过失及违法性

(1)是否存在过失

《传染病管理工作指南》(2015.1疾病管理部门指南)规定,在完成流行病学调查后,应当对是否出现新增患者进行事后监测。然而,疾病管理部门仅对密切接触者进行了跟踪调查,而没有持续监测未被划为密切接触者的人是否出现异常症状。因此,综合多数密切接触者检测结果呈阳性的情形来看,可以认定疾病管理部门在事后监测体系等方面确实存在不足。

(2)判断是否不合理

2015年5月20日至21日,疾病管理部门派专员对1号患者所就诊的医院进行了以接触者为中心的流行病学调查。疾病管理部门一方面对密切接触者进行个别追踪调查,另一方面该部还建议对1号患者的所有密切接触者进行现场检查和居家隔离。但在当时,疾病管理部门很难认识到,除密切接触者之外,还需要对其他人进行跟踪调查,也很难认识到有必要对上述各医院的患者及其监护人等所有人进行事后监测。5月28日,在6号患者被确诊感染中东呼吸综合征之前,当时的密切接触者中出现了中东呼吸综合征感染者。由此,疾病管理部门认识到中东呼吸综合征的传染性极强。5月28日后,为全力防止中东呼吸综合征的扩散,开始对3164名自行隔离者和主动接受隔离者的情况进行缜密观察,可见疾病管理部门对疫情防治付出了巨大的努力。对此,结合现实条件进行分析,结论如下:仅从前文所述情况来看,当时认为中东呼吸综合征的传染性较低,对密切接触者之外的其他人建立追踪调查的事后监测体系这一要求超出了疾病管理部门的判断范围,难以认定部门的行为是明显不合理的,也无法根据现有经验和法律认定其违法。

(3)小结

因此,对于疾病管理部门的公职人员对密切接触者以外的其他人未进行事后监测这一做法,难以认定其违法。

4. 主张在未及时公开医院名称相关信息以及公开范围不当方面存在过失的判断

(1)事实关系

2015年5月20日,1号患者确诊后,因二次感染者的三次传播,中东呼吸综合征在国内迅速扩散。但由于未向国民提供适当的信息,导致一些关于传染路径、确诊患者的医院名称等的谣言广泛传播,使得民众陷入恐慌之中。

此外,根据中东呼吸综合征的临床特征,若出现向医疗机构提供医院名称等信息并请求协助的情况,医疗机构可以立即对因高烧等原因入院的患者进行隔离,以防止病毒进一步扩散。5月31日,大韩医生协会也在保健福祉部召开的"应对中东呼吸综合征紧急会议"上要求公开信息。

尽管如此，由于未能及时提供医疗机构信息，致使6月1日医疗机构封闭后，第三轮感染正式暴发。中东呼吸综合征疫情在K医院首次暴发后，又在Q、G、S等医院开始了第二轮扩散。

6月1日，根据民官联合会议的决定，中央中东呼吸综合征管理应对部门在不久后，提供了确诊患者的就医动线和每日动线信息，但这一信息并不是向全国的医疗机构提供的，而是提供给"感染内科医生及感染管理科"。这使得相当一部分没有感染内科医生的医院仍然无法获得医院名称等信息，因而无法确认入院的高烧及呼吸道疾病患者的接触情况。这引发人们对医务人员感染中东呼吸综合征以及发生第三轮扩散的担忧。

6月5日，K医院被公之于众。随后与6月1日发现确诊患者的6家医疗机构以及23家确诊患者曾就诊过的医疗机构名称和患者感染时间也随之公开。

(2)是否有必要在2015年5月28日公开发现确诊患者的医院名称

①国民对传染病发生的情况、传染病的预防与管理等相关信息及其应对措施是否享有知情权

被告人韩国政府有义务收集、分析并提供与传染病有关的信息[1]，在发生灾难或者其他各类事故时，有责任保护国民的人身及财产安全(《灾难及安全管理基本法》)。为有效治疗传染病并防止其扩散，韩国政府和地方自治团体应当共享疾病的相关信息及传播情况。此外，国民也有权知晓传染病发生情况、传染病的预防与管理等相关信息及其应对措施。[2]

②事发当时未向全体国民公开医院名称，是否违法

若要公开医院名称，可能会对当事医院造成损失，对其所属的医护人员也会带来个人损失，政府尚未对此制定合理应对措施。且公开医院名称很可能引发医疗机构不愿对中东呼吸综合征患者进行诊疗的现象，也有可能打击

〔1〕《传染病预防及管理相关法》第4条第2项第5号。

〔2〕《传染病预防及管理相关法》第6条第2款。

医疗界治疗中东呼吸综合征患者的士气。6月4日召开的“中东呼吸综合征民间综合应对TF会议”中，相关专家也提出了若公开医疗机构名称可能会引发一些医院拒绝治疗、回避患者等负面影响，应慎重处理的意见。考虑到以上因素，在中东呼吸综合征暴发时，政府没能准确传达中东呼吸综合征的危险性以及应采取何种程度的预防措施等信息，导致大部分国民陷入过度恐慌之中，一度引发社会混乱，首尔部分地区家长还要求停课。即使考虑到这一点，仅凭提交的证据：5月28日发现防疫范围存在漏洞，但当时未向全体国民公开医院名称，而是在6月5日举行专家会议后先公开K医院、6月7日才完全公开其余24家医院的行为，难以认定其行为明显不合理，也难以认定其不合逻辑经验，更难以认定其违法。

③与D某被感染乃至未及时诊断、死亡之间是否有因果关系

2015年5月28日，疾病管理部门发现其设定的防疫范围存在漏洞，但由于当时未能掌握密切接触者外其他患者的信息，导致第三次接触的人数非常多，仅凭中央流行病调查人员的跟踪调查，远不足以防止中东呼吸综合征的再次扩散。若及时向有关医疗机构提供相关信息，可以有效防止中东呼吸综合征的扩散。由此可见，自5月28日发现防疫网存在漏洞时起至5月30日，尽管疾病管理部门已经要求全国医疗机构予以配合，并指出各医疗机构有防止中东呼吸综合征扩散的注意义务。但由于6月1日只对感染内科医生公开了有限信息，还有很多没有常驻感染内科医生的医疗机构无法获得上述信息。

然而，对D某被感染、未及时诊断及死亡之间的因果关系而言：首先，16号患者已经于5月22日与D某入住同一间病房，并于5月28日出院。即便5月28日公开中东呼吸综合征确诊患者所就诊的医院名单等信息，也无法阻断D某与16号患者的接触。其次，16号患者被发现后，考虑到诊断其是否感染中东呼吸综合征所需要的时间，无法认定在公开上述信息后，对D某进行检查的时间就一定会早于6月1日2时30分，也无法认定提前一天或两天诊断出D某感染中东呼吸综合征就能避免其死亡。

④小结

2015 年 5 月 28 日至 30 日，疾病管理部门没有向医疗机构公开医院名称等信息，于 6 月 1 日仅向感染科医师公开医院名称。根据上述事实，其未尽到收集、分析、提供传染病相关信息及防止传染病扩散、保护国民健康的义务，可以认定其违法。但是，仅从提供的证据来看，无法认定这与 D 某感染中东呼吸综合征、未及时诊断及死亡之间存在相当因果关系。

（三）对被告大田广域市西区的主张与判定

1. 大田广域市西区是否存在过失

原告主张，2013 年 6 月 1 日至 2015 年 5 月 19 日，疾病管理部门先后 8 次在市、道（市、郡、区卫生部）辖区内发布有关中东呼吸综合征的公告，[1] 但是大田广域市西区所属卫生部的工作人员没有适当地向有关医疗机构公布或者宣传相关资料，尤其没有向新设立的医疗机构——G 医院（2015 年 3 月 13 日成立）传达关于中东呼吸综合征的防疫指南和宣传资料。

根据《传染病预防及管理相关法》第 4 条，为预防和管理传染病，被告大田广域市西区所属卫生部的工作人员有义务切实做好对传染病进行教育和宣传的相关工作，但在实际工作中，他们却怠于履行这一职责。

2. 大田广域市西区是否违法

即使被告大田广域市西区所属卫生部将上述指南等信息全部传达给 G 医院，也无法认定可以提前诊断出 D 某感染中东呼吸综合征，且并无证据可证明此点。另外，即便能够提前诊断出 D 某感染中东呼吸综合征，但仅从出示的证据来看，也无法认定 D 某的死亡是可以避免的。

3. 小结

综上所述，即使认为大田广域市西区工作人员未履行教育和宣传中东呼吸综合征相关信息的义务（承认其存在过失），也难以认定上述过失与未及时诊断 D 某感染中东呼吸综合征及其最终死亡之间存在相当因果关系。

---

〔1〕 本文中的市、道主要是指广域市和道，类似于我国的直辖市和省，通知消息主要落实于其中的各层保健所。

四、二审判决要旨(首尔高等法院 2018.6.14 宣 2018 나 2010317 判决)

(一)对被告 C 的主张

1. C 某是否违反有关规定要求的申报义务

(1)相关规定

疾病管理部门于 2014 年 12 月修订《中东呼吸综合征管理指南》第 2 版,于 2015 年 5 月 30 日生效。2014 年 1 月,AC 协会与疾病管理部门将《2014 年法定传染病的诊断与申报标准》向医疗一线履行传染病诊断义务的医务人员发放。该文件规定,与疑似感染中东呼吸综合征患者密切接触的人也应视为疑似感染者,医疗机构若发现此类疑似患者,应当及时向其所辖的保健所申报。

(2)判定是否违反有关规定中要求的申报义务

在中东呼吸综合征诊断检查系统的扩展过程中,应对中东呼吸综合征疫情的初期阶段,只有国家卫生研究院才能对感染中东呼吸综合征进行诊断检查。后来随着病毒扩散,诊断检查的需求激增,检查机构也随之扩展。在扩展初期,这些机构只进行筛选检查,而对中东呼吸综合征确诊患者遗传基因的确认检查仍由国家卫生研究院实施。尽管扩大了中东呼吸综合征筛选检查的医疗机构,但仍旧未能做到及时检查。从 2015 年 6 月 7 日开始,除了国家卫生研究院外,还将中东呼吸综合征确认检查的权限移交给了医疗机构,从而实现了检查一体化。

另有 40 家私立医院从 2015 年 5 月 28 日开始对中东呼吸综合征患者进行检查,而此后至 12 月 31 日,私立医院检查中几乎没有发现确诊病例。

G 医院确认 D 某感染中东呼吸综合征是在 2015 年 5 月 29 日之前,当时中东呼吸综合征检查机构尚未扩增,只有国立保健研究院在进行诊断检查,像 G 医院这样的私立医院不能自主进行中东呼吸综合征的诊断检查与确认。并且,即便 G 医院当时就对 D 某实施中东呼吸综合征诊断检测,也不能够作出阳性的诊断。由此可以得出,5 月 29 日 G 医院医疗小组不可能对 D

某进行检测并作出阳性诊断。

2. 判定是否违反说明义务

(1)判例观点

医生不仅在手术过程中应当履行对患者的说明义务,还应在检查、诊断等诊疗的全过程中履行这一义务。如果医生违背了说明义务,就应承担精神损害赔偿责任,理由如下:在医生未向患者履行说明义务,导致手术中发生意想不到的重大后果的情况下,若医生提前向患者说明其病情、治疗或诊断方法的内容和必要性以及因此可能发生的危险等情况,患者可以行使自主决定权选择是否接受该医疗行为,从而避免重大后果的发生。医生未尽到上述说明义务,使患者失去了选择的机会,理应对其给患者造成的精神痛苦予以慰藉。

因此,医生的说明义务并不涉及所有的医疗问题,而只涉及下列情况:手术过程中需要施加侵袭行为,且术后可能发生不良后果的医疗行为;术中可能导致死亡等严重后果发生的医疗行为等。对此类情况,患者需要依其自主决定权作出选择。若重大后果的发生既不是因为医生的侵袭行为导致,患者的自主决定权也未受到干涉,这种情况下不存在违反说明义务的问题,更不涉及精神损害赔偿责任的问题。

(2)是否违反说明义务

原告对G医院医疗小组违反说明义务所主张的内容,不能视为是前文所述的需要说明的事项。因此无法认定G医院的医疗小组对此负有说明义务。

(二)对被告韩国政府的主张

1. 对于主张疾病管理部门是否对中东呼吸综合征病毒事前研究不力的判断

在疾病管理部门于2013年6月25日及2014年5月22日举行的专家咨询会议上,外部专家建议疾病管理部门前往国外进行研究,以了解发达国家的应对状况。但法律并未明确规定公职人员要承担这种义务。

2015年5月前,鉴于中东呼吸综合征对国民的生命、身体和财产构成或可能构成紧迫而严重的危险，尽管法律并未明文规定，疾病管理部门也应当执行上述全部建议，以消除危险。笔者认为，难以认定该部门有此作为义务。因此，仅以疾病管理部门未执行以上建议为由，无法认定被告韩国政府存在过失。

2. 关于主张疾病管理部门的中东呼吸综合征应对指南制定不当的判断

疾病管理部门分别于 2014 年 6 月和 12 月编制了第 1 版和第 2 版《中东呼吸综合征管理指南》，为中东呼吸综合征患者的密切接触者额外规定了“超过 1 小时”的时限标准，而该标准不应被视为对世界卫生组织规定的密切接触者的忽略，也不应被认为是在没有任何合理理由的情况下随意确定的。

3. 是否由于疾病管理部门工作人员对流行病学调查不力而导致 D 某被感染

疾控部门工作人员对 1 号患者接触者调查不力，确实存在过失。但韩国政府工作人员在对 1 号患者的接触者进行相关流行病学调查时存在的过失，是否会导致 D 某感染中东呼吸综合征？若不存在上述过失，则可于 2015 年 5 月 19 日 2 时 30 分起，对 1 号患者的接触者进行调查，并可在 16 号患者于 5 月 22 日入住 D 某所在病房之前就对其是否感染中东呼吸综合征产生怀疑，并对其采取追踪、隔离措施。

但是，并不能认定，也没有证据表明：疾病管理部门工作人员在 5 月 18 日 10 时收到江南区保健所对 1 号患者的申报后，没有及时诊断，且在 5 月 20 日至 21 日对 1 号患者进行流行病学调查不力的过失，与 D 某感染中东呼吸综合征之间存在相当因果关系。

4. 是否存在未及时向国民公开医院名称等信息的过失

仅从提交的证据来看，即使疾病管理部门在 2015 年 5 月 28 日发现防疫网存在漏洞后，未立即向全体国民公开医院名称，而是在 6 月 5 日同专家举行会议后，先公开 K 医院，6 月 7 日才完全公开其余 24 家医院，也难以认定其行为明显不合理或不合逻辑经验，更难以认定其违法。因此，原告的这部分主张也是没有依据的。

(三)对被告大田广域市西区的主张

无法认定G医院医疗小组知晓16号患者在入院前曾在K医院做过手术。即使在5月29日于K医院封闭时就在网络上公布中东呼吸综合征疫情暴发的情况,也无法断定G医院医疗小组当日便能够获悉。另外,即便医疗小组当日已经知悉这一情况,也难以认定他们能够掌握此前已经出院的16号患者的接触范围,并怀疑同一病房的D某通过与其接触,感染了中东呼吸综合征。

由此,无须对原告的这部分主张再作进一步判断便可予以驳回。

(四)关于主张诉讼费用承担的判断

根据《民事诉讼法》第98条规定的诉讼费用承担规则,应由败诉的原告承担诉讼费用。

正如前文所述,被告无须对D某承担各方面法律责任,且诉讼费用并非由于被告方不必要的行为而产生,原告的行为在当时也不存在必要性。

故不接受原告上述关于诉讼费用的主张。

五、上诉审理要旨(韩国大法院2019.3.14宣2018다249667判决)

上诉判决维持原判,认定原审以下判断合理:①根据2014年12月发布的《中东呼吸综合征管理指南》,将密切接触者定义为"患者出现感染症状期间在其周围2米内停留超过1小时的人",以及2015年5月28日,未公开中东呼吸综合征患者确诊医院等信息的行为合理,且不具有违法性;②没有足够的证据表明,被告所属公职人员未做好流行病学调查,也没有足够的证据证明,2015年5月28日左右未公开确诊医院这一过失与D某的死亡之间存在相当因果关系。

六、判决分析

该案的一审、二审、上诉,不仅驳回了原告的全部诉请,且二审对一审、上诉对二审判决的内容均予以认可。由于判决书中变化的内容仅包括二审中对原告的新诉请作出的处理，以及基于请求权变更而产生的判决实质内容的变更。因此，在对判决的分析中，本文综合了一审、二审和上诉三种判决内容，对原告因传染病死亡的诉讼请求和法院判决进行了分析。

（一）对个人的诉请

1. 请求内容

原告向G医院的负责人兼医务人员C某，基于医生对患者的注意义务，追究①未尽到尽快申请中东呼吸综合征检测的义务；②对中东呼吸综合征病毒的诊断以及应对措施滞后的责任。基于传染病相关规定，追究其违反告知义务的其他责任，以及违反说明义务的责任。

2. 对注意义务的裁决

（1）法院的判断

根据上述请求，法院对C某作为医务人员的注意义务作出如下判断：①中东呼吸综合征是2012年4月发现的新型传染病，G医院当时并未从管辖的卫生部收到关于中东呼吸综合征的说明与应对办法；②发热的原因多种多样，包括感染、炎症、受伤等，仅凭借发热这一症状并不足以推定其患有中东呼吸综合征；③D某在入院前并无中东旅居史；④由于16号患者的确诊日期是2015年5月31日，即使推定D某的感染源是16号患者，C某当时也没有对D某进行中东呼吸综合征检测的注意义务。因此，即使D某存在发热症状，6月1日2时30分对D某进行的中东呼吸综合征检测并不存在滞后。

（2）评价

判断是否违反注意义务，应以包括医疗机构在内的临床医疗界所能达到的医疗水平为基准。若医生在从医时，已经在当时医疗水平下尽了最大的努力，则不能认定其违反了注意义务。

然而，在本案中，D某发病时中东呼吸综合征还是一种新型传染病，疾病管理部门尚未就中东呼吸综合征发表说明，当时很难确定D某是否感染了该疾病。因此，笔者认为，D某入院时，C某对其进行一般的治疗程序并不存在过失。

3. 对告知义务的裁决

(1)法院的判断

法院指出,原告主张 G 医院对 D 某作出中东呼吸综合征呈阳性的诊断是在 2015 年 5 月 29 日左右。考虑到当时在私立医院自行实施中东呼吸综合征检查并不足以得出确诊结果,而且此后私立医院进行的中东呼吸综合征检查中,也完全没有发现呈阳性的病例。即使 D 某发病当时 G 医院对其进行了诊断检测,最终也不会诊断呈阳性。因此,医院没有违反告知义务,不构成侵权。

(2)评价

与上文法院的判断一致,法院充分考虑到当时中东呼吸综合征是一种新型传染病,在国内医疗机关很难对中东呼吸综合征初期患者采取充分、有效的应对措施的前提下,作出了相应判决。针对突发传染病引起的各种纠纷,法院似乎力图通过诉讼来减轻民间医疗机构的大部分责任。

4. 对说明义务的裁决

(1)法院的判断

法院认为,说明义务是在侵权行为发生时,患者自我决定权被侵害时,才适用的概念,法院以本案件不适用说明义务为由,驳回了原告的诉请。

(2)评价

在医疗事件中,原告往往混淆了违反说明义务的概念,在病人未遭受侵害或其自我决定权利未受到侵害的情况下主张违反说明义务,本案也属于类似情况。因此,法院以案件性质不属于说明义务范畴为由,驳回原告的诉请,是妥当的。

(二)对国家的诉请

1. 请求内容

原告对国家追责,理由如下:国家存在①对中东呼吸综合征的事前研究不力及方针制定不当的过失;②对疑似患者申报及诊断检查不及时的过失;③疾病管理部门工作人员未做好流行病学调查的过失;④流行病学调查后未建立监测体系等事后管理措施不当的过失;⑤医院名称等信息披露不及时、公开范围设置不当以致D某死亡的过失。

2.是否构成对中东呼吸综合征的事前研究不力及方针制定不当的过失

(1)法院的判断

法院对国内首例中东呼吸综合征患者的前后情况进行了综合考虑,认定疾病管理部门不存在事前研究不力或方针制定不当的过失,并认定D某的死亡与其不存在因果关系,驳回了原告的诉请。

(2)评价

法院驳回诉请的证据及逻辑都是合理的,D某死亡的原因存在多种因素,因此很难将其死亡归咎于疾病管理部门对中东呼吸综合征的事前研究不力或者方针制定不当之上。因此该判决妥当。

3.是否构成对疑似患者申报及诊断检查不及时的过失

(1)法院的判断

法院认为,即使疾病管理部门的公职人员以1号患者到访的是巴林而非中东呼吸综合征发病国为由,拒绝、不及时对其进行中东呼吸综合征诊断检查的行为存在明显不合理,但并不能判定是由于1号患者和16号患者、16号患者和D某依次接触而导致D某感染中东呼吸综合征。而且,当时未发现针对中东呼吸综合征的特别治疗方法。因此,即使诊断检查没有延误,也不能得出D某一定能避免死亡的结论,故驳回了原告的诉请。

(2)评价

法院认为,即使疾病管理部门的诊断检测及时,也未必能阻止D某感染中东呼吸综合征,其死亡很可能无法避免。然而,对于此类新型传染病,多数情况下没有治疗方法,防治已经是最佳选择。疾病管理部门是预防传染病扩散责任最大的部门,应承担最重要、最基本的诊断、检测职责。对于其并未履行该义务的行为,仅仅以很难避免感染者死亡为由进行解释,使人担心法院是否过度减轻了疾病管理部门的责任。

4.疾病管理部门工作人员是否构成未做好流行病学调查的过失

(1)法院的判断

法院认为,疾病管理部门的公职人员在流行病学调查过程中虽存在过失,但很难认定这一过失与D某感染中东呼吸综合征之间存在相当因果关系,且无证据证明这一关系,因此驳回了原告的诉请。

(2)评价

和上文第3项一样,对于此类新型传染病,大部分情况下没有治疗方法,防治已经是最佳选择。在这种情况下,认定患者的死亡与流行病学调查不够完备的过失之间缺乏直接因果关系,法院判决存在过度减轻疾病管理部门责任的倾向。

流行病学调查是防止传染病扩散的最重要对策,但根据现有判例,很难证明流行病学调查的疏忽与患者感染中东呼吸综合征后死亡之间存在相当因果关系。所以,法院在以后的类似情况下,如果仍然采取同样的态度,就有可能对疾病管理部门运作不当造成免责。

5. 是否构成流行病学调查后未建立监测体系等事后管理措施不当的过失

(1)法院的判断

法院认为,对于其他没有被疾病管理部门工作人员划分为密切接触者的对象,虽然未能建立适当的事后监测体系,但这与本案无关,难以认为构成违法。因此,驳回了原告的诉请。

(2)评价

鉴于中东呼吸综合征事件发生时,疾病管理部门尚未建立健全对这类新型传染病的监测体系。最高法院认为,即使监测系统存在缺陷,也不构成违法。但是,如果将来出现类似情况,有必要对疾病管理部门的过失适用更严格的标准。

6. 是否构成医院名称等信息公开不及时、公开范围设置不当的过失

(1)法院的判断

法院认为,即使疾病管理部门存在对医院名称等相关信息公开不及时、公开范围设定不当的过失,并且未能尽到收集、分析、提供有关传染病的信

息,防止传染病扩散、保护国民健康等义务,这种过失和D某感染中东呼吸综合征、诊断不及时及死亡之间不存在相当因果关系,因此驳回了原告的诉请。

(2)评价

如前所述,由于疾病管理部门未及时公开信息,并错误地设定公开范围,导致当时中东呼吸综合征事态恶化,造成了国民恐慌。但是,在这种情况下,若个人因感染中东呼吸综合征而死亡,要想证明疾病管理部门的过失及其死亡之间存在相当因果关系是非常困难的。

同样,因果关系证明的困难,实际上为国家和疾病管理部门防止传染病扩散政策中的重大失误创造了免责机会,这也是我们今后要考虑的问题。

(三)对自治团体的诉请

1. 请求内容

原告主张,由于G医院所在的大田广域市西区公职人员没有尽到对G医院教育和宣传中东呼吸综合征相关信息的义务,最终导致D某死亡,应承担相应责任。

2. 法院的判断

在承认大田广域市西区政府官员可能存在没有履行对中东呼吸综合征进行教育和宣传的义务的过失的同时,法院认为,仅凭这一点,很难认定这一过失与D某的不及时诊断甚至死亡之间有相当的因果关系,因此驳回了原告的诉请。

3. 评价

本案中,G医院在事件发生当时,并未从大田广域市西区得到有关中东呼吸综合征的任何说明。当然,在这种情况下,很难证明个人的死亡和地方自治团体公职人员执行公务之间存在直接的因果关系。因此,至少本案法院的判断是完全可以接受的。

但是,在诉讼中证明因果关系所存在的困难,实际上为国家和疾病管理部门在防止传染病扩散政策方面的重大失误创造了免责的机会,这也是我们今后需要进一步思考的问题。

七、结论

自20世纪90年代初期非典型肺炎流行后，时隔15年，中东呼吸综合征这一新型传染病再次在世界范围内流行。笔者认为，韩国政府、疾病管理部门、地方自治团体、民间医疗机构缺乏应对此类新型传染病的准备和经验。因此，在应对中东呼吸综合征时，即使存在严重的政策失败和错误，也不能作为国家和地方自治团体对个人的损失承担赔偿责任的依据。

但是现在，5年过去了，COVID－19疫情在全球蔓延。类似的诉讼在疫情暴发后仍然可能发生。与过去不同，现在我们可以预见，未来集体性传染病将在世界范围内流行。

国家和卫生部门制定与集体传染病有关的政策的责任更大，不能再将"未经历过，不可预知的紧急、严重情况"作为减轻或免除其法律责任的广泛依据。

然而，对于民间医疗机构而言，在卫生当局的强力控制以及韩国医疗结构的自主性十分有限的特性之下(例如，根据《医疗法》对医院内部人员结构进行限制，根据《国民健康保险法》向医院收取保险金)，传染病相关事件发生时，只要有关医疗机构严格遵守卫生当局的指示，在指示的范围内开展工作，就能够最大限度地减轻或免除自己的责任，无须担忧赔偿问题。这一政策究竟是否合理，仍亟待思考。

医疗保障制度哲学基础之提出

[波兰]安杰伊·比列斯基(Andrzej Bielecki)

西尔维娅·尼斯波尔斯卡(Sylwia Nieszporska)*

张海斌　李铁铮**　译

导　言

在大多数当代国家,医疗保障制度是在国家层面上组织起来的,这意味着国家对其组织负责。然而,这些所有类型的卫生保健系统都有许多弊病,这些弊病导致其运行存在或多或少的障碍。[1] 因此,本文从多个方面对医疗保障制度进行分析,首先是经济方面。经济方面的实用性研究是在系统论的框架内进行的。[2] 在经济方面的文献中,为了理解医疗保障制度的复杂性而采用系统框架的价值得到了证明。有人提出使用概念图将思维系统和建模应用于公共卫生的关键挑战中。也有人采用系统分析的方法研究国家医疗保障制度中的信息流、医疗流和资金流。还有人尝试引入一种一般价值观,认为医疗保障制度应该以这种一般价值观为基础。然而,上述研究都是

---

* 安杰伊·比列斯基,波兰沃伊蒂瓦研究所—科学基金会研究人员;西尔维娅·尼斯波尔斯卡,波兰切斯特霍瓦理工大学管理学院研究人员。

** 张海斌,上海外国语大学法学院教授;李铁铮,山东国曜律师事务所律师。

〔1〕 Bar-Yam, 2006; Bielecki & Nieszporska, 2016; Bielecki & Stocki, 2010; Krause, 2013.

〔2〕 Bar-Yam, 2006; Bielecki & Nieszporska, 2016; Bielecki & Stocki, 2010; Fahey et al., 2004; Homer & Hirsch, 2006.

碎片化的。其次,本文还探讨了欧洲文化圈[1]国家医疗保障制度的哲学基础,并提出这一基础正是人格主义的哲学思想。显而易见的是,医疗保障制度组织的哲学基础应当与医疗保障的基础相一致。本文提出的医疗保障制度的概念与医疗保障本身的概念是一致的。从其定义来看,定义医疗保障主要需要考虑到人的具体特性的人类学方法等多种方法。[2]

本文的结构如下:第一部分将详细说明和讨论医疗保障制度的研究层面,并分析它们之间的关系。在第二部分中,我们将讨论进行有关理论研究(首先是医疗保障制度的哲学基础)的动机。第三部分将介绍为将医疗保障制度建立在哲学价值观基础上而做出的尝试。第四部分将提出人格主义作为医疗保障基础的可能,以及基于人格主义哲学直接衍生出的价值观的系统理论框架。本文还将在上述主张的框架内分析现存医疗保障制度的基本类型。

一、医疗保障制度研究的层次

关于医疗保障的研究可以从以下层面实施(如图 1 所示):

(1)哲学层面;

(2)控制论层面;

(3)社会层面;

(4)法律层面;

(5)经济层面;

(6)医疗的标准和规则水平;

(7)医疗实践水平。

---

〔1〕 作为欧洲文化圈,我们能够理解源于古希腊哲学、古罗马制定的法律基础、基督教伦理、文艺复兴时期的人文主义和启蒙运动的政治思想的共同文化和精神遗产。

〔2〕 Spijk, 2015.

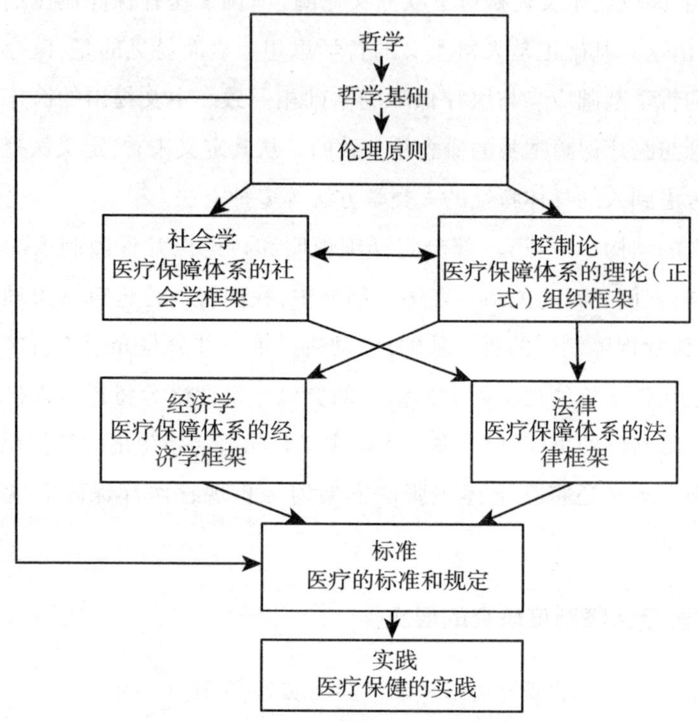

图 1　分析层面及各层面间的关系

图 1 显示了上述层面及其互相之间的关系。哲学层面是最基本的层面。首先,要明确公认的一般哲学基础。如上所述,应该把这个公认的哲学基础解释清楚。直到现在,形成于古希腊哲学,而后被基督教采纳和丰富的,对真理和共同利益的不断追求,仍是欧洲文化中医疗保障制度哲学基础的关键要素。伦理基础应该从公认的哲学基础中衍生而来,而基本价值观则应来源于发达的伦理学。美、善、真是构成欧洲文化基础的基本价值观。衍生的价值观已经成为医疗保障制度,价值在社会中得以实现的制度——的社会框架的基础。从社会层面来说,中世纪的医嘱可以说是实现基督教仁爱戒律的一个例子,这是基督教伦理的价值观之一。一方面,卫生保健系统应有效运作,并保持活力。然而,另一方面,国家医疗保障制度极为复杂。因此,应在控制论分析的基础上加以实施,必要时加以修正。医疗保障系统的控制论(系统

论）方法到目前为止还不常见，只有很少的研究人员意识到这类研究的必要性。因此，研究这一课题的论文具有一定的开拓性。[1] 制度各模块间的信息流、决策、风险和知识管理等问题是社会和经济控制论的标准问题，[2] 并且在医疗保障中也非常适用。从控制论分析中获得的，满足公认伦理价值观的理论规则决定了医疗保障在特定社会中的实现方式。另外，不同社会的具体属性决定了控制论系统的类型，这些系统可以作为这个社会医疗保障的模型。医疗保障制度的经济和法律框架都是由作为医疗保障制度系统基础的控制论系统的类型决定的。它在社会中的具体实施也取决于控制论系统的类型。医疗标准和规则直接建立在经济和法律的现实条件以及伦理价值观的基础上，它们明确地决定了日常医疗保障的实践。一个全面的研究必须考虑所有这些因素以及它们之间的关系。这些关系是由这样一个事实构成的，即虽然不一定非常明确，但是在较高层面上获得或假定的原则、价值观和标准确实决定了在较低层面上的原则、价值观和标准。在这个意义上，这些层面有时会相互影响。

因此，在研究中，应该将哲学体系假定为思考的出发点。这种选择应该是完全合理的。从这个意义上来说，控制论和社会层面相互影响，直接从属于哲学层面。经济和法律层面都直接从属于控制论和社会层面。医疗标准和规则的层面直接从属于经济和法律层面。此外，伦理原则在哲学层面上衍生出的价值观也影响着标准层面。标准层面又高于医疗实践层面。

二、动机

在欧洲文化中，人的尊严和主体性的概念是在希腊哲学、罗马法和基督教伦理的基础上发展起来的。这些观念已经形成多年，并越来越多地影响人

---

〔1〕 Bar-Yam, 2006; Bielecki and Nieszporska, 2016; Bielecki and Stocki, 2010; Fahey et al., 2004; Mlakar and Mulej, 2007; Trochim et al., 2006.

〔2〕 Bar-Yam, 2006; Engemann and Miller, 2015; Lin et al., 2014; Sanchez et al., 2015; Val et al., 2014; Yager, 2015.

们生活的各个方面。在当代,它们表现为公认的人权,在许多国家具体表现为宪法规范,在欧盟和联合国具体表现为文件中的规则。它们具有许多实际意义,涉及与医疗和保健体系等多个方面。

对于疾病,特别是精神病、卧床性疾病和绝症,不仅会导致极端痛苦,而且通常会危及病人的尊严和主体性。因此,仅仅制定有效的医疗方案是不够的,还必须将医疗保障制度建立在保护上述价值观的规则之上。这个问题与医疗帮助的获得、医患关系以及卧床患者的社会地位有关。尊严起源于宗教思想和人权,如今已经在保守治疗和长期护理等临床领域发展为一个关键概念。[1] 因此,保护病人的尊严是专业护理中照料的根本价值。[2] 根据康德的定义,尊严还与能够自理和独立于他人的帮助有关。[3] 独立于他人的帮助和自力更生,再加上自主权和有机会选择自己的生活并对自己的生活负责,代表了一种价值观和人生哲学,综合起来,可以说是自我管理。[4] 上述自我管理价值观的含义是,从患者的角度来看,患者作为自己生活的主人能够受到尊重。因此,依赖、成为他人负担的感觉,以及作为一个有感情、期望和价值观的人被忽视,都是对尊严的侵犯。[5] 为了建立一个健全的医疗保障制度,从适当的理论基础中推导出这些规则是很有必要的。

人的尊严和主体性的概念也具有一定的实用意义。像许多其他基本道德态度一样,大多数人是从现代群体生活中获得对人的尊严的尊重的。[6] 这种尊重使得标准的某些系统论解决方法不但是显而易见的,而且是被灌输的。这意味着医疗保障系统存在许多问题。许多文献都讨论了医疗保障制度的基础及其影响。下文将回顾其中的一部分。

如今的患者在治疗方法上几乎没有选择余地,而且由于他们所能获得的

〔1〕 Delmar, 2013.

〔2〕 Jacobs, 2000; Rundqvist et al., 2010.

〔3〕 Jacobson, 2009.

〔4〕 Bauman, 2000; Stabell and Naden, 2006.

〔5〕 Delmar, 2013.

〔6〕 Badcott & Leget, 2013.

信息有限,他们也不可能作出明智的决定。[1] 如果患者能准确地了解自己的选择和风险,他们就能作出最佳决策。这就是为什么信息宣传和对病人的教育,如医学素养培训,应该是这个系统的重要组成部分。只有当患者需要承担作出关于治疗决定的责任并承担这些决定所产生的大部分费用时,这种情况才会发生。[2] 医学伦理学不能再像许多当代医学伦理学教科书中的情况那样,依赖于一种抽象的形式主义的道德主体概念,即情绪上可预测的、严格守法的、完全理性的人。与此相反,当今的医学伦理学需要一个分类化的框架,能够对所讨论的对象的所有细节作出解释。换言之,其需要的是一个对整体的分类,也就是能够适用于所有可能存在的"病患"的分类法,即医学有义务处理的由疾病引起的痛苦。按照主观标准,医生应该告知患者其疾病的所有重要方面。主观标准的支持者认为,现在没有任何一种标准能够充分保护病人的决定权。如果患者有权作出不同寻常的决定,那么他可能就需要一些在理性人眼中或者专业共识的标准中无关紧要的信息。[3] 这一标准侧重于"理性人"需要了解的有关风险、替代方案和后果的信息。在这一标准下,决定应对患者披露信息到何种程度的法律标尺是该信息对患者决策的重要程度。判断信息是否重要的主体,应该是病人,而不是医生。因此,决定哪些信息是有关信息的权利从医生转移到了患者身上。[4]

如果没有跨学科的研究,就无法克服上文提到的医疗保障制度的运行障碍,这些研究使我们能够找出用以建立医疗保障的理论基础。一方面,应对哲学和控制论等一般学科加以应用(如图1所示)。另一方面,为其他社会问题找到的解决办法也应适用于保健系统。至少,关于共同开发自然资源的研究[5]以及波兰团结运动的研究和经验,应当是促进了所有人平等和尊严以

[1] Porter & Teisberg, 2004.

[2] Spicer, 1994.

[3] Solbakk, 2014.

[4] Faden & Beauchamp, 1986.

[5] Dietz et al., 2003; Janssen et al., 2007; Ostrom, 2009.

及参与的中心性，增加了穷人的机会以及对真实生活的坚持。[1] 所有这些对于研究医疗保障制度中的类似问题和该体系的哲学基础都是一个很好的起点，上述研究越多，对团结精神现象的伦理方面的研究也就越多。[2] 从前试图为医疗保障制度建立坚实的理论基础而做出的努力远不能令人满意。下文将对它们进行简要概述。

三、艺术的国家

自人类形成部落、城市、国家等社会形态以来，就出现了治疗病人、预防疾病的个人或特定组织。在古代，庙宇是唯一的知识聚集地，因此它们成为唯一的医学中心，这些医学中心仅仅具有实用性，没有伦理、宗教或哲学基础。[3] 然而，在古希腊，医学知识与当时在希腊产生的哲学体系联系在一起，[4] 因此，它不仅涉及伦理和宗教，而且还涉及政治，如在古罗马，士兵因其在古代帝国中的作用而受到特殊医疗保障。[5] 在佛教、基督教、伊斯兰教等伟大宗教的文化中，医疗保障是建立在伦理基础之上的，这导致医学和医疗保障大多在寺院和寺庙中进行。[6]

在中世纪，古老的医学知识被保存在基督教修道院里，在那里，穷人、不治之症和绝症患者都可以得到照顾。自 6 世纪以来，根据圣本尼迪克特“照顾病人应该高于一切”的原则，僧侣们一直在医院或医务室照顾病人。这些机构得到了统治者的法律和财政支持。通过这种方式，国家运营的机构和政府机关逐渐接管了照顾公民的角色，这样就为公共医疗保障制度奠定了基础。一方面，国家运营的机构的活动，如利用观察中心、隔离医院和消毒程序来组织卫生控制系统以防治传染病，是由这个国家的宗教所隐含的道德规则

[1] Beyer, 2007.

[2] Tischner, 1992.

[3] Austin, 2014; Sauneron, 1960.

[4] Hammond, 1986.

[5] Risse, 1999; Szumowski, 1949,2008.

[6] Ratanakul, 2004; Syed, 2002; Taheri, 2008.

驱使的。另一方面,国家也想要保持农民、工匠、士兵等公民的健康。

福利国家的基础是在 19 世纪末的德国,更确切地说是 1883 年,被奠定的。俾斯麦和他的同代人清楚地认识到,保护个人免受灾难性健康问题的唯一途径是让国家为整个社会承担风险。[1] 它是包括医疗保障在内的所有欧洲国家的社会福利制度基础建设的开端。如今,这些类型的系统面临重大的经济问题。

在 20 世纪,不仅医学的科学研究和技术应用规模得到了扩大,而且出现了一种用于医学主要思想和医疗保障制度组织的新方法。根据以前的理论,"医学的目的肯定不是要使人变得有道德;它是要保护和拯救他们,使他们免受恶习的后果",而现在人们认为,"目前的理想主义养生宣传风潮必须彻底暴露在科学、道德和哲学怀疑论之下"。[2] 在这样一种全面的视角下,健康这一基本人权被认定为是具有复杂性的。此外,可以说,健康已被视为一种社会—身心现象。[3] 在当代社会,它不是个体问题,而是在有生命和无生命的环境中,都保持因果关系的。然而,无论采取何种方式,享受能达到的最高标准的健康是每个人的基本权利之一,无论种族、宗教、政治信仰、经济或社会状况。[4] 当代,在西方文化中,能够自由作出关于健康、人类法律和平等的决定等选择,毫无疑问是构成社会基础的绝对规则,至少说起来是这样的。然而,尽管如此,即使在医疗保障这一应大力强调这些价值观的领域,上述价值观在实践中也被忽视,有时甚至是相互矛盾的,例如,在寻找新的解决办法的时候。然而,近年来,人们似乎越来越意识到有必要开始讨论医疗保障制度的哲学基础。[5]

然而,在该文献[6]中提出了一个非常含糊的主张,德国的医疗保障制

---

〔1〕 Sawicki and Bastian, 2008.

〔2〕 Kelly and Charlton, 1992.

〔3〕 Meyer-Abich, 2005.

〔4〕 The Right to Health, Fact Sheet No. 31, World Health Organization, Office of the United Nations High Commissioner for Human Rights, p. 1.

〔5〕 Hofmann, 2012; Oduncu, 2012; Simonstein, 2012.

〔6〕 Oduncu, 2012.

度是以团结的基本原则为基础的,它提供了一个道德和法律框架,以期达到公平和全面,并制定资助和提供医疗保障服务和福利的原则和规则,除了这个主张之外,对上述体系的财务和结构分析仍占主导地位。这一制度的基本特征是在严格监管的环境中提供医疗服务,其中有两个主要目标:一个是财政平衡,另一个是从道德层面维持社会团结。[1] 唯一的结果是,那些已就业的人帮助承担那些尚未就业或失业的人的开销;较年轻和健康状况较好的个人帮助承担较年长和健康状况较差的人所接受的部分服务的开销;单身和无子女的人帮助承担有家庭和子女的人所接受的部分服务的开销;男性帮助承担女性所接受的部分服务的开销,因为女性有更高因性别而患病的风险。[2]

在以色列司法制度中,平等和国家承担保障公民健康的责任是其制度的根本价值观。这意味着"医疗体系的首要目标是确保所有个人以公正和公平的方式获得医疗服务的权利"。[3] 这一说法还反映了 1996 年以色列引入的患者权利对所有人获得合理医疗保障权利的促进。此外,以色列医疗保障制度的性质和成就有着其深层次的基础,这也是一个普遍的共识,即社会作为一个整体,应该对其公民的健康负责。[4]

以下这三个斯堪的纳维亚国家的医疗保障制度的原则都是由议会成员和专业人士组成的政府委员会制定的。[5] 在瑞典,议会优先事项委员会于 1992 年总结了确定优先事项的三项基本原则:人的尊严、需要和团结,以及投入产出比。然而,事实证明,地方医疗保障服务部门的医务和行政人员很少听说过这些道德原则和规定。更有甚者,在 21 世纪,某些地方曾多次企图限制医疗服务。1996 年,丹麦伦理委员会提出了医疗服务的基本价值观:平等、团结、安全和自治。事实证明,这些价值观之间可能难以统一,但没有人

[1] Oduncu, 2012.

[2] Henke et al. ,1994; Oduncu, 2012.

[3] Simonstein, 2012.

[4] Rosen & Merkur, 2009; Simonstein, 2012.

[5] Hofmann, 2012.

提供解决方法。[1] 挪威的医疗保障制度是建立在平等获得医疗资源和团结弱势群体的理想化基础上的。自1985年以来,挪威也成立了一些委员会,并向政府提交了一系列文件,但是其中许多文件并没有被遵守。[2]

综上所述,在欧洲,健全的医疗保障制度的哲学基础似乎只在中世纪才被系统地建立起来,之后就直接衍生于基督教伦理。自19世纪末以来,福利国家的思想开始在欧洲传播,首先是在德国。这导致当代欧洲普遍存在的福利国家心态。20世纪末,一些欧洲国家开始了将价值观作为医疗保障制度基础的讨论,某些价值观被宣布为医疗保障制度的基础。一方面,这些价值观的选择是非常随意的,没有任何深刻的哲学思考。另一方面,要把它们作为系统的一个整体来实现有许多困难,因此,也只是停留在理论的层面上。在论文中,[3]价值观被认为是研究的出发点。然而,它首先引起的是对医疗保障系统的经济分析。

四、被提出的哲学基础

正如在第一部分所提到的那样,对医疗保障制度的哲学基础的选择应该谨慎地加以论证。20世纪的人格主义是一股哲学思潮,在这股思潮中,人优于历史、政治和社会经济。这是本文提出的作为医疗保障制度的基础的主要依据。这股哲学思潮强调人作为人的尊严、人的主体性以及人身上不可归于客观物质和自然本能的属性。[4] 因此,人格主义就是这样一种哲学体系,在这种哲学体系中,人的尊严得到了最全面的建构并被当代西方文化普遍接受。

以马里旦、穆尼埃、内东塞尔和克罗斯比为主要代表的20世纪人格主义者的研究很大程度上涉及神学并深深植根于基督教。这些关于人的主体性

---

〔1〕 Hofmann, 2012; Holm, 2000.

〔2〕 Hofmann, 2012.

〔3〕 Hofmann, 2012; Oduncu, 2012; Simonstein, 2012.

〔4〕 Crosby, 2004; Maritain, 1947; Seifert, 1989; Wojtyła, 1978.

和尊严的论断,是从上帝以自己的形象创造人这一事实,或是从其他神学方面的因素,如上帝与我们的关系。[1] 这是他们研究的主题,他们直接将其与个人伦理联系起来。然而,除了笼统的因素之外,还没有什么实际的影响。例如,内东塞尔提出了一个论点,即任何形式的社会组织都不应拒绝人的权利,也不应拒绝人的价值。[2] 同样,穆尼埃说,人是自由和有创造力的,因此,应该在交流和群体中为他人所用。这应该在国家一级来实现——国家是为了人民,而不是人民为了国家。[3] 马里旦是上述最常提到人格主义的社会方面的一位哲学家,但与其他哲学家类似,他的学说也很笼统。他强调了努力融入群体对一个人来说是多么重要。这种融入社交网络的努力是爱和认知交流的需要。这两个方面都与为人提供找到存在感和完全的自我实现的机会密切相关。社会应该尊重一个人的基本权利。[4] 最后一个论点与内多切勒的假设一致。

沃伊蒂瓦作为20世纪下半叶最主要的人格主义者之一,其处于一种特殊的境地。尽管他是一位天主教神父,一位主教和教皇,但他也是人格主义哲学家,因此能够脱离神学方面的影响因素,首先表现在《行动者》[5] 中,这本书主要基于现象学,并尖锐地指出人类自我体验的问题。甚至在他的通谕书信中,他还非常关注社会学层面,[6] 这些论文不仅植根于神学,而且植根于人格主义的"普世"面。因此,他明确提到了伦理学的"普世"面。此外,他是唯一一位不仅分析了人格尊严的理论层面,而且分析了人格主义思想应用于这些与社会关系有关的存在领域的可能性的人格主义者。这个问题在他的哲学著作[7] 以及通谕书信"劳动"和"百年"中都有体现。作为一位哲学家,沃伊蒂瓦强调哲学思想在塑造包括医学界在内的各种社会环境中的各种

---

〔1〕 Crosby, 2001, 2004, Chapter 1; Maritain, 1964, pp. 101 – 110.

〔2〕 Nedoncelle, 1957.

〔3〕 Mounier, 1957; Copleston, 1974.

〔4〕 Maritain, 1940, pp. 56 – 88.

〔5〕 Wojtyła, 1969.

〔6〕 John Paul Ⅱ 1981, 1991, 1995.

〔7〕 Wojtyła, 1969, 1976a.

态度上的作用。在他针对医疗环境的文章中,他强调了对于爱、团结和尊重自然人尊严的需要。他提醒说,医疗行业的伦理层面是多么重要,其中“最深刻的启示和最有力的支持在于医疗行业内在的、不可否认的伦理层面,这一点已经得到了古老但仍然很有意义的希波克拉底誓言的认可,这就要求每一个医生都对人的生命及其神圣性给予绝对的尊重”。[1]

沃伊蒂瓦制定的医疗保障指导方针,特别是人的主体性和尊严的优越性,仍然与世界医学会的官方文件高度一致,在世界医学会的官方文件中,直接表明了对人的生命的最高尊重,以及人的利益高于科学和社会利益。[2] 这是一个有力的论据,可以证明沃伊蒂瓦的人格主义方法不仅植根于基督教,而且具有很强的普遍性,特别是在社会应用方面。因此,它可以成为在欧洲文化圈的现代国家建立社会组织和公共机构的良好伦理基础,在这些国家,宗教中立性以及观点中立性是非常明确的。

认同感是人类个体最基本的意识。它与人们的选择意识和追求目标的毅力密不可分。心理学观点将其定义为主观意识。[3] 这种态度会使人们的自尊心增强,而自尊又指向人的尊严。上述特质对人的道德价值、权利和义务、荣誉以及与社会的适当关系都有促进。[4]

人的主体性和尊严在当代西方文化中被普遍接受。从人格主义的角度来看,这种特定的人的概念对个人在社会中的角色也是有影响的。[5] 社会成员之间的共同关系,主要是社会成员之间的活动与合作,应该植根于上述人的主体性。在人的主体性背景下,个人与社会之间关系的特殊性不仅意味着特定的社会规范、规则和义务,还意味着行动原则。[6]

一方面,人是理性的存在;另一方面,由于人的本性,人又是一个社会

---

〔1〕 John Paul Ⅱ 1995, paragraph 89.

〔2〕 World Medical Association Declaration of Geneva 1948; World Medical Association Declaration of Helsinki 1964.

〔3〕 Henriques et al. ,2005.

〔4〕 Shultziner,2007.

〔5〕 Wojtyła, 1977.

〔6〕 Coleman, 1988.

个体。[1] 这意味着,本质上人是由其行动决定的,人们在与他人的合作中得到满足。这种合作是一种对共同行动的参与,从而完成个人自我实现。它与伦理价值观和自主权有关。因此,可以得出这样的结论:意志不过是一种自发的价值转向,最终将人类纯粹的欲望转化为一种决定。[2] 人的行为与作出选择和决定的必要性有关。它们应该与人的意志相协调,这是人的自由和主体性的表现。[3] 人的意志植根于价值观之中,价值观既是基础,也是目的。对这些目标的追求,以及对这些目标的界定,为自我表现和自我创造开辟了道路,如果能够在绝对的价值体系内实现,那么自我表现和自我创造就是合理的。

因此,在人格主义哲学中,主体性(自由意志等)与参与之间的密切关系被大力强调。它们是相互依存的,都意味着个人的自由。[4] 这种自由被认为是可能成为个人主观能动性的原动力。因此,行动是人格主义的本质,它意味着参与不仅是自然权利,也是每个人的义务。参与的主要思想可以用以下方式来表达:"它们不仅是在与'我'的关系中的'他者',它们中的每一个同时都还是一个不同的'我'。"[5] 每个人都是一个主体,是一个自由的人,拥有自己生活的社会方面,因此可以在社会和群体中行动,这是人的自然权利。这一事实应成为社会制度的基础,首要的就是医疗保障制度。

本文的主要假定是,在所有涉及社会和政治问题的考虑中,参照点都是人格主义所理解的人。一方面,人格主义强调人的主体性和尊严;另一方面,它又强调人类个体的社会方面。"人"的人格主义概念深深植根于西方的经验和哲学之中。不仅西方哲学家们在考虑与人类个体有关的问题时得出了非常类似的结论,心理学家和社会学家也得出了非常类似的结论。[6]

---

〔1〕 Wojtyła, 1969.

〔2〕 Wojtyła, 1979.

〔3〕 Dietz et al., 2003.

〔4〕 Wojtyła, 1977.

〔5〕 Wojtyła, 1977.

〔6〕 Fromm, 1976; Maslow, 1962; Rogers, 1961.

综上所述，在西方现有的哲学体系中，人格主义似乎是最“普世”的关于人的理论。这意味着，一方面，关于“人”本身的概念的问题已经在其框架内被详尽地解决了；另一方面，西方哲学中的许多其他思潮，无论是与基督教还是与非宗教有关的思潮，都对人的本质及其社会应用给出了非常相似的答案。关键的问题是，在社会层面，人格主义对社会活动和生活组织的实际影响是什么。这是一个关于理论与实践的关系的经典哲学问题的特例。[1] 我们按照前文提出的提纲来说（如图 1 所示），首先，我们要明确从人格主义中衍生出的哲学基础，这些哲学基础将作为医疗卫生制度组织原则的伦理规则的基础。每个人都是一个“人”，这是人格主义中最关键的表述。每个人都有其独特的价值，表现为人的主体性和尊严，这是人的内在属性，也是人的自由意志。上述一般基础，即人的主体性、尊严和独特性，是以下伦理原则的来源。作为一个主体，人类拥有不可剥夺的自由权，[2]这是作为诱因的人类潜力的来源。[3] 这种潜力是通过参与共同的（社会）规划实现的，特别是参与与他人有关的决策和规划。[4] 人类不仅通过融入群体（首先是与其他人合作）来完成自我实现，而且也通过他的参与使得群体变得更加充实。[5] 这使得共同的问题可以通过调动个人自发性得到有效的解决。[6] 因此，参与的原则植根于人的主体性所隐含的自由之中。人的尊严意味着“人”本身优于经济等其他方面。这意味着，一个人不能被当作工具来对待，其具有不可剥夺的生命权和医疗权等权利。总之，尊重个人尊严、主体性以及因此而产生的生命权和对每个人自由进行保障，是从人格主义假定中产生的最重要的价值观。这些假定以及人存在于群体中这一事实也意味着团结是群体的基础。公共利益催生了参与，而团结则服务于公共利益。[7] 在医疗保障方面，团结

---

〔1〕 Wojtyła, 1978.

〔2〕 Crosby, 1984; Styczen, 1985.

〔3〕 Wojtyła, 1969, Chapter 2.

〔4〕 Wojtyła, 1969, Chapter 4.

〔5〕 Wojtyła, 1969, 1976b.

〔6〕 Friedrich Hayek, 1949, 1960.

〔7〕 Wojtyła, 1969.

还有另外一个层面的含义，即与需要帮助的人团结在一起。

明确的价值观表明了医疗保障制度组织应依据以下几个原则：

(1)每个人都应该能够享受到医疗保障。

(2)每个人在医疗方面都应该有尽可能大的选择余地。这意味着每个人都应该有广泛的机会获得信息和知识，这些信息和知识在有关医疗选择的个人决策过程中至关重要。此外，还应该保障通过网络等途径广泛传播信息的自由，以及就可能的治疗方法进行广泛讨论的自由，学校及社区教育也应该得到保障。

(3)医疗保障制度应使医护人员和患者都能积极参与。这意味着医疗保障制度应该允许医务人员和患者实施创新。

(4)应确保所有信息都能够被接触到，这些信息涉及整个制度系统及其各个部分的运行。每一位参与者都应该有机会获得这些信息，且有可能创建新的信息并将其放入公共信息空间。这与第2点是相通的。

(5)关于制度运行以及其可被修正的方式的原则都应明确规定。

上述规则的主要作用在于，根据每个人的特殊性，特别是他们在医疗制度中的角色和专业知识，确保个人在医疗制度中发挥最大的积极作用，从而为个人提供在医疗体系中实现其主体性和自由的可能。这种方法与作为实现上述主体性和自由的方式的"参与"概念是一致的。[1] 例如，这可以体现在道德守则的制定上。如今，只有专业协会和职业团体制定了道德规范，目的是引导其成员、保护服务使用者和维护行业声誉。[2] 根据参与原则，应将患者也纳入医学伦理价值的辩论中。

上述参与方式主要指的是团结。"人总是与某人团结在一起，并为某人而团结"。[3] 良知是人的一种自然的"道德感"，是团结的主要源泉。团结是人际关系的众多变体之一。一群人的合作并不容易，正如长期研究结果所

〔1〕 Wojtyła, 1969, 1977.

〔2〕 Spielthenner, 2015.

〔3〕 Tischner, 1992.

显示的那样,有几个因素会在社会层面上影响集体行动的最终成功。[1] 其中包括:

(1)参与者的数量(随着团队规模的增加,合作水平降低)。

(2)共有财产(递减)vs. 公共物品(当涉及公共物品时,合作就会更多,涉及共有财产时合作则更少)。

(3)参与者的异质性(一般来说,更多元化的群体不太可能合作)。

(4)面对面交流(增加面对面交流可以催生更多的合作)。

(5)关于过去行动的信息(关于过去行动的更多信息可以催生更多的合作)。

(6)人与人之间的联系类型——直接联系往往会导致更热烈的合作。

(7)进入和退出——当事方可以轻易退出的情况可能会引发更多的合作。

让我们从自由主义和个人主义这两个自由概念来评论具体化的规则。根据自由主义的概念,一个人的自由只应受到另一个人的自由的限制。问题是这个规则应该在哪一个层次上作为基础。如果这一原则只是在国家层面上作为法律的基础,那么在社会和个人两个层面上就应该对其进行补充,首先就是在道德方面。在这种情况下,人格主义可以更精准地界定个人自由的概念,包括社会关系。在人格主义的框架内,个人自由不是像自由主义的某些概念那样只是一味接受某人的所作所为,而是有意地为善,特别是为共同的善而奉献自己。[2] 在这种观点中,自由首先意味着做那些道德上应该做的事情的可能性。它只是个体主观能动性的激活。在自由的背景下将人作为因果关系的来源来研究,是将人理解为主动主体的基础。[3] 群体中的活动,特别是联合活动,具有自我实现的一个特定方面(自我目的论),因为从

[1] Ostrom, 2010.

[2] Crosby, 1984; Styczen, 1985.

[3] Wojtyla, 1969, Chapter 2.

事物的本质上来说,人是一个社会存在。[1]

从抽象规范到实践的转变既不是简单的,也不是自动完成的。仅仅了解规范是不够的,还需要认同规范。[2] 就医疗保障而言,必须至少在国家、社会和个人三个层面上接受一项规范。在国家层面上,必须建立以经核准的规范为基础的法律框架。医疗保障制度应当在这些法律框架内进行组织,这是从理论基础中衍生出来的。个人层面的认同也是必要的,因为个人应该积极参与制度的创设、维持以及发展。在社会层面上的支持也是必要的,原因至少有两个:首先,上述制度的建立和维持,只有通过联合,即社会活动才能实现;其次,实现了共享互助的群体有更大可能性会发现、预防和消除一些不诚实的参与者进行的破坏性活动。事实证明,在从经验中学习并采取有条件合作规范的群体中,人类可以合作以产生长期的共享利益。这一主题是在共同使用自然资源的背景下产生的。[3] 共同行动使人们能够最大限度地降低风险、增加潜力,可以在系统论的框架内进行有关精确分析的储备积累。[4] 上述风险的降低与共同(集体)制度对干扰的抵抗等因素有关,这种抵抗意味着制度的参与者信任它。这些问题在联合开发自然资源的背景下得到了很好的解决,[5]其结果也可能适用于医疗制度。此外,波兰在社会运动中以团结为基础采取联合行动的经验[6]也可以加以借鉴。

综上所述,本部分提出了医疗保障制度的哲学基础、伦理原则、基本价值观和组织原则。前三个属于分析国家卫生保健制度的基础问题的哲学层面,而第四个是医疗保障制度组织理论框架的基础(如图 1 所示)。

---

〔1〕 Tatarkiewicz, 1930; Wojtyla, 1979, Chapter 7.

〔2〕 Buttiglione, 1991.

〔3〕 Vollan and Ostrom, 2010.

〔4〕 Bielecki and Stocki, 2010; Bielecki and Nieszporska, 2016.

〔5〕 Janssen et al., 2007; Vollan and Ostrom, 2010.

〔6〕 Beyer, 2007; Cirtautas, 1997; Meardi, 2005; Osa, 1997; Tischner, 1992.

五、在上述基础框架内对现有制度的分析

一般来说,在现有的医疗制度中,可以分出三种主要类型。[1] 本文将在已提出的哲学基础的框架内对它们进行简要的分析。

第一种是完全由病人支付的医疗保障制度。在这种被经济学家称为剩余型、自由型或私营型的医疗保障系统中,[2]病人直接支付每项医疗服务的费用,并立即获得服务。医疗保障被视为一种普通商品,可以购买也可以不购买,这取决于病人的需要和财力。这种体系覆盖了19世纪大多数欧洲国家的大部分国民医疗保障。如今,兽医服务系统和大多数情况下的牙科服务系统都是按照这种模式组织的。在这种制度中,个人的自由得到了尊重,但是尊严受到了侵犯。医疗保障被当作商品这一事实说明人类健康也被当作了商品。这意味着医疗保障制度的下属系统关注的不是病人的健康,而是他是否在接受治疗。

第二种是医疗费用由保险公司承担的制度,病人可以根据自己的意愿选择投保或不投保。在这样的制度中,患者从保险公司购买"一揽子"医疗保健服务,保险公司在其保险单所涵盖的服务范围内支付治疗费用。病人的自由受到了尊重,从理论上讲,他们的尊严也受到了尊重。然而,在实践中,保险公司总是试图寻找一切能找到的借口拒绝支付治疗费用。保险条款的制定往往是不明确的,其目的就是使条款难以解释。因此,患者不得不与保险公司进行一场特殊的博弈,而这场博弈常常要走到对簿公堂的地步。显然,这类事件是对尊严和医疗保障权的侮辱。

第三种是福利国家的卫生保健系统,其以国家保险为基础。如前所述,医疗保障制度系统是由俾斯麦于19世纪在德国建立的,其中不仅包括工人及其家属在生病或残疾情况下的国家健康保险,还包括退休养老金。但是引入这一制度的首要目的不是这样的:俾斯麦政策的基本原理是防止工业无产

[1] Bielecki & Stocki, 2010; Bielecki & Nieszporska, 2016.

[2] Beresniak & Duru, 2008.

阶级对国家权威的社会主义挑战。[1] 俾斯麦本人把他的社会政治称为一种实用的基督教，但他既不关心在工厂工作的妇女，也不关心在工厂工作的儿童。俾斯麦没有把工人当作政治或者社会主体。[2] 第一次世界大战之前，德国的医疗政策是一个政治解决手段的范例，它实际上使公民丧失能力，甚至奴役已经受到苛责的公民。[3] 虽然公民得到了医疗保障，但是他们被政府当作工具，对政府来说，巩固国家制度是唯一的目的。[4] 如今，福利国家不仅要在法律方面负责，而且在医疗保健的组织和财政方面也要负责。[5] 在西欧，这种制度是典型性的。它与民主的基础正好相反，在民主中权力下放是基本原则之一。这是因为权力下放意味着权力、资源和行政能力通过政府不同领土单位和地方组织的重新分配。[6] 当代福利国家的作用不仅从经济的角度来看是失调的，而且在大多数情况下，从哲学和伦理学的研究中也得出了对福利国家理念的负面评价。以天主教会的社会教义为例：

特别是近年来，过度和滥用引起了对被称为是“社会援助国家”的福利国家的严厉批评。社会援助国家的失灵和缺陷是对国家应承担的任务认识不足所造成的。在这方面，辅助性原则也必须得到重视：一个较高等级的群体不应干涉一个较低等级群体的内部生活，剥夺后者的职能，而应在必要时支持它，并帮助协调其与社会其他部分的活动，始终着眼于共同利益。通过直接干预和剥夺社会的责任，社会援助国家会导致人的精力的损失和公共机构的冗余，这些机构更多地受到官僚思维方式的支配，而不是专注于为用户服务，同时支出也大量增加。[7]

我们注意到，在上面提到的文献中，辅助性原则被着重强调，它与奥斯特

---

〔1〕 Porter, 1999.

〔2〕 Mommsen, 1959.

〔3〕 Belloc, 1912.

〔4〕 Mommsen, 1959.

〔5〕 Lameire et al., 1999.

〔6〕 Agrawal & Ostrom, 2001.

〔7〕 John Paul, 1991; Rhonheimer, 2003.

罗姆的论文中提出的方法相对应。[1] 总而言之,西欧福利国家的中央集权制度在功能上还很不完善。此外,如上所述,这些制度还有一些道德上的缺陷。然而,应该承认的是,它们确实使整个社会都能获得免费医疗。

综上所述,所有现有的医疗保障体系或多或少都存在运行障碍。此外,他们要么忽略了哲学基础的问题,要么仅仅是纸上谈兵。即使在理论研究中,哲学基础的选择也是任意性很强的,没有经过深刻的论证。

结 语

本文提出了医疗保障制度的哲学基础。这种假设的基础基于人格主义,强调人格尊严、主体性和自由意志。此外,人格主义直接表明了个人有权参与所有与他们有关的活动。由于这些价值观和原则是医疗保障制度中的核心价值观和原则,因此,人格主义是医疗保障制度应有的基础。更重要的是,它符合从古至今由各种宗教制度中衍生出来的有关医疗保障的原则。此外,人格主义不仅与天主教会的社会教义一致,还与为人格主义作出了巨大贡献的西方哲学家们的思想相一致。人格主义还独树一帜地在人的尊严、主体性和自由的基础上建立了普遍伦理体系。然后,从提出的一般基础出发,本文导出了一些伦理原则和基本价值观。这些价值观表明组织医疗保障制度所应遵循的原则。可惜的是,没有一个现有的医疗保障制度是建立在本文提出的哲学基础之上的。此外,有关这一基础的研究也相当薄弱。似乎只有 Bielecki 和 Stocki 在 2010 年的著作中提出,Bielecki 和 Nieszporska 在 2016 年的著作中分析的那种假想的医疗保障制度可能会确保本文提出的基础所隐含的假设得到实现。

本文还研究了假定的原则的实施问题。这种探究很大程度上参考了 Elinor Ostrom 在集体开发自然资源方面取得的成果。因此,本文的分析不仅是在哲学层面上进行的,而且还涉及控制论、法律和社会层面(如图 1 所示)。

---

〔1〕 Agrawal and Ostrom, 2001; Ostrom, 2009,2010.

应对新发传染病中的“一个健康”理念

——基于社会政治、道德和法律层面的思考

[澳]克里斯·德格林(Chris Degeling)

简·约翰逊(Jane johnson)

伊恩·凯里奇(Ian Kerridg)

安德鲁·威尔逊(Andrew Wilson)

迈克尔·沃德(Michael Ward)

卡梅隆·斯图瓦(Cameron Stewart)

格温多林·吉尔伯特(Gwendolyn Gilbert)*

邹 琪 杨诗琪 邹祖欣** 译

引 言

“一个健康”(One Health)理念旨在呼吁公共卫生领域的研究人员和从业人员携手合作,共同努力,降低新发传染病(Emerging Infectious Diseases)出现的风险。强调跨学科合作的“一个健康”理念日益被认为是有效防控新

* 克里斯·德格林、伊恩·凯里奇,澳大利亚悉尼大学玛丽·巴希尔传染病和生物安全研究所研究员,澳大利亚悉尼大学医学价值、伦理和法律中心研究员;简·约翰逊,澳大利亚悉尼大学兽医系教授;安德鲁·威尔逊,澳大利亚悉尼大学孟席斯卫生政策中心研究员;迈克尔·沃德,澳大利亚悉尼大学玛丽·巴希尔传染病和生物安全研究所研究员;卡梅隆·斯图瓦,澳大利亚悉尼大学法学院教授;格温多林·吉尔伯特,澳大利亚悉尼传染病和微生物学中心研究员。本文原刊载于《公共卫生》2015 年第 15 期,第 1307 卷。

** 邹琪,上海外国语大学 2020 级法律硕士研究生;杨诗琪,上海外国语大学 2019 级法律硕士研究生;邹祖欣,上海外国语大学 2019 级法律硕士研究生。

发传染病的必要措施。然而,“一个健康”理念也面临着社会政治、伦理和法律层面的挑战。当前世界面临着社会政治、道德和法律方面的诸多挑战,理应通过践行“一个健康”理念有效加以应对。

在对“一个健康”理念的理论和实践进行哲学评论和批判分析的基础上,学者们发现,新发传染病事件并不仅仅是病原体跨越物种屏障的问题,这是由一系列复杂而偶然的关系集合而成的结果,这些关系涉及社会经济和社会政治的驱动因素和后果,后者的影响超出了疾病所带来的影响。因此,以“一个健康”理念为基石的政策是否有效,取决于其执行情况以及是否符合或改变了公共价值观。

尽管有强烈动机践行“一个健康”理念,但要以一种全面和深思熟虑的方式落实该理念,仍面临一定挑战,尤其是在面临危机的时候。为了有效预防和控制新发传染病,需要做到以下几点:(1)开展社会科学研究,提高对新发传染病造成的威胁和相应的应对措施作用机制的认识;(2)制定一个分析框架,将新发传染病病例分类,以反映其动态性质,并促进各部门之间的合作与知识整合;(3)构建真正的公众参与程序,以提高透明度,加强公众教育,以及了解公众的意愿;(4)构建一套将道德纳入决策过程的实用原则和价值观,据此评估公共政策和公共卫生应对措施的执行效果;(5)整合上述分析框架、原则和价值观;(6)注重真正的改革而非空谈。

一、背景

最近在西非暴发的埃博拉病毒(EBOV)和不断出现的人类感染新发甲型流感(H7N9)病毒清楚地提醒着我们,人类健康与非人类物种健康有着不可分割的联系。新发传染病和再发传染病中,对人类健康构成威胁的有七成是由动物感染的,[1]而在已知的人类病原体中,超过半数来自

---

〔1〕 See Jones K. E., Patel N. G., et al., *Global Trends in Emerging Infectious Diseases*, Nature, 2008, 451(7181): 990-3.

动物。[1] 一种新的传染病所造成的威胁是动态发展的，因为它是由病原体引起的，并且这些病原体会随着时间的推移而改变自己的行为——要么通过基因改造的方式，要么通过改变自身的传播模式和传播途径的方式。[2] 社会经济和政治制度可以促进或抑制病原体的传播，提高发病率，降低致病能力。[3] 尽管新发传染病和人兽共患病占全球疾病的很大比例，但由于缺乏数据，所以很难量化。[4] 新发传染病以及包括人类免疫缺陷病毒(HIV)在内的人兽共患病病原体的出现，是全球每年大约1500万人死亡的直接原因。[5]

人们日益认识到，"一个健康"理念在有效应对新发传染病威胁方面发挥着重要作用，[6]因为这表明了对疾病性质本身的确认，并且可以利用这些确认的事实来制定相应的对策。"一个健康"理念的基础是认识到人类、动物的健康和环境卫生是相互依赖的，[7]动物是交换和传播病原体的共同宿主，许多新发传染病是由各种人类与动物之间的动态相互作用所驱动的。[8]

---

〔1〕 See Woolhouse M. E. and Gowtage-Sequeria S., *Host Range and Emerging and Reemerging Pathogens*, Emerg Infect Dis, 2005, 11(12): 1842 – 7.

〔2〕 See Morens D. M., et al., *The Challenge of Emerging and Re-emerging Infectious Diseases*, Nature, 2004, 430(6996): 242 – 9.

〔3〕 See Farmer P., *Social Inequalities and Emerging Infectious Diseases*, Emerg Infect Dis, 1996, 2(4): 259.

〔4〕 See Christou L., *The Global Burden of Bacterial and Viral Zoonotic Infections*, ClinMicrobiol Infect, 2011, 17(3): 326 – 30.

〔5〕 See Lim S. S., Vos T., et al., *A Comparative Risk Assessment of Burden of Disease and Injury Attributable to 67 Risk Factors and Risk Factor Clusters in 21 Regions*, 1990 – 2010: a Systematic Analysis for the Global Burden of Disease Study 2010. Lancet, 2012, 380(9859): 2224 – 60.

〔6〕 See Zinsstag J., et al., *Potential of Cooperation Between Human and Animal Health to Strengthen Health Systems*, Lancet, 2006, 366(9503): 2142 – 5. Kakkar M. and Abbas S. S., *One Health: Moving from Concept to Reality*, Lancet Infect Dis, 2011, 11(11): 808.

〔7〕 The FAO-OIE-WHO Collaboration. 分担责任和协调全球活动，以解决动物—人类—生态系统界面上的健康风险：三方概念说明，参见 http://www.oie.int/fileadmin/Home/eng/Current_Scientific_Issues/docs/pdf/FINAL_CONCEPT_NOTE_Hanoi.pdf(最后访问日期：2015年12月24日)。

〔8〕 See Zinsstag J., et al., *From "one medicine" to "one health" and Systemic Approaches to Health and Well-being*, Prev Vet Med, 2011, 101(3 – 4): 148 – 56.

"一个健康"理念作出的回应是破除学科孤岛现象,[1]这一现象无形中切断了专门研究人类疾病的生物科学与专门研究非人类疾病和生态问题的生物科学之间的联系。[2] 践行"一个健康"理念的政策离不开跨学科研究,还需要地方、国家乃至国际层面的多方参与,包括决策者、计划者、监管者、医生、兽医、生态学家、公共卫生和动物卫生管理人员、环境卫生管理人员、微生物学家以及其他有关的自然和社会科学家的参与。[3]

尽管"一个健康"理念主要与防控新发传染病有关,但与地方性疾病以及人兽共患病的防控以及粮食安全保障也不无关联。[4] 鉴于传染病和粮食安全这种全球性问题的重要性和复杂性,"一个健康"理念可能会提供富有创造性且可持续的有效解决方法。

尽管有强烈的动机去践行"一个健康"理念,但要落实该理念仍有不小的挑战。以一种自以为全面且深思熟虑的方式来应对新发传染病,也许仍然会存在很多问题,特别是在面对危机的时候。本文主要从社会政治、伦理和法律三个层面探讨了"一个健康"理念在应对新发传染病中所隐含的思考。本文首先阐述了"一个健康"理念是如何激发和加强当前对新发传染病的预治工作的。其次,结合相关案例,指出可能制约"一个健康"干预措施有效性的社会政治、伦理和法律问题及其特征。本文最后运用相关资料,就如何解决这类问题,以及在控制和预防新发传染病中,"一个健康"理念的成功实施所可能面临的其他挑战进行了阐述。

---

〔1〕 See Chien Y. -J. , *How did International Agencies Perceive the Avian Influenza Problem? The Adoption and Manufacture of the "One World, One Health" Framework*, Sociol Health Illn, 2013, 35(2): 213 – 26.

〔2〕 See Lapinski M. K. , et al. , *Recommendations for the Role of Social Science Research in One Health*, Soc Sci Med, 2015, 129: 51 – 60. Hinchliffe S. , *More than One World, more than One Health: Reconfiguring Interspecies Health*, Soc Sci Med, 2015, 129: 28 – 35.

〔3〕 See Zinsstag J. , et al. , *One Health: the Theory and Practice of Integrated Health Approaches*, CABI, 2015.

〔4〕 See *Final Project Report to DFID Submitted by the International Livestock Research Institute (ILRI) and Royal Veterinary College*, London: IRLI, 2011; Marabelli R. , *The Role of Official Veterinary Services in Dealing With New Social Challenges: Animal Health and Protection, Food Safety, and the Environment*, OIE Revue Scientifique et Technique, 2003, 22(2): 363 – 71.

二、方法

为了探索"一个健康"理念更广范围内的影响,本文主要采用定性方法来描述澳大利亚和本地区对新发传染病的当前和潜在的科学、伦理和政治对策。总体的哲学方法是不断地提出新的观点,对现有的文献进行批判性分析,并对重要概念进行再思考。与此同时,在大量典型案例中发现这种概念的信息。我们着重介绍与澳大利亚亨德拉病毒(HeV)、尼帕病毒(NiV)和狂犬病毒(RbV)危害人类健康有关的社会、政治和伦理方面的材料。此外,我们还将这些材料与全球范围内针对人类传染病和食源性人兽共患病——严重急性呼吸系统综合征(SARS)〔1〕和牛海绵状脑炎/变异型克雅氏病(BSE/vCJD)所采取的应对措施进行了比较。

因为我们的目的是提出一系列归纳性的见解,并形成一套强有力的论据,而不是简单地对每一种情况或出版物进行全面的概述,所以本文的研究样本是通过对各种类型文献资料的反复检索获得的,其中包括通过公开渠道获得的国际(如世界卫生组织)和政府报告、学术数据库(如 PubMed)的数据、在线、印刷新闻数据库(如 Factiva)的数据、各大组织机构的新闻源(如疾病控制中心),以及"一个健康"理念合作组织的主要网站。〔2〕我们通过反复的测试,阅读样本中的材料,并根据新出现的概念图和研究团队的反馈,修改和完善我们的定义、原则和理论概论,〔3〕并对其进行质量评估。在第一作者的带领下,这种搜索、绘图和批判性分析一直在循环进行,一直持续到了新的文献资料无法提供实质性新见解的时期,研究团队确信当前的研究已经达

〔1〕 See Campbell A., *Final Report of The SARS Commission-Spring of Fear*, Ontario: Ministry of Health and Long-term Care, 2006.

〔2〕 See Hinchliffe S., *More than One World, more than One Health: Re-configuring Interspecies Health*, Soc Sci Med, 2015, 129: 28 – 35.

〔3〕 See Ritchie J. and Spencer L., *Qualitative Data Analysis for Applied Policy Research*, in Burgess R. G., Bryman A., editors, Analyzing Qualitative Data, London; New York: Routledge, 1994, p. 232. xii; Borkan J., Immersion/Crystallization, in Crabtree B., Miller W., editors, Doing Qualitative Research, London: Sage, 1999, pp. 179 – 94.

到了概念上的饱和阶段。下文将根据这些分析和思考，阐述为有效实施“一个健康”方针而采取的控制和预防新发传染病所需面临的挑战的内容、背景和性质。

三、研究发现

(一)预防和控制新发传染病战略需要实施“一个健康”方针政策

“一个健康”理念是一种整体性方法，强调需要了解疾病产生的环境背景(人类—动物生态系统)的必要性。[1] 新发传染病的主要特征是发病原因、后果及可能的对策都很复杂，而且具有不确定性。[2] 一般而言，许多新兴病原体的产生和跨物种传播，如埃博拉病毒和 H7N9 病毒，都是由于人类活动引起的，例如，土地使用的变化、全球贸易和旅游的增长以及畜牧业的集约化等。[3] 与此同时，我们对 H7N9 病毒生物学和流行病学的快速了解表明，自过去几十年来，我们应对新发传染病威胁的能力已经大大提高。但是，尽管在免疫生物学和基因组学方面取得了一些进展，从而促进了诊断、治疗和疫苗方面的发展，但是，新发传染病仍然威胁着人类健康和社区福祉。虽然科学有了长足的进步，但是新发传染病的威胁依然存在，部分原因是新发传染病的发生并不只是病原体跨越物种屏障的问题。新发传染病的威胁是由一系列复杂而偶然的关系构成的，这些关系涉及社会、经济、政治的驱动力和后果，后者的影响甚至超越了疾病的影响范围。人兽共患病对社会、文化和经济的影响是显而易见的。表 1 和表 2 中的例子表明，很难在人类健康风

---

〔1〕 See Rock M., et al., *People, other Animals and Health Knowledges: towards a Research Agenda*, Soc Sci Med.

〔2〕 See Morens D. M., Fauci A. S., *Emerging Infectious Diseases in 2012: 20 years after the Institute of Medicine Report*, mBio 2012, 3(6).

〔3〕 See Cascio A., et al., *The Socio-ecology of Zoonotic Infections*, Clin Microbiol Infect, 2011, 17(3): 336－42.

险与控制新发传染病造成的社会经济和文化损失之间取得平衡。[1] 制定防治政策时，必须依据可靠的证据，但是，在应对新发传染病时，所需要的证据往往是不存在的，或是不固定的。新发传染病事件是一种以不确定为特征的动态事件，随着疫情的发展，必定还会有新的证据出现。因此，随着更多证据的浮现，以及对新型病毒的了解进一步加深，以现有数据为基础的政策决定将来可能被认为是错误的。

关于对严重急性呼吸系统综合征[2]和牛海绵状脑炎/变异型克雅氏病[3]等典型的新发传染病事件的官方调查有两个重要发现：(1)减少风险的行动不应以科学确定性为依据；(2)应对新发传染病风险和影响的政策必须以人们普遍认可的价值观为基础，以便人们事先了解必须作出的选择。它显示，"一个健康"方针政策需要的不仅是跨部门的合作和健全的卫生立法，因为新发传染病的特征严重限制了技术专家自上而下的科学治理方针的有效性。[4]

表 1　对澳大利亚具有直接重要性的新发传染病

亨德拉病毒感染了澳大利亚至少两种狐蝠，造成罕见的灾难性的人类感染。① 由于栖息地的丧失，狐蝠对人口稠密的农村和城市周边地区的侵扰日益频繁，使得亨德拉病毒得以在马身上传播，然后再通过马匹传播给人类。② 自 1994 年以来，已有数百人直接接触亨德拉病毒，其中 7 人被证实感染，4 人死亡。超过 100 匹马死亡，感染风险持续上升，亨德拉病毒的出现对澳大利亚东北部的马产业和旅游业造成了重大影响，导致大量科研资源随之转移，并在社会中造成了极大的困扰和争议。③

[1] See World Health Organization, *Report of the WHO/FAO/OIE joint consultation on emerging zoonotic diseases*, in Geneva: Food and Agriculture Organization of the United Nations(FAO), World Health Organization(WHO), and World Organisation for Animal Health(OIE), 2004.

[2] See Campbell A., *Final Report of The SARS Commission-Spring of Fear. Ontario: Ministry of Health and Long-term Care*, 2006.

[3] See Phillips N., Bridgeman J., Ferguson-Smith M., *The BSE inquiry*, London: Stationery Office, 2000, http://webarchive.nationalarchives.gov.uk/20060715141954/bseinquiry.gov.uk/. Accessed 24 Dec 2015.

[4] See Hinchliffe S., et al., *Biosecurity and the topologies of infected life: from borderlines to borderlands*, Trans Inst Br Geogr, 2013, 38(4): 531-43.

续表

尼帕病毒是亨德拉病毒的近亲,在东亚狐蝠种群体中传播。由于马来西亚东部地区实施了一项森林砍伐和农业发展计划,该病毒在1999年首先传播到猪身上,随后又传播到其他人和动物身上,并引起呼吸道疾病和严重脑炎。[4]后来,印度和孟加拉国也报告了与该病毒有关的病例。人类可以直接通过蝙蝠这一载体、摄入受污染的食物和其他感染者等途径感染。共有522例确诊病例,总死亡率超过50%。[5]由尼帕病毒引发的疾病暴发破坏了马来西亚的养猪业,导致高失业率和农村人口流离失所,给马来西亚的国民经济造成了超过10亿多美元的损失。[6]因此,世界卫生组织确认尼帕病毒是今后发生大流行或引发大流行的高危病源。
狂犬病毒会感染人、野生动物和家畜的中枢神经系统。该病毒通过受感染动物的咬伤传播,一旦出现症状,几乎是致命的。由于病毒感染,每年有5.5万人死亡,750万人需要接受暴露后预防治疗,为此每年需要花费1240亿美元。[7]狂犬病毒在东南亚大部分地区流行,但是它的传播范围正在扩大。就拿澳大利亚来说,该地区本就不存在狂犬病毒,但是这种病毒现在在印度尼西亚[8]的蔓延给澳大利亚北部地区构成了真正的威胁。虽然可以控制狂犬病毒在家犬种群中的传播,[9]但是如果狂犬病毒在这种环境下继续在野生或野化动物中传播,当前的测量模型表明这一病毒几乎不可能被消灭。[10]

①See Field H., Crameri G., Kung N., Wang L., *Ecological aspects of Hendra virus*, Curr Top Microbiol Immunol, 2012, 395: 11 – 23.

②See Parrish C. R., et al., *Cross-species virus transmission and the emergence of new epidemic diseases*, Microbiol Mol Biol Rev., 2008, 72(3): 457 – 70.

③Degeling C., Kerridge I., *Hendra in the news: Public policy meets public morality in times of zoonotic uncertainty*, Soc Sci Med., 2013, 82: 156 – 63.

④See Kahn L. H., et al., *One health, one medicine*, in Aguirre A., Ostfeld R., Daszak P., editors, New directions in conservation medicine: applied cases of ecological health, New York: Oxford University Press, 2012.

⑤See Field H., Kung N., *Henipaviruses: unanswered questions of lethal zoonoses*, Curr Opin Virol, 2011, 1(6): 658 – 61.

⑥See Nor M., Ong B., *The nipah virus outbreak and the effect on the Pig industry in Malaysia*, in JE/Nipah Outbreak in Malaysia, Kuala Lumpur: Ministry of Health, Malaysia, 2001, pp. 128 – 33.

⑦See Anderson A., Shwiff S. A., *The cost of canine rabies on four continents*, Transbound Emerg Dis, 2015, 62(4): 446 – 52.

⑧See Ward M., *Review of Rabies Epidemiology and Control in South, South East and East Asia: past, present and prospects for elimination*, Zoonoses Public Health, 2012, 59(7): 451 – 67.

⑨See Dürr S., Ward M., *Development of a novel rabies simulation model for application in a non-endemic environment*, PLoS Negl Trop Dis, 2015, 9(6), e0003876.

⑩See Animal Health Australia, Disease strategy: Rabies (Version 3.0), Australian Veterinary Emergency Plan (AUSVETPLAN), In., Vol. Edition 3. Canberra, ACT: Primary Industries Ministerial Council, 2011.

表2　具有重大历史意义的(被有效消灭的)新发传染病

严重急性呼吸系统综合征是一种由马蹄蝠分离出的冠状病毒引起的人类呼吸道传染病。①SARS病毒于2003年首次在亚洲被发现,随后在数月内就迅速蔓延至37个国家,包括美洲、欧洲和亚洲。该病毒感染超过8000人,造成774人死亡,随后在国际社会的共同努力下被消灭。数据显示,这次疫情暴发后,加拿大和东亚地区的经济损失高达2000亿美元,是否会引发大流行令人十分担心。②
牛海绵状脑炎/变异型克雅氏病是一种罕见但致命的人类神经退行性疾病,是由于食用含有导致牛海绵状脑炎的朊病毒所致。自1996年发现第一株变异的克雅氏病毒以来,英国共报告175例确诊病例,其他地区报告49例。据世界银行的数据,迄今为止,牛海绵状脑炎/变异型克雅氏病导致的直接社会损失已超过110亿美元。牲畜不断受到感染,以及为防止进一步扩大感染范围而采取的应对措施,破坏了农业社区的有序发展。与农业相比,这种新的人兽共患病对英国公众造成的影响更为广泛,例如,由于潜在的医源性感染,英国的血浆被迫停止生产。数据显示,每4000名英国居民中就有1人感染了变异型克雅氏病毒,而这次疫情对英国的影响将持续到21世纪。③

注:①See Wang L.-F., et al., *Review of bats and SARS*, Emerg Infect Dis, 2006, 12(12): 1834.

②See World Bank, *People, pathogens, and Our planet*, Volume 1: towards a one health approach for controlling zoonotic disease, Washington DC: The International Bank for Reconstruction and Development, 2010.

③See Turner M. L., Ludlam C. A., *An Update on the Assessment and Management of the Risk of Transmission of Variant Creutzfeldt-Jakob Disease by Blood and Plasma Products*, Br J. Haematol, 2015, (129): 12-9.

(二)实施"一个健康"方针政策所面临的社会、政治、道德和法律挑战

"一个健康"方针政策要想取得成功,不能仅仅依靠科学知识和技术成就,因为在应对新发传染病风险时出现了一些问题被称为"顽固问题"。[1]面对新发传染病威胁,很少有现成的解决办法,而公共卫生政策制定者和公共卫生工作者常常被迫作出与普罗大众的价值观相悖的悲剧性选择。决策者必须考虑到保护大众健康的必要性,以及拟议中的干预措施可能对社会、经济和环境造成的更广泛的影响。经济和政治利益的考量会使决策者的动

〔1〕 Rittel H. W. J., Webber M. M., *Dilemmas in a General Theory of Planning*, Policy Sci., 1973, 4(2): 155-69.

机变得复杂,同时也会给他们作决策带来更多的不确定性。[1] 从西非埃博拉病毒暴发疫情可以看出,在任何时候,对某一特定新发传染病威胁的重视程度还取决于是谁在制定议程。[2] 因此,要想成功地实施"一个健康"这一卫生政策,就必须应对由于同一物种内部和不同物种之间的感染传播所引起的一系列社会政治、道德和法律挑战。这些挑战大多并非"一个健康"方针政策所能单独解决,而需要所有应对新发传染病的方法所共同面对。然而,这些挑战常常被忽视,接下来将逐一阐述这些挑战的性质,以供下文进一步讨论。

1. 社会政治挑战

注重个人主义、观念、短期解决方案和避免争议是政治生活的特点,而这可能会对应对新发传染病的政策带来挑战,也不利于为解决新发传染病问题制定有效策略。

对尼帕病毒和亨德拉病毒感染等新发传染病事件(如表 1 所示)的应对政策往往侧重于必要的近因(个人如何使自己面临感染该病毒的直接风险),因为有关新发传染病其他方面的科学认识往往十分复杂且充满不确定性,缺乏明确的阐述。更有甚者,我们的道德心理已经演变为对直接伤害——而非间接的远距因果关系作出反应。从围绕气候变化和其他问题的讨论中可见,这有助于制定相关技术解决方案,因为这些方案不需要对人类行为和潜在的价值观体系作出实质性的重大变化。[3] 最终导致的结果是,艾滋病防控的政策重点往往更多地停留在个人行为上,而不是病毒出现和传播的结构性驱动因素上——举例来说,应对亨德拉病毒人畜共患的风险,大

[1] See Degeling C., Kerridge I., *Hendra in the News: Public Policy Meets Public Morality in Times of Zoonoticuncertainty*, Soc Sci Med, 2013, 82: 156 – 63; Silverstein A. M., *Pure Politics and Impure Science: the Swine Flu Affair*, Baltimore: Johns Hopkins University Press, 1981; Dry S., *Epidemics for all? Governing Health in a Global Age*, in STEPS Working Paper 9, Brighton: STEPS Centre, 2008.

[2] See Hooker L., Mayes C., Degeling C., Gilbert G., Kerridge I., *Don't be Scared, be Angry: the Politics and Ethics of Ebola*, Med J. Aust, 2014, 201(6): 352 – 4.

[3] See Gardiner S. M., *A Perfect Moral Storm: Climate Change, Intergenerational Ethics and the Problem of Moral Corruption*, Environ Values, 2006, 397 – 413.

家重点关注的是疫苗的研发和马主的饲养行为。[1]

针对许多新发传染病采取行动的政治驱动力不一定是科学证据,而可能是社会观念。事实上,面对科学的不确定性和道德伦理的模糊性,意识形态导向的观点和短期的政治考量往往取代了制定有效的长期干预措施的努力。[2]

在应对新发传染病的过程中,避免或尽量减少公众关注,是政治考量的当务之急,而如何把握这中间的平衡则颇具挑战性。以牛海绵状脑炎疫情为例,强大的利益集团左右了政府在早期面对疫情时的反应,导致决策者作出了避免引发公众争议的决定,但造成了严重的经济损失。随着疫情暴发危机的进一步发展,专业的科学知识被政治化,导致应对疫情暴发的各个机构之间产生各种冲突,卫生传播防控政策与为最大限度地降低给人类健康带来的风险而采取的措施之间也出现不一致。[3] 即使在牛海绵状脑炎和变异型克雅氏病之间的联系变得清晰的时候,现有的饲料禁令也没有得到很好的实施,风险沟通也被公众的恐慌所左右;即使决定消除英国食品供应中所有潜在的人类感染源,但由于各机构之间的协调不力,加上各种信息混乱不清,该政策的执行也受到了诸多阻碍。[4]

应对新发传染病威胁中,一种常见但也不无问题的做法是遵循预防原则。大体而言,预防原则可以适用于人类活动在科学上看似具有一定可信度,但又不确定的重大损害风险的情况。相应地,该原则主张应当采取措施

---

〔1〕 See Degeling C., Kerridge I., *Hendra in the News: Public Policy Meets Public Morality in Times of Zoonotic Uncertainty*, Soc Sci Med, 2013, 82: 156 – 63; Middleton D., Pallister J., Klein R., Feng Y.-R., Haining J., Arkinstall R., et al., *Hendra Virus Vaccine, a One Health Approach to Protecting Horse, Human, and Environmental Health*, Emerg Infect Dis, 2014, 20(3): 372 – 9.

〔2〕 See Phillips N., Bridgeman J., Ferguson-Smith M., *The BSE inquiry*, London: Stationery Office, 2000, http://webarchive.nationalarchives.gov.uk/20060715141954/bseinquiry.gov.uk/; Rosella L. C., Wilson K., Crowcroft N. S., Chu A., Upshur R., Willison D., et al., *Pandemic H1N1 in Canada and the Use of Evidence in Developing Public Health Policies-a Policy Analysis*, Soc Sci Med, 2013, 83: 1 – 9.

〔3〕 See Jasanoff S., *Civilization and Madness: the great BSE Scare of* 1996, Public Underst Sci, 1997, 6(3): 221 – 32.

〔4〕 See Phillips N., Bridgeman J., Ferguson-Smith M., *The BSE inquiry*, London: Stationery Office, 2000, http://webarchive.nationalarchives.gov.uk/20060715141954/bseinquiry.gov.uk/.

避免或减少损害,并且这些措施必须与潜在损害的严重性成比例。换句话说,在缺乏证据的情况下,应当采取相对保守的做法。

然而,为了保护公众而将预防原则应用于防控新发传染病,回过头来看,这可能会导致过度反应。当初试图控制尼帕病毒感染时就出现了这种情况,过激的应对措施给当地的工业、人民的生计和地方经济造成了严重损害。与此类似,澳大利亚和东南亚地区应对高致病性禽流感(HPAI)H5N1 亚型的经验表明,过度的防控政策反而会破坏当地人民的生计,甚至对粮食供应构成威胁。[1] 为了消灭高致病性禽流感,仅在越南,2004 年就有将近 4000 万只禽类被扑杀。虽然许多禽类为大型企业所有,但更多的家禽是由村民自家饲养的。大规模扑杀家禽看起来似乎是一个果敢的决定,但与此同时给弱势群体造成了过重的负担,况且这一措施在家禽养殖范围甚广的情况下收效甚微,事实上反倒可能会加剧疾病的蔓延。[2] 与之类似,巴厘岛的狂犬病防治工作也有类似的情况。

令人遗憾的是,该领域所提倡的预防原则及其分析工具和概念并未能在新发传染病暴发时提供所需的帮助,因为它们既不能促进公众参与,也不能在不确定的特殊时期帮助人们解决分歧。[3] 对适用于新发传染病防控的预防原则的批评也显示出其局限性,其中包括确定威胁是否可信和应对措施是否相称的判断标准,往往只能用一种不确定因素来代替另外两种不确定因素。[4]

---

〔1〕 See Coker R. J., Hunter B. M., Rudge J. W., Liverani M., Hanvoravongchai P., *Emerging Infectious Diseases in Southeast Asia: Regional Challenges to Control*, Lancet, 2011, 377(9765): 599 - 609; Otte M., Nugent R., McLeod A., *Transboundary Animal Diseases: Assessment of Socio-economic Impacts and Institutional Responses*, in Rome, Italy: Food and Agriculture Organization (FAO), 2004.

〔2〕 See Sims L., *Lessons learned from Asian H5N1 Outbreak Control*, Avian Dis, 2007, 51(s1): 174 - 81.

〔3〕 See Hinchliffe S., *Indeterminacy in-decisions-science, Policy and Politics in the BSE (Bovine Spongiform Encephalopathy) crisis*, Trans Inst Br Geogr, 2001, 26(2): 182 - 204; Davis M., Flowers P., Stephenson N., *We had to do what we Thought was Right at the time: Retrospective Discourse on the 2009 H1N1 Pandemic in the UK*, Sociol Health Illn, 2014, 36(3): 369 - 82.

〔4〕 See Sunstein C. R., *Laws of Fear: beyond the Precautionary Principle*, Cambridge University Press, 2005.

2. 伦理道德的挑战

新发传染病控制政策的有效性主要取决于其实施的背景,特别是其与利益攸关方和大众价值观的一致性。[1] 因此,在现代民主国家,要想成功地实施应对新发传染病的防控政策,至少需要就什么是符合公共利益的问题达成某种共识,并具有理解支持这种共识的价值观。然而,这恰恰是在分歧和价值冲突日益突出的疫情暴发时期所缺乏的。在疫情防控措施涉及的利害关系举足轻重,疫情防控行动的证据和影响尚不明确,同时又面临着各种复杂多变的情况和资源有限的困境时,决策的分歧就会暴露无遗。这种分歧可能是源于如何处理生态和环境问题的观念与人们对公共利益的重视、保护个人自主权和动物福利等所聚焦的侧重点不同而产生的冲突。[2] 这些分歧会引发一系列的不良后果,包括公众会对疫情暴发产生恐惧、会不信任政府,从而大肆传播虚假信息、不遵守公共卫生指令。举例来说,在2003年"非典"暴发期间,加拿大领导人对疫情引发的一系列道德冲突毫无准备,其中包括关于个人自由与公共利益之间的冲突、医护人员自身的安全与照顾病人的职责之间的冲突、控制疫情需付出的经济代价与遏制需求之间的冲突。[3] 如表2所示,疫情暴发本身和人们担心疫情再次暴发都会对经济造成重大的冲击。

试图成功应对新发传染病威胁的诸多方案,包括"一个健康"理念,都必须解决上述道德伦理冲突问题。为此,各方有必要就潜在的相互冲突的价值理念进行沟通和协商,以便成功地实施有效、可持续和公正的解决方案。决定次序和资源分配需要以基本的道德问题,即那些是有价值的、需要保护的以及最终可有可无的问题为基础,从而产生相应的政治结果。公共政策要想

---

〔1〕 See Campbell A., *Final Report of The SARS Commission-Spring of Fear*, Ontario: Ministry of Health and Long-term Care, 2006; Selgelid M. J., *Ethics and infectious disease*, Bioethics, 2005, 19(3): 272-89.

〔2〕 See University of Toronto Joint Centre for Bioethics, *Stand Gaurd for Thee: Ethical Considerations in Preparedness Planning for Pandemic Influenza*, in University of Toronto Joint Centre for Bioethics Pandemic Influenza Working Group, 2005.

〔3〕 See Singer P., et al., *Ethics and SARS: lessons from Toronto*, BMJ, 2003, 327: 1342-4.

发挥作用，就必须符合作为其适用对象的公民群体的价值观，否则就会陷入谁的价值观占上风的争论之中。[1] 因此，制定政策的首要任务也是最重要的任务之一，就是要明确公共利益的最佳定义。

3. 法律上的挑战

制定应对新发传染病的政策，并对疫情暴发作出反应本身就会给法律环境带来一系列挑战。在大多数法域中，与应对新发传染病疫情有关的法律规定通常是散乱且错综复杂的，而且往往会根据对疫情作应对决策时哪一方的利益会被优先考量，再对相关的法律规定进行重新解释。此外，在许多国家，省级或州级地方当局应对疫情的做法并不一致，再加上地方政府在面对疫情所作出的反应是会受中央或联邦层级的权力牵制的，这使得疫情管控变得异常复杂，以至于对疫情实行严格管控的强行法常常被以政府的行政权以及《国际卫生条例》(IHR)等国际文书为代表的软法所取代。[2] 地方与中央应对疫情政策的不同步，可能会使得新发传染病的监管结构愈加复杂和混乱，而无法起到推动政府出台相关公共卫生政策来应对新威胁的作用。这种混乱清楚地提醒着我们，即使在应对新发传染病的“全球法律”方案中，主权国家仍然是负责监管和防控疫情的核心组织。[3]

公共卫生法应对新发传染病的措施往往侧重于控制跨境病原体的转移和社区疫情的暴发，而不是控制造成疫情暴发威胁本身的根本性缺陷和结构性问题。反观其他法律，例如《环境法》，可能更有助于解决导致疫情暴发威胁产生的结构性问题。

---

〔1〕 See Degeling C., Kerridge I., *Hendra in the News: Public Policy Meets Public Morality in Times of Zoonotic Uncertainty*, Soc Sci Med, 2013, 82:156 – 63; Rosella L. C., Wilson K., et al., *Pandemic H1N1 in Canada and the Use of Evidence in Developing Public Health Policies-a Policy Analysis*, Soc Sci Med, 2013, 83:1 – 9; Gilbert G. L., Kerridge I., Cheung P., *Mandatory Influenza Immunisation of Health-care Workers*, Lancet Infect Dis, 2010, 10(1):3 – 5.

〔2〕 See Katz R., Kornblet S., *Comparative Analysis of National Legislation in Support of the Revised International Health Regulations: Potential Models for Implementation in the United States*, Am J. Public Health, 2010, 100(12):2347 – 53.

〔3〕 See Davies S. E., *What Contribution can International Relations make to the Evolving Global Health Agenda?* Int Aff, 2010, 86(5):1167 – 90.

要提供一个有利的基础架构,为政策制定者、发展规划人员、人类和动物卫生工作者以及生物安全机构在各自领域基于"一个健康"理念来开展工作,关键在于对旨在保护民众免受新发传染病侵害的框架进行法律解释,厘清法律上的边界。

四、讨论情况

(一)"一个健康"理念与公共价值:对新发传染病控制和预防的影响

人类、动物和生态系统的健康是相互联系的。"一个健康"理念有望帮助人们更好地了解如何在人类—动物—生态系统相互作用时预防和控制新发传染病。然而,新发传染病所面临的社会政治、道德伦理和法律挑战,更加凸显了对传染病威胁的应对措施的本质价值。当亨德拉或尼帕病毒等新的传染性病原体首次出现时,或狂犬病或埃博拉病毒等已知的威胁侵入新的环境时,由于针对新出现病毒的科学证据或应对经验十分有限,通常无法及时作出应对的决策或确定应对方案是否适合,现有数据可能对新发传染病事件及其可能结果进行不同的解释。因此,政策制定者和执行者在面对新发传染病威胁时,几乎没有适用的指导原则指引他们应该做什么,只能靠他们自己判断要做什么。正如其他人[1]已经有力地论证过的那样,政策制定者因此必须问自己:在制定政策时哪一方的利益应该被优先考量,以及应该优先保护的是哪些群体和哪些利益?

虽然承认需要在基础价值观的问题上进行补充工作,而这些问题对于新发传染病风险和新发传染病控制来说是不可避免的,但是迄今为止,采用"一个健康"方针并未形成一个全面的、基于道德层面的政策和执行框架,这限制

---

〔1〕 See Davies S. E., Securitizing Infectious Disease, Int Aff. 2008, 84(2): 295 – 313; Scoones I. ed., *Avian Influenza: Science, Policy and Politics*, Economic and Social Research Council (ESRC): EarthScan 2010; Lakoff A., *Two Regimes of Global Health*, Humanity, 2010, 1(1): 59 – 79.

了其实际作用。[1] 尽管“一个健康”这一解决相互关联的人类、动物和环境健康问题的准则得到了口头上和一些财政上的支持，但除非人们认识到并明确指出人类价值观和政治进程的不确定性以及潜在冲突的影响，否则它的影响将是微乎其微的。在试图处理这些道德和规范问题时，都必须考虑到新发传染病风险管理的动态性。从最新的证据来看，今天看似合理的政策明天可能就不合适了。当情况不确定时，决策者不可避免地会回归其价值取向。因此，当“证据”不可靠或者可能不可靠、变化迅速或者不稳定时，对于新发传染病需要一个基于共同价值观的坚实框架来支持决策。

（二）对新发传染病采取“一个健康”方针政策所需的指导

要想成功应对上述挑战，尤其是要使应对新发传染病的相关举措符合公众价值观，“一个健康”方针政策需要在以下方面得到应用：

（1）进行社会科学和经济研究，以帮助归纳和描述新发传染病对人类、动物和生态健康构成威胁的驱动因素、机制以及社会和政治结构。[2] 个人社会需求与受影响或有风险社区的社会经济背景之间的复杂联系，需要通过决策过程加以理解和处理。这样就可以确保控制措施的效力不被明显的不公正、以生计为基础的决定以及其他社会和文化因素所影响。如果对具体的地方安排没有足够的了解，那么，对新发传染病采取不够细致或统一的办法，就有可能实际上削弱各种关系和偶然做法，并可能将健康置于结构性不利的

---

〔1〕 See The FAO-OIE-WHO Collaboration, *Sharing Responsibilities and Coordinating Global Activities to Address Health Risks at the Animalhuman-ecosystems Interfaces*: *a Tripartite Concept Note*, http://www. oie. int/fileadmin/Home/eng/Current _ Scientific _ Issues/docs/pdf/FINAL _ CONCEPT _ NOTE_Hanoi. pdf. CDC, *Operationalizing "one health"*: *a Policy Perspective—Taking Stock and Shaping an Implementation Roadmap*: *Meeting Overview*, In., Vol., http://www. cdc. gov/onehealth/pdf/atlanta/meeting-overview. pdf. Stone Mountain, Georgia: Centers For Disease Control and Prevention, 2010.

〔2〕 See Hinchliffe S., *More than One World*, *more than One Health*: *Re-configuring Interspecies Health*, Soc Sci Med, 2015, 129: 28 – 35; Wallace R. G., Bergmann L., Kock R., Gilbert M., Hogerwerf L., Wallace R., et al., *The Dawn of Structural One Health*: *a New Science Tracking Disease Emergence along Circuits of Capital*, Soc Sci Med, 2015, 129: 68 – 77.

情况下。[1]

相对于自然科学而言，社会科学的分析范围更广，政策重点更突出。自然科学往往将传染病威胁狭隘地定义为生物完整性和安全性问题，例如，屏障技术和卫生习惯主导了干预措施的逻辑，[2]而社会科学方法则超越了这一点。建立社会科学证据，以便与有关新发传染病的自然科学证据结合使用，这同于人们日益认识到的现象，即新发传染病的出现既是关于宿主—病原体相互作用的生物学特征，也是关于资本流动的社会和经济配置的结果。目前，应对新发传染病出现所产生的经济和结构性驱动因素的方法仍然是假设国家和市场新自由主义是自然秩序的一部分，即使有越来越多的证据表明，这些发展体系是问题的核心。[3] 此外，目前对微生学的重视以及对描述病原体特征的较新分子技术的关注，已经使人们不再注意新发传染病出现的环境、经济和社会驱动因素。虽然考虑到人们希望用疫苗和药物来解决新发传染病问题，这是可以理解的，但如果"一个健康"的研究人员和执行人员将其归因方法扩展到上游、社会和经济体系，那么传统上被等同于或被认为最好避免的问题和议题将成为"一个健康"所指的跨部门合作的核心。

(2)需要制定"一个健康"分析框架(OHAF)。这一框架将以案例经验为基础进行编目，并反映具体的新发传染病特殊动态，促进部门间合作和知识整合，包括整合关于社会、文化和经济影响、控制措施和不确定性的信

[1] See Hinchliffe S., *More than One World, more than One Health: Re-configuring Interspecies Health*, Soc Sci Med, 2015, 129: 28 - 35; Chelliah A., Heydon K. H., Zaoutis T. E., Rettig S. L., Dominguez T. E., Lin R., et al., *Observational Trial of Antibiotic-coated Central Venous Catheters in Critically Ill Pediatric Patients*, Pediatr Infect Dis J., 2007, 26(9): 816 - 20.

[2] See Rosenberg C. E., *Explaining epidemics*, Cambridge University Press, 1992.

[3] Wallace R. G., Kock R. A., *Whose food footprint? Capitalism, Agriculture and the Environment*, Hum Geogr, 2012, 5(1): 63 - 83; Jones B. A., Grace D., Kock R., Alonso S., Rushton J., Said M. Y., et al., *Zoonosis Emergence Linked to Agricultural Intensification and Environmental Change*, Proc Natl Acad Sci, 2013, 110(21): 8399 - 404.

息。[1] 该框架将起到提示作用,以确保少数群体的观点得到代表,并考虑到所有有关的问题。"一个健康"分析框架可以为不同疫情的比较提供一个标准。这将使人们能够比较经济和社会对新发传染病所作出的反应的内在复杂性,并为政策进程提供参考信息。由于不确定因素和媒体的报道有可能导致错误的政策,有关预防和控制新发传染病的讨论必须具备这种健全的经验基础。

"一个健康"分析框架的发展可以通过采用既定的、方法严谨的程序来推动,如英国国家社会研究中心制定的框架分析法,[2]或决策科学领域制定的多标准决策分析法(MCDA)。[3] 在第一种情况下,框架分析法将系统地整合不同学术学科和专业利益相关者的观点和贡献。框架分析法有助于不同的数据集、主题领域、理论资源和抽象层次之间的互动,且不会丧失概念的清晰性。[4] 框架分析法将被用于组织和管理研究和解释工作,并通过总结过程,将其编纂成一个强大而灵活的矩阵,使决策者或研究人员能够根据案例和主题分析数据。它常用于卫生研究、政策制定和项目评估等领域。同样,多标准决策分析方法也为"一个健康"分析框架的开发提供了另一种可能。多标准决策分析方法由一套全面的分析策略组成,已被证明是在动物和人类健康领域进行优先排序和决策的宝贵工具。[5] 多标准决策分析方法提供了一个框架,用于比较各种往往受到无形影响的不同政策选择,尤其有助

---

〔1〕 See Coker R. , Rushton J. , Mounier-Jack S. , Karimuribo E. , Lutumba P. , Kambarage D. , et al. , *Towards a Conceptual Framework to Support One Health Research for Policy on Emerging Zoonoses*, Lancet Infect Dis, 2011, 11(4): 326 – 31; Fish R. , Austin Z. , Christley R. , Haygarth P. M. , Heathwaite L. A. , Latham S. , et al. , *Uncertainties in the Governance of Animal Disease: an Interdisciplinary Framework for Analysis*, Philos Trans R. Soc Lond B. Biol Sci, 2011, 366(1573): 2023 – 34.

〔2〕 See Ritchie J. , Spencer L. , *Qualitative Data Analysis for Applied Policy Research*, in Burgess R. G. , Bryman A. , editors, Analyzing Qualitative Data, London; New York: Routledge, 1994, p. 232. xii.

〔3〕 See Brookes V. , Del Rio Vilas V. , Ward M. , *Disease Prioritization-What is the State of the Art? Epidemiol Infect*, 2015, DOI: 10. 1017/S0950268815000801.

〔4〕 See Sugarman J. , *The Future of Empirical Research in Bioethics*, J. Law Med Ethics, 2004, 32: 226 – 31.

〔5〕 Brookes V. , Del Rio Vilas V. , Ward M. , *Disease Prioritization-What is the State of the Art? Epidemiol Infect*, 2015, DOI: 10. 1017/S0950268815000801.

于确定和证实有限的研究和公共卫生资源的轻重缓急和调动。[1]

(3)成功的"一个健康"方针政策必然要求发达国家和发展中国家进行真正的公众参与。这个进程与其说是参与政策决策的民主审议,不如说是确定指导决策的原则和价值观。这就是说,仅仅有程序上的包容性还不足以确保透明度和反思性,不足以捕捉人们的偏好,也不足以保证有效地与公众沟通。[2]

对新发传染病实施的"一个健康"方针政策的成功实施,有赖于公众的信任与合作。如果公民理解了这些问题,政策的实施体现了社区的价值观和偏好,那么就更有可能获得公众对不受欢迎的措施的支持。为此,英国、澳大利亚、美国等国家[3]都采用了公民陪审团来探讨类似的问题并确定公民的偏好。与其他社会研究方法(如调查或焦点小组)相比,它们更能代表知情的公众意见,因为它们提供了事实信息,让参与者与专家进行了结构性和建设性的对话,给他们提供了思考和审议的时间,并允许他们直接向决策者表达自己的意见。

(4)需要制定明确的原则和价值观标准,以便在决策中纳入道德原则和价值观。这应该以关于人们信仰的经验数据为基础,包括应该优先处理哪些公共卫生成果和公益事物以及这样做的原因;如何裁决相互冲突的主张和偏好;以及在这些决定中应该优先考虑哪些级别和类型的证据。

---

[1] See Havelaar A. H., et al., *Prioritizing Emerging Zoonoses in the Netherlands*, 2010; Marie-France H., Sébastien V., Adelin A., Christiane G., Nathalie K., Eric H., et al., *Multidisciplinary and Evidence-based Method for Prioritizing Diseases of Food-producing Animals and Zoonoses*, Emerg Infect Dis J., 2012, 18(4).

[2] See Irwin A., Michael M., *Science, Social Theory and Public Knowledge*, Milton Keynes, Bucks: Open University Press, 2003.

[3] See Braunack-Mayer A. J., Street J. M., Rogers W. A., Givney R., Moss J. R., Hiller J. E., et al., *Including the Public in Pandemic Planning: a Deliberative Approach*, BMC Public Health, 2010, 10; Mooney G., Blackwell S., *Whose Health Service is it anyway? Community Values in Healthcare*, Med J. Aust, 2004, 180(2): 76-8; Elwood P., Longley M., *My health: Whose Responsibility? A jury Decides*, J. Epidemiol Community Health, 2010, 64(9): 761-4; Baum N. M., Jacobson P. D., Goold S. D., *Listen to the people: Public Deliberation about Social Distancing Measures in a Pandemic*, Am J. Bioeth, 2009, 9(11): 4-14.

若要成功践行"一个健康"理念，不能仅仅停留在疾病预防和控制这一层面。新发传染病对人们生活产生的动态的、不可预测的影响和风险，要求公共卫生和生物安全基础设施具有处理道德问题的能力。因此，对新发传染病的管理必须以规范性原则以及当地知识、业务经验和具体疾病的科学和经济证据为基础。这意味着政府和政策制定者需要解释和证明作为决策依据的价值观念，并让公众参与有关道德选择的讨论，因此，当面对不确定因素而难以作出抉择时，这些决定将被欣然接受，因为其对公平与公共利益至关重要。[1] 这就需要提前在正式声明中阐明指导价值和可能的道德选择，因为一旦出现新的健康威胁，决策者将面临来自许多方面的压力，被要求"迅速采取行动"。

(5)必须将"一个健康"分析框架和价值原则声明(SPV)与《国际卫生条例》以及相关的国家卫生和生物安全立法结合起来，以便决策者和执行者能够动态地检验他们的决策。

当然，我们的应对措施应以最好的科学证据为基础，但新发传染病不仅是一个科学问题，它们还包括了重要的社会、伦理和动物权利方面。应对传染病威胁的经验，如牛海绵状脑炎/变异型克雅氏病和严重急性呼吸系统综合征，表明在地方和政策层面上都存在证据和人类价值相结合的问题。[2] 疾病在物种间的传染性所引起的社会、伦理和法律问题，不仅尚未得到明确的解释，也没有得到充分的解决。我们对非人类动物疾病的反应不仅仅是由生物科学知识决定的；人与动物之间的生活方式也是由社会规范、经济需要和人类价值观决定的。在公共卫生问题上，只问什么有效，怎样体现证据的力量是不够的，我们还需要问一些伦理问题，即我们应该如何寻求生活，我们

〔1〕 See University of Toronto Joint Centre for Bioethics, *Stand Gaurd for Thee: Ethical Considerations in Preparedness Planning for Pandemic Influenza*, in University of Toronto Joint Centre for Bioethics Pandemic Influenza Working Group, 2005.

〔2〕 See Phillips N., Bridgeman J., Ferguson-Smith M., *The BSE inquiry*, London: Stationery Office, 2000, http://webarchive.nationalarchives.gov.uk/20060715141954/bseinquiry.gov.uk/. Accessed 24 Dec 2015; Weiss R. A., McLean A. R., *What have We Learnt from SARS?* Philos Trans R. Soc Lond B. Biol Sci, 2004, 359(1447): 1137-40.

如何做正确的事情。[1] 在对新发传染病控制和预防的最佳方法上达成共识并非总是可能的，然而，一套商定的指导原则和价值观仍然可以成为确保对话的手段，即使不能始终保持一致。

制定“一个健康”分析框架和SPV也将促进对公共风险的更清晰的交流。重大的新发传染病威胁会严重影响稀缺资源的分配，卫生服务的获取和监管以及社会秩序的维护。如上文所述，同样显而易见的是，针对新发传染病威胁的政策和法律措施往往被高度政治化，而且由于未能与公众进行明确沟通而受到影响。负责应对新发传染病等灾害的政策制定者通常会发现，他们难以平衡“可能显得危言耸听但公开透明”与“为避免恐慌而隐瞒信息”之间的尺度。无论建议如何，人们都会基于他们对现有信息的理解而作出决定，而不论这些信息是通过正式还是通过非正式渠道获得的。因此，在公共卫生应急事件发生之前和发生期间，公共交流往往与政治决策、监管变化同样重要。[2] 这意味着，为了有效行动，“一个健康”方针政策——像任何新发传染病政策一样——必须解决科学上的不确定性问题，同时在社会政治、伦理和法律层面上解决有效的健康沟通和干预策略的问题。[3] 通过公开决策过程来揭示科学和规范的不确定性和伦理的复杂性，将“一个健康”分析框架和价值原则声明引入“一个健康”理念的理论和实践中，可以将持续的思考和学习融入新发传染病政策制定过程里。

(6)“一个健康”必须切实地实行改革，而不能停留在夸夸其谈的层面。“一个健康”方针政策基于这样一个假设，即专业知识、研究方法和公共卫生

〔1〕 See Upshur R. E. , *Principles for the Justification of Public Health Intervention*, Can J. Public Health, 2002, 93(2): 101 – 3; Carter S. M. , Rychetnik L. , Lloyd B. , Kerridge I. H. , Baur L. , Bauman A. , et al. , *Evidence, Ethics, and Values: a Framework for Health Promotion*, Am J. Public Health, 2011, 101(3): 465 – 72; Sindall C. , *Does Health Promotion Need a Code of Ethics?* Health Promot Int, 2002, 17(3): 201 – 3.

〔2〕 See Forbes I. , *Making a Crisis out of a Drama: the Political Analysis of BSE Policymaking in the UK*, Political Stud, 2004, 52(2): 342 – 57; Vong S. , O'Leary M. , Feng Z. , *Early Response to the Emergence of Influenza A(H7N9) Virus in Humans in China: the Central role of Prompt Information Sharing and Public Communication*, Bull World Health Organ, 2014, 92: 303 – 8.

〔3〕 See Morens D. M. , Folkers G. K. , Fauci A. S. , *The Challenge of Emerging and Re-emerging Infectious Diseases*, Nature, 2004, 430(6996): 242 – 9.

基础设施的跨部门整合将不可避免地提高疾病风险预测和有效干预的能力。然而,公共卫生从业人员、临床医生、科学家和政策制定者呼吁更多的部门间合作,这并非一种新现象。例如,在20世纪90年代,“新公共卫生”的倡导者们呼吁卫生当局将注意力转向影响健康的社会、经济和环境因素——这就需要卫生部门与其他政府机构进行重组并整合政策。[1] 遗憾的是,在这种情况下,和其他情况一样,即使是出于善意,并得到了大量资源的支持,[2]促进部门间合作的努力大多都只是“纸上谈兵”。

问题在于,相关部门之间需要加强合作的观点往往集中在合作可能带来的好处上,而不是改革需要的要素,即为达到预期结果需要在组织上和政治上两方面采取哪些行动。[3] 既有的“部门”——无论是面向人类还是动物健康,农业还是环境,都对于“我们在这里做什么”有本应遵循的传统,这个传统有迹可循且合理,是由社会、政治和行政过程塑造而成的。[4] 作为机构,它们在理念上和结构上都抵制改变,因为改变会转移资源、重新确定实践的方向,使其偏离自身的部门重点。[5] 从本质上讲,它们都有自己的服务对象。因此,加强信息共享、协作和部门间合作机制的建立和实施,如工作组和部门间委员会,很难取得以往所承诺的成果。英国对牛海绵状脑炎/变异型

---

〔1〕 See Baum F., The new public health: Oxford University Press, 2003; Tulchinsky T. H., Varavikova E. A., *What is the "New public health"*, Public Health Rev, 2010, 32(1): 25–53.

〔2〕 See Russel D., Jordan A., *Joining up or Pulling Apart? The Use of Appraisal to Coordinate Policy Making for Sustainable Development*, Environ Plann A., 2009, 41(5): 1201; Awofeso N., *What's New about the "New Public Health"?* Am J. Public Health, 2004, 94(5): 705–9; Bacigalupe A., Esnaola S., Martín U., Zuazagoitia J., *Learning Lessons from Past Mistakes: how can Health in All Policies Fulfil its Promises?* J. Epidemiol Community Health, 2010, 64(6): 504–5.

〔3〕 See Degeling P., *The significance of "Sectors" in Calls for Urban Public Health Intersectroralism: an Australian Perspective*, Policy Polit, 1995, 23(4): 289–301.

〔4〕 See Chien Y.-J., *How did International Agencies Perceive the Avian Influenza Problem? The Adoption and Manufacture of the "One World, One Health" Framework*, Sociol Health Illn, 2013, 35(2): 213–26.

〔5〕 See Degeling P., *The Significance of "Sectors" in calls for Urban Public Health Intersectroralism: an Australian Perspective*, Policy Polit, 1995, 23(4): 289–301.

克雅氏病的反应,[1]东南亚对高致病性禽流感 HPAI 的反应,[2]以及最近乌干达对“一个健康”计划的案例研究,[3]都表明需要做更多的工作来协调计划实施和部门间利益。新发传染病带来的复杂问题意味着,组织有效的控制和预防计划需要真正的跨部门整合,并有可能重新划分一些机构和专业责任。[4] 而且埃博拉疫情暴发表明,还必须有持续的社会和政治意愿才能实现控制。

如果正如我们所相信的那样,“一个健康”方针真的是前进的方向,那么我们应该不仅仅是谈论其潜在的好处。如果不进行真正的跨部门改革,不从根本上拓宽研究范围,即具体的社会、文化和空间配置如何影响新发传染病出现,“一个健康”就有可能仅仅成为一种避免核心学科之间冲突的虚浮策略,即使执行人员、研究者和政策制定者拥护跨学科合作的方法论和道德论,也仍会停留在各自的孤岛上。[5] 即使克服了这些障碍,“一个健康”方针要取得成功,必须明确承认以下情况:当地的疾病风险和疾病表现必然具有偶然性、特有的背景因素,要考虑到科学上的不确定性会带来的政治影响,也要考虑到“高危”人员和受影响人员的价值观和偏好。此外,我们建议,围绕新发传染病的决策需要一个伦理框架,其反映受影响社区和“有风险”社区的价值,优先考虑正义,考虑人类的繁荣,保护动物健康和福利,而这个伦理框架也是与相关利益攸关方和公众一同协商制定的。

---

〔1〕 See Phillips N. , Bridgeman J. , Ferguson-Smith M. , *The BSE inquiry*, London: Stationery Office,2000,http://webarchive. nationalarchives. gov. uk/20060715141954/bseinquiry. gov. uk/.

〔2〕 See Chien Y. -J. , *How did International Agencies Perceive the Avian Influenza Problem? The Adoption and Manufacture of the "One World, One Health" Framework*, Sociol Health Illn, 2013, 35(2): 213 – 26.

〔3〕 See Smith J. , Taylor E. M. , Kingsley P. , *One World-One Health and Neglected Zoonotic Disease: Elimination, Emergence and Emergency in Uganda*, Soc. Sci. Med.

〔4〕 See Coker R. , Rushton J. , Mounier-Jack S. , Karimuribo E. , Lutumba P. , Kambarage D. , et al. , *Towards a Conceptual Framework to Support One Health Research for Policy on Emerging Zoonoses*, Lancet Infect Dis, 2011, 11(4): 326 – 31.

〔5〕 See Chien Y. -J. , *How did International Agencies Perceive the Avian Influenza Problem? The Adoption and Manufacture of the "One World, One Health" Framework*, Sociol Health Illn, 2013, 35(2): 213 – 26.

结 论

新发传染病风险管理是一个重大的全球公共卫生问题，“一个健康”是一个很有前景的方针，但它的潜在效益尚未充分实现。[1] 尽管人们认识到社会和文化层面是“一个健康”实施成功的关键，但社会科学家在制定研究计划和干预措施方面尚未发挥核心或实质性的作用。[2] 在有关流行病的准备和应对的伦理学文献不断增加的同时，应对新发传染病的“一个健康”方针却很少得到正式的伦理学关注。如今，即使是最符合伦理的生物安全和感染预防控制框架也只能提供一般的操作原则，无法在不确定时期指导行动。如果“一个健康”方针要有意义——甚至不用说成功，就必须更加注重如何把这些不同类型的知识汇集起来，并引起公众的注意。如果不能就所有的社会政治、道德和法律问题进行阐述、公开辩论，并在可能的情况下提前解决这些问题，对新发传染病的有效措施就可能会被推迟或被排除。决策者和公共卫生专家需要在疫情暴发前制定和阐明一套原则和价值观，明确承认受影响社区的偏好，并有能力将新数据动态地纳入决策过程。

---

〔1〕 See Scoones I. ed. ,*Avian influenza*:*Science*,*Policy and Politics*,Economic and Social Research Council(ESRC):EarthScan 2010;CDC. ,*Operationalizing "One Health"*:*a Policy Perspective-taking Stock and Shaping an Implementation Roadmap*:Meeting Overview,In. ,Vol. ,http://www.cdc.gov/onehealth/pdf/atlanta/meeting-overview.pdf. Stone Mountain,*Georgia*:*Centers For Disease Control and Prevention*,2010.

〔2〕 See Lapinski M. K. ,Funk J. A. ,Moccia L. T. ,*Recommendations for the Role of Social Science Research in One Health*,Soc Sci Med,2015,129:51 – 60;Hinchliffe S. ,*More than One World*,*more than One Health*:*Re-configuring Interspecies Health*,Soc Sci Med,2015,129:28 – 35.

日本地方政府应对大规模传染病危机的现状与问题

——以保健卫生部门与危机管理部门为研究对象

[日]平川幸子*

秦 政 曹瑞恒** 译

引 言

在日本的行政组织架构中,传统上,主要由中央政府的厚生劳动省、地方政府的保健卫生部(局)负责以自然灾害为对象的公共卫生危机管理。

近年来,随着自然灾害和极端天气灾害的频度与规模不断增加,恐怖主义、传染病等新危机事件接连发生,地方政府普遍面临加强综合危机管理体系的挑战。有人指出,在2009年暴发的甲型H1N1流感事件中,保健卫生局在施行相应对策如关闭学校与休止旅游业之外,还需综合考虑各类社会经济条件。国家和地方政府在施行传染病防治对策时,普遍存在管理混乱的现象。对此有观点提出,其原因之一在于,目前各地方政府的危机管理体系仍然是以自然灾害领域为中心进行设置的,而尚未全面考虑大规模传染病等领域的公共卫生危机。

本文以甲型H1N1流感等大规模传染病为重点,旨在了解地方政府(都

---

* 平川幸子,日本三菱综合研究所研究员,冈山大学大学院医齿学综合研究科(健康危机管理)非常勤讲师,常叶大学社会环境学部(先端环境防灾研究)客座讲师。

** 秦政,上海外国语大学2019级法律硕士研究生;曹瑞恒,上海外国语大学2019级法律硕士研究生。

道府县、指定城市、核心市、保健所设置市)卫生危机管理体系的现状,从而探讨各中存在的问题。其中,重点关注危机管理部门在卫生危机中是否充分发挥作用,是否与其他部门相互协调配合等问题。

本文参照《厚生劳动省健康危机管理对策基本方针》,将“公共卫生危机管理”的概念界定为“对威胁人民生命健康的药品、食品、传染病、饮用水等引起的健康危害进行预防、初步应对、防止扩散的一般工作”。[1]

此外,“传染病防治对策”是针对与传染病的预防及传染病患者的医疗相关的法律(以下简称《传染病法》)(第6条)中所定义的“传染病”[2]而实施的一系列活动,是“公共卫生危机管理”中包含的一个下位概念。

此外,在《地域保健法》(第5条)中,“都道府县等”指的是必须设置保健所的都道府县、指定城市、核心市、保健所设置市及特别区。其中,必须设置保健中心的市(指定城市、核心市、保健所设置市)统称为“政令市等”。[3]

一、问题的背景与目的

在本部分中,我们从危机管理行政和公共卫生行政两个角度切入,对日本公共卫生危机管理的历史及以往的研究成果进行了总结,并阐述了本文的主要论点。

(一)公共卫生危机管理措施的历史

在日本,20世纪四五十年代的结核病等传染病、六七十年代的公害事故、80年代的血液制剂等医药品事故被认为共属公共卫生危机课题。进入

---

〔1〕《厚生劳动省健康危机管理对策基本方针》将其定义为“属于厚生劳动省管辖的、针对由药品、食物中毒、传染病、饮用水等引发的对国民的生命和健康安全造成威胁的事态”,但本文中的相关概念,不仅限于厚生劳动省所管辖的业务。

〔2〕《传染病法》(第6条)将传染病依据其病原性质,分为一类传染病(埃博拉出血热、鼠疫等),二类传染病(结核、重症急性呼吸综合征、中东呼吸综合征等),三类传染病(霍乱、细菌性红斑、肠出血性大肠杆菌感染症等),四类传染病[A型肝炎、狂犬病、禽流感(不包括特定禽流感及甲型H1N1等)、疟疾等],五类传染病[流感(不包括禽流感及甲型H1N1等)、麻疹等],并规定了针对每种类型可采取的措施。

〔3〕“保健所政令市”也被称作“保健所设置市”,但本文中将指定城市、核心市、保健所设置市等统称为“政令市等”。

20世纪90年代,鉴于诸如阪神·淡路大地震(1995年)以及东京地铁沙林毒气事件(1995年)等从未发生的规模巨大的危机或有别于传统危机的新型危机暴发,日本中央政府于1998年4月在内阁官房中增设"危机管理监事",负责处理应对此类重大紧急事态(《内阁法》第15条)。[1]

此外,以"因血液制品导致艾滋病感染事件"为契机,厚生劳动省(当时)认识到公共卫生危机管理的重要性,在1997年于大臣官房厚生科学科增设健康危机管理对策室(现为健康危机管理灾害对策室),发布了《厚生劳动省健康危机管理对策基本方针》。[2] 过去,处理药品和食品属医药食品局职责,传染病和因水而导致的卫生事件属卫生局职责,这些由各部门分别应对的事项,现由大臣官房统一跨部门综合协调。此外,厚生劳动省当时发布了《传染病卫生危机管理实施要领》等文件,在指明公共卫生危机管理这一基本国策的同时,修订了相关法律法规,要求地方政府确保建立相应的公共卫生危机管理体制。

(二)以往的研究与研究目的

随着2000年4月"关于制定推进地方分权的相关法律的法律"(以下简称《地方分权总括法》)的颁布施行,地方政府亟须推进地方行政自主性、综合性改革。根据总务省下设立的研究会(与分权型社会相对应的地方行政组织运营革新研究会)提出的《分权型社会地方政府运营革新战略》(2005年),为提高地方政府的自主性、综合性运营水平,"重点强化地方行政首长

[1] 《内阁法》第15条规定:内阁官房中设置1名危机管理监事。内阁危机管理监事协助内阁官房长官和内阁官房副长官,依照命令负责第12条第2款第1项至第6项所列事务中的危机管理(应对造成或者可能造成公民生命、身体、财产严重损害的突发事件,防止突发事件的发生。第17条第2款第1项亦同样适用)的相关事项(国防相关事务除外)。

[2] 厚生労働省大臣官房厚生科学課健康危機管理災害対策室,「国における健康危機管理の取組」,(2014年3月19日川崎市健康危機管理対策研修会資料)。《厚生劳动省健康危机管理对策基本方针》是根据以"因血液制品导致艾滋病感染事件"为契机而于厚生劳动省大臣官房中设立的"防范药物造成健康损害复发措施项目组"所发表的建议报告书(1996年7月)制作而成的。该报告书中规定,成立厚生科学审议会(暂定名),并设立规制医药品、食物中毒、传染病及饮用水等问题的相关部门和由大臣官房组成的"厚生劳动省健康危机管理调整会议",同时于大臣官房厚生科学课内设立健康危机管理对策室。

的领导力及完善与之配套的顶层管理制度”。[1] 山之内等人(2008)阐明,部分地方政府正通过吸收民营企业的组织管理办法,以支持其首长的顶层管理。山之内同时指出,应通过制定条例等形式确立相关制度,从而使相关政策得以长期化执行。

在地方政府危机管理体系方面,针对近年来自然灾害等频发且规模较大的状况,总务省消防厅(2008,2009)全面研讨了地方政府危机管理体系的发展情况。该研讨会中提到,地方政府为应对危机,必须建立专门的危机管理部门,并赋予危机管理执行人员以相应权力。[2] 此外,研讨会还证实了这样一种情况,虽然专门的危机管理部门的数量在不断增加,但在目前地方政府的体制下,很大一部分危机管理官员都隶属于总务部门或生活环境部门。中邨等人(2014)指出,自阪神·淡路大地震以来,设立危机管理专门部门的地方政府数量不断增加,而自 2011 年东日本大地震后,此趋势得到进一步加强。

从上述以往的研究中可以看出,目前地方政府预想的危机管理主要集中在自然灾害的应对层面,而对于公共卫生危机则尚未制定详细的方案。神尾等人(2005)指出,被认为是影响社会生活各个方面的重大权限已从地方政府首脑一级转移到了一线的保健所,并指出了厅本部充分参与的必要性。此种情况表明,虽然地方政府的行政架构正向顶层管理方向发展,但公共卫生危机管理的权限被下放给了位于一线的保健所,顶层管理制度并没有得到实际深化。

此外,在 2009 年甲型 H1N1 流感暴发时,即使是在设有专门危机管理部门的城市,其中仍有一些城市是由保健卫生部门牵头应对疫情,而这些部门

---

〔1〕「分権型社会における自治体経営の刷新戦略」分権型社会に対応した地方行政組織運営の刷新に関する研究会(座長:岩崎美紀子筑波大学大学院人文社会科学研究科教授、事務局:総務省自治行政局行政体制整備室)等中亦有提及。

〔2〕这些提议是以经历阪神·淡路大地震和中越地震、于地方政府中设立危机管理专门部门及危机管理监事的事例为依据而提出的。

与作出危机应对决策的行政长官之间尚未做到充分衔接。[1]

本文假定“地方政府正在推动危机管理部门的建立，但在卫生危机发生时，危机管理部门可能并未充分发挥作用”，重点对地方政府危机管理部门在卫生危机发生时是否可采取跨部门措施进行了研究。特别是在2009年甲型H1N1流感暴发时，出现了“虽然存在危机管理部门，但仍是保健部门在其中发挥着主导作用”的情况，在此基础上，本文研究的目的就是找出行政体制中存在的问题。

在第二部分中，我们明确了地方政府卫生危机管理的作用和职责，并对相关法律法规进行了整理，总结了现状与问题，特别对危机管理部门与保健卫生部门的职能划分进行了归纳。在第三部分中，我们根据以都道府县与政令市为对象的问卷调查结果，明确了地方政府卫生危机管理体系的实际情况。在第四部分中，我们根据上述问卷调查结果，对地方政府的卫生危机管理体制进行了研究探讨。

二、地方政府公共卫生危机管理的相关法律制度

政府在发生公共卫生危机时可采取的行政措施包括隔离患者与收容住院、关闭学校、限用公共设施等，其中还包括诸如限制人员流动等可能侵犯基本人权的行政措施。因此，地方政府必须严格依照法律法规的规定，妥善实施这些举措。

除在地方政府保健卫生法律领域制定了《地域保健法》外，我国还针对导致公共卫生危机的其他各项原因（如药品、食品、传染病、饮用水）分别制定了《医疗法》《食品卫生法》《传染病法》《水道法》等各种法律法规。例如，普通传染病应依据《传染病法》《检疫法》《预防接种法》进行处理，而如果出现新发传染病在全国范围内迅速蔓延，对人民群众生活和国民经济造成重大影响的情况，则对应采用《新型流感等对策特别措施法》（以下简称《流感特

---

〔1〕 平川，2012。

别措施法》)进行处理。

此外,因地震等自然灾害引发卫生危机时,应当依据《厚生劳动省防灾业务计划》采取对策加以应对,同时也应以《灾害对策基本法》《救灾法》《消防法》《警察法》《自卫队法》等相关法律法规为基础寻求应对措施。

本部分把重点聚焦于作为地方政府卫生危机管理基础的《地域保健法》、作为传染病防治措施基础的《传染病法》(由厚生劳动省管辖)和《流感特别措施法》(由内阁官房管辖)之上,进而总结地方政府公共卫生管理的框架脉络。

(一)公共卫生相关立法

1.《地域保健法》规定的卫生危机管理事务

公共卫生管理体制是由"(国家)厚生劳动省—(都道府县)保健卫生部门/都道府县保健所—(市町村)保健卫生部门/(市町村)保健所(或保健中心)"组成的统一体系。30 万人口以上的城市必须设立保健所,同时,根据《地域保健法》(第 5 条)规定,必须在都道府县、指定城市、核心城市以及政府命令指定的其他城市和特别区设立保健所。

市町村保健部门与保健所,两者作为居民保健卫生服务的服务窗口,被指出存在双重行政管理的问题。根据 2000 年 3 月修订的《保健所法》进而订立的《地域保健法》中,将居民熟悉的与使用频率较高的妇幼保健服务的实施主体更改为了市町村,将妇幼保健服务与现有的市町村服务即老年人保健服务合并,由市町村统一提供各类保健服务。目前有报道称,保健所将同现有的保健卫生部门合并,作为相当于厅本部的部级组织机构。对此有人指出,此举的目的是尽可能缩短决策过程,以便保健所的专业人员在发生公共卫生危机时能更有效地采取相应对策。[1]

此外,政府在《地域保健法》的基础上,对《促进地域保健对策基本方针》(1994 年 12 月 1 日厚生劳动省第 374 号公告)》进行了部分修订,明确规定

〔1〕 野沢,2010。

要确保各地的卫生危机管理体制。[1] 该方针提出,"此外,核心管理责任人最好由熟悉当地卫生医疗情况的保健所所长担任"。因此,诸如公共卫生危机管理等专业技术性任务都转移至保健所,保健所所长则必须具备《地域保健法》(第4条)中规定的医师资格(或同等资格),并应以专业人员的身份进行决策。[2]

此外,该基本方针要求各地区编制公共卫生危机管理手册。为此,厚生劳动省成立"地域公共卫生危机管理研究小组",编制完成《地域健康危机管理指南》(2005年3月)。该指南指出,"保健所在地方卫生危机管理中也应发挥核心作用",并且该指南明确了保健所应承担"卫生危机的预防""卫生危机发生时的预备工作""卫生危机的应对""卫生危机造成的损害的恢复"等职能。[3]

全国共有486家保健所,其中以都道府县为主体的保健所有364家,平均每个都道府县有7.7家(见表1)。指定城市中多为1城市1保健所,核心市与其他政令市为1城市1保健所,都道府县设有多个保健所,政令市等地大多为1市1保健所,这同保健所能否在公共卫生危机管理中发挥核心作用也有关系。

表1 不同地方主体设置保健所的数量

设置主体	都道府县	注①指定城市	注②核心市	注③其他政令市	特别区	总计
设置数	364	47	41	7	23	486

注:①指定城市(《地方自治法》第252条第19款第1项规定的20个市)的保健所数量。

札幌(1)仙台(1)新泻(1)埼玉(1)千叶(1)横滨(1)川崎(1)相模原(1)静冈(1)名古屋(1)

---

[1] 《促进地域保健对策基本方针》(第一地域保健对策推进的基本方向,基于地方的卫生危机管理体制的确保)针对在地方发生的卫生危机,为了合理有效并迅速地进行危机管理,有必要确保各地的卫生危机管理体制。(后略)

[2] 《地域保健法》第4条规定:保健所所长本身需有医师资格证。除此之外,该法第5条第1项中规定:地方公共组织的负责人的辅助机关必须是正式员工,但是该条件稍为苛刻。厚生劳动省的内部设立的"关于保健所所长职务相关研讨会"上对该条件又有所放松。同时,平成16年3月在同研讨会上发表了一份报告书,在其条件上追加了"要求医师或者同等以上的知识水平人员",实际上条件并未放松。

[3] 「地域における健康危機管理について～地域健康危機管理ガイドライン～(平成13年3月)」。

滨松(1)京都(1)大阪(1)神户(1)堺(1)冈山(1)广岛(1)福冈(1)北九州(1)熊本(1)。

注②核心市(《地方自治法》第252条第22款第1项规定的45个市)1市1保健所。

注③根据政令设置保健所的市(《地域保健法》第1条第3款规定的7个市)1市1保健所。

小樽　町田　藤泽　四日市　吴　大牟田　佐世保。

出处:笔者根据厚生劳动省资料整理而成。

2. 基于《传染病法》的传染病危机处理对策

传染病的防治措施以《传染病法》《检疫法》《预防接种法》等法律为依据,旨在预防及阻止传染病传播蔓延。具体来说,要求都道府县知事采取"传染病信息的收集和公布"(第12~16条)、"健康诊断、工作限制及住院"(第17~26条)、"消毒及其他措施"(第27~36条)、"医疗"(第37~44条)等措施。此外,《传染病法》(第64条)规定,设有保健所的政令市在履行这些职责方面应采取与都道府县相同的措施。这意味着,都道府县和政令市等需承担相同的职能。这是在考虑公共卫生危机管理的实施主体时非常重要的一点。此外,通常都道府县和政令市会根据各地方政府的授权规则,将《传染病法》规定的各种措施的权力下放给保健所所长。[1] 根据以往的研究结果可以推断,保健卫生部门与保健所在确定传染病暴发时应采用的具体措施方面发挥着重要作用。表2显示了笔者采访的各市保健所所长的实际授权情况。诸如管理传染病患者的"入院、转院、出院"(第19~22条)、涉及限制人员流动的措施制定,也确实已授权给保健所所长。而对于"交通限制或封锁"等对社会有重大影响的措施,多数地方政府并未授权给保健所所长实施。

〔1〕 神尾等,2006。

表2 都道府县等地方的保健所所长的事务委任情况

区分	东京都	大阪府	兵库县	横滨市	神户市
第12条第1项:医师呈报	○				
第15条第1项:积极的疫学调查	○	○	○	○	○
第15条第3款第1项、第2项:和检疫所所长的合作	○		○	○	
第17条:健康诊断	○	○	○	○	○
第19~22条:入院、转院、出院	○	○	○	○	○
第30条:尸体移动限制等	○	○	○	○	○
第33条:交通限制或封锁				○	
第35条:讯问调查等	○	○		○	○
第44条第3款第1项、第2项:预防感染			○	○	○

注:○……都道府县知事(或是政令市的长官)的权限/义务、委托给保健所所长的事项。
出处:笔者依据各地地方政府规章所作。

在日常实践中,政令市往往不经过都道府县,而直接向厚生劳动省上报传染病暴发的相关信息;厚生劳动省也不经过都道府县,而直接公布全国的传染病暴发信息或发布各类通知。由于政令市的信息直接上报给厚生劳动省,因此存在都道府县无法整合本地区内部信息的问题。[1] 因此,虽然厚生劳动省直接从政令市收集信息的运行体制对公共卫生危机管理是有效的,但同时我们也需要一个能够将信息汇总至各都道府县的机制。

(二)危机管理相关法令

《传染病防治措施》规定,一旦发生有可能在全国范围内迅速蔓延、严重影响人民群众生活和国民经济的新型流感等传染病,即对其适用《流感特别措施法》。

如表3所示,《流感特别措施法》授权都道府县知事采取预防感染的措

〔1〕 兵库县,2009。

施,包括要求和指示医生进行治疗(第31条)、要求和指示限制使用学校及社会福利设施(第45条)等举措。由于该法并未规定政府政令市等与都道府县有相同的义务,那么政令市等就需要遵守都道府县知事的指示。

表3 新型H1N1传染病发生时的应对部门体制:《流感特别措施法》的规定

	都道府县	市町村
暴发疫情时设置的应对部门	都道府县对策本部	市町村对策本部
设置义务	需要时必须设立政府对策本部(第22条)	宣布新型流感等紧急事态时,必须设立(第34条)
本部部长	都道府县知事(第23条)	市町村长(第35条)
本部部员	·副知事 ·都道府县教育委员会教育长 ·警视总监或者道府县警察局长 ·特别区的消防长官 ·其他,都道府县知事从该都道府县政府机构任命的其他官员(第23条)	·副市町村长 ·市町村教育委员会教育长 ·消防长官或消防员(或消防团长) ·其他,市町村长从该市町村政府机构任命的其他官员(第35条)
责任义务(一部)	·协助实施特定接种(第28条) ·要求或指示医师从事医疗等(第31条) ·要求限制学校、社会福利设施的使用等(第45条) ·协助实施预防接种(第46条) ·指定医院和医药销售等(地方)公共机关诊疗、药品销售(第47条) ·临时医疗设施的设置、土地等的使用(第48条、第49条) ·特定物资买卖的征用(第55条)	·协助实施特定接种(第28条) ·居民预防接种(第46条)

出处:笔者参考《流感特别措施法》所作。

此外，如图1所示，依据《传染病法》直接从厚生劳动省接收信息的政令市等，按照《流感特别措施法》则需要通过都道府县收集信息。这样或许可以解决《传染病法》上都道府县政府无法从政令市和其他主体处收集信息的问题，但如果在紧急状态下采取不同于平时的信息收集措施，可能会引起混乱。据说，在《流感特别措施法》制定时，政令市等主张有必要赋予政令市等与《传染病法》规定一样的权限，但并未得到回应。[1] 如图1所示，因为《传染病法》与《流感特别措施法》在信息共享方式上的差异，今后有必要认真研究信息共享和协调合作方式。

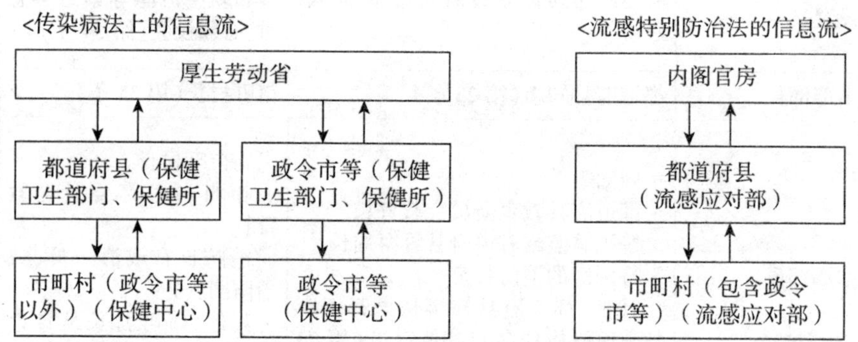

图1　传染病情报等信息流

出处：笔者根据厚生劳动省、内阁官房资料等所作。

此外，如表3所示，危机发生时，根据《灾害对策基本法》等其他危机管理法律和法规，都道府县的警察局长和市町村的消防局长被指定为对策本部的成员。而在厚生劳动省制定的《地域健康危机管理指南》中具有"卫生危机管理核心作用"的保健所，却并未被法令指定为对策本部的成员。虽然保健所被定位为公共卫生部门的一部分，但除非经过行政首长而被任命为危机应对部门的成员，否则保健所将很难直接参与对策的制定工作。

---

〔1〕 根据2012年11月26日笔者采访（横滨市保健所负责人）。即使是在《灾害对策基本法》等危机管理法令中，也从未考虑到大都市的特例情况。不难看出，危机管理法令的运行并不是特别顺利。

(三)地方政府卫生危机管理法律制度的现状与问题

根据厚生劳动省管辖的《地域保健法》和《传染病法》的规定,地方政府的公共卫生管理应由保健所和保健卫生部门负责,进行实地实施。保健所所长要由有医师资质(或相当于医师资质的人)担任,应发挥类似于专家的作用。

在传染病大规模暴发时实施的《流感特别措施法》明确规定了都道府县和市町村的职责,政令市等与其他市町村一样,需要按照都道府县知事的政策方针实施公共卫生管理措施。

在卫生危机管理方面,因平时的现场处置与紧急状态下地方政府的作用,特别是政令市的作用不同,信息共享系统也要相应发生部分变化。因此,要想做到从常规时期向紧急状态过渡的无缝衔接,就需要对常规时期和紧急状态下的体制机制进行全面审查。

三、地方政府卫生危机管理体系的实际情况

一旦发生公共卫生危机,根据疫情情况,政府将采取病人隔离、住院、学校停课、限制使用公共设施等措施。为防治传染病而采取的社会措施如能及时迅速地实施,可有效地阻止传染病的大规模传播。因此,信息收集和初始响应系统在行政部门的初始响应中非常重要。

本部分内容中除文献调查外,笔者还以都道府县和政令市为对象,进行了地方政府卫生危机管理体系调查(以下简称笔者问卷调查[1])及访谈调查,以调查结果为基础对地方政府的卫生危机管理体系进行了整理总结。此外,还重点关注新型流感暴发时的体制运行(对策本部),试图对各都道府县的卫生危机管理体制进行类型化区分。

(一)发生公共卫生危机时危机管理组织与保健卫生部门的关系

传染病患者等信息将由医生向都道府县(市)保健所/保健卫生部门通

---

〔1〕 笔者的问卷调查共发送给全国的115所地方政府(都道府县47所,政令市68所),其中收到都道府县回复33件,政令市回复44件,共计77件(回收率66%)。

报,后由厚生劳动省汇总整理。即使危机管理部牵头成立对策本部,也是由保健所负责向医生收集整合病人信息。

因此,在发生卫生危机时作出决策和判断的危机管理部门与保健卫生部门间的合作协调就非常重要。本部分具体阐述负责跨部门进行危机应对的危机管理部门与作为事业单位的保健卫生部门之间关系的实际情况。

1. 地方政府危机管理组织的类型与传染病应对措施

本部分基于行政组织规则,调查分析各地方政府危机管理组织的现状及危机管理组织是否负责传染病防控。地方政府危机管理组织的组织定位分为四类:(1)首长直辖(知事公室、市长公室)组织(3 县 2 市);(2)设有独立的危机管理部门的组织(21 府县 27 市);(3)属于总务部的组织(16 都道县 34 市);(4)隶属于生活环境部门的组织(7 府县 6 市)。

大部分的都道府县都设有独立的危机管理部门,而许多政令市的危机管理部门都隶属于总务部。截至总务省调查时(2008 年),危机管理机构隶属于总务省的比例最多,但拥有独立危机管理部门的都道府县的数量也正逐步增加。在回答笔者问卷调查的地方政府中,79%(都道府县 82%,政令市等 77%)的地方政府设有部长/次长以上的危机管理干部(如危机管理监事等),表明多数地方政府都设有危机管理干部。很明显,鉴于总务省(2008 年)在研讨会提出了“为建立综合的、跨组织的危机管理体系,应设立独立的危机管理部门,并任命危机管理干部”的方针,各地方政府正是按照该方针来制定地方危机管理制度的。

这些危机管理部门是否实际负责大规模传染病应对工作?下文将以此为切入点进行分析。表 4 是以回复笔者问卷调查的城市为对象,根据是否将大规模传染病纳入了危机管理干部的职责范围,对地方危机管理部门进行了分类。

表 4　都道府县、政令市等的危机管理体制的类型化(2015 年 4 月至今)

危机管理部门(科室)的定位	都道府县	政令市等
首长直辖(知事办公室、市长办公室) 3 县 1 市	富山县、熊本县、冲绳县 3 个县中 2 个县(67%)负责传染病防治	冈崎市 不负责传染病防治
独立的危机管理部门(危机管理部、防灾部等) 16 府县 14 市	福岛县、埼玉县、千叶县、岐阜县、静冈县、爱知县、滋贺县、大阪府、兵库县、岛根县、冈山县、广岛县、德岛县、香川县、高知县、长崎县 ※16 个府县中 9 个府县(56%)负责传染病防治	札幌市、仙台市、新潟市、相模原市、大阪市、广岛市、福冈市、北九州市、旭川市、东大阪市、西宫市、高知市、四日市市、佐世保市 ※14 个市中 10 个市(71%)负责传染病防治
危机管理科室隶属于总务部(局) 11 道县 25 市	北海道、青森县、岩手县、秋田县、群马县、石川县、山梨县、和歌山县、鸟取县、山口县、佐贺县 ※11 个府县中 3 个府县(27%)负责传染病防治	千叶市、横滨市、川崎市、静冈市、熊本市、函馆市、青森市、秋田市、岩城市、宇都宫市、前桥市、川越市、柏市、长野市、丰田市、大津市、高槻市、尼崎市、奈良市、仓敷市、高松市、松山市、高知市、大分市、宫崎市 ※25 个市中 11 个市(44%)负责传染病防治
其他(危机管理科室隶属于其他部局,如生活环境部、市民部等) (3 县 5 市)	山形县、福井县、大分县 ※3 个府县中 1 个府县(33%)负责传染病防治	鹿儿岛市、八王子市、町田市、富山市、久留米市 ※均不负责传染病防治
合计	33 个都道府县中 15 个都道府县(45%)负责传染病防治	45 个市中 21 个市(47%)负责传染病防治

注:※仅限于回复笔者问卷调查的地方政府(下划线为由危机管理干部负责大规模传染病的地方政府)。

出处:根据笔者问卷调查结果所作。

如表 4 所示，在 33 个受访的都道府县和 45 个市中，有 15 个府县(45%)、21 个市(47%)的危机管理干部负责传染病防控工作。此结果表明，约一半的地方政府中实际由危机管理部门负责传染病防控。相反，也有半数的危机管理部门不负责传染病防控。从表 4 的分类来看，在“独立的危机管理部门”类别中，16 个府县中的 9 个府县(56%)、14 个市中的 10 个市(71%)的危机管理部门具有传染病防控职能，说明危机管理部门设置是跨组织机构的。

然而，即使将大规模传染病纳入危机管理干部的职责范围，也要由相关事业部门牵头负责传染病防治工作。以下是神户市和大阪府的体制机制。

2002 年，神户市设立了独立的危机管理机构(危机管理室)，并指派了一名专门负责危机管理的干部(危机管理监事，局长级)。海外发生甲型 H1N1 传染病时，在公共卫生危机管理对策上，危机管理室长和保健福祉局商议，采取开展“神户市公共卫生管理对策会议”等措施，建立合作响应机制。但危机管理办公室仅有几名专职工作人员，相关各部门的危机管理负责人都是兼任的，不得不说此为组织上的薄弱之处，导致具体工作仍由保健卫生部门负责牵头处理。[1]

2002 年 4 月，大阪府为对非自然灾害危机事项进行危机管理，在总务部防灾室成立了危机管理课。2003 年重症急性呼吸系统综合征暴发后，将防灾室更名为危机管理室，形成全面的危机管理体制，并于 2005 年 4 月任命了危机管理监事。不过，危机管理室是防灾部门和消防部门的上级机构，暴发甲型 H1N1 时，则是“由健康医疗部保健医疗室地域保健传染病科负责实施对策本部的一般事务”，说明健康医疗部在应对危机中发挥核心作用。[2]

---

〔1〕 神戸市「神戸市新型インフルエンザ対策実施計画」(2008 年 2 月)。目前该规定部分内容已发生改变，例如，在海外暴发疫情时，市长可以酌情召开对策本部成员会议。

〔2〕 根据 2012 年 12 月 6 日笔者采访(大阪府保健所负责人)。

从以往的研究[1]中已经证实了地方政府推进设立危机管理部门的趋势。但有意见认为,危机管理部门的设立与大规模传染病是否应当由跨组织机构负责应对无关。且从实例研究来看,对于公共卫生危机管理,仅仅设置危机管理部门或危机管理干部是完全不够的。

2. 发生公共卫生危机时危机管理部门与保健卫生部门的角色分工

笔者通过对自然灾害和大规模传染病暴发时的行政管理体制的问卷内容进行分析,可以看出,在大多数地区,自然灾害从发生一开始就由危机管理部门重点进行处理,而甲型 H1N1 等大规模传染病则是由事业职能部门重点应对,同时也的确出现了必要时由危机管理部门负责处理的趋势。

具体来说,在地方上,84% 的自然灾害案件和 10% 的大规模传染病案件从一开始就由危机管理部门作为主要应对机构。对于大规模传染病,65% 的地方政府(都道府县 61%,政令市等 68%)是由"事业职能部门首先响应,必要时由危机管理部门负责处理",其次,23% 的地方政府(都道府县 27%,政令市等 21%)是由"事业职能部门统一应对危机。"

从实际情况来看,如果危机管理干部是由警察或消防部门出身的人担任,那么他们可以应对自然灾害等,但公共卫生危机管理则是由事业职能部门统一应对。以前述的神户市为例,危机管理干部由原消防局局长担任,说明该机制的设计主要是为了应对自然灾害。[2] 虽然大阪府的危机管理办公室的职责中包括大规模传染病防控,但 2009 年甲型 H1N1 疫情暴发时,其实仍是由保健卫生部负责应对。有人指出,由于保健卫生部门在应对危机的同时,还要继续履行日常职责,所以使得保健卫生部门不可能长时间应对危机,而学校停课和限制公共设施使用等措施又与其他部门相关,仅靠保健卫生部门难以负责指挥调动。[3]

〔1〕 总务省,2008。

〔2〕 在神户市,历代都是消防局局长退役后担任危机管理监事一职,因此,2009 年的甲型 H1N1 流感发生时探讨对策内容的主体是保健福祉部。根据 2012 年 12 月 6 日笔者访谈(神户市保健所负责人)。

〔3〕 根据 2012 年 12 月 6 日笔者访谈(大阪府保健所负责人)。

“事业职能部门首先响应、必要时由危机管理部门负责处理”具体是指，技术性判断由事业职责部门负责，而事务局运营等事务职能部分则由危机管理部门负责实施。2009年八王子市暴发的甲型H1N1流感本应由保健所负责应对，但实际上是由负责危机管理的防灾科具体负责。[1]

在东京都，除成立以知事为部长的厅级“传染病紧急事态对策本部”外，还设立了福祉保健局新型流感防治部，以福祉保健局为中心做技术措施应对，同时传染病防治部和福祉保健局共同做好新闻发布工作。包括东京都政府的各局局长在内，陆上自卫队、区市町村、指定的公共机构、指定的地方公共机构等都共同加入厅级的“传染病紧急事态对策本部”，[2]虽然技术性的决策必须以保健卫生部门的医学专家为首进行讨论审核，但因为媒体发布与应急部事务、非技术性环节与自然灾害应对事务局的运作有很多共同之处，所以通过分工，可以更有效地减轻事业职能部门的负担。

地方政府组织的现状是，警察、消防等应急管理部门24小时轮流值班，做好应对突发事件的准备，但卫生部门在继续履行主要职责的同时，还要应对突发事件，那么在应对大规模传染病等长期危机时即存在系统性问题。所以在保健卫生部门专门负责技术决策之外，还有必要建立一个跨部门的应对措施和决策的危机管理部门。

（二）发生卫生危机时，相关部门之间的协调工作

大规模危机发生时，由于许多相关机关需要同时采取应对措施，所以在平时就需要相关组织之间进行信息共享和协调。本部分内容总结了危机管理部门与卫生部门的协调合作，以及保健卫生部门与消防部门在移送病患过程中的合作。

1. 危机发生时危机管理部门与保健所的合作

在危机发生时设立的“对策本部”是对危机进行政策判断的重要组织。如上文所述，当新型流感发生时，根据《流感特别措施法》设置的都道府县

---

〔1〕 根据2012年8月11日笔者访谈（八王子市保健所负责人）。

〔2〕 根据2012年5月16日笔者访谈（东京都福祉保健部负责人）。

(市町村)对策本部中,往往由知事(市长)担任组长,其成员包括都道府县(市町村)教育委员会的教育长、警察本部部长、消防厅成员等。此外,多数地方政府还规定,所有部门的负责人都参加对策本部,地方政府的本厅保健卫生部门也应参与对策本部的工作。

从地方政府应对公共卫生危机的方针中,可以推知保健卫生部门与保健所参与对策本部工作的方式。总务省(2008)认为,地方政府的危机管理部门与消防、警察、自卫队等相关机关,于常规时期就应进行人事交流与合作。在公共卫生危机管理方面,除消防、警察、自卫队等机关外,还需要危机管理部门与保健所、保健所与消防机构之间进行合作。

在本部分内容中,我们重点着眼于在现场层面作为公共卫生危机管理核心的"保健所相关人员",试图对保健所相关人员是否应作为对策本部成员参与对策本部决策这一问题进行调查分析。保健所所长由医师或具有相当于或高于医师资格的、有着医学和公共卫生知识的专家担任,由此可推断,保健所相关人员参与对策本部的地方政府基本已确立了将专业知识用于政策判断的体制机制。

根据笔者问卷调查,在危机管理干部的管辖下,曾发生过大规模传染病的地方政府达71%(都道府县72%,政令市等71%),而都道府县、政令市等多数地方政府的危机管理干部都为对策本部成员。此外,保健所参与对策本部的地方政府占46%(都道府县约10%,政令市等73%)(见表5)。如表5所示,通过都道府县与政令市等保健所参与程度的差异可以看出,在"1城市1保健所"体制与"1都道府县多保健所"体制中,在地方政府中保健所的地位也存在差异。这可能是由于都道府县型保健所与政令市型保健所所要求的功能存在差异。[1]

〔1〕 县政令市的保健所与都道府县具有同样的保健所职能,此外还提供市町村保健中心对人服务功能。

表5　危机管理干部的管辖范围与保健所参与应对新型流感对策本部的情况

<都道府县>

	危机管理干部管辖的范围中包含“传染病”	危机管理干部管辖的范围中不包含“传染病”
保健所参与对策本部	德岛县	鸟取县、长崎县
保健所不参与对策本部	山形县、群马县、岐阜县、静冈县、滋贺县、大阪府、冈山县、山口县、佐贺县、熊本县、冲绳县	北海道、青森县、岩手县、秋田县、福岛县、埼玉县、千叶县、富山县、石川县、福井县、山梨县、爱知县、兵库县、和歌山县、鸟根县、广岛县、香川县、高知县、大分县

<政令市>

	危机管理干部管辖的范围中包含“传染病”	危机管理干部管辖的范围中不包含“传染病”
保健所参与对策本部	新潟市、相模原市、大阪市、广岛市、秋田市、宇都宫市、长野市、丰田市、高槻市、东大阪市、西宫市、奈良市、高松市、松山市	札幌市、千叶市、横滨市、川崎市、函馆市、青森市、岩城市、前桥市、柏市、富山市、冈崎市、仓敷市、高知市、久留米市、宫崎市、鹿儿岛市、八王子市、佐世保市
保健所不参与对策本部	仙台市、静冈市、福冈市、北九州市、熊本市、川越市、四日市市	旭川市、大津市、尼崎市、大分市、町田市

出处：根据笔者问卷调查结果所作。

可以推知，在危机管理干部的管辖下曾发生过大规模传染病的地方政府，更重视机构内部的跨组织作用。将大规模传染病纳入危机管理干部的管辖范围，是否会导致保健所进一步参与对策本部的工作、使得危机管理部门与保健卫生部门进一步合作？该假设在本调查中尚无法得到验证。但是，保健所承担专业知识部分职能，从专业知识角度介入危机管理部门的政策判断是很重要的。

由于危机管理部门缺乏针对大规模公共卫生危机（传染病和食物中毒等）有专业知识的人才，因此可推知，危机管理部门与保健卫生部门之间进行更加积极的合作是非常重要的。

2. 运送传染病患者时保健卫生部门与消防机构的合作

作为突发传染病的初期应对措施，运送患者的主体与制度构建是重要的课题。根据《传染病法》（第 21 条）的规定，传染病患者与疑似患者的运送都属于都道府县的职责范围，保健所与都道府县等的卫生主管部门应在制度上予以保证。

为应对 2012 年国内暴发的埃博拉出血热与中东呼吸综合征疫情，厚生劳动省向健康局结核传染病课长发送的通知中称，“保健所及都道府县·保健所设置市的卫生主管部（局）需要确保应随时接送埃博拉出血热患者的基本制度”。[1] 但是，由于很多地方政府的运送体制不够完善，保健所等已向内务省消防局长提出了协助请求，并在各地方政府与消防机关缔结相应事前协议等方面提供了技术性建议。

为响应此通知，有 44% 的地方政府（都道府县 33%，政令市等 52%）表示“会在必要时与消防部门合作，请求其在应急运输方面给予配合”。

由于消防部门由市町村管辖，即使各都道府县向消防部门提出协助请求并缔结事前协议可能存在困难，仍有 33% 的都道府县确认已经与消防部门开展合作。对于能够与消防部门合作来运送传染病患者的地方政府而言，危

---

〔1〕 厚生労働省健康局結核感染症課長発信通知（都道府県、各保健所設置市、特別区衛生主管部（局）長宛て）「エボラ出血熱患者等の移送に係る消防機関の協力について（健感発 1128 第 1 号平成 26 年 11 月 28 日）」中规定，“在国内，《传染病法》（平成 10 年第 114 号法）规定的一级传染病患者或疑似传染病患者出现时，都道府县知事、保健所设置市的市长、特别区区长必须根据该法第 21 条的规定，将患者转移到指定的特定传染病医疗机构或一级传染病指定医疗机构。这项工作将由保健所负责实施。因此，日本任何地区一旦出现埃博拉出血热患者等（埃博拉出血热患者或出现疑似埃博拉出血热的人员），保健所或都道府县卫生主管部（局）[包括保健所设置市的卫生主管部（局）]应随时负责埃博拉出血热患者等的管理。即使于常规时期，也必须保证随时可接送转移埃博拉患者等的基本制度”。

厚生劳动省卫生局结核病传染病科向各都道府县、设有公共卫生中心的城市、特别病房发出的行政公文（2015 年 6 月 12 日）中的“关于中东呼吸综合征（MERS）国内疫情应对的问答”中，对中东呼吸综合征亦作相同解释。

机管理干部的设置状况与其管辖范围内是否包括“大规模传染病”之间并无关联，应根据实地情况予以必要的应对。

3. 常规时期部门间的信息共享

在以往的研究中已经指出，常规时期与其他关联部门的合作，在地方政府的危机管理体系中非常重要。尤其是与消防、警察、自卫队的合作，于平时的人事交流等事例中已经得到确认。〔1〕 在本部分中，我们重点介绍根据2013年生效的《流感特别措施法》而要求各都道府县制订的行动计划，并考察相关部门之间的实际合作状况。

由于预防甲型H1N1流感的各项措施中，不仅包括预防传染病的相关举措，还需要采取关停学校与限制公共设施使用等社会举措，因此，在政府内部采取跨部门措施的内阁官房对相关法律具有管辖权。根据《流感特别措施法》（第7条、第8条），各都道府县市有义务制订“都道府县（市町村）甲型H1N1流感等对策行动计划”。笔者对各地方政府的问卷调查结果显示，行动计划的制订过程中，有83%的地方政府由保健卫生部门制订，8%的地方政府由危机管理部门制订，而只有8%的市由保健卫生部门与危机管理部门联合制订，且基本可确认其由项目主管部门即保健卫生部门牵头应对。

在部署行动计划与其他部门的信息共享等方面，调查结果显示，大部分地方政府都与医务人员或保健所人员进行了信息共享（94%的医务人员、91%的保健所人员）。此外，71%的地方政府事先与在运送患者时需要协助的消防机关之间进行了信息共享。〔2〕 另外，在危机管理干部所负责的事项中包含大规模传染病的都道府县中，对策部门与警察、消防相关人员的日常

〔1〕 总务省，2008。

〔2〕 回答笔者问卷调查的77个地方政府中，根据行动计划策定进行信息共享的比例如下：医疗机构、医师会等医务人员（计94%：都道府县占比为94%、政令市占比为94%）、保健所人员（计91%：都道府县占比为91%、政令市占比为91%）、专业知识人员（计88%：都道府县占比为91%、政令市占比为86%）、相关行政机构（计84%：都道府县占比为82%、政令市占比为86%）、消防（计71%：都道府县占比为58%、政令市占比为82%）、学校（计64%：都道府县占比为64%、政令市占比为64%）、警察（计38%：都道府县占比为61%、政令市占比为21%）、产业界（计22%：都道府县占比为37%、政令市占比为11%）。

信息共享机会也相对更多。〔1〕

（三）基于实际调查的考察

调查分析的结果显示，虽然地方政府在建立专门的危机管理部门方面已取得部分进展，但在一些地方政府中，传染病尚未纳入危机管理专门部门的管辖范围。调查结果还证实，在发生自然灾害时，主要由危机管理部门负责应对；而在发生传染病时，则由保健卫生部门负责应对。具体而言，超过八成的都道府县设立了专门的危机管理部门与危机管理干部，但其中只有五成左右负责应对传染病的防治。公共卫生危机发生时主要由保健卫生部门负责应对的地方政府占九成左右。这些结果证实，地方政府中的公共卫生危机管理应对与危机管理应对尚处在不同的体系。

在本文进行案例研究的地方政府中，神户市与大阪府在危机管理方面较为先进，具体表现为二者在政府架构上，都设置了专门的危机管理部门，同时任命了部局长级别的危机管理专门干部。2009 年甲型 H1N1 流感暴发时，两政府的保健卫生部门都起到了主导作用。主要原因在于，危机管理部门职员和干部的专业领域在自然灾害、消防等方面更有优势。这说明，为了推进公共卫生危机管理的行政应对，不仅是行政体制，而且包括行政干部在内的专业人力资源的培养与部门间的合作都非常重要。此外，调查结果还显示，在某些情况下，都道府县（市）的对策本部需要对危机管理进行政策判断，但其人员构成中并没有来自公共卫生第一线的保健所人员。这表明，公共卫生管理人员与危机管理部门之间可能尚未进行充分协调。但在运送传染病患者时，消防机关与保健卫生部门的合作则进展得比较顺利。

四、地方政府公共卫生管理体制的相关探讨

就地方政府的危机管理体制而言，以往的研究中都指出了设立危机管理部门和赋予危机管理干部权限的重要性，此点于阪神 · 淡路大地震和东日本

〔1〕 在危机管理干部的管辖范围中包含传染病的情况下，与警察及消防人员“进行日常信息共享”的回答的相关系数为中等程度。警察的相关系数为 0.60，消防的相关系数为 0.38。

大地震中已得到证实。另外，就公共卫生危机的应对而言，2009 年甲型 H1N1 流感暴发时，即使在有专门的危机管理部门和危机管理干部的地方政府中，也存在保健部门被迫出面作出应对的情况。

本文证实了以往的研究中所述的，地方政府有设立危机管理部门的趋势，但也证实了公共卫生危机管理被普遍认为不属于危机管理部门的管辖范围，很多情况下是由保健卫生部门进行牵头处理的现状。

另外，危机管理部门与有关行政机关（周边市町村和都道府县）、医务人员、学术专家在日常生活中进行信息共享的事实也已得到确认。说明地方政府有意愿将公共卫生危机管理作为一个整体组织加以构建，而非仅仅将其作为一个项目主管部门。同时，研究还证实，很多城市都由公共卫生官员担任都道府县（市）对策本部成员，从而也证实了危机管理部门与公共卫生部门间的合作。此外，在应对近年来在全球范围内蔓延的埃博拉出血热与中东呼吸综合征等传染病时，有一定比例的地方政府与消防部门合作，依法由保健所负责病人的运送工作。

从本文中可以看出，目前地方政府的公共卫生危机管理主要是以该项目主管部门即保健卫生部门为中心，但部门之间的合作体制也正逐步完善。虽然有了相应的组织体制，但保健卫生部门仍然是公共卫生危机管理的中心，从这一情况可推测，不仅在体制层面，在危机管理部门中专业人才的培养等课题亦存在问题。

作为公共卫生危机管理中心的保健所，需要由医师或具有相当于或高于医师的医学或公共卫生知识的专家来负责，危机管理部门或危机管理干部难以作出集中决策。因此，在考虑对策时，可能需要深化危机管理部门对卫生危机管理案件的参与，建立跨部门的危机管理体系，同时有效利用公共卫生部门和公共卫生中心的专业知识体系。

在发生公共卫生危机时，需要了解一定的公共卫生专业知识并采取适当的措施。为此，我们认为提供相应的培训、演练等教育机会是非常必要的，也有必要在危机管理部门与公共卫生部门之间进行常规时期的信息互通。

今后,如何根据卫生危机的特点,分析具体实例,探讨地方政府中理想的跨部门卫生危机管理体系,将是我们面临的挑战。

附录

(调查问卷)公共卫生管理体制相关调查问卷

地方政府名称	
部署名称	
主要负责人姓名	
电话号码	
电子邮件	

(请在选择的选项上画○或填写相应内容)

贵组织的危机管理体制相关事项

问题1　在贵组织中,有设置危机管理专门部门吗?

※"危机管理部门"指统筹管辖自然灾害、武力袭击、大规模传染病的部门。

1.已设置　具体名称请填写→{　　　　　　　　　　　　}

2.未设置

问题2　在贵组织中,有设置危机管理专门干部吗?

※"危机管理专门干部"指辅佐知事工作、主要负责危机管理的**副部(局)以上级别**的专门官员。

1.已设置　　　　　　2.未设置

（以下问题仅在问题2中选择“1.已设置”的组织填写）

问题3　危机管理干部的相关信息请记入如下表格。

※若存在3名以上危机管理干部，请由行政级别较高的两位予以回答。

职位名称	①	②
职级		
设置时间	年　月	年　月
所负责的危机管理事例（可多选）	□自然灾害（依据《灾害对策基本法》所定义的事例） □武力袭击 □恐怖主义（爆炸物、放射性物质、化学・生物药剂等） □大规模传染病（依据《甲型H1N1流感等对策特别措施法》所定义的事例） □大规模食物中毒 □其他｛　　　　｝	□自然灾害（依据《灾害对策基本法》所定义的事例） □武力袭击 □恐怖主义（爆炸物、放射性物质、化学・生物药剂等） □大规模传染病（依据《甲型H1N1流感等对策特别措施法》所定义的事例） □大规模食物中毒 □其他｛　　　　｝

（以下问题仅在问题2中选择“1.已设置”的组织填写）

问题4　危机管理专门干部与自然灾害、新型流感等责任部门之间的关系，请参照附件记入如下内容。

※请附加危机管理干部与相关责任部门之间的关系组织图。

※模式1～3请参照附件。

1.模式1：危机管理专门干部级别为副知事/副市长级，等级位于其他责任部门之上

2.模式2：危机管理专门干部兼任危机管理部门或自然灾害部门的首长

3.模式3：危机管理专门干部是独立的专门部门首长

4.模式4：其他｛　　　　｝

（可任意填写）

问题5　贵组织在危机事件发生时的应对方案，请按照如下5种类型区分，分别按照不同事件用○选择出最接近的数字。

事件	危机管理部门作为首要应对方	事业职能部门作为首要应对方，危机管理部门于必要时出面予以应对	事业职能部门作为首要应对方	根据发生状况决定应对方式	不清楚，其他
自然灾害（依据《灾害对策基本法》所定义的事例）	1	2	3	4	5
新型流感等（依据《新型流感特别措施法》所定义的事例）	1	2	3	4	5
其他传染病（上述之外）	1	2	3	4	5

应对新型流感相关事项

问题6　请填写贵组织负责制定《新型流感等对策行动计划》的部门名称。

{　　　　　　　　　　　　　　　　　　　　　　　　　　　}

问题7　贵组织制定《新型流感等对策行动计划》时，是否曾与以下相关方进行信息共享？请分情况于1～3中用○进行选择。

※此处的"信息共享"，不仅限于文书层面最低限度的"部门间协议"，也包括诸如会见等积极的意见交换。

相关方	进行了信息共享	没有进行信息共享	不清楚，其他
相关行政机关 (相邻的都道府县与市町村等)	1	2	3
医疗机构、医师会等医务人员	1	2	3
保健所人员	1	2	3
警察	1	2	3
消防	1	2	3
学校	1	2	3
产业界(限制使用设施的设施主体)	1	2	3
有传染病防治经验的专业知识人员	1	2	3

(以下问题仅在问题 7 中选择“进行了信息共享”的组织填写)

问题 8　与相关方进行信息共享的方法与频率，请详细记入。

问题 9　以下问题针对新型流感等发生时，贵组织中设置的“都道府县(市町村)对策本部”体制。请在以下选项中用○选择合适的选项。

※知事(市长)、副知事(副市长)、教育长、警察本部长、消防长等，询问法令规定的体制以外的事项。

1. 对策本部中有危机管理专门干部参与

2. 对策本部中有相关地方公共组织(市町村等)参与

3. 对策本部中有医疗机构等参与

4. 对策本部中有保健所人员参与

5. 对策本部中有学校人员参与

6. 对策本部中有专业知识人员参与

7. 其他特征{ }

问题10　新型流感发生时，有“都道府县（市町村）对策本部”以外的其他组织设置吗？

1. “都道府县（市町村）对策本部”以外无其他组织设置

2. 设置专业知识人员组成的咨询委员会

→组织的具体名称{ }

3. 另外设置以保健部门为中心的对策本部

→组织的具体名称{ }

4. 设置为与地方政府内相关机关进行信息共享的会议体

→组织的具体名称{ }

5. 其他

→具体情况{ }

问题11　新型流感发生时，为防止感染扩大，需对学校、社会福利设施、演出场馆等的管理者设立“设备使用限制”等措施。在贵组织中，有探讨过关于设备使用限制的对应方法与程序吗？

1. 进行过探讨　　2. 目前正在探讨中

3. 预计今后会进行探讨　　4. 预计于流感发生时进行探讨决定

5. 不清楚

（以下问题仅在问题11中选择“进行过探讨”的组织填写）

问题12　请简要说明将如何回应设施使用声明。将概要内容记录于下方。另外，请附上相关文件。

{ }

公共卫生危机管理中与相关机构的合作事项

问题13　在贵组织中，当传染病等公共卫生危机发生时，会与以下主体进行信息共享吗？下表所列举的相关主体中，请按照“1. 定期进行信息共享”、“2. 埃博拉出血热发生时进行了信息共享”与“3. 中东呼吸综合征发生时进行了信息共享”进行信息共享的情况，用○选择合适的号码。

相关方	定期进行信息共享	埃博拉出血热发生时进行了信息共享	中东呼吸综合征发生时进行了信息共享
相关行政机关 (相邻的都道府县与市町村等)	1	2	3
医疗机构、医师会等医务人员	1	2	3
警察	1	2	3
消防	1	2	3
学校	1	2	3
产业界(限制使用设施的设施主体)	1	2	3
有传染病防治经验的专业知识人员	1	2	3

问题14　当出现埃博拉出血热与中东呼吸综合征患者时，贵组织有颁布过大意为“由消防机关负责将患者运送至保健所”的通知吗？(参照附件)在贵组织中，当出现埃博拉出血热与中东呼吸综合征患者时，是如何进行应对的呢？

1. 保健所为主进行运送

2. 临近的医疗机构协助进行运送

3. 消防机关提供协助，在必要时提供救急运送

4. 不清楚，尚未确定

5. 其他{　　　　　　　　　　　　　　　　　　　　　　　　　　}

问题15　在贵组织中，有过为应对新型流感发生而组织相关研修与训练吗？

1. 组织过　2. 今后计划组织　3. 未组织

问题16　贵组织公共卫生危机管理的相关特点以及其他相关课题，请在下方自由填写。

{　　}

问卷到此为止。感谢您的配合。

（附件）问题4 相关的组织图

（模式1）危机管理专门干部级别为副知事/副市长级，等级位于其他责任部门之上

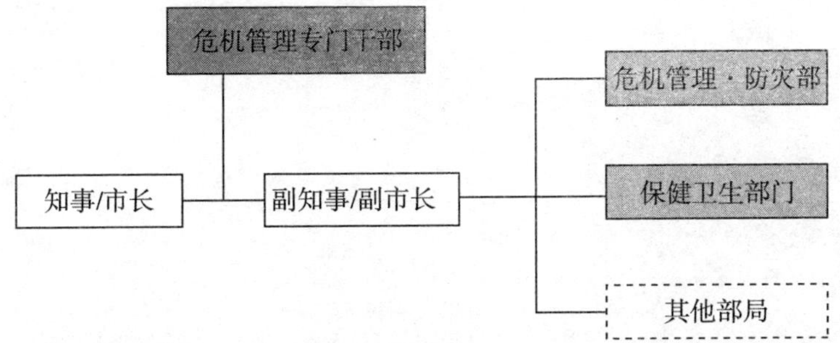

（模式2）危机管理专门干部兼任危机管理部门或自然灾害部门的首长

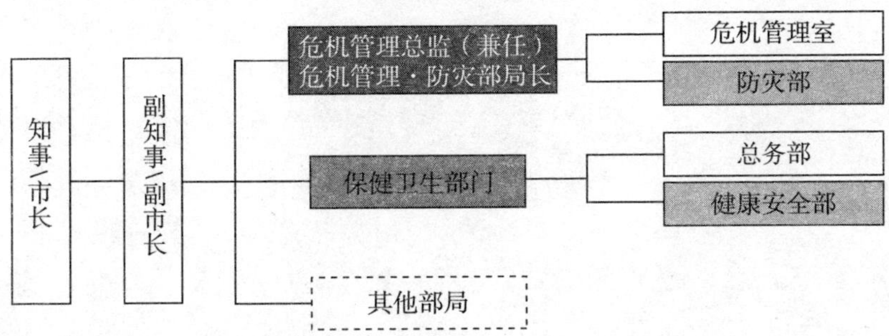

（模式3）危机管理专门干部是独立的专门部门首长（部局长级）

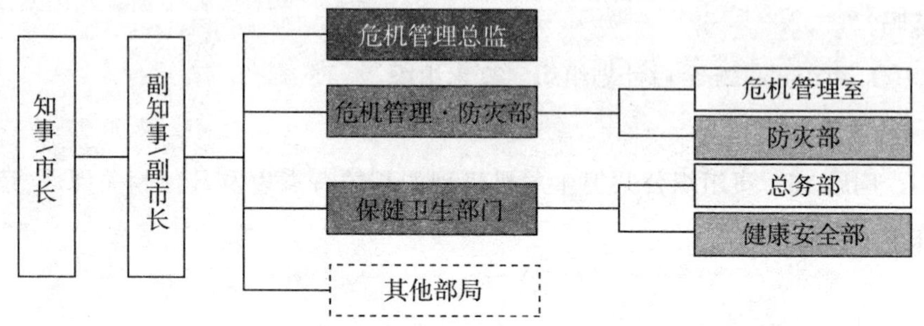

德国《麻疹防治法》中的疫苗接种义务

[德]斯蒂芬·里克森(Stephan Rixen)*

蒋文彬　朱思佳** 译

《麻疹防治法》已于2020年3月1日生效,本文将介绍相关条款的适用条件和法律防治措施,以提高人们对疫苗接种义务的重视程度。

一、引言

《预防麻疹和加强疫苗接种法》(《麻疹防治法》)于2020年3月1日生效,[1]该法规定了人们有接种麻疹疫苗的义务。[2] 这是一部条款法(Artikelgesetz),其目的是对《感染保护法》(IfSG)进行修订(第1条),特别是对《法定健康保险法》(《社会法典》第5章)(不限于疫苗接种事项)进行

---

* 斯蒂芬·里克森,拜罗伊特大学公法系(公法,社会经济与卫生法)教授。本文原刊于《新法学周刊》(Neue Juristische Woche)2020年第10期,第647~656页。

** 蒋文彬,上海外国语大学2019级法律硕士研究生;朱思佳,上海外国语大学2019级法律硕士研究生。

〔1〕 Gesetz v. 10. 2. 2020 (BGBl. 2020 I 148); wichtige Gesetzgebungsmaterialien: BR-Drs. 358/19 (GE), BT-Drs. 19/13452 (GE und Stellungnahme des BR), BT-Drs. 19/13826 (Gegenäußerung der BReg), Ausschuss für Gesundheit, Fachlicher Änderungsantrag 5, Ausschuss-Drs. 19 (14) 111. 2, BT-Drs. 19/15164 (Beschlussempfehlung und Bericht), BR-Drs. 629/19 (Gesetzesbeschluss); Bundesrat: BR-Drs. 358/1/19, BR-Drs. 358/2/19, BR-Drs. 358/19 (Beschluss), BR-Drs. 629/1/19, BR-Drs. 629/19 (Beschluss), BT-PlenProt. 19/119 v. 18. 10. 2019, 14778 ff., BT-PlenProt. 19/127 v. 14. 11. 2019, 15817 ff., 16006 ff., Stenografische Berichte des BR, 980. Sitzung am 20. 9. 2019, 382 ff., 984. Sitzung am 20. 12. 2019, 639 ff.

〔2〕 So BT-Drs. 19/13452, 16, 27.

了修订(第 2 条)。[1] 修订后的《感染保护法》第 20 条第 8 款至第 14 款的核心内容是“疫苗接种义务”,并由其他修订后的条款对该项义务进行了补充。[2] 下文将介绍《感染保护法》的修订内容,这些内容对理解麻疹接种义务起到了决定性作用,尤其是第 20 条第 8 款至第 14 款的规定。

二、麻疹疫苗接种义务——法律规制构想

(一)接种疫苗的人员和机构

根据《感染保护法》第 20 条第 8 款第 1 项第 1 目,1970 年 12 月 31 日以后出生,且在《感染保护法》第 20 条第 8 款第 1 项规定的机构中工作或接受照顾的人负有疫苗接种义务(详见第二部分内容)。在考虑了以下流行病学的观点后,立法者规定了 1970 年 12 月 31 日这个日期:假定在此日期以后出生的人,要么感染后没有获得免疫,要么该人群的疫苗接种率较低。

首先,根据《感染保护法》第 33 条第 1 目至第 3 目,社区机构包括在内,其特点是“照顾未成年人”。[3] 特别是日托托儿所和托儿所[4],这些机构受州法律管辖。此外,根据《社会法典》第 8 章(SGB Ⅷ)第 43 条第 1 款的规定,需要获得许可才能开办儿童日托机构以及“学校和其他教育机构”[5]也属于社区机构。此外还包括儿童和青少年福利之“家”。[6] 由于不能仅关注未成年人,所以根据《感染保护法》第 20 条第 8 款第 1 项第 2 目 b,这些机

〔1〕 除此之外,第 3 条至第 3 b 条涉及了《医疗广告法》、《药品法》和《药品处方法》的修正,第 4 条涉及了生效问题(关于死亡率监测的第 13 条第 6 款于 2021 年 11 月 1 日生效)。

〔2〕 S. insbes. § § 2 Nr. 16,22,23 I 1,33,73 IfSG.

〔3〕 这些设施的共同点是,“婴儿、儿童和青少年每天都会和这里的护理人员密切接触”(BT-Dr. 14/2530,76),这加大了病原体的传播可能性;另见 Erdle,IfSG,2018 年第 6 版,105:“经常(几乎每天)[……][更]密切接触。”

〔4〕 托儿所是一个“主要为学龄儿童提供服务”的日托托儿所。(so Art. 2 I 2 Nr. 3 BayKiBiG)

〔5〕 “学校”一词应根据《传染病法》原第 44 条从广义上理解(参见 BT-Dr. 14/2530,76)。“其他教育机构”的概念并不清楚(这在《感染保护法》的解释性备忘录中没有提及,参见 BT-Drs. 14/2530,76)。

〔6〕 《感染保护法》第 20 条第 8 款第 1 项第 2 目 a;《社会法典》第 8 章第 34 条第 1 句;《感染保护法》第 33 条第 4 目。

构还包括“寻求庇护者、强制离境者、难民和回迁德国者集体安置场所”。[1]

在上述机构和在《感染保护法》第23条第3款第1项规定的机构（比如，医院、门诊手术机构、日间诊所、透析机构、分娩机构、康复机构、诊所和牙科诊所）从业的人员必须强制接种疫苗。上述机构还包括其他[2]“资质相当的”机构，鉴于疫苗接种义务是一项会产生严重后果的法律义务，因此对“资质相当性”提出了更严格的要求。此外，还包括“人类医学领域的康复职业”，例如，助产士、理疗师、足疗师或营养师。[3] 确定哪些职业属于康复职业并不容易。德国自然疗法总协会（DDH）认为该规定可以理解为，在自然疗法机构工作的人必须强制接种疫苗。[4] 因此，在自然疗法实践中采用的针对人的治疗措施，在这个意义上属于“人类医学”，但是这些治疗措施属于非药物疗法。[5] 根据《感染保护法》第20条第8款第1项第3目的意义和目的，为了避免感染麻疹，所有自然疗法从业者都要注射疫苗，即使这与大多数自然疗法从业者“辅助治疗”的自我认知相悖。

“照顾”是指特定机构按其功能进行的照料和看管。[6] “被安置的人”指的是暂住在机构里的人。“工作”指的是一个人在一个机构中以全职、兼职或者自愿的方式看护或协助安置，并就此“开展工作”。[7] “被雇用”一词也是修订后的《感染保护法》第20条中提到的，从雇主的角度来看，它与工作

---

〔1〕 参见特别是《庇护法》第47条；“回迁德国者”的设施（《联邦流离失所者法》第4条）在现实中不再发挥主要作用；《感染保护法》第36条第1款第4目。

〔2〕 Zu den einzelnen Varianten des § 23 Ⅲ 1 IfSG BT-Drs. 17/6141, 36; BT-Drs. 19/5593, 113 iVm BT-Drs. 19/4453, 123；《麻疹防治法》增加了救援服务（《感染保护法》第23条第1款第12项）（BT-Drs. 19/13452, 32）。

〔3〕 “理所当然的是，其他康复专业人员的所有做法[……]都应包括在内。例如，自然疗法从业者也包括在内[……]。”联邦卫生部（BMG）如上所述，参见 www. bundesgesundheitsministerium. de/impfpflicht/faq-masernschutzgesetz. html。

〔4〕 2019年5月30日德国自然疗法总协会就《麻疹保护法》的草案给联邦卫生局的信。

〔5〕 关于医疗这个概念，不限于医院的治疗，§ 1 Ⅱ HeilpraktikerG。

〔6〕 参见—以儿童照顾为例—Struck in Wiesner, SGB Ⅷ, 5. Aufl. 2015, § 22 Rn. 19; Rixen in Luthe/Nellissen, SGB Ⅷ, 2. Aufl. 2018, § 22 Rn. 28。

〔7〕 BT-Drs. 19/13452, 28.

是同义词。[1] 受雇于《感染保护法》第23条第3款第1项中规定的机构的人，特别是指医务人员以及其他工作人员，如厨房或清洁人员，也包括志愿者或者实习生。[2] 根据《感染保护法》第33条第1目至第4目，主要涉及的是承担教学、教育、护理或看护等职责的工作人员，以及管理员或交通运输人员、厨房或清洁人员，也包括志愿者或实习生。[3] 这也适用于《感染保护法》第36条第1款第4目中规定的机构中的工作人员（尽管通常并不包括承担教学和教育职责的人员）。[4]

（二）麻疹疫苗接种义务

那些根据《感染保护法》第20条第8款第1项第1目规定被照顾、被安置以及受雇的人"必须按照本法第20条第8款第2项规定接受充分的麻疹疫苗保护或者从1岁起就获得抗体"。"充分的麻疹疫苗保护是指，相关人员从1岁起至少接种过一次麻疹疫苗或者从2岁起至少接种过两次麻疹疫苗"。必须要注意的是以下的例外条款："因医学禁忌（eine medizinische Kontraindikation）而无法接种疫苗的人不适用本法第20条第8款第1项。"

与法律的解释性备忘录（Gesetzesbegründung）所暗示的不同，[5]这不仅是因为可用疫苗会造成排异反应。从专业的医学观点来看，更确切地说是因为考虑到接种人员的具体身体状况，接种疫苗过于冒险，可能面临生命危险。作为感染防护领域专业机构的罗伯特·科赫研究所（RKI）给出的非结论性指导意见，[6]并没有反对个案中根据专业医学观点作出的评估结果。关于只承认疫苗接种常务委员会（STIKO）建议的医学禁忌的提案，[7]并没有被

〔1〕 例如，"被雇用"一词并非参阅《社会法典》第4章（SGB Ⅳ）第7条第1款。

〔2〕 BT-Drs. 19/13452, 28.

〔3〕 BT-Drs. 19/13452, 28.

〔4〕 BT-Drs. 19/13452, 28.

〔5〕 BT-Drs. 19/13452, 28.

〔6〕 罗伯特·科赫研究所提供的信息并不详尽，www. rki. de („Infektionsschutz", „Impfen", „Impfthemen A-Z")。

〔7〕 BR-Drs. 358/1/19, 21.

写入法律。比如，在鸡蛋蛋白过敏的案例中，该提案“在极少情况下”[1]承认其属于医学禁忌。罗伯特·科赫研究所强调：“只有临床表现出非常严重的鸡蛋蛋白过敏症状（比如，食用极少量的鸡蛋蛋白后出现过敏性休克）的儿童才应当在采取特别的防护措施和进行后续观察（如有必要住院观察）的情况下进行疫苗接种。”[2]但是当涉及生命危险时，医学禁忌范围不能划得过窄，从个案评估的“应当”一词就可以看出这一点。[3]

疫苗接种义务，也就是同意并接种的义务，当“只有多价疫苗（其包含针对其他疾病的疫苗成分）可供使用时”，还包括接种多价疫苗的义务（《感染保护法》第20条第8款第3项）。从字面意义上来看，这种“可供使用”的多价疫苗似乎只是另外一种选择。[4] 然而该法的解释性备忘录称，“目前只有”[5]多价疫苗可供使用，也没有解释“目前”所指的期限何时结束。因为没有相反表述，这意味着接种多价疫苗的义务将暂时持续存在。德国道德委员会指出，“自2017年起，德国就没有单价麻疹疫苗”。[6] 这就意味着，这项规定作为一项不同于法条原意的规则不仅要求接种麻疹疫苗，而且也需强制接种目前可使用的麻疹、腮腺炎、风疹多价疫苗（MMR），必要情况下还要接种麻疹、腮腺炎、风疹、水痘多价疫苗（MMRV）。联邦委员会指出，在瑞士就有单价疫苗（也称单一或单疫苗）。[7]

法律默许制药行业（在法律的解释性备忘录中没有提及）的生产行为。[8] 当制药行业出于企业利益的考量，认为将来只生产并销售针对麻疹、

---

〔1〕 Epidemiologisches Bulletin Nr. 34/2019, 336, www. rki. de.

〔2〕 RKI, www. rki. de/SharedDocs/FAQ/Impfen/AllgFr_Grunderkrankungen/FAQ03. html.

〔3〕 这一点也得到了以下事实的支持：在没有改变法条内容的情况下（BT-Dr. 19/13452, 26：“法条内容仍与以前的第3项[……]保持一致”），《感染保护法》第20条第8款第3项中提到的医学禁忌也出现在《感染保护法》第20条第6款第2项中，并取代了以前提到的对义务接种者“[……]生命或[……]健康的危害”（《感染保护法》第20条第6款第3项）。

〔4〕 So BT-Drs. 19/13452, 31: „Kombinationsimpfstoffe, die möglicherweise ausschließlich zur Verfügung stehen.“

〔5〕 BT-Drs. 19/13452, 28.

〔6〕 Deutscher Ethikrat, Impfen als Pflicht?, 2019, 66.

〔7〕 BR-Drs. 358/1/19, 32.

〔8〕 IdS BR-Drs. 358/1/19, 32.

腮腺炎、风疹、水痘以及其他传染性疾病的多价疫苗才有利可图时,法律不会对制药行业的行为加以禁止。[1] 这种在法律上没有禁止的生产行为,导致无期限的多价疫苗接种义务,成为疫苗接种规范性方案的一部分。

法律的解释性备忘录就《感染保护法》第 20 条第 8 款第 1 项强调:"这不是一项可以直接强制履行的义务,不充分的疫苗保护以及未获得抗体的后果是由以下原因造成的。"[2] 也就是说,解释性备忘录没有否认,这是一项法律义务,接种义务只是不能以直接、强制的方式履行。《感染保护法》第 20 条第 14 款也明确指出,这是一项侵犯基本权利的义务,该款明确地强调,本法第 20 条第 6 款至第 12 款,包括其中的第 8 款,限制了身体权这项基本权利。[3] 但是可以通过许多间接的施压或者强制措施来履行疫苗接种义务。

(三)出示疫苗接种证明的义务

通常情况下适用于:应当受《感染保护法》第 33 条第 1 项至第 3 项规定的机构照顾的人(以及未成年人的父母,参见《感染保护法》第 20 条第 13 款第 1 项)或者受雇于《感染保护法》第 23 条第 3 款第 1 项,第 33 条第 1 项至第 4 项或者第 36 条第 1 款第 4 项规定的机构的人,必须在开始接受照顾前(比如,进入日托托儿所之前)或者是在开始工作前向机构领导出示证明,即接种证明(接种证或者接种凭证,《感染保护法》第 22 条)和医疗证明,[4] 证实他们有得到按照《感染保护法》第 20 条第 8 款第 2 项规定的充分麻疹疫苗保护,或者证实已获得抗体或者证明由于医学禁忌不能接种疫苗,[5] 抑或是国家部门(由联邦或者州安排的)或《感染保护法》第 33 条第 4 项规定的其他机构领导部门确认上述凭证已经提交过的证明。[6] 最高国家卫生局(或

---

[1] BR-Drs. 358/1/19, 32:„(quasi als Beifang)[...] faktische Impfpflicht [...] für andere Erkrankungen".

[2] BT-Drs. 19/13452,27(Hervorhebungen hinzugefügt).

[3] 法律的解释性备忘录证实了这一点,BT-Drs. 19/13452,31。

[4] 如有必要根据《社会法典》第 5 章(SGB Ⅴ)第 26 条第 2 款第 4 项规定的儿童检查手册提供文件。

[5] 《感染保护法》第 20 条第 9 款第 1 项第 2 目。

[6] 《感染保护法》第 20 条第 9 款第 1 项第 3 目。

者由其指定的部门)可以决定是否将证明交给其他部门,如卫生局(《感染保护法》第20条第9款第2项、第3项。《感染保护法》第2条第14项定义了“卫生局”这一概念)。

在儿童和青少年福利之家接受照顾或者被安置在《感染保护法》第36条第1款第4项规定的机构长达4周的人,《感染保护法》第20条第11款拟定,疫苗接种证明必须在接下来的4周内提交;如果他们在2020年3月1日已经接受照顾或者被安置,则须在2021年7月31日前提交。

《感染保护法》第20条第9款第1项和第13款所规定的义务只适用于以下人群,即自2020年3月1日法律生效后才在法定机构中接受照顾或者工作的人。从《感染保护法》第20条第10款第1项规定中可得出以下结论:该条规定同样承认这项证明义务,但仅适用于那些在2020年3月1日已经在法定机构接受照顾或者工作的人。对于所有在2020年2月29日已经受到照顾或者工作的人,只需在2021年7月31日前提交给“相关机构的领导部门[……]”。除了接种义务的规定,《感染保护法》第34条第10a款第1项至第4项(初次入日托托儿所时的疫苗接种建议证明)继续对日托托儿所有效。[1]

(四)接收禁令(Aufnahmeverbot)

相关人员没有出示《感染保护法》第20条第9款第2项规定的1岁起至少接种过一次疫苗的证明,[2]则不得接受照顾或就业(工作)。[3] 这项就业或照顾禁令与进入某个机构的时间有关,也就是2020年3月1日。法律的解释性备忘录将照顾禁令表述为“接收禁令”。[4] 例如,如果一个1岁以下的孩子在2020年3月1日之后被送入日托托儿所,此时其并不需要接种

---

〔1〕 Zur STIKO § 20 Ⅱ IfSG;zu den Empfehlungen s. das Epidemiologische Bulletin Nr. 34/2019, www. rki. de.

〔2〕 《感染保护法》第20条第8款第2项。

〔3〕 《感染保护法》第20条第9款第6项和第7项。

〔4〕 BT-Drs. 19/13452,29.

疫苗。[1] 在这种情况下还不适用接收禁令,因为孩子在入日托托儿所时并非必须接种疫苗。《感染保护法》第 20 条第 9 款第 6 项没有提到终止照顾需满足的条件,因为它针对的是从 2020 年 3 月 1 日起未接种疫苗即被允许进入日托托儿所的且当时未满 1 岁的儿童。在这些情况下,卫生局可以采取措施,[2] 因为机构的领导部门必须将疫苗接种情况通知卫生局。[3] 接收禁令从一开始就不适用于在学校[4] 接受法定义务教育的人[5],但是在这种情况下必须通知卫生局。[6]

该法的解释性备忘录指出,随着接收禁令的实施,相关人员就会丧失在日托托儿所或儿童日托机构中照顾儿童的权利。[7] 这并不能从法条(《社会法典》第 8 章第 24 条)中推断出来。如果说,只是暂时无法取得该权利(在提供证明之前),并不会因此不能照顾儿童,除非其明确表明放弃提供证明。根据《感染保护法》第 20 条第 10 款,法律并没有规定直接要求机构领导部门禁止接纳在 2020 年 3 月 1 日之前已经在机构中接受照顾或者工作的人员。[8] 卫生局可以根据《感染保护法》第 20 条第 12 款继续执行程序。[9]

此外,各州卫生部或其指定机构可以在《感染保护法》第 20 条第 9 款第 6 项规定的逗留禁令(Aufenthaltsverbot)中添加"一般例外",但是要遵守对卫生局的报告义务。[10] 在对原始草案的解释中对一般例外情况作了如下说明:"例如,由于疫苗短缺而无法接种,或者出于紧急情况需要进入机构的。"[11] 草案解释从原则上设想并具体说明了这种"一般例外"。现行法律

[1] 《感染保护法》第 20 条第 8 款第 2 项。
[2] 《感染保护法》第 20 条第 12 款。
[3] 《感染保护法》第 20 条第 9 款第 4 项第 1 目。
[4] 《感染保护法》第 33 条第 3 目。
[5] 《感染保护法》第 20 条第 9 款第 9 项。
[6] 《感染保护法》第 20 条第 9 款第 4 项。
[7] BT-Drs. 19/13452,29(参见《社会法典》第 8 章第 24 条).
[8] BT-Drs. 19/13452,30:"[……]这些人[可以][……]继续在机构中得到照顾[……]。"
[9] BT-Drs. 19/13452,30.
[10] 《感染保护法》第 20 条第 9 款第 4 项。
[11] BT-Drs. 19/13452,29(Hervorhebungen hinzugefügt).

规定,“如果保罗·埃利希研究所在其网站上的报告表明,在德国批准或授权销售的麻疹疫苗短缺,也不考虑平行进口和平行销售的麻疹疫苗时”,[1]则允许一般例外。[2]

疫苗短缺这种说法令人困惑,因为所指的短缺没有恢复供应的时间,如果出现这种情况的话就意味着疫苗长期无法供应。[3]

因此该法解释性备忘录规定:“如果有关医药产品的供应中断预计将持续两周以上,或对有关医药产品的需求量意外地大幅增加,而销售商无法满足需求的话,保罗·埃利希研究所应在其网站上[……]发布供应短缺的情况。”[4]也就是说,很显然解释性备忘录认为,有可能在德国出现独家供应的多价疫苗在现实中无法供应的情况。这使人对整个法律的执行产生了疑问。既然强制接种疫苗因缺乏实际可行性(疫苗供应不足)而无法执行,那么没有接种疫苗自然就不会受到接收禁令的处罚。因此,撤销以接种义务和证明义务为产生前提的接收禁令仅由行政部门就可以实现(在不确定的时间内暂停接受禁令的执行)。

(五)不履行向卫生局提交证明的义务可处以罚款

根据《感染保护法》第2条第14目,在卫生局——只要不存在其他情况(《感染保护法》第20条第9款第5项)[5]——得知当事人未提交证明(关于数据传输详见第八部分),则:

(1)根据《感染保护法》第33条第1目至第3目的规定,由社区机构照顾的人(如果是未成年人,通常由其父母照顾);

---

[1] 《感染保护法》第20条第9款第8项。

[2] 这是基于这样的考虑,即这些药物不是定期按计划来提供,idS auch BT-Drs. 19/15164 (Begr. zu § 20 Ⅸ IfSG)。

[3] 根据保罗·埃利希研究所,“供应短缺的定义:是指授权销售方在一般情况下供应中断预计将持续两周以上,或者无法满足意外大幅增加的需求量。”参见 www. pei. de, unter Arzneimittel, Impfstoffe。

[4] BT-Drs. 19/15164(Begr. zu § 20 Ⅸ IfSG).

[5] 卫生主管部门也可以通过“对这些机构的随机检查”获得信息(参见 BT-Drs. 19/13452, 30)。

(2)根据《感染保护法》第33条第4目,在儿童和青少年福利之家或者在《感染保护法》第36条第1款第4目规定的机构中受照顾或被安置超过8周的人;

(3)在《感染保护法》第3条第3款第1项,第33条第1目至第4目或者第36条第1项第4目中规定的机构里工作的人。

以上情况的人根据卫生局的"要求",必须向当局提交符合第9条第1款规定的证明,即已经接种疫苗的证明(或免疫证明或医学禁忌证明)。[1]"要求"是指卫生部门"可以"[2]酌情要求当事人提交证明。该法的解释性备忘录指出:"向卫生局提交证明的义务可以通过行政执行法,特别是通过缴纳强制金的方式来强制执行。在其他情况下或者作为替代方式可处以罚款。"[3]凡是"没有、没有正确、没有完整或没有及时"向卫生局提交证明的,都是违法行为,可处以最高2500欧元的罚金。[4]

(六)完成疫苗接种的要求(劝告之前发出传票)

如果在卫生局确定的合理时间内没有提交证明的或有证据证明在此后才可以接种疫苗的或者完成疫苗接种的,卫生局"可以"酌情[5]"通传(zu einer Beratung laden)义务接种者,劝告并要求他们完成麻疹疫苗的接种"。[6]"完成疫苗接种"指的是完成法律意义上的接种。[7]

这些措施的法律性质并不明确。由于在违反卫生局的命令而未能提交证明的情况下这些措施(也)能生效,因此,如果卫生当局不强制执行提交证明的规定,根据《感染保护法》第20条第12款第3项这些措施可以先于逗留禁令执行。就这点来说"传票"(Ladung)可以理解为一种不必遵守的邀请

[1] 《感染保护法》第20条第12款第1项。
[2] So BT-Drs. 19/13452,30.
[3] BT-Drs. 19/13452,30.
[4] 《感染保护法》第73条第1款第7c目,第2款。
[5] 参见BT-Drs. 19/13452,30:"卫生局可以。"
[6] 《感染保护法》第20条第12款第2项。
[7] 《感染保护法》第20条第8款第2项。

(Einladung)(也不能提出要求),[1]结果就是卫生局可以酌情发出逗留禁令(参阅第七部分)。

(七)可处以罚款的逗留禁令

对于被要求提供证明后仍不提供证明的人,卫生局“可以”酌情下达进入禁令,[2]只要这个人不需要接受义务教育或被安置。[3] 这是一项全面的逗留禁令,也适用于父母,[4]因为父母通常会进入日托托儿所内接送孩子。根据《感染保护法》第20条第10款第1项,只有在2021年7月31日后,才有可能对2020年3月1日前已经在日托托儿所的儿童实施逗留禁令。[5]

对卫生局发布的进入禁令提起的异议和要求撤销的诉讼不具有中止执行的效力。[6] 因此《联邦德国行政法院法》第80条第1款第1项的基本原则被废止了,[7]也就是说“禁止令”[8]可以立即执行。如果受义务约束的人无视该命令(禁止令),则可对其处以罚款;对违法行为可处以最高2500欧元的罚款。[9]

(八)向卫生局传输数据

如前所述,根据《感染保护法》第20条第9款第4项:如果当事人由于《感染保护法》第20条第9款第8项允许的一般例外而未出示证明,或者依据第9项禁止在机构接受照顾或者工作而没有履行出示义务,或者证据表明只可能在以后接种或者完成疫苗接种的话,相关机构的领导部门(或者《感

---

〔1〕 这也是根据《感染保护法》第34条第10a款第3项对通传一词的理解;法律的解释性备忘录(BT-Dr. 18/5261,64)并没有反对这种理解。在法律中(《感染保护法》第34条第10a款),假定无视传票和/或请求不被强制执行(参见 Schneider SGb 2015,599[606]);然而,不提交证明的处以罚款(《感染保护法》第73条第1a款第17a项)。

〔2〕 《感染保护法》第20条第12款第3项。

〔3〕 《感染保护法》第20条第12款第4项和第5项。

〔4〕 《感染保护法》第20条第13款第1项。

〔5〕 参见 BT-Drs. 19/13452,30:“卫生局可以[……]按照第12款的规定行事。”

〔6〕 《感染保护法》第20条第12款第6项。

〔7〕 《联邦德国行政法院法》第80条第2款第1项第3目。

〔8〕 参见 BT-Dr. 19/13452、4、21 中卫生局的“禁止令”。

〔9〕 《感染保护法》第73条第1a款第7d项,第2款。

染保护法》第20条第9款第2项、第3项规定的其他部门)必须立刻通知机构所在区域的卫生局并且提供个人信息。[1] 至于"个人信息"的具体内容是什么,《感染保护法》第2条第16项作出了界定。

根据《感染保护法》第20条第10款第2项和第9款第4项关于"个人信息"的数据传输义务也适用于此情形,即2020年3月1日法律生效时,如果负有义务的人已经受到照顾或者在机构工作的,此时数据传输义务只能在2021年7月31日以后履行。

《感染保护法》第20条第10款第2项和第9款第4项规定的数据传输义务适用于《感染保护法》第33条第4项规定的儿童和青少年福利之家以及第36条第1款第4项规定的机构。

三、展望

《麻疹防治法》引发了合宪性争论,尤其是《基本法》第2条第2款第1句,第3条第1款以及第6条第2款第1句。[2] 争论的焦点是宪法反对以具体的法律形式规定疫苗接种义务,而不是从宪法上反对疫苗接种。联邦参议院各委员会已经指出了一些合宪性问题。[3] 他们也强调了可预见的执行问题。[4] 众多专业人员都发声反对疫苗接种义务,包括感染防护领域权威机

[1] 《感染保护法》第20条第9款第4项。

[2] Rixen, Verfassungsfragen der Masernimpfpflicht: Ist die Impfpflicht nach dem geplanten Masernschutzgesetz verfassungswidrig?, 2019, www. individuelleimpfentscheidung. de/pdfs/Rixen/Verfassungsgutachten. pdf; Deutsches Institut für Jugendhilfe und Familienrecht (DIJuF), Stellungnahme zum Masernschutzgesetz v. 7. 1. 2020, 6 ff., www. dijuf. de; keine Bedenken bei Ratzel GesR 2019, 560 (561); Schaks Stellungnahme für die öffentliche Anhörung im Ausschuss für Gesundheit am 23. 10. 2019, Ausschuss-Drs. 19 (14) 112 (14); s. auch Schaks/Kranert MedR 2015, 860 ff.; allg. Kritik an flächendeckenden Pflichtimpfungen bei Trapp DVBl 2015, 11 ff.; krit. zum fehlenden Einzelimpfstoff für Masern Amhaouach/Kießling MedR 2019, 853 (861).

[3] BR-Drs. 358/1/19, 27, 31 f.

[4] BR-Drs. 358/1/19, 2, 17, 27; BR-Drs. 358/2/19; BR-Drs. 629/1/19, 2.

构的罗伯特·科赫研究所的所长。[1] 其中原因不在于对疫苗接种持怀疑态度,而是担心接种疫苗带来不良法律后果,尤其是在涉及子女利益时,这种担心会加深父母的怀疑。在立法过程中也没有更仔细地去考虑麻疹疫苗接种义务与一般职业健康和安全法的关系,后者并没有规定疫苗接种义务。[2] 就《感染保护法》第23条第3款第1项规定的医疗设施而言,《感染保护法》的规定从现在起会逐步取代一般性规定。[3]

无论联邦宪法法院是否会考虑合宪性问题,可以预见的是,《麻疹防治法》在实际运用过程中会遇到巨大挑战。

---

〔1〕 Wieler(Präsident des RKI) Ärzte Zeitung Online v. 25. 9. 2017, www. aerztezeitung. de/Medizin/Impfpflicht-wuerde-Masernproblem-nicht-loesen-299573. html; s. ferner die Nachweise bei Rixen, Verfassungsfragen der Masernimpfpflicht,78 ff.

〔2〕 Zu Impfungen als Angebot § 6 Ⅱ 3 ArbMedVV;由于只是建议,因此:"雇员可以接受或拒绝接种疫苗。"So Nr. 4. 2. Ⅲ 1 Arbeitsmedizinische Regel(AMR)6. 5, www. baua. de.

〔3〕 这一点本可以在法律的解释性备忘录中进行更清楚的说明(参见 BT-Drs. 19/13452,30)。新法的颁布没有解决可能存在的解雇问题。

疫苗接种的法律困境:个人因素甚于微生物抗药性

[法]比阿特丽斯·埃斯佩松·维盖特(Béatrice Espesson-Vergeat)

[法]皮埃尔·摩根(Pierre Morgon) *

杨 桐 富 瑶 薛寒啸** 译

世界正面临着一项巨大和紧迫的挑战,即预防传染病发生。特别是在工业化社会中,最初的疫苗接种帮助了许多人保持良好的健康状态,现今社会上开始出现了一股反对接种疫苗的舆论,这种舆论的传播使得健康人群越来越多地在意疫苗产品可能存在的缺陷,并逐渐淡忘或忽视疫苗对于疾病预防的重大作用。然而,在我们这样一个人员和货物流通非常迅速的全球化世界中,传染病所带来的潜在危险是不容我们忽视的。

这一矛盾导致了今天的复杂局面,一方面,需要根据不同群体的特点,组织有效、有用、经济上可行的,以及可持续的疫苗接种政策,其中可能包括强制措施;另一方面,需要向质疑疫苗安全性的民众提供保证,同时考虑到各类人群的特殊性。

与传统的对症药物相比,疫苗更为特殊,它能预测和预防风险的发生。与其他药物不同的是,疫苗对传染病的有效性不仅可以从个人层面(保护接种者),还可以从集体层面(阻断传播,降低传播和流行的风险)进行分析。

* 比阿特丽斯·埃斯佩松·维盖特,联合国人类发展报告讲师,健康领域应用商法硕士;皮埃尔·摩根,药学博士,商法学预备博士(DEA),工商管理学硕士(MBA),生命科学顾问公司(MRGN)首席执行官,生命科学公司的董事。

** 杨桐,上海外国语大学2019级法律硕士研究生;富瑶,上海外国语大学2019级法律硕士研究生;薛寒啸,上海外国语大学2019级法律硕士研究生。

这一理论基础是由世卫组织提出的——依据欧盟理事会[1]和欧盟委员会的《欧盟运行条约》第168条,该理论由各成员国的公共卫生当局通过它们的疫苗接种政策来贯彻,但由于各成员方在各自卫生领域拥有主权,所以各国的政策有很大差别。

为实现2012年世界卫生大会和世卫组织在《2015~2020年欧洲卫生行动计划》中广泛达成的同一目标,各国卫生部长批准了《全球疫苗行动计划》,[2]并着手克服疫苗接种的障碍,面对针对疫苗接种这一防疫手段的或真或假的抵赖、拒绝、批评的声音,采取鼓励、激励、集体意识或义务等政策,法国是这些国家的"领头羊"。然而,尽管各国的卫生政策在预防方面取得了长足进展,但整体上这些政策仍然更倾向于重视疾病出现后的对症治疗,而不是选择将更多的重心放在开展疾病预防措施上。

尽管反对疫苗接种的舆论只是少数,但通过社交网络,这些声音可以变得十分活跃和庞大,颇有难挡之势,尽管公共当局已经对此发出了警告,反对者还是可以通过各种手段和媒介进行活跃地交流。[3]

即使是非常微小的反对声音,也可以在国际上产生重大的影响,麻疹疾病的传播就是如此——正是因为某些民族或宗教群体反对疫苗接种,才导致了麻疹疫情暴发,并为疫情的扩大和蔓延提供了条件。根据预防性原则,我们每个人都有责任了解不接种疫苗给所有人带来的危害。

世卫组织警告说,一场全球性的流行病所带来的危险将是灾难性的,其风险不仅与污染有关,而且与病毒对抗生素的抗药性所造成的对人体的反复感染有关,这两种叠加因素加剧了这种危险。免疫缺陷人群和某些代谢紊乱的受试者(包括糖尿病患者)的患病风险也会增加。

---

〔1〕 关于这些基础,参见 Recommandation du Conseil du 7 déc. 2018, relative au renforcement de la coopération contre les maladiesàprévention vaccinale, 2018/C 466/01。

〔2〕 关于该计划,参见 Recommandation du Conseil du 7 déc. 2018, relative au renforcement de la coopération contre les maladiesàprévention vaccinale, 2018/C 466/01. at 6。

〔3〕 关于相关渠道,包括利用一切通信手段向民众提供信息和培训的社会团结与卫生部网站和疫苗接种点。

根据预防原则,各国制定了各自的传染病预防方案,以保护本国人民,这些方案遭到某些人的抵制,特别是不愿意接受改变的父母,同时也有一些卫生保健专业人员。最终,我们必须考虑公共和私人疫苗接种费用支付者的作用,他们所采取的疫苗经济管理政策,极大地影响着疫苗的使用水平。[1]

要建立科学的法律框架,使所有疾病传播环节的每一个参与者,包括处于系统核心的患者,都能参与到传染病预防政策的执行中,从而提高接种人口覆盖率,维持高免疫率。扩大疫苗接种虽是一个复杂而棘手的问题,因为它可能导致道德、伦理和规则的冲突,但仍迫切需要采取行动。

这一法律框架应当包括以下内容:确定疫苗接种政策和相应的违反责任;通过承诺确保平衡、科学、准确地理解和遵守疫苗相关信息;提高对疫苗接种必要性的集体认识,使社会充满希望;还必须建立管理制度,规范责任主体,打击不正当的反疫苗运动。[2]

因为传染病预防政策涉及执行疫苗接种方案,以控制个人和集体的健康风险,因此,在发生重大疫情时,传染病预防政策可能会对个人和集体自由造成较大的限制,同时这也涉及相应的重大疫情后对人民社会生活管理的计划,不仅包括疫苗接种政策,而且包括重新建立准确和开明的信息交流机制,使民众能就当局所提供的信息向政府寻求咨询。

一、预防和处理对疫苗接种的抗议

在公共卫生领域开展工作的非政府组织,如世卫组织和儿童基金会、全

〔1〕 Angelmar R. & Morgon P., Vaccine marketing, in *Innovation and Marketing in Pharmaceutical Industry: Achieving Sustainable Success*, Springer, ISBN 978 - 1 - 4614 - 7800 - 3.

〔2〕 关于监管制度的文献有很多。参见 Espesson-Vergeat B.,《Droit des affaires appliqué au monde de la santé, regards experts》, les produits de santé, éditions LEXIS NEXIS, 2018.《A propos de la défectuosité du vaccin》, *Revue Générale de Droit Médical* 2017, N° 64, sept.《Le vaccin》, Lamy affaires, sept. 2017.《Vaccination》, Entre la protection de la santé publique et le respect des droits individuels, *JML Série Droit Santé et Société du Journal de Médecine Légale* n° 2, Editions ESKA, 2015。

球疫苗、免疫联盟[1]和孟加拉医学基金会[2]等所述,不愿意进行疫苗接种的思想正在世界各地制造麻烦。它是信任危机、非传统医学的兴起和不受控制的误导性信息浪潮的综合结果。

传染病预防的概念和方法[3]在世卫组织[4]、欧洲联盟以及法国公共卫生高级委员会[5]的工作中起了重要的作用,这些政府机关规定了驱逐、隔离和检疫措施,并且确保在维护社会健康安全和尊重个人基本权利(出入自由、私人和家庭生活权、集会自由、宗教信仰自由、工作自由)之间取得平衡。

传染性疾病防治政策必须综合分析心理、文化、哲学、伦理、宗教等因素对健康行为的影响。要做到这一点,所采取的措施必须是必要、合理、相当、公正和非歧视的,并符合国内法和国际条约。

所以免疫政策的真正问题在于,政府需要根据医疗风险的严重程度,来决定应采取何种程度的激励或约束方法。[6] 这意味着,在疫苗管理的公共卫生经济方法中,必须要评估不同人群之间的信息不对称程度及其理解能力。[7]

在恢复主体信任的基础上,灵活地进行法律调整,是使主体积极参与传染病防治新政策的一种途径。

---

[1] GAVI:Global Alliance for Vaccine and Immunization.

[2] Bill and Melinda Gates Foundation.

[3] Jean-Yves Lesueur,《L' adhésion des assurés aux programmes de prévention santé:Quels facteurs explicatifs ?》,2019.

[4] 世卫组织的工作文件可参见 Comité consultatif sur la vaccination et la recherche sur la mise en œuvre des vaccins (IVIR-AC): recommandations, septembre 2018. WHO. Ethical considerations in developing a public health response to pandemic influenza. WHO; 2007, 载 http://www. who. int/csr/resources/publications/WHO_CDS_EPR_GIP_2007_2c. pdf? ua = 1。

[5] HCSP, Indications des interventions non pharmaceutiques contre les maladies transmissibles, rapport 9 avril 2019.

[6] Alain Dutilleul, Morel Jacques, Shilte Clementine, Launay Odile, *How to improve vaccine acceptability(evaluation, pharmacovigilance, communication, public health, mandatory vaccination, fears and beliefs) Thérapie*, Available online 20 Dec 2018.

[7] Affeltranger Bastien, et al.,《Universalisme proportionné: vers une 〈 égalité réelle 〉 de la prévention en France ?》, *Santé Publique*, Vol. s1, No. HS1, 2018, pp. 13 – 24.

（一）采取约束性政策预防风险

尽管疫苗接种对疾病预防的成功是显而易见的，但由于人们对它的不信任和抗议越来越多，迫使许多地区的政府不得不重新采取强制措施，放弃激励政策。

面对当前全球范围内对疫苗持怀疑态度的浪潮，如何在保护集体利益和公共健康的前提下，保护个人自由不受侵犯，这是一个世界性的难题。[1]

世卫组织在早期预警和预防中发挥着重要作用，由欧盟委员会在欧洲联盟一级向成员方传达，成员方仍可自由选择限制性或鼓励性的免疫政策。然而，在疫情大暴发的极端背景下，其约束力可能会得到加强。世卫组织的任务是提供传染病预防信息和传染病防治手段，其任务的性质主要是具有国际性质和激励作用，但是如果出现严重的流行病，它可以促使各国制定更具约束力的政策。该组织启动了一项强有力的行动，[2]即 2019 年的预防运动，其主要目标是提高公众对终身全面接种疫苗的重要性的认识，[3]并且它还出台了旨在保护所有国家人民免受流感威胁的“2019～2030 年全球流感战略”。[4]

但除这些预防、宣传、警示和配套措施外，2007 年生效的《国际卫生条例》对世卫组织和相关国家提出了一系列具有法律约束力的要求。根据《国际卫生条例》第 18 条，世卫组织可建议个别国家在应对国际关注的公共卫生紧急情况时采取某些措施。《国际卫生条例》是一项国际成文法律，对全世界在内的 196 个国家，包括世卫组织所有成员方具有约束力。其中所谓“国际关注的公共卫生紧急情况”是指由于疾病的国际性传播而被认为对其他国

〔1〕 Brigitte Feuillet-Liger, Kristina Orfali,《La réalité de deux principes de protection du corps dans le cadre de la biomédecine: La dignité et la non patrimonialité Etude internationale et pluridisciplinaire》, [Rapport de recherche] Mission de recherche Droit et Justice, 2016.

〔2〕 参见世卫组织欧洲区域委员会第 64 届会议工作文件：EUR/RC64/15 European Vaccine Action Plan 2015－2020(2014)。

〔3〕 自 2005 年以来，世卫组织一直倡议欧洲免疫周，该活动现在同时在全世界 200 多个国家举行。

〔4〕 参见 https://apps.who.int/iris/bitstream/hand le/10665/311184/9789241515320－eng.pdf。

家的公共卫生构成危险,并可能需要采取国际协调行动的非常事件。例如,2009 年的 H1N1 流感、2016 年的埃博拉、黄热病和寨卡病毒等都曾触发过该机制。根据《国际卫生条例》第 5 条和第 13 条,所有缔约方必须具备或达到执行《国际卫生条例》的核心公共卫生能力。作为一项具有法律约束力的文书,《国际卫生条例》是保护世界人口免受新的和重新出现的疾病、微生物冲击以及对公共卫生和健康安全的其他威胁的主要手段。从法律上讲,《国际人权法》优先于《公共卫生法》,但是,该法并不是要处理个人权利问题,因为这一问题受各国法律管辖,而且各国领土各不相同。限制人权范围这一制度必须符合法律规定,以正当目的为基础,符合公共或社会秩序的迫切需要,并且与目的相称。这一原则必须基于客观的考虑,在不采用任意、无理或歧视性措施的前提下,采用可利用的最低限度的限制和干扰。〔1〕 除法律措施外,还必须有对各领域进行公序良俗思考的工具,其中必须考虑到必要性、相称性、社会公正、自由、保密、对等、公平待遇、效力、透明度和约束性措施的经济影响。所以,在面临全球风险的情况下,要执行协调措施并非易事,只要能灵活地协调集体、个人和社会问题,就能实现所有目标。

然而,麻疹疫情大暴发促使卫生组织向各国宣布,必须采取适当措施,消除对疫苗接种的不信任。〔2〕 世卫组织在 4 月宣布,2019 年第一季度全球麻疹病例猛增 300%。在非洲,增幅甚至达到了 700%。〔3〕 世卫组织将"不愿

---

〔1〕 EN France, art L. 3131 – 1 et L. 3131 – 2 du Code de la santé publique(CSP).

〔2〕 Laura A. Zimmerman, Mark Muscat, Simarjit Singh, Myriam Ben Mamou, Dragan Jankovic, Siddhartha Datta, James P. Alexander, James L. Goodson, Patrick O' Connor,《Progrès réalisés en vue de l' élimination de la rougeole dans la Région européenne, 2009 – 2018》, 214 weekly epidemiological record, no 18, 3 may 2019.

〔3〕 2019 年,170 个国家向世卫组织报告了 112, 163 例荨麻病例。而 2018 年截至同一报告日,163 个国家只发现了 28, 124 例荨麻病例,报告的数量不及 2019 年的 1/10。其中,欧洲是世界上受影响最大的地区,数量上升了 300%,其次是东地中海地区,数量上升了 1 倍,美洲上升了 60%,之后是东南亚或称西太平洋地区,数量上升了 40%。

接种疫苗”描述为2019年的全球健康威胁,[1]并指出使全民遵守疫苗接种政策是每个政府的首要任务。[2] 在世界各地,通过相关机构的宣传活动、激励措施和建议、卫生专业人员提供的咨询意见[3]、控制措施,加强流行病学监测[4]以及与私人行为者合作建立信任等灵活方法,应对“不愿接种疫苗”的措施正在成倍增加。但是,其中最主要的对策还是,国家通过牺牲个人自由为代价采取的强制性措施,[5]通过立法规定强制疫苗接种,并辅以在不遵守接种规定的情况下为保护集体利益的需要而采取的制裁措施,根据国家的不同,从简单的罚款到刑事制裁不等。

在美国,由于一些州政府采取了非常严格的预防措施,麻疹自2000年以来几乎消失了。[6] 美国前食品药物管理局局长斯科特·戈特利布呼吁各州限制实施疫苗接种豁免政策,他说,这是因为美国47个州仍然可以基于宗教理由援引豁免疫苗,而宗教豁免使儿童得不到疫苗保护。公务机关的介入,无论是采取激励性还是采取强制性措施,都伴随对四大互联网巨头(GAFA)的控制和监督措施,包括油管和照片墙(instagram)在内的互联网巨头,都决定对反疫苗内容采取针对性措施。

---

〔1〕 与此相关的数据包括:联合国儿童基金会的一份报告显示,2010年至2017年,全球有1.69亿儿童没有接种第一剂麻疹疫苗,平均每年就有超过2120万的人没有接种疫苗,麻疹是2017年13.6万人死亡的主要原因。《新科学家》杂志称“2019年前三个月,全球报告的麻疹病例超过11万例,比上年同期增加了300%”。在未接种疫苗的儿童中,美国有259.3万人,法国有60万人,英国有52.7万多人;2017年,全球85%的儿童接种了第一剂疫苗,但只有67%的儿童完全接种了第二剂疫苗;2017年,撒哈拉以南非洲有20多个州没有进行第二次注射,使1700多万名婴儿暴露在疾病中。

〔2〕 参见 https://www. who. int/immunization/policy/Immunization _ routine _ table3 _ FR. pdf? ua = 1。

〔3〕 Shixin(Cindy) Shen, Vinita Dubey,《Répondre à l' hésitation face à la vaccination, Conseils cliniques à l' intention des médecins de première ligne qui travaillent avec les parents》, Vol. 65: mars 2019, Le Médecin de famille canadienne, p. 91.

〔4〕 参见 https://www. medecinedesvoyages. net/script-php/displaypatho. php? id = 8&d = 1, https://www. diplomatie. gouv. fr/fr/conseils-aux-voyageurs/conseils-parpays-。

〔5〕 Travers M., Enjeux majeurs de santé publique versus autonomie personnelle: le cas spécifique de l' obligation vaccinale. *Méd droit*(Paris)(2018).

〔6〕 美国联邦当局建议在婴儿出生后的头两年接种14种疾病的疫苗(乙型和甲型肝炎、白喉、乙型流感嗜血杆菌、流感、水痘、麻疹、风疹、流行性腮腺炎、百日咳、脊髓灰质炎、肺炎球菌、轮状病毒、破伤风)。自2000年以来,麻疹在美国几乎消失了。

在澳大利亚,自2016年1月起,政府发起了"No Jab,No Pay"运动,字面上的意思是"不接种疫苗,就没有补贴"。这项法律取消了未给子女接种疫苗的家庭的补贴,并通过实行新的每两个月一次的罚款,提高了儿童疫苗接种率。

俄罗斯[1]的疫苗接种政策要求儿童在入学前进行疫苗接种。面对麻疹病毒的卷土重来,在卫生和流行病学领域非常活跃的俄罗斯联邦消费者权益及公民安全保护监督局规定,从2019年4月1日起发起全国范围的"普遍免疫"运动,即群众大规模接种疫苗。

由于流行病的蔓延,在欧盟内部,许多国家也采取了各种措施以提高疫苗接种率。[2]

意大利[3]目前的卫生政策力度已恢复到激励性质的强度,但在麻疹病例增加和公众对疫苗日益怀疑的社会背景下,意大利选择实施《洛伦津法》,旨在强制接种疫苗。

对于是否需要实行强制性疫苗接种政策,德国对此展开了激烈的辩论,目的是使二次注射后儿童的疫苗接种率恢复到95%以上,从而消除麻疹。《麻疹防护法》已于2019年夏季在德国通过,于2020年3月1日生效。但在法律层面上,1949年的《德意志联邦共和国基本法》保障了人体不受侵犯。[4] 有关强制接种的政策只有在符合"合法性"和"相称性"的条件下才符合《宪法》。

在此不赘述各成员方卫生政策的细节,但是应当注意到,欧盟有12个成

---

〔1〕 俄罗斯2018年的感染病例是2017年的3.3倍。2018年记录了2500多例麻疹病例,高于2017年的725例和2016年的162例。

〔2〕 Recommandation du Conseil du 7 décembre 2018 relative au renforcement de la coopération contre les maladies à prévention vaccinale(2018/C 466/01)C 466/1.

〔3〕 意大利在2017年6月以前只强制接种4种疫苗,同年6月开始强制接种10种疫苗:白喉、脊髓灰质炎、破伤风、乙肝、乙型流感嗜血杆菌感染、麻疹、风疹、流行性腮腺炎和水痘。后面这4种疫苗每3年就要更新一次。未接种疫苗的6~16岁儿童的父母有可能被处以100~500欧元的罚款。

〔4〕 参见1949年5月23日《德意志联邦共和国基本法》,载《联邦法律公报》,第1页,BGBl. Ⅲ 100-1。以及自该日至今以来的52项修正案。

员方实行了强制接种政策，在规定疫苗接种是义务还是建议方面存在很大差异。在比利时，疫苗接种义务只涉及一种疾病，拉脱维亚则高达 14 种。[1] 这种以成员方卫生政策主权为基础的分歧是欧盟共同政策难以形成的一个特点，尽管这些传染病的风险远远超越国界，影响到所有人。法国与美国的某些州以及部分新兴发展中国家，是最后的抵抗疫苗恶评的界碑，但最近的疫苗丑闻与某些公司违反法律制造缺陷疫苗有关，也削弱了公众对疫苗（以及整个卫生系统）的信心。

在法国，[2] 2017 年 12 月 30 日关于 2018 年社会保障筹资的法律将必要的强制接种政策范围扩大到白喉、破伤风和脊髓灰质炎疫苗（《公共卫生法》第 L. 3111 - 2 条）。[3] 卫生部门在儿童接种和卫生专业人员可能接种流感疫苗方面所采取的有约束力的政策，显示出维护集体利益与尊重公民的基本权利和个人意愿之间的较量。[4] 关于传染病的预防应该是采取强制性的还是激励性措施的争论正在激烈进行。[5] 法国的法律规定了人民的强制性疫苗接种义务（《公共卫生法》第 L. 3111 - 2 条和第 L. 3111 - 3 条、第 L. 3111 - 4 条），对不履行接种义务的情况规定了处罚措施——罚款、拒绝让学龄前儿童在社区入学，但公认的医疗禁忌症除外。[6] 《公共卫生法》所规范的人员是未成年儿童的父母、卫生专业人员以及传染力增强的护理机构的管理人

---

〔1〕 还有别的许多国家要求强制接种与某些疾病相关的疫苗：比利时 1 种，捷克 9 种，斯洛伐克和罗马尼亚 10 种，波兰、匈牙利和保加利亚 11 种，意大利 12 种，拉脱维亚 14 种，希腊 14 种，葡萄牙 2 种，强制之外推荐 13 种，瑞典、西班牙推荐 9 种。英国没有设定强制义务，只是强烈建议儿童接种疫苗。德国、奥地利和瑞士虽也未设定义务，但随着具有约束力的立法建议的提出，这种情况正在发生改变，可能会对未接种疫苗者处以 2500 欧元以上的处罚。

〔2〕 Fischer Alain，《La question de la vaccination en France》，vaccination coverage in France. *Revue Francophone des Laboratoires*，Volume 2019，Issue 512，May 2019，pp. 36 - 41.

〔3〕 2009 年 11 月 4 日 N-DGS/RI1/2009/334 号通知已更新，取代了 2018 年 9 月 28 日 N° DGS/SP/SP1/2018/205 号关于如何处理一例或多例麻疹病例的指示的通知。

〔4〕 Travers M.，《Enjeux majeurs de santé publique versus autonomie personnelle：le cas spécifique de l'obligation vaccinale》，*Méd droit*（Paris）（2018）.

〔5〕 Vaccination grippe：convaincre les antis，*Option/Bio*，Volume 24，Issue 498，2013，p. 5.

〔6〕 Jean-Louis Vildé，L'obligation vaccinale en question，Centre Laennec，2015/3，Tome 63，p. 8.

员。研究表明,当疫苗接种政策是强制性的时候,它是十分有效的。[1] 近期一项关于疫苗接种政策的调查的初步结果似乎表明,疫苗接种政策得到了积极的回应,家长们为其子女接种的意愿略有增加。[2]

在采取强制措施的同时,还必须开展加强公共信任的工作,由于集体利益被充分考虑在内,因此需要根据规定的疫苗接种义务采取更灵活的办法。

只有在患有疫苗禁忌症的情况下,患者才可以拒绝接种疫苗。正如最高上诉法院在一个案件中所指出的,接种疫苗的保健专业人员(医生或药剂师)如果不建议强制接种,不解释拒绝接种的后果,不确保家长拒绝接种的可追溯性,不告诉人们疫苗的不利影响,而且一旦这种影响被科学证实,他或她就会对此承担责任(《公共卫生法》第 L. 1111 – 2 条)。[3] 他可能会因不遵守《儿童保护法》第 R4127 – 2 条、第 R4127 – 12 条、第 R4127 – 43 条和第 R4127 – 49 条而受到法定或普通纪律机构的起诉。[4]

但是,如果一名儿童由于未接种疫苗而受到严重伤害,他也可能被儿童或父母(根据其情况)诉诸司法或行政法庭,甚至由刑事法庭追究责任。举例来说,在一个案例中,行政法院就确认取消了一名医生的资格,该医生没有为儿童进行强制性疫苗接种,并且在儿童健康记录中输入错误信息。[5] 考虑到传染性疾病在整个传播过程中所造成的风险,这一风险的责任可能随着时间的推移而显著增加。

---

〔1〕 Beaufils E., Dommergues M.-A., Gaillat J., Guiso N., Knezovic-Daniel N., Pinquier D., Riethmuller D.,《*Coqueluche: où en est-on en France 10 ans après la mise en place de la stratégie vaccinale du cocooning?*》, *Gynécologie Obstétrique & Fertilité*, Volume 44, Issue 10, 2016, pp. 591 – 597.

〔2〕 Cohen R., Gaudelus J., Leboucher B., Stahl J.-P., Denis F., Subtil D., Pujol P., Lepetit H., Longfier L., Martinot A.,《Impact of mandatory vaccination extension on infant vaccine coverages: Promising preliminary results》, *Médecine et Maladies Infectieuses*, Volume 49, Issue 1, 2019, pp. 34 – 37. Biclet Philippe, Colloque,《Avancées biomédicales et protection des libertés》, Allocution de bienvenue, *Médecine & Droit*, Volume 2011, Issue 106, 2011, pp. 5 – 6.

〔3〕 Cass. Civ., civ. 1, 14 nov. 2018, 17 – 27. 980 17 – 28. 529, Publié au bulletin concernant le vaccin contre l'hépatite B dénommé Engerix B.

〔4〕 Germain Decroix, Aspects juridiques de la vaccination, Les règles de responsabilité pour les vaccinations non obligatoires, médecine, mars 2017, p. 136.

〔5〕 Conseil d'État, 22 décembre 2017, M. S., n° 406360, 406589.

如果家长不遵守强制接种政策,可能会因《刑法》第 L. 227 - 1 条受到刑事处罚,这种强制性意味着要建立公平的制裁。[1] 如果家长拒绝给孩子接种疫苗,损害了孩子的健康,或者使其他孩子患上了可以用疫苗预防的疾病,那么,家长就有可能因此受到刑事起诉。

对于疫苗接种义务的来源,可援引许多基本权利,包括尊重身心健康、良知和宗教自由、教育自由等原则,或更广泛地尊重隐私权,保证的个人自主。其中最主要的,当然就是通过人类身体不可侵犯的原则及其必然结果,即每个人必须自由和知情地同意任何医疗行为,辩论才得以展开。

高级法院[2]认为这一社会问题是根本性问题,也引起了宪法委员会的关注,宪法委员会同意支持公共卫生部门采取有约束力的政策,只要这种政策不过分侵犯公民的基本自由。[3]

行政法院指出,接种疫苗的义务不能被视为与"人类尊严原则"相悖,因为"局限于人类身体的不可侵犯性和完整性原则"的侵犯是合法的,因为这项义务的本质目的是保护公众健康。[4] 决定将疫苗接种要求增加到 11 种疫苗,并不违反欧盟法院判例法中所解释的预防原则,这一原则允许在人类健康风险的存在或程度不确定的情况下采取保护措施,而不必等到这些风险的现实和严重性得到充分证明。

公共卫生安全方面存在的重大健康安全风险为激励性政策向强制性政策的转变提供了合理性。

疾病预防政策越来越多地采用基于科普教育和个人培训的激励措施,或

[1] Vildé Jean-Louis,《L' obligation vaccinale en question》, Laennec, Vol. tome 63, No. 3, 2015, pp. 8 - 23.

[2] HCSP Avis relatif à la politique vaccinale et à l' obligation vaccinale en population générale (hors milieu professionnel et règlement sanitaire international) et à la levée des obstacles financiers à la vaccination, 6 mars 2014.

[3] C. constit, Décision n°2015 - 458, QPC du 20 mars 2015. Jacquelot Fanny,《La protection de la santé par le Conseil constitutionnel: un parfum français aux notes d' Italie》, *Revue française de droit constitutionnel*, Vol. 115, No. 3, 2018, pp. 513 - 532.

[4] Conseil d' État N°415694, lecture du 6 mai 2019. Conseil d' État N°419242, lecture du 6 mai 2019. Conseil d' État 397151, lecture du 8 février 2017.

基于道德、伦理和情感因素（例如，利他主义）的激励措施，而提高疫苗接种覆盖率不一定是强制性的，卫生保健委员会关于限制传染病传播的非药物干预措施的报告充分说明了这一点。[1]

2019 年，法国将再次担任“外交与健康”议题下的协调国，并在此背景下，确定“外交与健康”小组将提交至联合国大会的决议主题。显然，普及保健服务和预防健康危机将是该项讨论的核心。

（二）通过信息和培训进行激励预防

国家卫生战略（SNS）将预防作为其工作重点之一，这意味着卫生专业人员和卫生机构必须在监督和支持民众履行疫苗接种义务这方面重新进行功能定位，以避免疾病和疾病传播事件的发生。

法国公共卫生高级委员会（HCSP）在若干报告中确定了应遵循的预防指导方针。[2]

1. 关于疫苗接种的机构信息

公共宣传是交流和分享公共事业信息的一种正式模式，其责任由具有集体利益使命的公共机构或组织承担。

关于疫苗接种的信息主要来自机构宣传，而机构宣传的来源是多方面的。世卫组织[3]、欧盟委员会[4]、卫生部[5]和国家卫生当局的意见和来

---

〔1〕 Conseil d'État N°415694, lecture du 6 mai 2019. Conseil d'État N°419242, lecture du 6 mai 2019. Conseil d'État 397151, lecture du 8 février 2017.

〔2〕 Programme national d'amélioration de la politique vaccinale 2012 - 2017: mai 2014, Politique vaccinale et obligation vaccinale en population: septembre 2014. Indication des interventions non pharmaceutiques pour limiter la diffusion des maladies transmissibles, avril 2019.

〔3〕 Organisation mondiale de la Santé (2019). Guide d'élaboration d'une politique et d'une stratégie nationales relatives à la qualité: approche pratique de formulation d'une politique et d'une stratégie pour l'amélioration de la qualité des soins Élaboré conjointement. Organisation mondiale de la Santé, http://www.who.int/iris/handle/10665/310942.

〔4〕 Communication de la Commission au Parlement européen, au Conseil, au Comité économique et social européen et au Comité des régions. Coopération renforcée contre les maladies à prévention vaccinale (2018), https://eur-lex.europa.eu/legal-content/FR.

〔5〕 Ministère des solidarités et de la santé, communiqué de presse, Agnès Buzyn, ministre des Solidarités et de la Santé se félicite de l'augmentation de la couverture vaccinale des enfants (2018).

文构成了信息来源基础。[1] 在法国,通过建立一个专门的网站增强了政府与公众之间的信息交流渠道,使公众和专业人员能够详细了解疫苗接种的所有法律、法规、社会学、经济、医学和科学方面的情况。[2]

麻疹事件中的不信任起源于一位英国医生,他传播的错误信息导致了安德鲁-韦克菲尔德事件的争议。然而,当错误信息传播时,很难阻止并予以反击,整个世界都在遭受影响,这也是世卫组织对此发出警报的原因。此事引起的质疑一波未平一波又起,导致疫苗接种率下降,这也是麻疹疾病死灰复燃的原因。

此次事件中,传染病防治的问题在于信息的性质和传播方式。[3]

宣传的效果取决于是否能被公众接受。政府机构提供的信息必须通过教育和清晰的表述才能获得公众的支持。但是,机制性信息,尤其是免疫系统的信息,是一些相互作用的模式的组合,它要求我们尽可能全面地掌握情况,提供可靠而安全的信息。[4] 政府部门有效地提供信息,其基础是社会经济方面的重要参与者、行业和保健机构有关人员以及非政府组织协会之间进行密切合作,这些组织(联合国儿童基金会、比尔-盖茨基金会)需要政府的支持。里昂免疫行动就是一个全新的政府信息传播范例。[5] 在参与式的民主模式的基础上,国家保留决策权,同时倡导民间社会的自治和参与。这基本上是法国采取的解决办法,在起草和通过法律之前,加入关于疫苗接种的

---

〔1〕 Drouot Cyril, 2016, "Étudier les pratiques communicationnelles en santé publique: interdisciplinarité et ancrage transdisciplinaire", Journée Internationale des Jeunes Chercheurs de Nancy, p. 19, consulté de 28 juin 2018.

〔2〕 参见 https://professionnels. vaccination-info-service. fr/; https://vaccination-info-service. fr/。

〔3〕 Dutilleul Alain, Morel Jacques, Schilte Clémentine, Launay Odile, How to improve vaccine acceptability (evaluation, pharmacovigilance, communication, public health, mandatory vaccination, fears and beliefs) Therapies, Volume 74, Issue 1, February 2019, pp. 131-140.

〔4〕 Vacciner, c'est protéger, Communiqué (2018), https://presse. inserm. fr/vacciner-cest-proteger/32352/.

〔5〕 Immuniser "Lyon", Le concept (2018), http://www. immuniserlyon. org/operation/concept.

公民协商期,〔1〕〔2〕自上而下和自下而上的流动相互作用,目的是达成代表利益相关者利益的共识。在这种灵活的方法中,利用所有法律资源和工具,从而出现了关于疫苗接种的有利宣传效果,〔3〕并出现了对疫苗接种恢复信心的积极迹象。但谣言不绝于耳,必须利用一切制度方法,通过区分不同的疫苗病例和疫苗类型,证明疫苗的有效性和有利的收益或风险。〔4〕

大量研究集中于大规模疫苗接种,而不只是针对常规疫苗接种的政府信息传播问题,〔5〕由此产生了公共机构对互联网和社交网络上谣言传播的反应速度的责任问题。这种做法从根本上改变了机构和民众之间的交流方式,要求公共机构使用同样的手段表达自己的观点。在法国,不仅有专门科普疫苗接种信息的网站,还辅以在社交网络(推特、领英、油管)上的政府信息宣传。政府的传染病预防工作需要使用所有这些通信手段。〔6〕 但当务之急仍然是恢复卫生专业人员的信心,并确保为他们提供他们之间以及他们与公众之间的沟通渠道。

2. 为卫生专业人员提供信息和培训

卫生专业人员关于疫苗接种的信息应从两个角度着手:他们自己所接受的信息以及他们提供给患者的信息。事实上,预防工作基本与这些专业人员

---

〔1〕 Fischer Alain, 2016, "Comité d' orientation de la concertation citoyenne sur la vaccination", Rapport sur la vaccination, p. 49.

〔2〕 Concertation citoyenne sur la vaccination. Rapport du Comité d' orientation (2016), http://concertation-vaccination. fr/wp-content/uploads/2016/11/Rapport-de-la-concertation-citoyenne-sur-la-vaccination. pdf.

〔3〕 Vaccination info service, Suivi et évaluation des programmes de vaccination (2018), http://professionnels. vaccination-info-service. fr/Aspects scientifiques/Epidemiologie/Suivi-et-evaluation-des-programmesde-vaccination.

〔4〕 Ollivier-Yaniv Caroline, 2015, "La communication publique sanitaire à l' épreuve des controverses", Hermès "Controverses et communication", n°73, pp. 71 – 80.

〔5〕 Martinière K., Campagne de vaccination de masse et hésitation vaccinale-les papiers de la recherche de l' ENA, collection gestion des risques, 2018 – 01.

〔6〕 Nicand É, Koeck J. L., Floret D., Carnet de vaccination dématérialisé: un outil connecté du parcours vaccinal au service de tous. M. T. pédiatrie 2018; 21(1): 36 – 44.

有关,他们大量参与法律法规的起草意见和建议,[1]以及执行疫苗接种政策。[2] 几项研究表明,他们的建议对患者的行为可能产生影响,[3]让这些专业人员签署支持儿童接种疫苗的命令宪章[4]应有助于改善公众被反疫苗信息误导的情况。对他们来说,这意味着需要获得可靠的、经过科学验证的信息,知道如何发现虚假信息并防止其再次传播。[5] 绝大多数医生都相信卫生部或卫生机构等官方来源所提供的关于疫苗益处和风险的信息是可靠的,然而,还有很大一部分专业人员认为这些官方来源的信息也会受到制药业的影响,他们对其他信息来源,尤其是媒体的信任度很低。

对卫生专业人员在疫苗接种方面的态度评估必须分别在两种不同的情况下进行,一种是针对常规情况下的大规模的普及性的疫苗接种政策,另一种是针对在发生大的疫情时进行的紧急疫苗接种。[6]

卫生专业人员分为四大类:反疫苗、怀疑、支持、非常支持疫苗接种。根据相关调查研究,关于卫生专业人员针对疫苗接种的态度,在不同的情况下会显示巨大的差异,这取决于接种对象(儿童、成人、老年人、面对公众的工作人员)、疫苗的成分(多价、单价)以及所需或推荐的疫苗类型(麻疹、人类乳头瘤病毒、流感等)。对接种麻疹、乳头瘤病毒或 H1N1 流感疫苗的不信任,是麻疹疾病死灰复燃的根源,这种疫苗反对的舆论潮流反映在所有传播媒体,特别是互联网上,存在对疫苗的毒性或危险性的,在科学上毫无根据的宣

---

〔1〕 Gangneux Jean-Pierre,《Le rôle des professionnels de santé dans la généalogie des recommandations et dans leur mise en application. Commentaire》, Sciences sociales et santé, Vol. 36, No. 1, 2018, p. 99104.

〔2〕 *Politique vaccinale*, Volume 18, numéro 1, Janvier-Février-Mars 2016.

〔3〕 Mergler M., Omer S., Pan, W., 2013, "Association of vaccinerelated attitudes and beliefs between parents and health care providers", Vaccine, 31(41), pp. 4591 – 4595.

〔4〕 参见 https://www.conseilnational.medecin.fr/sites/default/files/charte_d_engagement_vaccination_ps_signee.pdf。

〔5〕 Études et résultats n° 910 – mars 2015 Vaccinations: attitudes et pratiques des médecins généralistes.

〔6〕 *Vaccinations: attitudes et pratiques des médecins généralistes*, *Études et Résultats* n° 910, DREES, mars 2015.

传信息。[1] 而这些误导性的宣传信息还经常得到专业机构的认可,从而进一步促进了谣言在互联网和社交网络上的传播。这种谣言的规模非常庞大,以至于让四大互联网巨头创建自我纠错机制,阻止反疫苗信息的传播,这一点明显地反映出互联网信息的监管、纠错机制的重要作用以及社会经济重要参与者帮助政府迅速作出反谣言的应对措施的重要性问题。

因此,预防组织的首要任务是恢复医学专业人员、专家和医生的信心[2],以便向患者传递这种信心,同时还要考虑到,患者的不信任程度会根据流感疫苗或其他疫苗的类型的不同而有所不同。[3]

这就需要加强医学生在学习期间的专项培训,同时也需要在其整个职业生涯中开展继续教育。依据《健康法》中所规定的医学教育改革计划,重新设计医学院课程,并把改革重点放在疫苗接种模块上。迄今为止,除传染病学家和儿科医生外,卫生保健从业人员普遍缺乏关于传染病、流行病学和相关风险的培训和知识。

在强制接种疫苗的情况下,[4]卫生专业人员必须遵守所有条件,特别是与疫苗接种豁免有关的条件。在建议接种疫苗的情况下,评估他们的责任更为困难。[5] 研究表明,专业人员对他们必须向患者提供的信息,特别是关于

---

〔1〕 关于这股反对舆情的文献有很多:Balinska M., 2009, "Hepatitis B vaccination and French society ten years after the suspension of the vaccination campaign: how should we raise infant immunization coverage rates?", *Journal of Clinical Virology: the Official Publication of the Pan American Society for Clinical Virology*, 46(3), pp. 202 – 205; Lasset C., et al., 2014, "Practices and opinions regarding HPV vaccination among French general practitioners: evaluation through two cross-sectional studies in 2007 and 2010", *International Journal of Public Health*, 59(3), pp. 519 – 528; Verger P., Flicoteau, R., Pauvif L., 2011,《Attitudes et pratiques des médecins généralistes de ville relatives à la vaccination en général et à celle contre la grippe A/H1N1 en 2009》, Études et Résultats, DREES, n° 770。

〔2〕 Pouplin Suzanne,《Le médecin généraliste picard face aux vaccinations en 2016》, *Médecine humaine et pathologie*, 2016.

〔3〕 Sandra Crouse Quinn, Amelia M. Jamison, Ji An c, Gregory R. Hancock, Vicki S. Freimuth, Measuring vaccine hesitancy, confidence, trust and flu vaccine uptake: Results of a national survey of White and African American adults, *Vaccine* 37(2019)1168 – 1173.

〔4〕 Décret n° 2019 – 137 du 26 février 2019 relatif aux examens médicaux obligatoires de l'enfant et au contrôle de la vaccination obligatoire.

〔5〕 Les recommandations: Décret n° 2019 – 149 du 27 février 2019 modifiant le décret n° 2007 – 1111 du 17 juillet 2007 relatif à l'obligation vaccinale par le vaccin antituberculeux BCG.

疫苗安全性的信息感到不安,并认为他们没有得到足够的信息基础。[1] 卫生保健专业人员需要认识和了解拒绝接种疫苗,给反对接种疫苗的父母开具疫苗接种豁免证明,或不向患者特别是未成年儿童的父母提供明确、准确的疫苗接种信息的法律风险。[2]

在评估刑事或道德责任时,必须区分积极反对接种疫苗的卫生专业人员、允许自己受到积极反对接种疫苗的父母影响的卫生专业人员或不提供关于接种疫苗影响的明确信息的卫生专业人员的情况,不同情况下卫生专业人员的责任大小会根据罪行的严重程度而有所不同[3](《公共卫生法》第L. 1142－1条及其后各条)。

普通法院曾多次对开具疫苗接种豁免证明的医生作出道德制裁的判决。总体来说,卫生专业人员如果不向其患者传递经科学证明的必要相关信息,则会因使患者缺乏必要相关信息并丧失疫苗接种机会而承担赔偿责任(《公共卫生法》第L. 1111－2条及以下条款和第R. 4127－35条及以下条款)。具体来说,这些医生应当向患者提供的必要相关信息应当包括不接种疫苗的一般、严重和特殊风险,且该信息必须适当、完整(公平、清晰和适当)。

问题是应该提供什么样的信息、以什么形式提供。在实践上,CRP中提到的有关不良反应的信息,以及从科学中获得的数据所确认的效果的信息,都属于经科学证明的可靠信息。

最高法院已经毫不含糊地重申,只有当医生未向患者提供义务范围内的信息的事实与实际发生的风险有关时,才能承担医生的责任。另外,最高上

---

〔1〕 在2019年3月,法律规定了疫苗接种的义务,卫生部长则决定了疫苗接种的政策,参见https://solidarites-sante.gouv.fr/img/pdf/calenrier_vaccinal_mars_2019.pdf。高级卫生管理局疫苗接种技术委员会(CTV)建议调整疫苗接种日历;公共卫生高级理事会以前提出的疫苗接种建议仍然有效,除移交给HAS的工作内容外,其他部分职责仍然予以保留;HCSP每年都会更新的一项具体意见的主题就是与出国旅行和居留有关的疫苗接种建议,该意见会发表在每周流行病学公报(BEH)中"对旅行者的建议"栏目上。

〔2〕 Reiss, Dorit Rubinstein(2018),"Health Law: Protecting Children when Parents Choose Not to Vaccinate," e Judges' Book: Vol. 2, Article 13.

〔3〕 C. Cass, 6 janvier 2013, pourvoi n°12－14.020.

诉法院非常明确地确认,卫生专业人员有义务提供有关个人预防、诊断或护理行为固有风险的信息,只要这种有关风险的信息已经得到证实和证明。[1]

如果医生必须告诉他的患者接种疫苗的重要性,他也就必须警告患者可能的后果。为此,医生有义务随时了解情况,并考虑到高级卫生管理局和相关学术团体的建议。

强制性疫苗接种范围的扩大、建议性疫苗接种政策的修改、将疫苗接种政策所规范的对象范围扩大到药剂师和护士,以促进所有人获得疫苗接种,这些措施从法律的层面上改变了卫生专业人员的职责分工[2](《公共卫生法》第 L. 5125 - 1 - 1 A 条)。这种规范对象的范围的扩大意味着在任何人的疫苗接种前后,药剂师、[3]护士[4]和医生之间需要有透明的信息,主要是通过共享病历资料或任何其他方式,以保证处方和受试者护理的安全性。

发挥信息技术工具,如电子健康空间、电子疫苗接种簿或电子健康簿的价值,对确保信息的流动和改善医疗保健程序至关重要。

除了有义务接受培训并了解疫苗接种的效果和使用的产品信息外,卫生专业人员和其他与民众有重要日常接触的专业人员还必须意识到疫苗接种可能对某些特殊人群造成风险,特别是体弱人员和不能接种特定传染病疫苗的人,因此要采取个别预防的办法。

疫苗接种政策应通过鼓励卫生保健专业人员接种疫苗来引导每个卫生保健机构落实传染病预防工作。[5] 事实上,疫苗接种有利于预防传染病这一信息是通过卫生专业人员之口直接传递给患者的,也是通过卫生专业人员

---

[1] Civ. 1re, 25 janv. 2017, n°15 - 27. 898.

[2] Décret n°2019 - 357 du 23 avril 2019 relatif à la vaccination par les pharmaciens d'officine.

[3] 2019 年 4 月 23 日的命令,确定了药剂师在适用《公共卫生法》第 L. 5125 - 1 - 1 A 条第 9 款时可进行的疫苗接种清单。

[4] 2018 年 9 月 25 日第 2018 - 805 号令,规定了护士接种流感疫苗的条件。

[5] C. Lioulta, B. Le Neindrea, P. Gaubertia, B. Clina, A. Palixb, A. Vabret, de R. Morelloc, J. Dinade, État d'immunisation contre la rougeole chez les professionnels de santé au sein des services à risques du centre hospitalier universitaire de Caen, *Revue d'Épidémiologie et de Santé Publique*, Volume 67, Issue 1, February 2019, p. 1.

自己以身作则给群众树立榜样来传递的，也就是说，专业人员自己也应该接种疫苗。

因此，疫苗接种信息的传递，如果能发生在与患者关系密切的医疗圈中，其传递的效果会更好，因为医疗圈更加注重患者与药师或全科医生的交流。正是因为处在这种密切的医患交流圈中，我们才必须要部署疾病预防政策，以确保对患者更好地普及疫苗的益处/风险，同时不回避地通过教育的方式解释某些人群由于特殊体质，接种疫苗后出现不良病理反应的事实。这一思想方法可以推动公司、学校、医院或任何可能传播疾病的集体场所自发效仿，采用良好做法以普及有关疫苗的科学知识。

这些有关预防传染病的社会生活规范将以个人和集体责任为基础框架。这种以法律义务为基础，以不断发展的集体合同承诺为补充的灵活调整方式，将使个人参与到保障整个社会卫生安全的运动成为可能。

专业人员和患者之间的紧密联系必须通过用于监测疫苗接种情况的电子工具得到实现。[1] 作为卫生中心的一部分，疫苗接种信息系统、[2]疫苗接种记录和出生后的电子健康记录，是监测和预防疾病传播的有效工具。

新兴的电子数据工具、人工智能技术和区块链的使用将是非常有用的，并且这些工具还可以帮助卫生工作者开展传染病预防活动。

最后，传染病预防政策还需要制药业的私营机构，重拾对疫苗产品安全性和功效性的信心。信心的重拾意味着要透明化对疫苗产品安全性和疗效的检验程序，使医疗链中的所有参与者都能接受该产品，还要求有足够的产品数量来满足疾病预防需求，即要求有一个能保证产品质量的分销系统，并且产品的价格还要保持在一个可为大众所接受的范围内。

---

〔1〕 这种电子监控手段，例如，Gault G，Fischer A。对2013年参加阿基坦防卫和公民网杂志的年轻人的疫苗接种覆盖率进行评估，利用法国公共安全局的 MesVaccins. net 的电子接种记录进行研究。

〔2〕 European Centre for Disease Control and Control. Immunisation Information systems in the EU and EEA. 2017. Bachelet T. Numérique en santé：la médecine augmentée. *La Revue du CD33OM* 2017；N° 64. Audy C. Vaccination des enfants en affection longue durée. Recommandations et couverture vaccinale，apport potentiel du Carnet de Vaccination Électronique. [Thèse de doctorat en médecine]. Université de Bordeaux，2016.

这些要求体现在为疫苗产品制造商所制定的义务上，在这个意义上，建议采取措施鼓励欧盟内部成员方团购基本疫苗，类似地，还要为受限制的目标人群建立团购安全储备药品的机制，如泛美卫生组织针对拉丁美洲国家建立的相关机制。[1]

建立一个关于价格、供应和库存方式的法律和监管框架，并辅以通信行业的自我纠错机制，可以通过提高疫苗产品信息透明度来帮助恢复公众的信心。[2] 目前面临的挑战仍然是对谣言和虚假信息的管理，而且这些谣言的寿命很长。

二、预防、恢复信任和处理偏见性疫苗信息

社交网络经常传播有关疫苗安全的"假新闻"，使得公众对疫苗接种的不信任感被放大。

大多数人从社交网络中获得了很多不属于政府或专业机构官方信息渠道的信息。但是，这些渠道并没有过滤掉片面性的、误导性的或虚假的信息。互联网网络谣言是目前公共卫生的主要威胁，特别是在疫苗接种方面。这种社会行为，加上一部分人从对症医学转向自然医学，导致反对接种疫苗而支持所谓自然医学的网站呈指数级发展。

自然的"神话"无处不在，疫苗所起到的保护作用的隐蔽性更加强了这种"神话"。当人们没有真正意识到传染病病毒的威胁，并浸淫在充满针对疫苗的偏见性、误导性的信息中时，就很难激发人们接种疫苗的积极性。[3]

对疫苗副作用的恐惧是拒绝接种疫苗的人给出的主要原因，其次是疫苗

---

〔1〕 如信息报告机制：2018 年 9 月代表实况调查团报告中，就是将关于药品和疫苗短缺的情况报告给 Yves Daudignuy 和 Jean-Pierre Decool 先生；欧盟委员会关于欧洲药品供应情况 "MATRIX 报告" 的说明，可参见 http://ec. europa. eu/health/sites/health/files/files/committee/73meeting/73plus/english. pdf。

〔2〕 对发展结果的研究，参见 Financement de la vaccination：guide de ressources à l' intention des promoteurs de la vaccination，des décideurs et des gestionnaires de programmes. Washington D. C. ，2017。

〔3〕 Allart Laurence，Alloing Camille，Béchec Mariannig et Pierre Julien，2017，" Les affects numériques"，*Revue française des sciences de l' information et de la communication*，n°11，p. 10.

产品的可获得性和价格。

后一个问题主要出现在与法国不同的,无法通过团结手段提供或接受援助的领土上。库存和供应短缺也是公众关注的问题。不过,50%的疫苗的研发是在欧洲进行的。并且欧洲还是在工业上的全球接种疫苗的主要贡献者;86%的疫苗是由欧盟成员方生产并出口到世界各地的,其中有50%出口到联合国儿童基金会、泛美卫生组织和全球疫苗和免疫联盟等人道主义组织。

因此,疫苗预防〔1〕的首要任务是通过建立公共机构和私营企业之间的积极合作,打击虚假谣言。另外,采取快速、灵活、适应不断变化的风险的方法是成功开展疾病预防工作的关键,而成功开展疾病预防工作的基础则是提高公众对于疫苗的信息的获取和制裁反疫苗行为的威慑力。

(一)疫苗预防和谣言控制

质疑疫苗测试的质量和准确性、质疑医疗保健专业人员的严肃性、质疑医药行业的利益关系、质疑利润的谣言层出不穷,遍布网络,巧妙而微妙地混合各种存疑之处,使群众、非专业卫生和临床试验人员充分相信其中存在黑色利益关系,转而采用其他预防疾病的做法。令公共卫生高级委员会感到遗憾的是,这些片面事实和假新闻"在一些媒体和社交网络上的影响力,可以与有根据的、经过验证的科学文本同台竞争"。"在互联网上寻求疫苗相关信息的公众首先会接触到的是反疫苗网站。"很显然,尽管反疫苗活动人士占少数,但他们的质疑影响了很多人。

在欧洲,人们对政府的所有部门,特别是卫生和疫苗接种部门的虚假谣言的关注度也越来越高。从法律的角度来看,整个问题在于,如何在不妨碍言论自由的情况下控制或禁止此类信息的传播,也就是说,我们要在法律层面上,明确并且加强不实信息风险防控的行动要素和行动方法,但这是十分

〔1〕 Cour des comptes, La politique vaccinale: un enjeu de santé publique, une confiance à conforter. Rapport public annuel 2018 - février 2018.

复杂的。[1]

具体来说,控制公众舆论是不可能的,谣言永远不会停止。在一个民主国家,只有法律才有可能禁止,然而这种法律的制定和适用会受到极其严格的管制,并仅限用于非常严重的情况,以避免该法律对个人自由,特别是公民的言论自由的任意性侵犯。

因此,通过向公众普及科学知识和引导学习,才能恢复真假之间的平衡。也正是通过培训和教育,才能恢复集体意识和对个人的整体保护,而不是通过无政府主义和自由主义行使个人权利。

1. 传染病预防与互联网上的言论自由

互联网上存在许多或支持或反对接种疫苗的网站,[2]让人晕头转向。反对接种疫苗的网站不仅宣传和维护错误信息,还用详细的科学论证解构预防政策。[3] 并且最重要的是,它的传播是病毒式的,公众也会对这些信息进行情绪化传播。[4] 错误信息或虚假信息的出现从来不是一个新现象,它是历史的组成部分,但它通过互联网找到了新的表达方式,加快了传播速度,扩大了传播空间。

世卫组织定期发布关于疫苗接种和病理指南,如 2018 年的流感大流行管理指南。规划预防政策是应对大流行病风险及其在世界各地影响的关键措施。因此,应优先确定获取相关疾病信息的最可靠来源,包括卫生当局、学术界、研究人员、官方和科学媒体。[5]

---

〔1〕 Les attitudes des Français face à la vaccination:une évolution préoccupante, Volume 13, numéro 4, Avril 2017.

〔2〕 参见 https://aimsib.org/。

〔3〕 Ward J. K., Peretti-Watel P., Larson H. J., et al., Vaccine-criticism on the internet: new insights based on French-speaking websites, Vaccine 2015, 33; Hobson C., Maakaroun Z., Dieckmann K., et al., A preliminary prospective study: Could the labeling of a health-care message on a consumer product limit forgetfulness in parents confronted with immunization?, *Arch Pediatr.* 2018 Dec 1.

〔4〕 Ward J. K., Peretti-Watel P., Larson H. J., et al., Vaccine-criticism on the internet: new insights based on French-speaking websites, Vaccine, 33(2015), pp. 1063 – 1070.

〔5〕 Cyril Drouot,《La communication vaccinale online: analyse de corpus entre raison et émotion》, *Revue française des sciences de l'information et de la communication*, 14, 2018.

在负责社会事务的各部委秘书长的领导下，信息和通信代表团(DICOM)提出并执行就业、劳动、职业培训、社会事务、团结、卫生、妇女权利等领域的信息和通信政策指导方针，并提供有关疫苗接种的信息，除此之外它还会在警戒和危急时刻对社会事务进行干预。区域卫生机构(ARS)负责在网上提供有关疫苗接种的信息，在与公众沟通方面发挥了重要作用。

然而，信息只有被人知晓才有价值，而机构所提供的信息源因其复杂性和不透明性，很少被公众获得并理解，这就加剧了公众的不信任感，而近年来的卫生丑闻更是加剧了这种不信任感。不过，信心的回归似乎正在形成。医生既是动员孩子家长接受疫苗的主要信息来源，也被认为是最可靠的信息来源。然而，这意味着卫生专业人员必须传递可靠的信息。网络上的案例比比皆是，但最引人注目的一个例子是一位医学教授在网上发表了两份反对接种疫苗的请愿书后，为避免受到纪律处分，在医师协会理事会面前援引言论自由为自己开脱。

在上诉中，2018 年 6 月 26 日，国家纪律委员会驳回了他基于疫苗争议的有关言论自由的上诉理由，取消了他的医师资格。

法国科学院、法国农业科学院、法国兽医学院等 6 个学院，以及牙科、医学、药学 3 个国家科学院以保护民众健康为己任，郑重声明："言论自由是有限度的，丝毫不能成为某些卫生专业人员不负责任的指控行为的借口。"

该案的法庭辩论不仅对该教授所发布的信息内容，而且最重要的是对通过因特网进行交流的方式进行了热烈的讨论。该教授被控未遵守《公共卫生法》的规定，特别是其中的 4 个法条[1]：最高行政法院将不得不据此对这一案件作出裁决，因为《公共卫生法》刚刚通过确认了疫苗接种义务，并且儿童的疫苗义务接种量已从 3 种增加到 11 种。

在浩瀚的疫苗接种信息库中，公众很难正确地将"谷物"和"杂草"分开，这也是采取提供培训使所有人都能获得知识的措施变得非常重要的原因。

---

〔1〕 *Article R.* 4127 – 13 *CSP*；*Article R.* 4127 – 31；*Article R.* 4127 – 43；*Article R.* 4127 – 49.

国际媒体、政府和联合国行动者到处在开展反假新闻和反假科学方案。同时，还呼吁广大群众，请他们不要订阅和传播未经核实的信息。

信息控制由部际监测和打击教派异端特派团(Miviludes)[1]负责。在每年记录的3000份宗派畸变报告中，有40%与健康有直接关系。然而，由于尊重个人自由，特别是言论自由，公共机构的打击行动受到阻碍。[2]

在法国，正是1789年8月24日通过的《人权和公民权宣言》第11条赋予了言论自由的法律地位。《欧洲保护人权和基本自由公约》(以下简称《欧洲人权公约》，1950年)第10条专门规定了言论自由。《世界人权宣言》(联合国，1948年)第19条也肯定了这一最高权利，由于该则宣言没有法律价值，联合国大会还制定了具有约束力的《人权宪章》，在1966年通过了两个补充文书，包括《公民权利和政治权利国际公约》，其中包括生命权、言论自由权和隐私权。有167个国家批准了该公约，因此必须尊重这些自由。

在法国，《数字经济信任法》[3]规定，"通过电子手段向公众传播信息是自由的"。互联网信息传播的危险性在于，其简单、快速的传播网络很容易在全球范围内进行即时交流。然而，这种对于互联网信息传播的不安并不会使负责保护基本自由的法官动摇。根据欧洲人权法院在"汉迪塞德案"中的判决理由，言论自由是"民主社会的重要基础之一，是社会进步和每个人发展的重要条件之一"。[4] 欧洲人权法院非常积极地承认互联网在公民行使言论自由方面的作用。[5] 在法国，宪法委员会承认互联网上的这种言论自由，欧洲法院在欧洲也承认这种自由。因此，即便不能说是"不可能"，也可以说是"很难"给公民表达自己的自由和获取信息的自由设置障碍。因此，我们的突破口应该是最高行政法院该如何评估上述案件中保护言论自由的概念。

---

〔1〕 参见 https://www.derives-sectes.gouv.fr/。

〔2〕 J. Auvret-Finck et P. Auvret,《Concrétisation et aménagement de la liberté d'expression sur internet en droit européen》, in *Libertés, justice, tolérance. Mélanges en hommage au doyen Gérard Cohen-Jonathan*, Bruylant, 2004, p. 115.

〔3〕 Loi n°2004 – 545 du 21 juin 2004.

〔4〕 CEDH, 7 décembre 1976, *Handyside c. Royaume-Uni*, aff. n° 5493/72, pt. 49.

〔5〕 CEDH, gr. ch., 16 juin 2015, *Delfi AS c. Estonie*, aff. n°64569/09, pt. 110.

言论自由所享有的保护不能保证其无限制地行使。

《欧洲人权公约》第 10 条第 2 款要求言论自由与其他权利或自由相协调,如应保护尊重私人生活的权利和维护公共秩序。然而,这些例外情况需作狭义解释,欧洲和各国法官对可能侵犯言论自由的措施实行严格的比例控制。这些限制特别包括仇恨言论、暴力和诽谤性言论。然而,在这种情况下,对言论自由的控制可能会减少,对公共健康的保护还没有被放在这种"棱镜"中。在任何情况下,问责机制都不应导致对言论自由的遏制。因此,在互联网上对健康信息,特别是疫苗接种的表达权的限制似乎很难在法律领域获得。在美国,这种情况更加明显,《宪法第一修正案》没有对言论自由作出任何文字上的限制,即言论自由受到非常严格的保护,因此公民的自由言论表达权在美国得到了非常广泛的行使。[1] 最高法院甚至一直拒绝所有试图限制它的案文。然而,互联网上的网络犯罪,对言论自由保护制度的滥用正在促使人们出台并采取有关控制言论自由的制度,就连被泛滥的假新闻规模压倒的四大互联网巨头似乎也都在呼吁制定这些控制条例。另外,有关反恐的立法(包括美国的《爱国者法案》)也引入了模糊的罪名,以加强政府的控制力,使之有可能被用以打击针对卫生部门的网络犯罪,特别是阻止有害公众健康的假冒伪劣产品的流通。[2]

在国际范围内,所有研究机构都在就言论自由及其保护机制提出疑问;[3] 联合国教科文组织正在探讨针对不断发展变化的互联网的法律和管理框架,并向会员国提供建议,以促进有利于言论自由和保护互联网的隐私

---

〔1〕 Premier amendement de la Constitution des États-Unis,《*Congress shall make no law respecting an establishment of religion, or prohibiting the free exercise thereof; or abridging the freedom of speech, or of the press; or the right of the people peaceably to assemble, and to petition the Government for a redress of grievances.*》; C. Fried,《Liberté d'expression, liberté de pensée, libertés hors du droit ? Deux décisions controversées de la Cour suprême des États-Unis》, *Nouveaux cahiers du Conseil constitutionnel*, n° 36, juin 2012.

〔2〕 https://www.edqm.eu/fr/convention-medicrime-1470.htmlhttps://www.edqm.eu/sites/default/files/manuel-usage-parlementairesmedicrime.pdf.

〔3〕 European commission, Action Plan against Disinformation, 5.12.2018 JOIN(2018).

环境形成。[1] 对互联网的监管涉及相关个人,而不仅仅只是由公共当局进行排他性监管。[2] 因此更需要一种灵活的法律形式,可以巧妙地将国家权力与民间社会的权力结合起来,并能够使不断发展变化的信息和通信方式得到迅速和有效的调整。

公私合营的信息监管行动的发展,就是法律灵活地对复杂和多变的情况作出反应的典型例子。

因此我们似乎很有必要制定一个适应性强和灵活的法律框架,一方面使互联网能够继续支持有效行使它所鼓励的自由——言论自由,也包括企业自由;另一方面确保这些自由不会破坏公共秩序和侵犯他人权利。

2. 通过知识和教育落实疾病预防工作

关于疫苗虚假的误导性谣言,不仅会造成民众恐慌,还会固化制药行业在人们心中的不良印象,而这些谣言可以通过提高人们的科学知识储备和识别能力来阻止传播。首先,通过对网络信息的研究与分析,批判性地研究信息的来源,从而消除无脑转发所有信息的病毒式传播行为。[3]

卫生部门组织的相关信息,特别是关于医疗产品的销售和生产部门的信息,对帮助公众深入系统地了解疫苗的情况是必不可少的,尽管我们已尽量简化并向公众普及这方面的知识,但目前看来仍然不够。

为能自由和知情地同意接种疫苗的医疗行为,患者必须得到充分的医学教育,使其能够就接受的医疗信息形成自己的看法。

但是对普通患者来说,像这样的训练可以教他们如何全面地获取医学信息,如何分辨信息的真伪,在日常生活中几乎是不存在的。为此,卫生部的疫苗接种网站[4]提供科普教育培训,以回应对疫苗接种的兴趣。

---

〔1〕 Indicateurs de l' UNESCO sur l' universalité de l' internet: cadre pour évaluer le développement de l' internet, version finale présentée au Conseil intergouvernemental du PIDC, novembre 2018.

〔2〕 Caroline Ollivier-Yaniv,《La vaccination, ça se discute ?》, Le rapport sur la politique vaccinale, espace polyphonique inédit, *Mots. Les langages du politique*, 114, 2017.

〔3〕 Doria, Orélie Desfriches, *Culture informationnelle et pensée critique*, *vers une approche créative* (Information Literacy and Critical Thinking, Towards a Creative Approach) (February 10, 2019).

〔4〕 https://vaccination-info-service.fr/.

但是,无论是对患者,还是对医疗机构的可靠性半信半疑的医护人员,或是针对私营业主或负责人,我们都应该通过科普教育来引导他们分辨出虚假医疗信息。

为更清楚地回答患者对某一特定信息真实性的质疑,我们的监管制度和法律机制应该探索和使用人工智能来评估信息的真实性,或者使用区块链来安全、可靠地排列信息及其来源。

值得一提的是,为了应对越来越高的监管要求,对疫苗进行的质量控制无处不在,从而导致疫苗具有漫长和复杂的生产周期。但是,这并不意味着这些符合监管标准的疫苗一定能够阻止某些极端情况下出现的缺陷。

患者仅仅通过在互联网上收集关于疫苗的信息,无法形成对疫苗的全面了解。首先,人们接种疫苗可以保护个人,节约传染病的医疗卫生费用,为个人和社会带来健康收益;其次,它可以减轻医护人员的工作负担,减少其上班时间,降低停课和轮班的成本。从公众所获得的关于疫苗优点的信息来看,这些通过疫苗接种而产生的与个人生产力相关的正面间接影响通常是看不到的;另外,疫苗接种还具有生态效应,确保每个人都能公平地获得免疫能力。这是一般患者无法直接感受到的重大宏观经济影响,必须通过有针对性的专业研究才能了解到。

关于疫苗的信息常常是按顺序排列和划分的,公众全面获取这些信息并不容易。对此,我们应该为大众建构一套系统的背景科学知识,使他们在遇到一个新的信息时,能够运用这些背景知识,辩证地检验这些信息的真实性。

从司法实践来看,卫生专业技术人员因信息不足而承担赔偿责任的案例为我们提供了非常重要的判例依据。对那些可能涉及诽谤、扰乱公共秩序的虚假信息,我国有相关的法律、法规和管理体制,以防止此类信息的传播。《新闻法》和《卫生法》等法律使打击谎言成为可能,但这些制度也会受到言论自由原则的约束。对于滥用言论自由的行为,司法和刑事方面的对策也不能令人满意。

所以,解决这个问题的办法不在于为滥用言论自由增加新的监管机制,而是优化法律解决办法并使之更具灵活性,特别是要把自由法律制度同互联网上企业的自我纠正制度以及个人和集体的智慧结合起来。运用灵活的法律技术,能使我们快速适应快速发展的科技与信息,也就是说,要使互联网上的公众言论自由与受新闻自由保护的新闻活动相协调,新闻自由还必须受到新闻来源真实性问题的严重影响。要充分利用网络媒体,对广大群众进行科普教育,同时也要通过相关制度,要求网络媒体向广大群众提供的信息客观可靠。但是,随着电子信息技术和通信技术的不断创新,社会的信息格局正在迅速变化。高级卫生管理局对普通媒体和医疗媒体进行了大量研究,以确定向患者或保健专业人员提供的信息是否客观,新闻界在信息控制方面发挥着重要作用。[1]

报纸、广播和电视媒体的主要参与者已经为公众建立了教育平台,以帮助他们识别虚假信息,但是,公众仍需进一步了解如何利用这些媒体工具。

使用网络算法工具进行自我信息分析,需要有可靠的原始数据。随着人工智能的飞速发展,电脑程序变得越来越自主。如今,它们能够从自己储存的信息中深入学习,并且在没有人干预的情况下,独立作出各种选择。

新规定出台前,一些研究人员专门设计了一套程序,以确保算法的可靠性,并验证算法的使用——国家信息和自动化研究所正计划建立一个合作科学平台,其中包括来自公共和私人部门的研究团队、教师、学生和专家。

我们虽然不可能直接地通过阻断虚假信息传播的方式,来遏制反疫苗接种思潮的产生,但我们可以通过科学教育和教学,使公众能够批判性地评估他们所获得的信息的真实性。

---

〔1〕 HAS Bonnes pratiques et critères de qualité des revues et journaux de la presse médicale française, Mai 2013.

（二）传染病预防工作和威慑性制裁

总而言之，传染病预防工作需要一种灵活、适应能力强的方法，这使我们既能对公共行为进行规范管理，又能鼓励人们在知情的情况下同意使用疫苗接种作为消灭疾病的手段。

但是，上述法律框架并未对公民的自由和权利提出疑问，也未提及公民对社会的责任。

患者作为公民，的确有权表达自己的意见，有权接受治疗，有权终身享受健康，有权健康地老去，所有这些都可在欧盟委员会制订的公共卫生计划中找到，而且这些保护制度也可在各成员方中得到执行，但这并不意味着患者就没有作为公民的义务。

人对自己、对他人、对社会都有责任，其中，保护自己是他的责任，在可以避免的情况下，应该避免危害他人的健康。

因此，疾病预防政策还需要一个有足够威慑力的制裁制度，使患病的公民能自觉遵守和履行他的义务。

1. 预防措施不足

“建议”这一词的概念本身就令人困惑，因为它表明它不是必要的，而是可选择的。〔1〕现行法律没有明确而有力地规定常规疫苗接种的激励措施。

一项制度的威慑力主要来自对那些抵制强制接种的人、卫生专业人员〔2〕和家长的刑事处罚。

然而，对于建议性质的疫苗接种制度来说，如果卫生保健专业人员或公众〔3〕不遵守其中的安全指示，〔4〕建议性的疫苗接种制度不会让他们受到惩罚。

---

〔1〕 Cour des comptes, La politique vaccinale: un enjeu de santé publique, une confiance à conforter, 2018.

〔2〕 R. 4127 – 2, R. 4127 – 12, R. 4127 – 43 et R. 4127 – 49 du Code de la santé publique article 441 – 1 du Code pénal.

〔3〕 L'article L. 3116 – 4 du code de la santé publique, l'article 227 – 17 du code pénal.

〔4〕 https://www.lepoint.fr/sante/la-reunion-des-medecins-nonvaccines-ont-transmis-la-rougeole-14-05-2019-2312593_40.php.

在我们国家,传染病的预防主要是对所有与公众有接触的专业人员强制接种。然而,问题是,是否应修改这些条款,将某些疫苗,特别是麻疹疫苗的接种义务扩展到所有与公众接触的人(特别是行政机构、运输部门、学校),并增加专业医生的预防和控制义务。电子病历的存在应有利于实现终身传染病防治管理的目标。如果患者继续进行社交活动,尤其是继续工作,就会出现"传人"现象。

虽然卫生专业人员可根据卫生部的建议,对某些人作出限制性决定,以在其危险时期限制此人进入公共场所。但从实践来看,这些人只有在害怕被惩罚的时候才会接受并遵守这些限制。

所以,我们的问题是,如果要求公众强制接种这类传染性疾病的疫苗,并对不履行义务的人处以刑事处罚,[1]对于成人麻疹这种高传播风险的病例,这样的制度是否合适。[2]

当人口迁移发生时,通过强制接种政策预防和控制传染病尤其重要,因为迁移使移徙者营地内的疾病传播风险增加,而移徙者营地内的传染病无边界。[3]

在世界范围内,根据最新的统计数据,麻疹的暴发无法得到控制,各国必须采取强制措施来控制这些风险。在此,除了关于保护公民基本自由的问题之外,还有一个问题,那就是什么是最具威慑力的措施。

2. 传染病预防和威慑性措施

各国必须解决的主要问题是传染病预防措施的相称性,即它是否足够有威慑效力。对违反传染病预防制度的制裁的威慑效力的分析引出了欧洲人

---

〔1〕 Art. L. 3116 – 4 CSP disposait que,《le refus de se soumettre ou de soumettre ceux sur lesquels on exerce l' autorité parentale ou dont on assure la tutelle aux obligations de vaccination prévues aux art. L. 31112, L. 3111 – 3 et L. 3112 – 1 ou la volonté d' en entraver l' exécution sont punis de six mois d' emprisonnement et de 3750 d' amende》.

〔2〕 Clémentine Lequillerier,《La vaccination au prisme du droit pénal》, RDSS 2018. 877.

〔3〕 Diane Roman, Serge Slama,《La loi de la jungle: protection de la dignité et obligation des pouvoirs publics dans le camp de Calais》, RDSS 2016. 90.

权法院、[1]欧洲法院和国家最高法院的大量判例法。在疫苗接种问题上,处罚与公共利益的比例问题是主体的核心。国家处理国际问题的原则要求所有国家通过同一层次的法律框架有效协调各项措施。但是,协调工作仍然十分复杂。

对一国而言,它可以采取与澳大利亚类似的财政措施来加强提高免疫接种覆盖率的措施。

行政措施[2]是法律规定的,根据行政判例法实施的最彻底的措施。但是他们不能保证人们会坚持常规或大规模的免疫接种政策。

毫无疑问,卫生部、社会事务和卫生部长在就某项拒绝接种行为作出具有约束力的决定时,或将此事提交主管当局,以确保只强制接种与《公共卫生法》第 L. 3111 - 2 条和第 L. 3111 - 3 条规定的疫苗接种义务相对应的疫苗。[3] 因此,政府部门和生产商必须达成协议,确保疫苗的库存,以避免库存短缺,保证疫苗的成分,合理制定价格,并最终保证为全体公民提供疫苗。提高公众对疫苗的信心必然要求我们能够帮助公众全面了解疫苗的直接益处和风险规避这两个方面,[4]即疫苗不再只是作为防御性药物向公众普及的益处,对于疫苗可能间接帮助接种者规避风险这一作用,我们也要毫不谦虚地主动向公众介绍。举例来说,在经济方面,疫苗可帮助接种者免受疾病感染,因此避免了承担治疗费用、停用的经济成本、受感染者停用的后果等公众通常不会考虑的潜在风险,而这可能是一个激发民众积极接种疫苗的因素。

限制大众社会权利的决定需要法律依据,为此立法必然会引起激烈的争议。如果立法规定,对于不接受强制接种某疾病疫苗的当事人,不予报销因

---

〔1〕 Sur la liberté d'expression dans le secteur des vaccins: Cour européenne des droits de l'homme - 15 décembre 2011 - n° 28198/09.

〔2〕 Mattias Guyomar, Bruno Genevois, *Les sanctions administratives*, LGDJ, 24 juin 2014.

〔3〕 CE, 8 février 2017, n° 397151.

〔4〕 Michel de Lorgeril (cardiologue), Introduction générale à la médecine des vaccins: *A l'intention des familles et de leurs médecins*, Collection vaccins & société, Chariot d'or, 2018.

其自身及其近亲属患上该病而产生的医疗费用,将意味着对《社会保障法》第 L. 321 - 1 条的报销原则进行了改变,该条原本规定了社会法定福利的赔偿范围包括与接种疫苗有关的费用的报销,该福利范围系由负责社会保障的部长和负责卫生的部长下令确定。

最终,根据《民法》第 1240 条,造成疾病传播的人有经济责任,对受感染者的全部或部分照护费用也有责任,损害赔偿的数额根据感染情况而定。它会成为一个强大的威慑力量,鼓励公民不要逃避他们在公民社会生活时所承担的社会责任。但这还只是理论上的假设。最为重要的问题是提高公民对其社会道德原则的尊重,可以通过制定良知条款来重建一个框架,但是目前这些措施还没有得到接受。

本文的主要内容是,在一个人人都认为自己有权保持健康的社会中,是应该以牺牲集体健康为代价以优先考虑个人基本自由,还是更应该优先考虑个人和集体的健康权。如果采取灵活的形式,使法律框架能灵活地适应地域、文化、道德和伦理差异,从而恢复公众对疫苗的信任,这将有助于优化管理渠道。因此,首先需要恢复公众对私营部门的信心,尤其是在工业和政府主流媒体方面。一项重要措施可以是重建可靠的交流渠道,尤其是要求传统媒体以透明的方式就疫苗接种问题与公众进行详细和全面的交流,制定道德宪章,从而帮助(脱离政府和制药业的)互联网世界的人们恢复对疫苗的信心。

提高疫苗生产和销售链的透明度和安全性,利用电子信息技术工具,开发电子健康信息记录系统,使疫苗持有者更好地了解和控制自己的健康。在相关法律法规监管下,所有这些手段都应该有助于增强公众对建设健康社会的信心。

公共利益视角下的疫苗许可制度

——以美军研发寨卡疫苗为例

[美]安娜·桑托斯·鲁茨曼(Ana Santos Rutschman)*

谢 睿 高蕴洁 龚晓璇 译**

引 言

在最初寨卡病毒横扫美国的两年里,寨卡疫苗的研发取得了突破性的进展。[1] 虽然还没有商用,但一些候选疫苗已经研发出来,并在临床试验中取得了有希望的结果。[2] 美国陆军研发的寨卡疫苗就是这样一款候选疫苗,在相当一段时间内都被认为十分领先。[3] 在2016年12月,美国陆军宣布,其有意向私营企业授权生产寨卡疫苗,[4]这进一步巩固了这款联邦资助的寨卡疫苗在商业化赛道上的领先地位。然而在几个月后,美国卫生部下属的美国生物医学高级研究和发展管理局(BARDA)却终止了所有寨卡疫苗研发

---

* 安娜·桑托斯·鲁茨曼,德保罗法学院卫生法和知识产权法教师,近期就埃博拉疫情和寨卡疫情向世界卫生组织提供咨询服务。

** 谢睿,上海外国语大学2019级法律硕士研究生;高蕴洁,上海外国语大学2020级法律硕士研究生;龚晓璇,上海外国语大学2020级法律硕士研究生。

〔1〕 参见Stephen J. Thomas, *Zika Virus Vaccines—A Full Field and Looking for the Closers*, 376. New Eng. J. Med. 1883(2017)。

〔2〕 Ibid.

〔3〕 Jennifer Abbasi, *First Inactivated Zika Vaccine Trial*, 316 J. AM. MED. ASS'N 2588(2016).

〔4〕 U. S. Army Medical Research and Material Command, Intent to Grant an Exclusive License of U. S. Government-owned Patents, 81 Fed. Reg 89087 (Dec. 9, 2016), http://www.gpo.gov/fdsys/pkg/FR-2016-12-09/pdf/2016-29514.pdf[http://perma.cc/7HHX-YSJ5].

合同。[1] 不久之后，与美国陆军合作研发寨卡疫苗的法国制药企业，赛诺菲公司（Sanofi），也宣布将停止一切与寨卡疫苗相关的工作。[2]

世界卫生组织宣布寨卡疫情结束后不到一年，寨卡疫苗的研发就停止了。[3] 自那时起，科学研究证实，寨卡病毒与严重的先天性神经障碍有关。[4] 据预计，未来寨卡病毒的暴发与2015年、2016年一样，会加重育龄妇女的负担。此外，寨卡病毒并未被充分了解，最近的研究又表明，寨卡疫苗的研发可能对治疗某些类型的癌症有帮助。[5] 因此，联邦减少对寨卡疫苗研发的支持，缺乏充分的科学依据。同时，由于缺乏疫苗，卫生系统也没有做好应对未来寨卡病毒暴发的准备。

围绕寨卡疫苗研发产生的问题远不止于政府资助本身。仔细观察美国陆军对外授权候选疫苗的过程，能够发现一系列更深层次的法律、政策问题，这些问题足以影响寨卡疫苗最终的可用性和经济性。2016年，美国陆军决定对寨卡疫苗实施独占授权。[6] 赛诺菲公司被确定为唯一的疫苗许可研发、生产商。[7] 根据《美国专利法》第209条，联邦资助的发明，除非基于令

---

〔1〕 参见 Peter Lous, *Sanofi Stops Work on Two Zika Vaccines*, Wall ST. J. (Sept. 6, 2017), http://www.wsj.com/articles/sanofi-stops-work-on-two-zika-vaccines-1504734084 [http://perma.cc/2C4J-V26N]。这不是生物医学高级研究和发展管理局第一次终止疫苗研发合同。2014年，在炭疽疫苗的研发过程中也发生过相同的事件。参见 Bio Prep Watch, BARDA to Descope PharmAthene SparVax Contract (Apr. 9, 2014), http://bioprepwatch.com/stories/510512242-barda-to-descope-pharmathene-sparvax-contract[http://perma.cc/FY7U-ZUHD]。

〔2〕 参见赛诺菲公司关于寨卡疫苗许可的声明（Sept. 1, 2017），http://www.news.sanofi.us/Sanofi-Statement-on-Zika-Vaccine-License[http://perma.cc/8N3Y-8FCY]。

〔3〕 参见 Debra Goldschmidt, *WHO Ends Zika Public Health Emergency*, CNN (Nov. 18, 2016), http://www.cnn.com/2016/11/18/health/who-ends-zika-public-health-emergency/index.html [http://perma.cc/BP3J-CSQ4]。

〔4〕 参见 *Zika Virus*, World Health Org. (Sept. 6, 2016), http://www.who.int/mediacentre/factsheets/zika/en[http://perma.cc/DHU9-D55R]。

〔5〕 Maria Cohut, *Brain Cancer Could Be Treated with Zika Virus*, Med. News Today (Sept. 5, 2017), http://www.medicalnewstoday.com/articles/319272.php[http://perma.cc/4K3G-AKZA].

〔6〕 See U. S. Army Medical Research and Material Command, Intent to Grant an Exclusive License of U. S. Government-owned Patents, 81 Fed. Reg 89087 (Dec. 9, 2016), http://www.gpo.gov/fdsys/pkg/FR-2016-12-09/pdf/2016-29514.pdf[http://perma.cc/7HHX-YSJ5].

〔7〕 同上，也可参见 Timeline of U. S. Army & Sanofi Zika Vaccine Collaboration, Knowledge Ecology Int'l, http://keionline.org/zika-timeline[http://perma.cc/8AJ2-AXY2]。

人信服的理由,否则不得进行独占许可。[1] 在向私营企业进行独占性授权时,美国陆军并未给出任何符合《美国专利法》第209条规定的理由。[2] 这样导致的后果是,由于缺乏充分竞争,获得独占许可的被许可人(赛诺菲公司)会在倾向于抬高疫苗价格的同时,缺少长期创新的动力。

不仅如此,独占许可制还阻碍着短期的技术进步。在寨卡疫苗研发的过程中,由于美国陆军唯一的私营伙伴因资金削减而退出,最有可能取得成果的研发进程即告停止。如果美国陆军与多个企业共同开发疫苗,尽管研发进程可能变慢,但总有一个合作伙伴可以取得成果。[3]

本文探讨了围绕美国陆军许可寨卡疫苗产生的诸多问题,强调了在政府资助不断减少的大环境下,这些问题具有的突出性。[4] 在更大的意义上来说,研究这一事例,对近期反复出现的问题也能够提供新的启示。对于已知疾病,我们需要的疫苗尚处于研发初期阶段;对于未知疾病,我们需要开发新的疫苗。[5] 在此背景下,本文认为,目前适用于政府技术的许可制度并不完善,现有制度将导致公共利益受损,疫苗研发领域尤甚。

本文第一部分回顾了美国陆军寨卡疫苗在2016年年初至年中的研发进程,着眼于美国陆军与赛诺菲公司拟达成的独占许可协议。本文将从《美国专利法》的视角审视这一许可行为,该法规定,当公共资金资助的研究成果被许可给私营企业时,原则上不应实施独占许可。之后,本文研究了诸如寨卡

---

〔1〕 35 U. S. C. § 209(a)(2012).

〔2〕 U. S. Army Medical Research and Material Command, Intent to Grant an Exclusive License of U. S. Government-owned Patents, 81 Fed. Reg 89087 (Dec. 9, 2016), http://www. gpo. gov/fdsys/pkg/FR-2016-12-09/pdf/2016-29514. pdf[http://perma. cc/7HHX-YSJ5].

〔3〕 相当数量的技术创新都并非从大型制药企业中产出,而是出自一些小型的或者专精化的初创企业,参见 Jennifer Alsever, *Big Pharma Innovation in Small Places*, Fortune (May 13, 2016), http://fortune. com/2016/05/13/big-pharma-biotech-startups[http://perma. cc/UV6K-P9LZ]。

〔4〕 See Jeffrey Mervis, *Data Check: U. S. Government Share of Basic Research Funding Falls Below 50%*, SCI. (Mar. 9, 2017), http://www. sciencemag. org/news/2017/03/data-check-us-government-share-basic-research-funding-falls-below-50[http://perma. cc/9EJE-QMTJ].

〔5〕 *An R&D Blueprint for Action to Prevent Epidemics: Plan of Action*, World Health Org. 21-22 (May 2016), http://www. who. int/blueprint/about/r_d_blueprint_plan_of_action. pdf[http://perma. cc/XS9M-66UP].

疫苗这样的许可案例,发现这样的许可会导致公共利益受损。本文第二部分给出了两种解决路径。一是修改《美国专利法》,确立提高透明度的机制:要求政府在实施独占许可时,必须披露一些关键信息。二是针对资金不足的疾病建立清单,清单所列疾病对应的疫苗等成果不适用《美国专利法》规定的独占许可。

一、美国陆军寨卡疫苗:研发过程和试图许可

(一)美国陆军寨卡疫苗

美国国防部领导的沃尔特·里德陆军研究所(WRAIR)有着军用、非军用生物科技研发经验,该研究所的成果在疫苗研发领域尤为突出。依靠该研究所,美国陆军拥有针对甲型肝炎、日本脑炎等疾病的疫苗,并协助研发了艾滋病毒和疟疾的疫苗。[1]

2016年1月,正当寨卡疫情触及顶点之时,美国陆军决定借用研发日本脑炎的技术,开发寨卡疫苗,并迅速研发出了名为ZPIV的疫苗。[2] 2016年5月,美国陆军就该疫苗申请了第一项专利。[3] 2016年8月,美国陆军又申请了第二项专利。[4]

随着新研发的疫苗进入人体试验阶段,美国陆军开始寻找合作伙伴。这一行为对政府研究机构来说并不罕见,因为这些机构将很大一部分资源用于进一步研究私营企业很少关注的疾病,将后期研发的职责向私营企业倾斜,也许能提升疫苗的研发和生产能力。寨卡疫苗的研发过程中,美国陆军就与

〔1〕 See Nelson L. Michael, *Wrair's Contribution to the Vaccine Enterprise*, Walter Reed Army Inst. Res. 20 (Feb. 2, 2016), http://www.hhs.gov/sites/default/files/WRAIR.pdf [http://perma.cc/4U6W-U9DB].

〔2〕 See Annette M. Boyle, *Army Research Produces Zika Vaccine Candidate in Record Time*, U. S. MED. (Aug. 2016), http://www.usmedicine.com/agencies/department-of-defense-dod/army-research-produces-zika-vaccine-candidate-in-record-time [http://perma.cc/CPZ3 - J2DU].

〔3〕 Zika Virus Vaccine and Methods of Production (U. S. Provisional Patent Application 62/343, 315).

〔4〕 Zika Vaccine and Methods of Preparation (U. S. Provisional Patent Application 62/370,260).

世界上最大的制药企业之一，赛诺菲公司[1]签署了合作研究与发展协议（CRADA），一种适用于联邦和非联邦主体间的研发协议。[2]

到目前为止，在美国国家过敏和传染病研究所（NIAID）和美国生物医学高级研究和发展管理局的支持下，美国陆军只需要承担疫苗的临床前开发工作。为履行合作研究与发展协议，美国陆军需要向赛诺菲公司共享临床前试验获得的数据以及非人类试验中获得的样本。[3] 赛诺菲公司将进行二期临床试验，并向美国食品和药物管理局（FDA）以及其他国家的类似机构申请批准。[4] 为支持二期临床试验，美国生物医学高级研究和发展管理局在2016年向赛诺菲公司提供了4320万美元的拨款，[5]两个月后，试验正式启动。[6]

2016年12月，美国陆军在《联邦公报》上发布公告，打算将寨卡疫苗的两项专利授权给赛诺菲公司，[7]除表示赛诺菲公司将成为疫苗技术的独家许可方外，没有提供其他任何信息。

《美国专利法》第207条授权联邦机构"就联邦拥有的发明授予非独占

---

〔1〕 参见15 U. S. C. §3710a(2012)(规定了合作研发协议的法律框架)。

〔2〕 该药企有着畸高定价的不良记录，参见Sanofi Pasteur, http://www.sanofipasteur.us[http://perma.cc/6XJU-TMR8]。

〔3〕 Press Release, Sanofi Pasteur, Sanofi Pasteur Signs Research Agreement for Zika Vaccine (Jul. 6, 2016), http://www.sanofipasteur.com/en/articles/Sanofi-Pasteur-Signs-Research-Agreement-for-Zika-Vaccine.aspx[http://perma.cc/GPA6-K6TC].

〔4〕 Press Release, Sanofi Pasteur, Sanofi Pasteur Signs Research Agreement for Zika Vaccine (Jul. 6, 2016), http://www.sanofipasteur.com/en/articles/Sanofi-Pasteur-Signs-Research-Agreement-for-Zika-Vaccine.aspx[http://perma.cc/GPA6-K6TC].

〔5〕 Press Release, Sanofi Pasteur, BARDA Grants $43.2 Million USD to Sanofi Pasteur for Zika (Sept. 26, 2016), http://www.sanofipasteur.com/en/articles/BARDA-Grants-43.2-million -USD-to-Sanofi-Pasteur-for-Zika.aspx [http://perma.cc/G3KM-2TSW]. The contract itselfbetween BARDA and Sanofi is not publicly available, though the contract number, Contract HHSO100201 - 6000039C.

〔6〕 See Press Release, National Institute of Allergy and Infectious Diseases, Testing of Investigational Inactivated Zika Vaccine in Humans Begins (Nov. 7, 2016), http://www.niaid.nih.gov/news-events/testing-investigational-inactivated-zika-vaccine-humans-begins [http://perma.cc/C3C2 - 86FV].

〔7〕 Intent To Grant an Exclusive License of U. S. Government-Owned Patents, 81 Fed. Reg. 89,087 (Dec. 9, 2016).

性、排他性或部分独占性许可",[1]根据不同情况,选择有偿或无偿。[2] 从传统意义上来说,这种专利权的授予方式正是美国生物医学创新的主旋律,即政府在启动基础科学研究之前,先把下游的研究——商业化药物或疫苗的开发,移交给私营企业。[3] 但公共部门在促进基础研究方面的作用,对寨卡疫情这样的事件来说极为重要,因为这类疾病所需的疫苗市场容量太小,至少在发生严重的公共卫生危机之前,不足以吸引到私人企业的投资。[4]

然而,《美国专利法》也限制政府技术的转让,以确保这些技术的下游开发能促进公共利益,而不是为了被许可人的商业利益。以非独占性许可为原则是最重要的一项规定。尽管《美国专利法》第 207 条允许联邦政府进行独占性和非独占性的许可,第 209 条仍禁止政府出于"不合理、不必要的动机"对公众进行独占性或部分独占性的许可。[5] 具体而言,联邦政府机构进行独占性许可需要满足以下条件:

"申请人的意图、计划和将发明投入实际应用或以其他方式促进公众对发明的利用的能力表明,授予许可将服务于公共利益,而且拟授予的独占权范围不超过为激励申请人将发明投入实际应用或以其他方式促进公众对发明的利用而提供的合理必要的范围。"[6]

除了鼓励商业化和服务公共利益,独占许可还不能"严重削弱竞争"或违背《反托拉斯法》。[7] 此外,在选择许可方时,联邦机构必须优先考虑与大企业能力相当甚至超过大企业的小企业。[8]

---

[1] 35 U. S. C. § 207(a)(2)(2012).

[2] Ibid.

[3] See Ashley J. Stevens et al., *The Role of Public-Sector Research in the Discovery of Drugs and Vaccines*, 364 New Eng. J. Med. 535, 540 – 41(Feb. 10, 2011)(noting that over the past decades, the role of the public sector in downstream research has grown more than previously thought).

[4] Cf. Patrice Trouiller et al., *Drug Development for Neglected Diseases: A Deficient Market and a Public-Health Policy Failure*, 359 Lancet 2188(June 22, 2002)(描述了"有利润"的疾病和被忽视的传染病在研发阶段遭遇的待遇区别).

[5] 35 U. S. C. § 209(a)(1)(2012).

[6] 35 U. S. C. § 209(a)(2)(2012).

[7] 35 U. S. C. § 209(a)(4)(2012).

[8] 35 U. S. C. § 209(c)(2012).

符合上述规定,政府开发的疫苗技术才可以像美国陆军许可赛诺菲公司一样,作为一种兜底的选择,许可给下游企业。简言之,独占许可必须具有必要性,以确保被许可主体能够将政府的技术发明商业化,并相应地确保公众能够使用到该发明产品。

在寨卡疫苗事件中,政府并没有披露关于这项独占许可是否具有必要性的信息。在独占许可的披露文件中,只提及了涉及该疫苗的临时专利申请号、意向被许可人的身份以及许可的独占性。[1]可以肯定的是,美国陆军的披露文件符合目前适用于转让公共资助技术的披露要求。[2] 但因为美国陆军既没有披露这项许可的实质性条款,也没有提供任何信息以证明这项许可符合《美国专利法》第209条所称的公共利益,所以无法衡量这项独占性许可是否妥当。

(二)对现行公共资助技术转让披露制度的批评

就程序而言,这种披露了极少信息的披露文件虽然看上去符合《美国专利法》的规定,但其实加重了这类许可存在的不透明性,从而破坏了《美国专利法》第209条中保障公共利益的规定。这点在寨卡疫苗研发上得到了明显体现。在一些机构公开发表的信息公开申请中,疫苗定价过高是最受关注的问题。[3] 但通过独占许可的方式排除竞争后,制药公司可能开出更高的价

[1] Intent to Grant an Exclusive License of U. S. Government-Owned Patents, 81 Fed. Reg. 89,087 (Dec. 9, 2016).

[2] 35 U. S. C. § 209(e)(2012).

[3] 无国界医生组织曾就对寨卡疫苗适用《美国专利法》第209条提出意见,认为此类独占许可会使疫苗定价过高,导致人们难以承受疫苗过高的定价。同时,知识生态国际组织联合美国州、县、市劳工联盟(AFSCME)、基本药物大学联盟(UAEM)等机构发表评论,呼吁重视疫苗定价过高的问题。参见 *Doctors Without Borders/Médecins Sans Frontières (MSF) Comments to the Department of Defense Notice of Intent to Grant an Exclusive License of U. S. Government-Owned Patents on a Zika Vaccine Candidate*, Médecins Sans Frontières 4 (Jan. 23, 2017), http://www.msfaccess.org/sites/default/fifiles/MSF_assets/Access/Docs/ACCESS_letter_MSFCommentstoFRNoticeREZikaVax CandidateLicensing_ENG_2016_2.pdf [http://perma.cc/LCA4-V6Q2]; *An Exclusive License to Patents on a New Zika Vaccine to Sanofi Is Contrary to the Provisions of* 35 *U. S. C.* 209(*a*)(1), Knowledge Ecology Int'l 2 (Jan. 12, 2017), http://www.keionline.org/sites/default/fifiles/Zika-12Jan2016-KEI-AFSCME-PFAM-UAEM-BAKER-35USC209a1.pdf [http://perma.cc/ML2X-5FYF]。

格。因此,通过独占方式生产的寨卡疫苗在进入市场后,其价格可能会让有需求的消费者难以承受。基于以上原因,许可协议中必须包含定价条款,从而确保世界上不同人群都能负担得起新研发的疫苗。美国陆军拒绝透露许可协议中是否包含任何可承受价款的规定:“美国陆军缺乏界定、实施和执行‘可承受价款’的方式、专业人员和权限,同时也无法为耗资高昂,且风险巨大的疫苗设置价格限制。”〔1〕

因此,当政府无法解决新药物供应以及可负担性的实质问题时,现行披露制度的不透明性便为他们提供了逃避问题的方法。药物研发的高昂成本以及结果的不确定性,不足以作为随意实施独占许可的原因在于,成本和风险都是药品研发乃至其他创新过程中无法回避的。只有在有关机构评估了研发药物的实际成本和风险,并且认定独占性是将药物商业化的一种适当的经济激励形式后,才能允许实施独占许可。美国陆军在评估寨卡疫苗的独占许可时没有考虑到定价问题,很可能违反了《美国专利法》第 209 条的规定。同时,这样的独占许可也与“提高发明对公众的实用性”之目的相违背。〔2〕

对赛诺菲公司实施独占许可的做法令人不安,其原因有二。第一,在赛诺菲从美国生物医学高级研究和发展管理局获得了 4320 万美元的 3 个月后,《联邦公报》上刊登了该疫苗的独占许可披露文件。从经济学角度来看,美国生物医学高级研究和发展管理局的资助减轻了赛诺菲公司的研发成本和风险,这也进一步削弱了美国陆军所谓未参与疫苗定价说法的合理性。第二,该笔资助也加深了人们对于不合理独占许可的担忧:一家已经从公共部门获得了研发资金的民营企业,居然还对相应药物采取垄断式的定价策略,

〔1〕 美国陆军医学研究与发展司令部业务发展与商业化主管 Barry Datloff 在回应知识生态组织提出的对疫苗研发的担忧时,就独占许可引起的疫苗定价过高一事并未作出合理回答,参见 Letter from Barry M. Datloff, Chief, U. S. Army Med. Research & Materiel Command, to James Love, Dir., Knowledge Ecology Int'l 2(Apr. 21,2017)。

〔2〕 《美国专利法》第 209 条第(a)款第(2)项规定:联邦机构根据申请人发明之意图、计划和能力,如果认定将发明应用于实际或者在其他方面能够服务于公众,则允许独占许可;同时,允许该发明的独占许可范围不得超过申请人实际使用发明或在其他方面促进公众利用该发明的合理必要范围。参见 35 U. S. C. § 209(a)(2)(2012)。

那么对于纳税人而言,实际上缴纳了两笔税。[1]

例如,近期赛诺菲公司也承认向美国退伍军人事务部(VA)收取了过高的疫苗费用。[2] 最初,该公司通知退伍军人事务部,表示其在2007年至2011年的疫苗价格计算有误,超过了联邦药品最高限价,[3]但是退伍军人事务部的调查认为,赛诺菲公司从2002年便开始向其多收取了费用,并持续了9年时间。2017年4月,司法部宣布已与赛诺菲以1980万美元达成和解。[4]

在和解后的几周内,美国疾病控制与预防中心(CDC)宣布赛诺菲公司研发的,美国食品药品管理局唯一批准的黄热病疫苗(YFVAX)暂时短缺。[5] 药物短缺的原因是赛诺菲公司在将库存转移到新的生产设施上时,发生了"生产问题"。[6] 每年赛诺菲公司生产50万剂疫苗被分发到4000个军方医院附属民众诊疗处,工作人员在诊疗处为前往黄热病流行地区的人员注射疫苗,也在其他地方为可能接触这种疾病的美国军人接种疫苗。[7] 为应对美国需求,赛诺菲公司开始进口另一种在欧洲和其他地区经常使用的

〔1〕 根据《纽约时报》的分析,普通民众在寨卡疫苗上实际上缴纳了两笔税,一笔为了研发疫苗而支付,另一笔为了购买这些高昂的疫苗而付款,参见 Times(Mar. 10,2017),http://www.nytimes.com/2017/03/10/opinion/bernie-sanders-trump-should-avoid-a-bad-zika-deal.html [http://perma.cc/N96S-ZNAX]。

〔2〕 Joel Schectman & Susan Heavey, *Sanofi to Pay* $19.8 *Mln Over Claims of Drug Overcharges—U.S.*, Reuters(Apr. 3,2017,4:24 PM),http://www.reuters.com/article/sanofifi-usa-idUSL2N1HB1PP [http://perma.cc/C2RJ-FXHQ].

〔3〕 Veterans Health Care Act of 1992 § 603,38 U.S.C. § 8126(2012).

〔4〕 *Sanofi Pasteur Agrees to Pay* $19.8 *Million to Resolve Drug Overcharges to the Department of Veterans Affairs*, Dep't of Justice(Apr. 3,2017),http://www.justice.gov/opa/pr/sanofi-pasteur-agrees-pay-198-million-resolve-drug-overcharges-department-veterans-affairs[http://perma.cc/R7QD-S8JE].

〔5〕 *Availability of Stamaril Vaccine at Selected Clinics*, Ctrs. For Disease Control & Prevention (Apr. 18,2017),http://wwwnc.cdc.gov/travel/news-announcements/yellow-fever-vaccine-access[http://perma.cc/ERN6 - Y7EG].

〔6〕 Mark D. Gershman et al., *Addressing a Yellow Fever Vaccine Shortage—United States*, 2016 - 2017, Ctrs. For Disease Control & Prevention(May 5,2017),http://www.cdc.gov/mmwr/volumes/66/wr/mm6617e2.htm[http://perma.cc/MAC8 - SAWM].

〔7〕 Ibid.

疫苗——Stamaril 疫苗,但是该疫苗目前尚未获批在美国使用。〔1〕

为了确保美国黄热病疫苗的供应,美国疾病控制与预防中心以及美国食品和药物管理局批准了这种供应方式〔2〕,但本土疫苗的持续短缺引发了针对药物来源的单一性广泛担忧。除定价问题外,独占许可的疫苗还可能导致市场失灵的情况,即潜在的消费者在某种药物短缺的情况下,可能无法买到替代药物。而对于无替代品的寨卡疫苗而言,药物来源单一性可能带来的市场供给短缺更令人担忧。

赛诺菲公司在 2017 年 9 月已宣布停止陆军寨卡疫苗的研发,但至少在短时间内,都存在上述问题。〔3〕 不仅如此,有证据表明,军方选择独占许可的理由并不充分,可能存在实体法层面的问题。

需要指出的是,赛诺菲公司停止寨卡疫苗研发的决定,与失去美国生物医学高级研究和发展管理局的资金支持有直接的关系。生物医学高级研究和发展管理局明确表示,如果出现新的疫情,可能会恢复对寨卡疫苗研发的资助。〔4〕 因此,这些问题有可能在中长期内重新出现,甚至可能比预期的时间更早显现。〔5〕

一般来说,这些问题并不是仅仅针对寨卡疫苗的开发,而是针对所有类型的生物医学创新。如果这些医学创新领域涉及联邦政府拥有的专利权,那

---

〔1〕 Yellow Fever Vaccine Access, Sanofi Pasteur (last updated Nov. 1, 2017), http://www.sanofipasteur.us/vaccines/yellowfevervaccine[http://perma.cc/D6W7 - XVVG].

〔2〕 Ibid.

〔3〕 *Sanofi Statement on Zika Vaccine License*, Sanofi Pasteur (Sept. 1, 2017), http://www.news.sanofi.us/Sanofi-Statement-on-Zika-Vaccine-License[http://perma.cc/4U22 - AGW2].

〔4〕 Susan Scutti, *Sanofi Stops Work on Zika Vaccine While Others Forge Forward*, CNN (Sept. 7, 2017), http://www.cnn.com/2017/09/07/health/sanofi-discontinues-zika-vaccine-development/index.html[http://perma.cc/3DNK-WFM2].

〔5〕 世界卫生组织将寨卡病毒感染列为三大严重疾病之一,需要尽快采取进一步行动。参见 *An R & D Blueprint for Action to Prevent Epidemics: Plan of Action*, World Health Org。

么便都属于《美国专利法》第207条和第209条的规制范围。[1] 本文下一部分对现行制度所带来的政策问题进行了思考,并提出了可能的解决办法。

二、符合公共利益的许可:对《美国专利法》进行针对性修改的理由

(一)修改许可制度,确保疫苗普惠性

美国陆军试图在可能违反政府技术转让规定的情形下,实施寨卡疫苗许可,其做法遭到了多方批评。[2] 在激烈的争论中,一些机构呼吁修改寨卡疫苗的许可规范,特别强调需要完善定价机制,确保疫苗普惠性。[3] 这一修改提议可能有助于改进政府和民营企业之间未来的许可磋商。

无国界医生组织(MSF)和知识生态国际组织(KEI)联合提出了一份最为全面的定价建议,建议美国陆军应该:

"要求赛诺菲公司……披露其将采取的措施,以保证其可以按照公开披露的价格直接向一个国家供应足量的疫苗,或通过向第三方提供必要的技术转让和相关的知识产权来供应疫苗,从而实现在对疫苗有大量需求的国家之中,人们都能登记接种并且能够负担得起疫苗接种的费用。"[4]

---

[1] 包括疫苗在内的所有公费资助研发技术都享有介入的权利,如果被许可人未能研发出相关技术或研发成果未能达到健康和安全标准,那么政府有权利要求被许可人转让该技术许可,参见§203(a)(1)以及§203(a)(2),虽然该制度不是本文讨论的范围,但是即使在公众压力下,政府也从未实施过其介入权,参见Ryan Whalen, *The Bayh-Dole Act & Public Rights in Federally Funded Inventions*: Will The Agencies Ever Go Marching In?, 109 NW. U. L. Rev. 1083(2015)。

[2] See Alison Kodjak, *States Fear Price if New Zika Vaccine Will Be More Than They Can Pay*, NPR (May 30, 2017), http://www.npr.org/sections/health-shots/2017/05/30/529887446/states-fear-price-of-new-zika-vaccine-will-be-more-than-they-can-pay [http://perma.cc/6H6X - 8GR8]; Ed Silverman, *Lawmakers Ask U. S. Army to Hold a Hearing on Zika Vaccine Licensing*, STAT(June 14, 2017), http://www.statnews.com/pharmalot/2017/06/14/lawmakers-army-zika-vaccine [http://perma.cc/5HMH-3584].

[3] See *US Department of Defense Announces Decision to Give Pharmaceutical Corporation Exclusive Rights on Taxpayer-Funded Zika Vaccine, Failing to Ensure Affordable and Sustainable Access*, Médecins Sans Frontières (Apr. 25, 2017), http://www.msfaccess.org/about-us/media-room/press-releases/us-department-defense-announces-decision-give-pharmaceutical [http://perma.cc/PH49 - AH3F].

[4] *KEI and Médecins Sans Frontières Propose Contractual Terms to Protect Access and Affordability of Zika Vaccine*, Knowledge Ecology Int'l (July 25, 2017), http://www.keionline.org/node/2842 [http://perma.cc/P8E3 - WEPP].

无国界医生组织和知识生态国际组织在定价建议中也提到了美国的市场结构问题——就美国纳税人而言，他们缴纳的税款实际上已经抵销了赛诺菲的一部分研发费用。文中提供了一个计算疫苗可负担价格的方案：

"赛诺菲公司同意在美国以公开披露的价格向公众提供疫苗，该价格不高于在 GDP 排名前七位国家（每个国家的人均收入至少为美国人均收入的一半）的定价中位数。"[1]

通过这一方案，赛诺菲疫苗在美国的定价将高于中小经济体，但这一机制同时也能防止赛诺菲公司定价过高，确保了美国的绝大多数消费者也能买得起疫苗。

当资助了独占许可的公共资金无法促成理想的许可条款，并且公众利益也无法最大化时，无国界医生组织和知识生态国际组织的提案便起到了缓冲作用。当非独占许可这一最理想的解决方案无法实现时，前述两个组织的建议便成为一种合适的临时方案。如果美国生物医学高级研究和发展管理局恢复对寨卡疫苗研发的资助，那么赛诺菲可能重燃对独占许可的兴趣。考虑到美国陆军自称缺乏定价谈判的专业知识，该定价建议提出的两种方法对美国陆军而言是直接且可接受的。更广泛地讲，该定价建议还可能有助于指导未来受联邦资助的疫苗技术在转让给民营企业时的许可谈判。

尽管有了这样的定价方案，我们仍需要对整个现行制度作出一些改变，做到真正促进公众利益。在疫苗技术转让领域，情况更是如此。不可预知的疾病随时可能暴发[2]，疫苗在疾病预防，以及全世界卫生系统的负担方面发挥着至关重要的作用[3]。确保疫苗技术转让的有效性和公平性是当务

---

〔1〕 See Letter from James Love, Dir., Knowledge Ecology Int'l, et al., to Barry M. Datlof, Command Judge Advocate, U. S. Army Med. Research and Material Command (July 24, 2017), http://www.keionline.org/wp-content/uploads/KEI-MSF-Army-Zika-Vaccine-Proposed-Text-Pricing.pdf [http://perma.cc/U6M3-L5JV].

〔2〕 See Bryan Walsh, *The World Is Not Ready for the Next Pandemic*, Time (May 4, 2017), http://time.com/4766624/next-global-security [http://perma.cc/35SN-RJEC].

〔3〕 See John-Arne Røttingen et al., *New Vaccines against Epidemic Infectious Diseases*, 376 New Eng. J. Med. 610, 610-611 (Feb. 16, 2017).

之急。

(二)对《美国专利法》修订的建议

为确保公平且有效地使用疫苗,我们应就《美国专利法》中对政府资助的技术转让规定作出以下两项改进。首先,应该对披露制度进行全面改革。其次,为避免独占许可披露制度在应对研发资金不足的疫苗时存在的特殊弊端,在某些情况下应该考虑禁止授予独占许可。

现有的披露制度透明度不足,令人担忧。目前《美国专利法》第 209 条第 5 款规定,联邦机构必须在许可前的 15 天内,以“适当方式”公开披露政府实施独占许可的意向。此外,还应设置一个公示期,并听取收到的所有意见。但第 209 条并没有要求有关机构公布与许可相关的实质性条款。正因为政府资助技术转让的过程不透明,评论家和公众都无法了解许可的范围。

许可谈判缺乏透明度所带来的问题不止于此。正如前文提到的,目前,《美国专利法》第 209 条还要求有关机构应证明独占许可系“服务于公共利益”,且“没有超过必要性”。[1] 但如果不能披露实质性的信息,公众就不可能对这两点进行有效的评估。此外,由于缺乏透明度,各机构更难对其独占性评估负责,或者无法开展评估。

根据陆军关于寨卡疫苗的披露文件,陆军在转让疫苗技术时,没有就疫苗定价的公众可负担性进行谈判。但药价虚高正是授予独占许可的最大顾虑。简单地说,美国陆军不考虑公众是否能以可承受的价格购买疫苗这一行为,是对公共利益的侵犯。

在此情况下,这种披露制度的不透明性可能会助长违反《美国专利法》第 209 条的行为。为鼓励公众监督政府,并加强许可制度的责任机制,应对第 209 条进行修订,明确有关机构在转让政府资助的技术时,应当承担披露实质性信息的责任。定价条款(或缺乏定价条款)在强制披露的信息中十分关键。在制药成本比以往任何时候都更应受到公众监督的情况下,定价信息

---

〔1〕 35 U. S. C. § 209(a)(2)(2012).

披露的要求有可能促使各机构在实施许可之前,就最终销售价格的可负担性进行谈判。[1] 即使没有对此进行谈判,强制披露条款也可以引起公众对有关产品可负担性的公开讨论。除了定价之外,有关机构还应披露技术许可的其他条款。举例来说,就独占许可而言,披露许可期限有助于评估该项许可是否超过了《美国专利法》对必要性的要求。[2] 政府应编制信息披露清单,提供表明独占许可正当性的材料,并证明该技术许可如何服务于公共利益以及对该技术实施独占许可的原因。

虽然这一修订面向的是所有受到《美国专利法》第 209 条规制的技术许可,但是对寨卡疫苗等一些技术而言,独占许可的问题比较特殊。研发层面,"主流疾病"能够获得大量资金,而"非主流疾病"由于预期的投资回报率很低(或无回报)而难以吸引投资。甚至在经历了 2015 ~ 2016 年疫情暴发之后,寨卡疫苗的研发经费在 2017 年居然还处于大幅下降的状态。[3] 美国陆军针对寨卡疫苗的研发工作也在生物医学高级研究和发展管理局撤回资金后中断。这无疑表明,将疫苗的研发工作交给一个单一实体存在隐患。来自寨卡疫苗事件的教训之一就是,一些疫苗不应该被授予独占许可。《美国专利法》原本对此就是以非独占许可为原则。[4] 联邦机构也已经对部分疫苗技术实施了非独占许可,例如,在 2005 年,美国国家卫生研究院对 8 种轮状病毒疫苗技术实施了非独占许可。[5]

---

〔1〕 比如,参照无国界医生组织和知识生态国际组织建议的标准,参见 Kei and Médecins Sans Frontières Propose Contractual Terms to Protect Access and Affordability of Zika Vaccine, Knowledge Ecology Int'l(July 25,2017),http://www.keionline.org/node/2842[http://perma.cc/P8E3-WEPP]。

〔2〕 这将有助于促使政府机构遵守《美国专利法》第 209 条第 1 款中对政府资助技术实施独占许可的严格规定。

〔3〕 See Katie Worth, *As Zika Season Nears, States Brace for an End to CDC Funding*, Pbs(Apr. 21, 2017), http://www.pbs.org/wgbh/frontline/article/as-zika-season-nears-states-brace-for-an-end-to-cdc-funding[http://perma.cc/T8G9 – AZ2M].

〔4〕 35 U.S.C. §209(a).

〔5〕 *Rotavirus Vaccine: NIH Office of Technology Transfer*, in Executive Guide to Intellectual Property Management in Health and Agricultural Innovation: A Handbook of Best Practices, Nih(2017), http://www.ott.nih.gov/sites/default/files/documents/pdfs/casestudy13.pdf[http://perma.cc/ZFU5 – JRBQ].

对寨卡病毒这样的疾病而言,如果疫苗能够进行非独占许可,将能进一步实现公共利益。但是,对独占许可的禁止应当作狭义解释,仅应对寨卡病毒此类在美国并未流行的疾病进行限制。世界卫生组织和美国疾病控制与预防中心还提供了"被忽视的热带疾病"清单,可以以此为依据确定哪些疾病应列入禁止独占许可的范围。[1]

结　论

随着这款联邦资助研发的疫苗最终投入市场,这项技术许可揭示出了政府机构对私营企业研发端的需求与公共利益之间的矛盾。寨卡疫苗的事例表明,尽管《美国专利法》明确规定政府技术转让应以非独占性许可为原则,但联邦机构事实上仍倾向于授予独占许可。虽然独占许可并不必然违背公共利益,但对于某些研发资金不足的疫苗而言,独占许可确实会导致竞争不足、产品价格过高和产品来源单一等问题。解决上述问题有两种路径:第一,技术许可披露文件中,应当载明定价条款等关键信息;第二,应当禁止对特定的研发成果实施独占许可,特别是一些研发资金不足的疫苗。

〔1〕 See *Neglected Tropical Diseases*, World Health Org. (2017), http://www. who. int/neglected_diseases/diseases/en [http://perma. cc/9A5C - 5FFA]; Neglected Tropical Diseases, Ctrs. For Disease Control and Prevention (last updated Apr. 19, 2017), http://www. cdc. gov/globalhealth/ntd/index. html [http://perma. cc/LA8P-L4YT].

第三编　公共卫生管理与法律应对

全球卫生安全议程与国家公共卫生立法

[美]本杰明·梅森·米尔(Benjamin Mason Meier)*

何 婧 徐 嵘 丁 一** 译

一、引言

在认识到全球卫生安全是国际安全的优先事项后，各国政府于2014年年初会同国际组织及公共、私人利益攸关方共同制定了全球卫生安全议程(GHSA)。全球卫生安全议程启动之后非洲就立即暴发了2014~2015年的埃博拉疫情。各州面临的当务之急是实现11个全球卫生安全议程行动计划(以下简称行动计划)，以预防、监测和应对公共卫生紧急情况。然而，为了实现全球卫生安全议程，各国政府必须建立适当的法律制度。为此，本文研究了各国的立法现状，以推动行动计划的实施。第二部分描述了全球卫生安全议程的发展过程。在此过程中，议程起到了催化剂的作用，推动各国努力通过行动计划预防、监测和应对公共卫生紧急情况。第三部分在阐明行动计划的法律基础之后，阐述了本文所采用的方法，具体包括：(1)制定一个法律框架，以反映每项行动计划涉及的法律领域；(2)制定一项评估工具，以确定各国是否具有特定的法律制度；(3)运用该评估工具对20个撒哈拉以南非洲

---

* 本杰明·梅森·米尔，北卡罗来纳大学教堂山分校(UNC)公共政策系全球卫生政策副教授。其余作者信息见文末。本文原刊载于《医学法律评论》2017年第25卷第2期。

** 何婧，上海外国语大学2020级法律硕士研究生；徐嵘，上海外国语大学2020级法律硕士研究生；丁一，上海外国语大学2020级法律硕士研究生。

国家的立法状况进行整理。第四部分基于这项跨国实证研究,分析了各行动计划所涉法律领域内各国立法的范围和内容,并重点介绍了符合各领域特点的国家立法实例。这种实证研究将立法汇编作为流行病学比较法的基础,以审查法律在公共卫生中的关键作用。文章最后认为,实证研究是理解国家立法的基础,并讨论了该研究方法在全球卫生安全议题之外的应用前景,还讨论了除撒哈拉以南非洲国家外,实证研究方法在其他国家适用的可能性。

二、背景:全球卫生安全议程

传染病给公共卫生、经济增长和政治稳定带来的威胁,一直以来都是国际社会行动的驱动力,这促成了一整套不断发展的国际公共卫生协定,推动国际社会构建国家公共卫生实践,以预防、监测和应对公共卫生威胁。在早期国家检疫、卫生和免疫措施的基础上,西方经济大国通过一系列卫生会议,形成了正式的合作关系,并最终形成了 1892 年第一个《国际卫生公约》。〔1〕自 1948 年世界卫生组织(以下简称世卫组织)(WHO)诞生,并于 1969 年通过《国际卫生条例》(IHR)以来,卫生安全的概念已从地域上扩展到全球范围,世卫组织本身也更能应对日益严重的传染病威胁。〔2〕当前,我们必须把重点放在"全球卫生安全"上,从而将应对公共卫生威胁的必要性概念化;世卫组织将"全球卫生安全"定义为必须采取行动,以便"使全世界人民避免新的、急性或迅速扩散的健康威胁,特别是那些可以跨越边境的威胁"。〔3〕尽管很多人对公共卫生"安全化"提出疑问,〔4〕指出它将传染病防治工作和生

〔1〕 See LO Gostin and R. Katz, *The International Health Regulations: The Governing Framework for Global Health Security*, (2016) 94(2) Milbank Q 264.

〔2〕 See L. Weir, *Inventing Global Health Security* in S. Rushton and J. Youde eds., Routledge Handbook on Global Health Security, 2015.

〔3〕 See WHO, *The World Health Report 2007—A Safer Future: Global Public Health Security in the 21st Century*, WHO, 2007.

〔4〕 See SE Davies, *Securitizing Infectious Disease*, (2008) 84(2) Int'l Aff 295; T. Murphy and N. Whitty, *Is HumanRights Prepared? Risk, RightsAnd Public Health Emergencies*, (2009) 17 Med L. Rev 219; LO Gostin and A. Phelan, *The Global Health Security Agenda in an Age of Biosecurity*, (2014) 312(1) JAMA 27.

物恐怖主义应对措施混为一谈，并以一种侵犯个人权利的方式保护公众利益，但在外交政策方面，不断演变的全球卫生安全路径已经成为全球卫生工作的核心。[1]

然而，在当今全球联系日益紧密的环境下，由国际机构制定的全球卫生治理政策并不足以应对日益严重的传染病威胁。[2] 2002～2004 年暴发的非典（SARS）促使世卫组织对《国际卫生条例》进行了修订。《国际卫生条例》（2005）[3]更新了有关新发和复发疾病的概念，并采用了“一切危险”（all hazards）的战略，以应对“生物、化学和放射性核事故以及人畜共患疾病和食品安全等威胁”。[4] 新的《国际卫生条例》还要求各国在多个领域应具备最低限度的核心能力，具体领域包括国家立法、政策和筹资；国家协作和联络中心通信；监测；应对；预防；风险通报；实验室。这表明，人们已经认识到，全球卫生防范要求我们在境外采取更为广泛的行动。[5] 尽管一些国家已经加强了根据《国际卫生条例》开展活动的能力，但很快我们就可以清楚地看到，仍有许多国家尚未但正在努力达到最低限度核心能力的要求，因为只有 20% 的国家报告称其遵守了《国际卫生条例》。[6] 各国在全球卫生治理过程中开展政治合作可以促使各国遵守《国际卫生条例》，[7]但是，只有在真正实现了国家能力和自主权之后，《国际卫生条例》的执行才有可能。[8] 要实现

---

〔1〕 See J. Michaud, *Health Security and Foreign Policy* in S. Rushton and J. Youdc cds. , Routledge Handbook on Global Health Security, 2015; DL Heymann and others, *Global Health Security: the Wider Lessons from the West African Ebola Virus Disease Epidemic*, 2015, 385(9980) Lancet 1884.

〔2〕 See LO Gostin, Global Health Law (Harvard UP 2014).

〔3〕 See WHO, International Health Regulations (WHO 2005).

〔4〕 See SF Halabi, LO Gostin and JS Crowley, *Global Management of Infectious Diseases after Ebola* (OUP 2016) 104.

〔5〕 See WHO, Checklist and Indicators for Monitoring Progress in the Development of IHR Core Capacities in States Parties (WHO 2013).

〔6〕 See R. Katz and others, *Global Health Security Agenda and the International Health Regulations: Moving Forward*, (2014) 12(5) Biosecur Bioterror 231.

〔7〕 See SE Davies, *Securitizing Infectious Disease*, (2008) 84(2) Int'l Aff 295.

〔8〕 See LO Gostin and R. Katz, *The International Health Regulations: The Governing Framework for Global Health Security*, (2016) 94(2) Milbank Q 264.

国家能力，履行国际法律义务，促进全球卫生安全，就必须进行国家改革。

考虑到《国际卫生条例》在国家层面实施过程中存在的这些缺陷，2014年年初，各国政府与各国际组织及公共、私人利益攸关方共同制定了全球卫生安全议程。[1] 全球卫生安全议程通过各利益攸关方的合作，努力应对传染病威胁，包括执行《国际卫生条例》的核心能力要求。同时各国也认识到，《国际卫生条例》的最低限度核心能力要求与全球卫生安全议程的目标基本一致。[2]

如图1所示，全球卫生安全议程中的11个“行动计划”集中在3个主要能力领域：预防（对威胁的预先防范）、监测（确定威胁出现的时间）和应对（指正在发生的威胁）。[3]

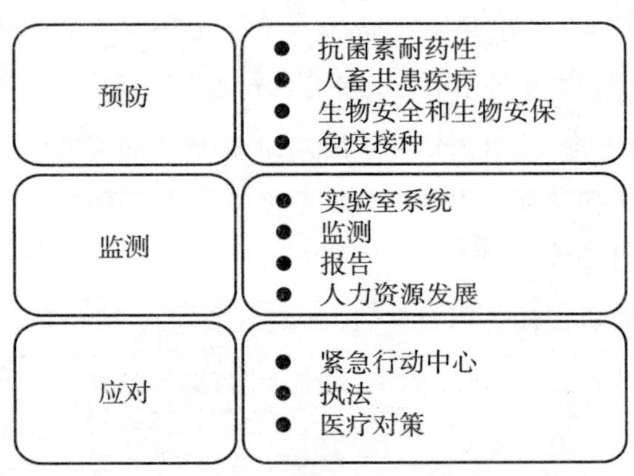

图1 全球卫生安全议程的主要能力领域

按照全球卫生安全议程，各国政府必须在5年内建立其核心能力，以支

---

〔1〕 参见 GHSA, *Global Health Security Agenda*(2014), https://www.ghsagenda.org/（最后访问日期：2016年9月20日）；T. Inglesby and JE Fischer, *Moving Ahead on the Global Health Security Agenda*, (2014) 12(2) Biosecur Bioterror 63。

〔2〕 参见 Katz and others, *Global Health Security Agenda and the International Health Regulations: Moving Forward*, (2014) 12(5) Biosecur Bioterror 231。

〔3〕 See GHSA Commitment Development Meeting, Helsinki, Finland, 5 - 6 May 2014, 载 http://www.globalhealth.gov/global-health-topics/global-health-security/ghsagenda-finland.html（最后访问日期：2015年11月8日）。

持议程的行动计划。[1]

(一)制定全球卫生安全议程

随着全球传染病和流行病政策问题日益受到重视,各国政府于2014年2月13日制定了全球卫生安全议程,将其作为“预防、监测和有效应对传染病威胁的计划,无论传染病威胁是自然发生的,还是意外或故意释放危险病原体所致”。[2] 国际社会在预防和控制疾病方面的能力存在差距,并亟待解决。在明确了这一点后,公共卫生决策者确定了9项关键目标,以增强国际社会缓解和处理公共卫生紧急情况的能力。[3] 按照每项目标涉及的行动类别,这9项目标被归入3个能力领域(预防、监测和应对)。[4] 2014年5月,全球卫生安全议程发展会议在芬兰赫尔辛基举行,会议期间进一步讨论和发展了这9项目标。[5] 决策过程涉及来自32个州和5个卫生组织的代表,以及医疗、外交、农业、发展、国防和国家安全等领域的专业人员,他们将这9项目标扩展成了11个关键行动计划。[6]

自启动以来,全球卫生安全议程只受到了“客套”般的欢迎,但随着2014年夏季埃博拉疫情席卷西非,该议程获得的政治支持迅速提升。[7] 这次疫

[1] See CDC, *Meeting in Seoul, Korea* (2015), 载 http://www.cdc.gov/globalhealth/security/events/korea_2015.html(最后访问日期:2015年11月8日)。

[2] US Department of Health and Human Services, GlobalHealth.gov, Global Health Security Agenda; Conceptsand Objectives (2014), 载 http://www.globalhealth.gov/global-health-topics/global-health-security/ghsconceptsandobj.html(最后访问日期:2016年9月20日)。

[3] US Department of Health and Human Services, GlobalHealth.gov, Global Health Security Agenda; Conceptsand Objectives (2014), 载 http://www.globalhealth.gov/global-health-topics/global-health-security/ghsconceptsandobj.html(最后访问日期:2016年9月20日)。

[4] 同上。

[5] GHSA Commitment Development Meeting, Helsinki, Finland, 5 – 6 May 2014, 载 http://www.globalhealth.gov/global-health-topics/global-health-security/ghsagenda-finland.html(最后访问日期:2015年11月8日)。

[6] 同上。预防抗菌抗药性生物和新出现的人畜共患疾病的出现以及传播的初步目标被分到两个行动计划中,分别是“抗菌抗药性”和“人畜共患疾病”,此外还增加了一个行动计划,即“联合执法部门与公共卫生专业人员”。

[7] HW Cho and C. Chu, *Out of Africa, into the Global Health Security Agenda* (2014) 5(6) Osong Public Health Res Perspect 313.

情的传播使公众关注到了公共卫生突发事件全球治理的薄弱环节。这些国家的政府为全球卫生安全议程提供了资金，并呼吁制订行动计划来解决这一"国家安全重点"问题。[1] 各国还为2015年至2019年制定了一个5年实施时间表，并为各议程成员方制定了路线图，帮助它们组织必要的活动，以实现各项行动计划。[2] 每一份路线图都是为了最好地满足各国政府执行议程的需要而制定的，由于每一份路线图都反映了各国的优先事项和资源，因此每一份路线图的情况都各不相同。因此，各成员方各具特色的法律基础设施被认为是制定全球卫生安全议程的关键，以确保国家系统能够根据全球卫生安全框架预防、监测和应对传染病的威胁。

(二)《国家公共卫生法》改革的必要性

近期公共卫生突发事件表明，各国必须建立健全国家卫生体系，这就要求有一个能够反映国际层面最低标准的强有力的国家法律框架。2014年至2015年埃博拉疫情暴露了现有全球卫生治理机构在有效应对公共卫生紧急情况方面的弱点。[3] 在埃博拉疫情暴发时，世卫组织未能及时采取行动，导致成员方一度缺乏明确方向。[4] 即使在埃博拉疫情蔓延之际，全球应对行动也充分表明，各国对全球卫生的投资往往只是昙花一现，在疫情结束后，它们投入的资源和能力便迅速下降。[5] 鉴于世卫组织这次的反应不够充分，学者们对全球治理提出了疑问，他们认为"仅仅依靠国际规范、规章和条约来缓解由流行病引起的全球卫生危机是有问题的"，因为在这种情况下，"周期性的政治关注和对全球卫生安全的投资将影响条约(如《国际卫生条例》)的

---

[1] GHSA Commitment Development Meeting, Helsinki, Finland, 5－6 May 2014，载 http://www.globalhealth.gov/global-health-topics/global-health-security/ghsagenda-finland.html（最后访问日期：2015年11月8日）。

[2] CDC, *Country Roadmaps*(2016)，载 https://www.ghsagenda.org/where-ghsa.html（最后访问日期：2016年12月1日）。

[3] See J. Busby, KA Gre' pin and J. Youde, *Introduction*, (2016) 10(3) Glob Health Gov 3.

[4] See WHO, Report of the Ebola Interim Assessment Panel (WHO 2015).

[5] See C. Clinton and D. Sridhar, *Governing Global Health: Who Runs the World and Why?* (OUP 2017).

有效性"。[1] 尽管全球卫生治理机构已经在努力弥补这些预防疾病过程中产生的错误,[2] 例如,一些人认为世卫组织在应对南美洲寨卡疫情时行动过快,[3] 但是,由于世卫组织仍然没有足够的资金,各国政府在预防、监测和应对传染病及其他公共卫生紧急情况方面仍然缺乏全球支持,因此要进行机构改革就特别困难。[4]

近年来全球应对流行病的工作存在缺陷,这使得我们必须解决各国在建立保障基本公共卫生服务的法律制度方面的差距。尽管很多国家已颁布法律来支持公共卫生,但现有法律可能不足以应对传染病跨国界蔓延的速度。[5] 各国法律基础建设存在差距,妨碍了国际社会对发生的公共卫生紧急情况作出反应,包括在非典、埃博拉和寨卡病毒暴发期间,这种差距使得国际社会难以采取多种行动,如隔离感染或疑似病例、采取新的治疗方法以及协调各国的反应。[6] 尽管世卫组织、世界动物卫生组织(OIE)和联合国粮食及农业组织(FAO)已经认识到,根据"一个健康"(One Health)方针,国家有必要通过立法来降低"人—动物—生态系统端口"的健康风险,但《国际卫生条例》和《兽医服务绩效途径》(OIE PVS)等现有全球法律框架尚未在国家层面得到充分落实。[7] 尤其是,尽管《国际卫生条例》承诺协调各国立

---

〔1〕 See A. Price-Smith and J. Porreca, *Fear Apathy and the Ebola Crisis(2014 – 15): Psychology and Problems of Global Health Governance*, (2016)10(1) Glob Health Gov 17.

〔2〕 See S. Moon, *Will Ebola Change the Game? Ten Essential Reforms Before the Next Pandemic. The Report of the Harvard-LSHTM Independent Panel on the Global Response to Ebola*, (2015)386(2204) The Lancet 2204; UN High Level Panel on the Global Response to Health Crises, Protecting Humanity from Future Health Crises(UN 2016).

〔3〕 See DP Fidler, *Global Health Diplomacy and the Ebola Outbreak* in SF Halabi, LO Gostin, and JS Crowley eds. , Global Management of Infectious Disease After Ebola(OUP 2016).

〔4〕 参见 T. Mackey, *Lessons from Liberia: Global Health Governance in the Post-Ebola Paradigm*, (2016)10(1) Glob Health Gov 60。

〔5〕 See LO Gostin, Global Health Law(Harvard UP 2014).

〔6〕 See LO Gostin, *Good Science þ Good Ethics ¼ Good Law: Five Rules for Epidemic Preparedness*, (2015)93(1) Milbank Q 19; JG Hodge and others, *Global Emergency Legal Responses to the* 2014 *Ebola Outbreak*, (2014)42(4) JL Med Ethics 595.

〔7〕 See R. Katz and others, *Global Health Security Agenda and the International Health Regulations: Moving Forward*, (2014)12(5) Biosecur Bioterror 231.

法，使它们能够强调监测和应对国际社会共同关切的公共卫生紧急情况，但许多国家尚未采取法律行动，以确保必要的政府权力。[1] 从埃博拉疫情中心国家（几内亚、利比里亚和塞拉利昂）就可以看出这一点。这些国家签署了《国际卫生条例》，但是，当"世卫组织未能帮助中低收入国家增强能力，满足其建立高效卫生系统和预防流行病的需要"[2]，它们在应对埃博拉时就仍然缺乏体制支持。很多国家没有建立有关流行病防控的法律基础设施，所以正是在国家层面，法律改革才能对突发公共卫生事件产生最大的影响。[3] 通过国内多个部门法共同关注全球卫生安全议程的执行工作，就有可能从以往在预防、监测和应对公共卫生紧急情况方面遇到的障碍中汲取教训，确保此类错误不会影响各国对未来全球卫生安全威胁的应对。

三、方法

为了确定支持全球卫生安全议程行动计划的国家立法的范围和内容，本研究通过以下方法对国家立法进行了审查：

1. 制定一个法律框架，将每个行动计划涉及的法律领域纳入其中；

2. 建立一项评估工具，以确定国家立法是否制定了具体的法律制度；

3. 评估20个国家的法治环境，利用 LawAtlas[4] 整理和分析这些国家立法，并确定是否存在预防、监测和应对传染病威胁的法律制度。

（一）制定法律框架

为了分析支持行动计划的国内立法的范围和内容，研究人员制定了一个法律框架，确定了每项行动计划所涵盖的法律领域。这种"法律领域"（legal

〔1〕 See FM Burkle, *Global Health Security Demands a Strong International Health Regulations Treaty andLeadership from a Highly Resourced World Health Organization*, (2015) 9 (5) Disaster Med Public Health Prep 568.

〔2〕 S. Harman, *Norms Won't Save You: Ebola and the Norm of Global Health Security*, (2016) 10 (1) Glob Health Gov 11.

〔3〕 See R. Morhard and R. Katz, *Legal Regulatory Capacity to Support the Global Health Security Agenda*, (2014) 12 (5) Biosecur Bioterror 254.

〔4〕 一个法律评估工具和网络平台，详情见下文注释。——译者注

domains)包含实现行动计划目标所需要的特定法律。研究人员开展了法律和公共卫生研究(针对每一项行动计划),从而了解法律措施应该具有哪些特征,才能使议程的目标得以实现。之后,研究人员根据以下材料将法律领域与每个行动计划目标联系起来:(1)来自不同的高中低收入国家的具体法律实例;(2)已在文献中提出,但未被任何国家采用的法律措施;(3)可能影响这些法律措施的实施和执行的政治因素。公共卫生领域的专家对每个行动计划中的法律领域进行了审查,以确保研究人员对法律领域的界定和描述是恰当的。

(二)建立评估工具

基于法律框架所涵盖的法律领域,研究人员随后开发了一个法律领域评估工具(LDAT),用于说明每一法律领域的范围和内容,确定国家立法的具体性质,并将各国法律制度分类。法律领域评估工具由编纂问题组成,目的是确定单个法律领域内各国立法的相关特征,这些特征可能因国而异。通过这些问题,研究者可以确定:是否有专门针对特定法律领域的国家立法,以及这些法律涵盖哪些法律制度和要求。编纂问题设计为二元题(是或否)和分类题(有多项选择),并形成三级(初级、二级、三级)结构,每一级都可以更详细地解释法律。举例来说,尽管初级问题可能是宽泛的,仅仅询问是否有法律存在(例如,"是否有规定疫苗接种机构的法律?"),但二级和三级的问题将探究法律其他的细节和特点(如"疫苗接种机构可以为哪些疾病接种疫苗?")。研究人员还对编纂问题进行了评估,以确定其在评估法规方面是否客观,以及问题本身是否符合全球卫生安全议程的要求。

(三)评估法治环境

为利用法律领域评估工具评估各国的法治环境,研究人员分析了20个撒哈拉以南非洲国家的立法情况,以明确其是否为实现行动计划建立了法律制度。研究人员分析了以下国家:(1)埃博拉疫情国家(几内亚、利比里亚和塞拉利昂);(2)被美国疾病控制与预防中心列为高风险的非疫情国家(贝宁、刚果民主共和国、冈比亚、加纳、几内亚比绍、毛里塔尼亚、尼日利亚和多哥);(3)疾病控制与预防中心根据全球卫生安全议程确定的重点国家(布基纳法索、喀麦隆、科特迪瓦、埃塞俄比亚、肯尼亚、马里、塞内加尔、坦桑尼亚和乌干达)。在整个撒哈拉以南非洲,由于区域政治联盟和区域卫生治理的影响,分析结果具有交叉可比性。分析法治环境目的是收集、整理和编纂国内法。

1. 法律的收集和整理

研究者通过以下方法检索符合各项行动计划目标的《国家公共卫生法》,并找到了相关的国家法规、规章和其他政府命令:

(1)网络素材——检索公开数据库,包括全球词典(GlobaLex)、国际灾难应对法(IDRL)、粮食及农业组织词典(FAOLEX)、世界法律信息研究所以及各国司法部和卫生部的网站;

(2)美国国会法律图书馆内的外国法律藏本——检索馆藏的国家法律出版物,包括官方公报、法典、行政规则和条例;

(3)国家部委的内部资源——检索网上没有的个别法律,包括司法部或卫生部的内部法律文件。

这种多步骤、相互重叠的收集国内法的过程,目的是验证可能出现的法律"未发现"的结论(没有收集到任何法律,就认为根本不存在这样的法律),并确保汇总结果准确、完整和及时。找到了具体的法律之后,研究小组就将收集到的信息编入主表,每个主表对应一个法律领域。研究者引用了相关的国内法和特定法律领域的具体法律条款以制作主表。完成后,研究人员再参考主表将数据输入 MonQcle 网站。作为 LawAtlas 的内容管理平台,MonQcle 是一个互动式政策监督门户网站。[1] 该网络内容管理系统可对公共卫生法律法规在各个法律领域的实施情况进行整理、比较和发布。

2. 对法律进行编纂

上传到 MonQcle 后,三所大学的研究小组根据法律领域评估工具中确定

[1] LawAtlas 是公共卫生法研究中心的政策监督计划创建的一个法律评估工具和网络平台,由罗伯特·伍德·约翰逊基金会资助,由坦普尔大学比斯利法学院管理。LawAtlas 是系统搜集、衡量和展示与公众卫生有关的法律和高质量实证法律数据的核心权威资源。

的编纂问题对法律进行汇编。这种编纂的目的是阅读、观察和记录法律(原文)。这就产生了编纂的客观性问题,该问题要求编纂者观察法律的关键特征(而不是对这些特征进行解释),从而为编纂的连贯性(以后可据此进行比较分析)创造客观基础。由于编纂成果直接影响本文对国内法的分析结论,因此研究人员努力使各组的编纂保持一致。为了达到这一目的,每一位团队成员都接受了 MonQcle 使用方法和行动计划方面的培训。因为每个行动计划都由两名编纂者进行独立汇编,[1]研究小组需每周与主管开会,以核实各小组在编纂国家法律过程中是否存在重复和错误。[2] 为了促进研究组就有关法律定义达成共识,编纂者们讨论并解决了他们之间存在的分歧,以确保各组编纂类似法律时保持一致。研究组还对编纂问题进行了调整,以反映新的解释和定义。[3] 这种反复的编纂过程保证了编纂者之间的高度一致性,并提高了编纂结果的可靠性。[4]

(四)限制

尽管这项定性编纂研究提供了关于国家立法的新发现,符合全球卫生安全议程行动计划的要求,并有助于对一系列国家法治环境进行比较研究,但在分析国家立法内容和评估国家当局对行动计划的执行方面,法律评估都存在局限性。

---

[1] 由于研究小组中每两名成员独立审查各项法律,这种冗余可以确认所有适当的编纂方法都已经用过了。参见 J. Heymann and others, *Assessing Compliance with the CRC: Indicators of Law and Policy in 191 Countries*, (2014) 22(3) Int'l J Children's Rts 425。

[2] 参见 L. Burla and others, *From Text to Codings: Intercoder Reliability Assessment in Qualitative Content Analysis*, (2008) 57(2) Nursing Res 113。

[3] See KM MacQueen and others, *Codebook Development for Team-Based Qualitative Analysis*, (1998) 10(2) CAM 31.

[4] 一致性是指每个编纂者认识和应用相同法规的稳定性。RA Singleton and BC Straits, Approaches to Social Research (OUP 2010) 136(研究不同的访谈者、观察者或编纂者使用同一工具或测量方法得到同等结果的程度). DJ Hruschka and others, *Reliability in Coding Open-Ended Data: Lessons Learned from HIV Behavioral Research*, (2004) 16(3) Field Methods 307, 310(将"一致性"应用到编纂过程中,"编者间的可靠性评估了多个编纂者对文本编纂的相似程度"). 至于项目中各组多余的研究人员,他们在过程中对编纂者之间的分歧(分歧率低于5%)进行了讨论,必要时重新进行编纂。项目组在 LawAtlas 上在线发布项目之前,重新分析了所有的问题、答复和引文。

本文对国家立法内容仅进行了有限的分析，(在收集国家法律时)数据库的偏差可能使这项研究难以根据国内法得出符合全球卫生安全议程要求的结论。大量文献表明，许多国家法律并未公开，因此，如果没有发现这些法律，必然会产生"证伪"不能，从而导致对现行法律的选择偏差。[1] 尽管研究人员试图通过国内核查和必要的搜集来减小这种偏差，但很明显，政府在传播法律的过程中本就存在局限性。在执行全球卫生安全议程行动计划方面进展最小的国家也可能是法律部门透明度最低的国家。[2] 鉴于收集法律的这一限制，我们不能确定本文中编纂的国内法是否构成了具体法律领域内一个完整的国家法律数据库。

至于有限的关于全球卫生安全议程执行情况的结论，出于方法论考虑，国家立法可能并没有反映行动计划的实际执行情况。由于这类汇编仅仅衡量政府是否将行动计划纳入国内法，因此无法确定"书本上"的法律是否代表"实地调查"的法律，即无法确定政府是否实际执行了行动计划。[3] 除了常见的应对卫生安全问题的法外对策，本文也没有对以下内容进行审查：政策议程、部级指导文件、部际备忘录、国家发展战略预算，以及为预防、监测和应对卫生安全威胁而采取的其他可能符合政府要求的措施。最后，从这项比较法分析来看，尚不确定这些国家法律和政策是否能有效地预防、监测和应对疾病。因此，基于这些结果进行更多的"流行病学法律"研究是有必要的，这样才能明确这些法律对国家卫生系统和公共卫生成果的影响。[4]

尽管存在这些限制，本文还是对各国根据行动计划开展的法律工作进行

---

〔1〕 See JC Reitz, *How to Do Comparative Law*, (1998) 46(4) Am J Comp Law 617.

〔2〕 See WHO, Advancing the Right to Health: The Vital Role of Law (WHO 2017).

〔3〕 See JC Reitz, *How to Do Comparative Law*, (1998) 46(4) Am J Comp Law 617. 如果不清楚国家法律的制定是否仅仅是为了遵守国际要求(国家政府没有采取任何后续行动)，那么就有必要进行更多的"实地"研究——采用访谈方法和对关键的国家信息提供者进行人类学观察，以审查国家法律和政府实践之间的联系。

〔4〕 See S. Burris and others, *A Transdisciplinary Approach to Public Health Law: The Emerging Practice of Legal Epidemiology*, (2016) 37 Annu Rev Public Health 135; G. Marks-Sultan and others, *National Public Health Law: a Role for WHO in Capacity-Building and Promoting Transparency*, (2016) 94 (7) Bull World Health Organ 534.

了全面和系统的研究,并形成了研究成果。

四、结果:根据全球卫生安全议程制定的国内法

研究人员以编纂结果为基础,分析了20个撒哈拉以南的非洲国家各法律领域的特点,并就国内法在预防、监测和应对公共卫生紧急情况等方面作了如下分析(见文末附表1)。

这一部分概述了全球卫生安全议程行动计划的成果,着重介绍了每个法律领域中可以有效回应编纂问题的国内法实例,并指出针对极个别编纂问题,20个抽样国家都不能作出回答,因为它们都未制定相关的法律。尽管这项研究并不寻求制定"示范立法",也不推崇"模板法律"(因为这项研究所涉及的法治环境各不相同,这种规范性分析并不可取),但这项研究评估了各国法律制度,涵盖行动计划中的各个法律领域。此后,如果这些国家决定改革法律,使之更符合全球卫生安全议程行动计划的要求,就是本项比较法分析范畴之外的政治问题了。

(一)抗菌素耐药性——预防1

抗菌素耐药性(AMR)已引起全球关注,影响所有国家和居民,并有可能导致药物在治疗疾病方面失效。在农业、兽医和医疗实践中,世卫组织发现抗菌素是"最容易被滥用的药物之一"。[1] 要有效应对抗菌素耐药性,就需要跨部门制定规范和采取行动。然而全球治理机构才开始着手实施这些措施。[2] 任何能够真正遏制抗菌素耐药性的行动都需要各国政府的协调与合作。比如,各国应当制定明确的法律规则。这些法律规则在应对其他问题的同时,应当着重解决动物饲料中添加抗菌素的问题,取缔以劣药、假药代替优质抗菌素的做法,以及改善医疗和兽医实践。[3] 这就需要解决以下几个方

〔1〕 See WHO, Antimicrobial Resistance: Global Report on Surveillance (WHO 2014).

〔2〕 See WHO, Antimicrobial Resistance Draft Global Action Plan on Antimicrobial Resistance (WHO 2015).

〔3〕 See SJ Hoffman and others, *An International Legal Framework to Address Antimicrobial Resistance*, (2015) 93(2) Bull World Health Organ 66.

面的问题:(1)授权;(2)药品监管;(3)动物健康;(4)抗菌素耐药性监测;(5)专业指引。

1. 授权

通过立法可以设立政府机构来控制抗菌素耐药性。虽然抗菌素管理通常由卫生部门负责,但抗菌素耐药性管理也常常涉及其他部门,如医药、公共卫生、动物药品、科学和农业等部门。[1] 尽管其他地区已有此类法律,但此次被审查国家均尚未通过立法授权某一部门来解决抗菌素耐药性问题。

2. 药品监管

处理抗菌素耐药性问题的法律可以通过一般的药物管理对抗菌素的使用进行管制。[2] 为此,法律可以通过以下方式规范抗菌素(包括人用药和兽用药)的使用:

(1)授权政府对处方药进行分类;

(2)规定抗菌素的标签要求;

(3)防止生产和使用劣药/假药;

(4)限制抗菌素的广告或促销。

此外,法律还可以指定一个药品监管部门负责药品上市前的审批、制定疗效说明、实施药品上市后的监管,并授予药品监管部门召回药物的权力。[3]

3. 动物健康

该法可单独规范抗菌素在动物中的使用——无论这种使用是来自医疗、农业、渔业、食品还是来自药品部门。[4] 该法涵盖农场动物和水生动物,并

---

〔1〕 See K. Schneider and L. Garrett, *Non-Therapeutic Use of Antibiotics in Animal Agriculture, Corresponding Resistance Rates, and What Can Be Done About It* (19 June 2009), Center for Global Development, 载 https://www.cgdev.org/article/non-therapeutic-use-antibiotics-animal-agriculture-corresponding-resistancerates-and-what(最后访问日期:2017 年 3 月 20 日)。

〔2〕 参见《国家药品政策和管理局法》(2014)第 5 条(乌干达)。

〔3〕 参见 2006 年 7 月 31 日关于卫生部职责、结构和职能的第 2006-396 号法令第 61 条(贝宁)。

〔4〕 参见《兽药和饲料管制公告》(2011)第 3、6、7 条(埃塞俄比亚)。

可通过禁令、兽医业监督、饲料限制和处方要求等措施来限制对动物使用抗菌素。为了便于执行,该法可授权执法部门对农场或渔场进行检查,包括要求畜牧业、养殖业和家畜养殖者的所有人通报疾病发生情况和抗菌治疗的使用情况,并针对受感染的动物制定管理程序。如果违反了这些要求,法律可以授权执法部门强制关闭养殖场、召回动物或采取经济补救措施。

4. 抗菌素耐药性监测

法律可以授权具体部门针对抗菌素耐药性进行流行病学监测和早期检测[1]。此类法律可以:

(1)要求对抗菌素处方或使用形式进行监管;

(2)整合能够检测人类、动物和植物种群样本的监测和实验室系统;

(3)指定实验室机构来识别世卫组织划定的重点抗菌素耐受性病原体,并要求其对疾病菌株进行测试,从而评估该疾病的抗菌素耐药性;

(4)要求将耐药病原体列入《国际卫生条例》(2005)所规定的国际共同公共卫生紧急事件,并在国际上进行报告。

5. 专业指引

法律可以批准专门针对抗菌素的治疗指引,并适用于医生、护士、兽医和药剂师。该法可以规定卫生专业人员必须接受抗菌素耐药性方面的培训,抗菌素在用于治疗之前必须经实验室确认,以及规定抗菌素的配药限制或处方要求。该法还可以规定卫生专业人员必须向国家监测系统报告抗菌素耐药性(包括疑似的和确认的)病例,并授权有关部门对不遵守规定的专业人员予以处罚。然而,受审查的国家中,没有一个国家制定了抗菌素耐药性的专业治疗指引,也没有一个国家提出为卫生机构制定抗菌素耐药性和医源性感染(HAI)的防御指引。

(二)人畜共患疾病——预防2

人畜共患的传染病占人类疾病的70%以上,并与60%以上的新型疾病

---

〔1〕 参见2005年2月3日第275 MSPM-CAB-BL号部际法令第2条规定建立国家实验室网络(塞内加尔)。

有关。[1] 由于农业对于许多发展中经济体至关重要,许多撒哈拉以南的非洲国家已经制定了法律和监管框架,以便开展必要的部门间合作,来管理人与动物之间的公共卫生风险。[2] 这些法律框架可授权处理以下事项:发放兽医执照;限制动物流动;发放畜牧饲养业执照;在疫情暴发期间采取行动;开展流行病学监测以及建立能够检测人类、动物、植物种群样本的综合监测和实验室系统。这就需要解决以下法律领域的问题:(1)授权;(2)监测和实验室;(3)畜牧生产;(4)人畜共患疾病的药品;(5)贸易。

1. 授权

法律可以设立一个兽医管理部门。[3] 该法可以授权首席兽医官的任命,并授权政府:

(1)防治动物疾病;

(2)在疾病暴发时采取行动;

(3)进行流行病学监测;

(4)分享数据;

(5)划分监管区域;

(6)召回动物/动物产品;

(7)赔偿损失。[4]

2. 监测和实验室

法律可以为人畜共患疾病提供流行病学监测,这种监测通常只针对重点

---

〔1〕 See KE Jones and others, *Global Trends in Emerging Infectious Diseases*, (2008) 451 Nature 990.

〔2〕 See WHO, Managing Zoonotic Public Health Risks at the Human-Animal-Ecosystem Interface, 载 http://www.who.int/foodsafety/about/flyer_zoonoses.pdf(最后访问日期:2016 年 12 月 18 日)。

〔3〕 参见 1976 年《公共卫生法》第 64.4 条。国家兽医委员会:利比里亚医学委员会(利比里亚)。

〔4〕 参见 1987 年 11 月 22 日第 AN VII - 0016/FP/AGRI-EL 号法律《动物卫生法》(1989)第 7 条(布基纳法索)。

疾病。[1] 此类法律可以依照“一个健康”的理念,[2]整合对人类、动物和植物群体进行监测的权力,要求政府各部门通报人畜共患疾病疫情,并授权政府向国际组织(如世界动物卫生组织、世卫组织)报告动物疫情。为此,法律可以对人畜共患疾病实验室进行认证,包括整合能够检测人类、动物和植物群体样本的实验室系统,以及参考《西非联盟法》的规定,为从事人畜共患疾病工作的实验室技术人员制定不同的认证要求。[3]

3. 畜牧生产

法律可以要求所有畜牧业和加工企业依法登记。[4] 该法适用于农场和(或)水产养殖场,可对动物圈舍(包括设备和场所)作出规定,还可对饲养过程中的安全和卫生程序、员工行为和清洗设备提出要求。[5] 法律可以规定定期对动物进行健康检查,并将死亡情况通知政府。[6] 就食品生产而言,法律可以单独对屠宰场进行监管,要求其拥有相关资质[7],并对屠宰场的建设、卫生条件、动物追踪和肉类处理作出具体规定。最后,法律可以授权检查人员对所有加工和养殖场所进行检查,[8]为此法律需要大致规定检查人员的资质要求以及检查人员进入场所、扣押、检疫、取样、宰杀和销毁的权力。

4. 人畜共患疾病的药品

法律可以为人畜共患疾病的药品指定独立的监管机构。[9] 无论这个机构属于医药部门还是农业部门,该法都可以对人畜共患疾病药品的销售、生

---

〔1〕 参见1999年2月12日关于多哥共和国动物卫生的第99-002号法律第10-13条授权对人畜共患疾病进行流行病学监测(多哥)。

〔2〕 参见2002年9月24日第R-001056号命令,设立毛里塔尼亚动物疾病流行病监测网络(毛里塔尼亚)。

〔3〕 参见第04/2006/Cm/UEMOA号法规第4条(西非经济货币联盟),建立负责西非经货联盟区内兽药质量控制的实验室网络。

〔4〕 参见2018年2月13日颁布的第98-70号法令第5条定义了《牲畜作业装置的一般规则》(科特迪瓦)。

〔5〕 参见第9/2011号法令第7条批准了《鱼类检查条例》(几内亚比绍)。

〔6〕 参见《动物疾病法》(2003)第14条(坦桑尼亚)。

〔7〕 参见《肉类控制法》(1972)(肯尼亚)。

〔8〕 参见《渔业法》(2007)第71条(冈比亚)。

〔9〕 参见《兽医疫苗生产研究所令》(1990)第5条(肯尼亚)。

产、进口、储存、运输、包装、召回、标签、可追溯性、检查和监督进行管理。针对一些可以用疫苗预防的疾病，该法可参考下文“预防4”所载的免疫要求强制实施常规或紧急疫苗接种。[1]

5. 贸易

法律可以管制动物的贸易和跨境流动，包括进口和出口。[2] 例如，法律要求活体动物的国际运输应当获得政府认证，并规定出入境的相关程序。

(三) 生物安全和生物安保——预防3

生物安全和生物安保通过妥善存放危险病原体，以及防止滥用危险病原体来保护民众。尽管生物安全和生物安保被归为一类，但生物安全指的是“实验室里为防止意外接触病原体和毒素而实施的封闭原则、技术和惯例”。而生物安保是指“旨在防止病原体和毒素丢失、被盗、滥用、转移或故意释放而采取的安保措施”。[3] 立法可以帮助国家和地区增强管理生物材料的能力，以及敦促其实施安全和负责任的行为。具体行为包括生物制剂和毒素分类、采取预防措施、制定应对协议和建立报告机制等。[4] 如果法律必须设立或指定一个实体作为监管生物安全和生物安保的主管部门，那么法律必须赋予该实体充分的权力，以便其进行全方位的监管。其中包括该部门有权确定重点生物制剂和毒素，有权查明不良行为并定罪，有权向合法使用者发放许可证，有权制定具体协定，处理意外接触或滥用此类物质的问题。[5] 这就需要解决以下法律领域的问题：(1)授权；(2)查明生物制剂和毒素；(3)禁止扩散；(4)转让和废物处置。

1. 授权

法律可以授权一个主要的政府实体管理实验室生物安全和生物安保。

[1] 参见《动物疾病法》(2003)第12条(坦桑尼亚)。

[2] 参见《牲畜和动物产品守则》(1995)第41~46条(几内亚)。

[3] See WHO, Laboratory Biosafety Manual(WHO 2004)47(emphasis added).

[4] See V. Sutton, Biosecurity Law and Policy: Biosecurity, Biosafety, and Biodefense Law(Vagas Publishing 2014)454-570.

[5] See DP Fidler and LO Gostin, Biosecurity in the Global Age: Biological Weapons, Public Health, and the Rule of Law(Stanford UP 2007)187-218.

该法可为管制进出口、实施具体协定、禁止不正当行为以及制定生物安全和生物安保措施提供法律依据。在此基础上法律可以要求国家制订生物安全应急计划。然而,在这些样本中,没有一个国家建立了这样的机构或制定这样的法律来处理生物安全和生物安保问题。[1]

2. 查明生物制剂和毒素

法律可为危险病原体的生物风险评估提供制度依据,[2]例如,规定以下内容:

(1)罗列禁止使用的毒素;

(2)罗列重点制剂——受管制但未被禁用的制剂;

(3)依据其武器化的能力、感染的可能性、传播途径、在人群中的传染性、危害的严重性、预防措施或医疗措施的可用性和有效性对制剂和毒素进行分类;

(4)提供检测以确定病原体。

3. 禁止扩散

法律可授权政府对能够生产、使用和储存生物制剂和毒素的个人、实验室和(或)设施进行监管。此类法律可以要求那些持有执照而处理生物制剂和毒素的人进行登记,为其提供生物风险管理培训,并明确禁止其以生产生物武器为目的从事开发、持有和转让生物制剂的活动。然而,这些样本中没有一个国家制定了包含实验室生物安全和生物安保措施的法律,也没有一个国家授权相关部门对实验室和设施进行检查(或取消实验室认证)。

4. 转让和废物处置

法律可以处理生物制剂和毒素的转让(处理、储存和运输)问题。[3] 这

---

〔1〕 虽然在这个样本中发现许多法律的标题中有“生物安全”或“生物安保”的字样,但这些法律往往涉及转基因生物,对生物安全或生物安保的定义不符合全球卫生安全议程的含义。虽然转基因生物可以被认为是环境中的未知物种,是对缺乏经验的生物体的威胁,或者是由于插入新的基因而产生未知副作用的风险,可能对人类健康造成危害的风险,这些潜在的危害在传统上并不被认为是实验室生物安全或生物安保问题,不在本行动计划的范围之内。

〔2〕 参见1989年11月27日关于有毒和危险废物的第409/PJL/AN号命令第5条(喀麦隆)。

〔3〕 参见《公共卫生法》(2012)第46条(加纳)。

种法律可以要求实施主体报告生物制剂和毒素的转让情况(包括采购、销售和处置),规范生物制剂的运输和储存,并对生物制剂和毒素的进出口施加贸易限制。考虑到生物制剂和毒素所带来的持久风险,法律还可以对来自医院、实验室和私人医疗场所的危险废物,[1]如生物危险废物、化学废物等的处置进行补充规范。

(四)免疫接种——预防4

免疫接种是任何国家公共卫生措施的组成部分,长久以来,许多国家都依赖有关疫苗接种的法律来防御流行疾病。在执行国家免疫计划时,立法可以规定具体的准则,包括特定人群接种特定疫苗的强制要求,享有疫苗接种补贴的条件,确保群体免疫的免疫接种计划,增加疫苗供应和提高免疫率的激励措施,紧急情况下接种疫苗的优先次序等。[2] 世卫组织建议国家机关在制定这些法规时与国家免疫技术咨询团队或境外专家合作。[3] 由此制定的法律可以规定对特定人群强制接种疫苗(用于常规或紧急预防),但由于此类规定往往限制了个人权利,决策者必须在强制性疫苗接种的公共健康利益和个人自由的代价之间取得平衡。[4] 这就需要解决以下法律领域的问题:(1)授权;(2)供应链;(3)疫苗管理;(4)疫苗接种的登记和责任。

1. 授权

法律可以授权政府决定常规和(或)紧急接种疫苗的时间。[5] 疫苗接种的准则可以由政府部委或独立机构制定。准则可以包含强制接种疫苗的

---

[1] 参见1989年11月27日关于有毒和危险废物的第409/PJL/AN号命令第1~2条(喀麦隆)。

[2] See LO Gostin, *Medical Countermeasures for Pandemic Influenza: Ethics and the Law*, (2006) 295(5) JAMA, 554.

[3] See P. Duclos, *National Immunization Technical Advisory Groups (NITAGs): Guidance for Their Establishment and Strengthening*, (2010) 28S Vaccine, A18.

[4] See DA Salmon and others, *Compulsory Vaccination and Conscientious or Philosophical Exemptions: Past, Present, and Future*, (2006) 367(9508) Lancet 436.

[5] 参见《卫生法典》(2009)第6条(多哥)。

规定,[1]但该规定仅针对特定的可预防疾病和特定的易感人群,同时允许个人出于健康、宗教或哲学的考虑豁免接种。如果出现公共卫生紧急情况,可以允许立法补充强制接种的要求。[2] 为实施疫苗接种准则,该类法律可以为接种者提供疫苗接种证明文件(如成功接种证书),[3]并允许政府对违反疫苗接种规定的行为采取行动,包括罚款、监禁或强制接种疫苗。[4]

2. 供应链

该法可以包含管理国家疫苗储备的条款。[5] 此类法律可以规定在全国范围内分发疫苗,向疫苗供应链中的生产商发放许可证,规定疫苗的储存条件,以及在出现公共卫生紧急情况时增加疫苗的产量。

3. 疫苗管理

该法可以对疫苗的管理作出规定,[6]包括对获准管理疫苗的行为者发放许可证和提供培训。为确保广泛接种以增强群体免疫力,该法可以规定特定人在符合一定条件的情况下可以免费接种疫苗,甚至获得补贴。[7] 在公共卫生紧急状态下,法律可以规定优先为特定的职业或特定的弱势群体接种疫苗。然而,这些样本中没有一个国家制订了这样的优先接种计划。

4. 疫苗接种的登记和责任

该法可以规定对疫苗进行登记。[8] 此类法律通过对疫苗进入市场后的监督来确保疫苗的质量。尤其在公共卫生紧急情况下,出于支持疫苗研发的目的,法律可以为疫苗生产商和管理者提供有限责任的保护和/或设立一个疫苗接种受害者赔偿基金。

---

[1] 参见2008年11月13日第083160号部际法令第2、3、4、7条,规定了强制性疫苗接种清单、接种日历和接种条件(马里)。

[2] 参见《公共卫生法》(2014)第24条(尼日利亚)。

[3] 参见《公共卫生法》(1986)第109条(肯尼亚)。

[4] 参见《疫苗法》(1919)第15条(加纳)。

[5] 参见《国家理事会免疫和初级卫生保健项目的组织和运作》(2007)第7条(贝宁)。

[6] 参见2008年11月13日第08 3160/MS/MESSRS-SG号部际法令第5条,规定了强制性疫苗接种清单、接种日历和接种条件(马里)。

[7] 参见《公共卫生法》(1935)第43条(乌干达)。

[8] 参见《药品和保健品监管局法案》(2010)第1条(利比里亚)。

(五)国家实验室系统——监测1

国家实验室系统对于检测传染病来说是不可或缺的,但"实验室医学是发展中国家最为忽视的支柱"。[1] 在新的流行病和生物恐怖主义威胁刺激下,一些地区建立了更强大的国家实验室系统。在这些地方,人们认为实验室(和实验室网络)在识别病原体、检测耐药性、管理数据和监测疾病传播等方面至关重要。[2] 为了促进实验室发挥这些职能,有必要通过立法授予实验室和实验室工作人员相关资质,制定实验室核心准则,规定实验室运作的基本条件,并授权有关部门检查实验室确保其符合法律规定。这就需要解决以下法律领域的问题:(1)授权;(2)实验室操作标准和检查;(3)保密和数据保护。

1. 授权

该法可以授权国家实验室系统报告传染病。[3] 此类法律可以指定一个国家标准实验室,并建立哨点实验室或区域性实验室。为了组建这个实验室系统,该法可以建立一个实验室的认证体系。[4] 认证标准可以由政府制定(通过科学、保健、公共卫生或贸易部门实施),但政府也可以将权力下放给非政府专业机构,这些机构设有不同的认证标准(取决于风险程度)和维持/撤销认证的程序。认证标准可适用于公共和/或私人实验室。

2. 实验室操作标准和检查

为满足认证要求,法律可以规定传染病实验室的操作标准。[5] 实验室操作标准可根据疾病/病原体检测的类型而定,并可涵盖人体健康监测、动物健康监测和环境健康监测。为了监督和评估这些标准,公共卫生部门可依法

---

〔1〕 See JN Nkengasong, *A Shifting Paradigm in Strengthening Laboratory Health Systems for Global Health. Acting Now, Acting Collectively, but Acting Differently*, (2010) 134(3) Am J Clin Pathol 359.

〔2〕 See M. Best and J. Sakde, *Practical Recommendations for Strengthening National and Regional Laboratory Networks in Africa in the Global Health Security Era*, (2016) 5(3) African J Lab Med 2225.

〔3〕 参见2015年7月2日第13.128号部际法令第3条规定建立和规范国家公共卫生实验室的组织和运作(塞内加尔)。

〔4〕 参见2013年第28号法案,《科学技术与创新法案》第17条(肯尼亚)。

〔5〕 参见《卫生法典》(2009)第219~220条(多哥)。

对实验室进行检查。[1]

3. 保密和数据保护

法律还可以解决实验室标本检测中的个人健康数据保护问题。[2]

(六)实时监测——监测2/3

公共卫生监测包括以公共卫生为目的对数据进行的系统性收集和分析。各国必须拥有迅速发现流行病事件并传播公共卫生信息以便评估和应对的能力。[3]公共卫生监测包括6项核心活动,它们为公共卫生行动提供指引,分别是:监测、登记、确认(针对流行病学和实验室)、报告、分析和反馈。[4]立法可以将对人类和动物的监测结合起来,授权主管部门行使一切监测和控制的权力,例如,要求公共行为人和个人履行报告义务,并通过报告协调信息共享。[5] 这将需要解决以下法律领域的问题:(1)授权;(2)监测范围;(3)跨部门沟通;(4)各级主管部门与国家主管部门之间的沟通;(5)数据隐私和信息共享。

1. 授权

法律可以授权政府对公共卫生事件进行监测,[6]并指定一个公共卫生机构负责。[7] 许多事项都对人类和动物健康具有重要意义,因此在确定主管部门时,法律可以将不同事项的监测权赋予不同部门,例如,授予保健部门、公共卫生部门、动物管理部门、水资源部门、食品部门、药品部门和反恐部门相应事项的监测权。通过这种授权,法律可以为我们提供监测和鉴定的定

---

〔1〕 参见1991年1月4日第AN-VIII-31 FP. SAN. AS. SG号命令第215条组织卫生和社会行动部(布基纳法索)。

〔2〕 参见《卫生法典》(2009)第575条(多哥)。

〔3〕 See WHO, International Health Regulations(WHO 2005).

〔4〕 See SJN McNabb and others, *Conceptual Framework of Public Health Surveillance and Action and Its Application in Health Sector Reform*, (2002)2(2)BMC Public Health.

〔5〕 See J. Halliday and others, *Bringing Together Emerging and Endemic Zoonoses Surveillance: Shared Challenges and a Common Solution*, (2012) 367 (1604) Philos Trans R Soc Britain 2872; DL Hyneman and others, *SARS Legacy: Outbreak Reporting is Expected and Respected*, (2013) 381 (9869) Lancet 779.

〔6〕 参见《公共卫生法》(1989)第4条(冈比亚)。

〔7〕 参见1991年1月4日第AN-VIII-31 FP. SAN. AS. SG号命令第109条(布基纳法索)。

性能力，以及流行病学调查的分析能力。[1]

2. 监测范围

监测部门有权对所有公共卫生事件，或者对特定应报告的传染病或症状进行监测。[2] 法律在规定应呈报的传染病时，可以（1）包含特定疾病或政府部门宣布的任何传染病或症状；（2）适用于疑似或确诊病例。

3. 跨部门沟通

法律可以设立单个部门负责协调国家监测，汇总跨部门（人类、动物和食品）收集的信息，并在各部门间开展信息交流。[3] 法律既可以规定持续性的协调，也可以将协调工作局限于重大公共卫生事件之间。根据公共卫生事件的性质不同，协调部门也可能会改变。因此法律需在每个部门内指定具体的联络点，以促进各部门在“一个健康”理念下开展跨部门沟通。

4. 各级主管部门与国家主管部门之间的沟通

该法还可以设立一个国家行为主体，以协调各管理层级（国家、国家以下各级和地方各级）的监测工作。[4] 这种协调既可以是普遍性的，也可以限于特定的疾病；既可以是持续性的，又可以限于重大公共卫生事件之间。

5. 数据隐私和信息共享

为了进行监测，法律可以允许在未经信息主体同意的情况下，共享可识别的健康信息，[5]对此，有些国家的法律会直接引用《国际卫生条例》中关于数据隐私的规定。[6] 此类法律可以规定披露私密健康数据的限制性程序，以及对有可能泄露信息的个人进行告知的程序。

〔1〕 参见《公共卫生法》(2012)附件一(加纳)。

〔2〕 参见2007年5月23日第07-165号法令，确定本宣言第1条规定的强制性疾病和条件清单(马里)。

〔3〕 参见2014年4月22日第012-2014号《关于预防和风险管理法、人道主义和灾难危机法的法律》第61条(布基纳法索)。

〔4〕 参见《公共卫生法案》(2004)第9条(尼日利亚)。

〔5〕 参见《信息获取权法》(2013)第21条(塞拉利昂)。

〔6〕 参见《公共卫生法》(2012)第45条(加纳)。

(七)报告——监测4

报告作为公共卫生监测的一部分,需要将从较低层次收集的公共卫生监测数据转移到较高层次(如行政区、国家办事处、国际组织)。[1] 另外,向有关当局及时通报公共卫生事件是快速作出反应的关键。快速响应要求相关"报告义务主体"及时提交报告,这些"报告义务主体"主要包括:公共卫生人员、政府官员和机构(警察、教育机构、矫正机构);私人利益攸关方,包括医疗保健提供者和药剂师,医药制造、食品制造和食品服务企业;教育机构和疗养院等其他特许机构。[2] 如果法律要求在监测公共卫生威胁与决策者对此类威胁的分析之间建立必要的联系,该法可规定相关的奖励措施,鼓励报告,或对不及时报告的行为予以处罚,并授权卫生官员积极收集数据。这就需要解决以下法律领域的问题:(1)授权;(2)报告时限;(3)国际报告;(4)数据隐私。

1. 授权

在对国家疾病进行报告方面,法律可规定强制性要求,[3]明确规定负有报告义务的主体(例如,政府官员、公共卫生人员、私人医疗机构、兽医和医疗保健机构),以及有权接受报告的级别(地区、国家或部委)。[4] 并可按照法律规定在以下情况下对病情进行报告:

(1)《国际卫生条例》规定的应报告的疾病或任何可能引起公共卫生问题的罕见疾病;

(2)特定疾病或其他情况(药物不良反应、动物防治、环境卫生);

(3)怀疑的或者被证实的危险。

另外,在授权政府进行检查和收集报告的同时,可立法制定具体的奖励

〔1〕 See SJN McNabb and others, *Conceptual Framework of Public Health Surveillance and Action and Its Application in Health Sector Reform*, (2002)2(2)BMC Public Health.

〔2〕 See S. Roush and others, *Mandatory Reporting of Diseases and Conditions by Health Care Professionals and Laboratories*, (1999)282(2)JAMA 164.

〔3〕 参见《公共卫生法》(2009)第10条(坦桑尼亚)。

〔4〕 参见《公共卫生法》(1979)第158条(几内亚)。

办法，鼓励就特定疾病进行报告，或对未报告的行为采取制裁措施。

2. 报告时限

该法可规定报告的时限(通常是24小时或48小时)，对不及时报告行为予以处罚。[1] 但是随着各国通过电子报告系统实现了“实时通信”，该报告时限的规定在紧急情况下可以有所变化。

3. 国际报告

根据国际法，对于突发公共事件所致国际疾病的报告，法律可以作出具体规定。[2] 法律可以指定专门的政府机构负责国际疾病报告工作，并确定一个报告机关，担任《国际卫生条例》的国家联络点、世界动物卫生组织的代表和国际食品安全部门网络(INFOSAN)的报告机构。[3] 另外，该法还可对国际报告的时限作出单独规定。

4. 数据隐私

类似于国家监测系统对隐私的保护，法律可以制定相关程序来保护在报告过程中涉及的可识别的健康信息等隐私。[4] 为了防止未经授权泄露可识别健康信息的行为，可以由相关部门删除身份数据或对侵犯隐私行为进行处罚。

(八)人力资源发展——监测5

发展人力资源是十分有必要的，它可以确保卫生专业人员和非传统卫生专业人员获得适当的教育，使此类人员保持必要的技能、训练和职业资格，从而可以在其规定的业务范围内开展活动。[5] 关于医疗保障队伍的立法一般集中在以下方面：(1)制定专业标准，包括教育、培训和技能要求；(2)许可证

---

[1] 参见《公共卫生法》(1976)第12.3条(利比里亚)。

[2] 参见《公共卫生法》(2012)第168条(加纳)。

[3] 参见第3460号关于贝宁共和国国境卫生监测贴纸的制作、归属、组织和功能的命令(2010)第4条(贝宁)。

[4] 参见《食品、药品和保健管理和控制公告》(2009)第3~4条(埃塞俄比亚)。

[5] R. Beaglehole and MR Dal Poz, *Public Health Workforce: Challenges and Policy Issues*, (2003) 1(4) Hum Res Health.

或证书要求;(3)业务范围和相关标准。[1] 如果法律没有明文规定这些标准,还可以建立或授权相关机构、理事会或协会(无论是公共、准公共还是私人性质)负责教育机构的鉴定,确定专业技术人员的执业资格,确定执业标准的范围,以及对违规人员的处罚。它涉及以下法律问题:(1)授权立法;(2)许可和认证;(3)执业范围和执业标准。

1. 授权立法

立法可为卫生专业人员的人力发展规定教育义务。法律可以通过教育、保健、公共卫生或农业部门为卫生专业人员制定教育标准。[2] 此类法律还可为卫生专业人员,包括医护人员(医生、护士、药剂师)、[3] 公共卫生人员(流行病学家、化验技术人员)和[4] 兽医(兽医、准兽医、农业从业人员等)的教育机构提供认证。[5]

2. 许可和认证

法律可以规定由政府或受委托的非政府专业组织向医务人员、公共卫生官员、药剂师、护士、流行病学专家、化验师和生物统计学家颁发执照的标准,并赋予他们相应的权力。[6] 由于他们必须获得执业许可,因此可以通过考试、实习或培训获得相应的执业许可。另外,该法律可以规定撤销执照的标准和程序,并规定通过良好的信誉、持续性教育和/或缴费来维持执照的程序。[7]

3. 执业范围和执业标准

该法可对医疗和公共卫生专业人员(医生、护士、药师、流行病学专家、化

[1] See WHO, Good Practice in Occupational Health Services: A Contribution to Workplace Health (WHO Regional Office for Europe 2002).

[2] 参见《卫生专业人员委员会设立部长理事会条例》(2002)第4、14条(埃塞俄比亚)。

[3] 参见《医疗和牙科从业人员法》(2004)第9条(尼日利亚)。

[4] 参见《公共卫生官员(培训、注册和执照)法》(2013)第22条(肯尼亚)。

[5] 参见《兽医法》(2003)第2条(坦桑尼亚)。

[6] 参见《公共卫生法》(1976)第62.5条(利比里亚)。

[7] 参见《公共卫生法》第61.21条(利比里亚)。

验师)[1]以及兽医(兽医、准兽医、农业从业人员)的执业范围作出规定,这方面的规定可由政府或受委托非政府专业组织制定。[2] 但是,当出现突发公共卫生事件时,执业范围可能会发生变化。

(九)紧急行动中心——应对1

紧急行动中心是推动、领导和协调政府应对公共卫生突发事件的中央指挥中心和控制中心。[3] 各国政府在应对各种危险时(包括暴发传染病;自然、意外或人为释放化学、生物或放射性物质;自然灾害),紧急行动中心在以下方面发挥着关键作用:多部门应急协调、与应急机构进行沟通、管理公共卫生信息以及担任国际组织的国家联络点。[4] 许多国家和地区虽然建立了某种形式的紧急行动中心,但仍然缺乏国家和地方两级有效协调应急行动的法律制度。[5] 赋予紧急行动中心这些职能后,法律可以勾勒出它的组织结构,明确规定拥有决策权的领导人,紧急行动中心工作人员的工作规则和职责等。[6] 这要求处理下列法律问题:(1)授权;(2)地方紧急行动中心;(3)紧急行动中心的职能;(4)工作人员的职权。

1. 授权

可以通过立法授权一国设立紧急行动中心,负责降低灾害风险和进行灾害管理。[7] 该国家紧急行动中心可以隶属于卫生部或者其他部门。

2. 地方紧急行动中心

除国家一级的紧急行动中心外,法律也可授权设立地方一级(州、区或

[1] 参见《卫生法典》(2009)第161条(多哥)。

[2] 参见《兽医外科医生和兽医辅助专业人员法》(2011)第14条(肯尼亚)。

[3] See IFRC, Introduction to the Guidelines for the domestic facilitation and regulation of international disaster relief and initial recovery assistance(IFRC:Geneva,2011).

[4] See WHO, Public Health Emergency Operations Center Network (EOC-NET): Consultation Meeting(WHO 2012),载 http://apps.who.int/iris/bitstream/10665/85378/1/WHO_HSE_GCR_2013.4_eng.pdf(最后访问日期:2016年6月8日)。

[5] See CC Tsai and others, *A Research on the Three-Year Performance of the Regional Emergency Operation Centers in Taiwan*(2013)68(2)Nat Hazards 1109.

[6] See LY Landesman, Public Health Management of Disasters:The Practice Guide(APHA 2012).

[7] 参见《灾害管理法》(2015)第5条(坦桑尼亚)。

市)的紧急行动中心。[1] 这一地方紧急行动中心可以是常设的,也可以是按需授权的。如有紧急情况,地方紧急行动中心可遵循其本身或国家紧急行动中心所制定的程序行事。

3. 紧急行动中心的职能

该法可具体规定何时可以设立紧急行动中心(例如,在发生紧急公共卫生事件、生物恐怖主义事件、自然灾害和多种危险情况下),[2]还可规定紧急情况下协调应急反应的时间、指挥机构、指挥主体等。该法可以详细规定紧急行动中心对紧急情况作出反应的职能范围,包括宣布紧急公共卫生事件、监测、协调指挥、国际报告、与国外紧急行动中心联系、跨部门信息交流和与公众的联系等。[3]

4. 工作人员的职权

该法也可明确规定紧急行动中心核心人员的责任,[4]紧急行动中心可要求成立由多个部门组成的灾害应急队伍,建立对紧急行动中心工作人员进行培训的机制,并允许志愿者参与。在行使职权时,可授予工作人员对财产、物资、人员进行占有或扣押的权力。[5]

(十)将公共卫生与法律和多部门快速响应相联系——应对2

多部门快速反应,和建立公共卫生机构与执法部门的合作机制,可以加强政府应对生物威胁的能力,并缩小各机构间的业务水平差距。[6] 当一个部门无法以一己之力减缓公共卫生紧急情况的多重影响时,政府、商界和民间团体,以及国际、国家和地方参与方可以开展多部门合作。制定多部门应

---

〔1〕 参见1987年12月7日第87-408号法令第9条组织了国家救灾和救灾组织(贝宁)。

〔2〕 参见2012年第2012-988号法令第4条创建、分配、组织和运行国家风险减少和灾害管理平台(科特迪瓦)。

〔3〕 参见2012年第2012-988号法令第5条。

〔4〕 参见《灾害管理法》(2015)第24条(坦桑尼亚)。

〔5〕 参见《国家紧急事务管理局(成立等)法令》(1999)第20条(尼日利亚)。

〔6〕 See C. Streck, *Global Public Policy Networks as Coalitions for Change* in DC Esty and MH Ivanova eds., Global Environmental Governance: Options and Opportunities (Yale School of Forestry and Environmental Studies 2002) 121-140.

对法有助于在公共卫生、执法和生物监测网络等领域建立合作,并有助于制定和拟定相关协定,特别是促进部门间协调、综合规划和管理。[1] 该法可以提供相关指导方针,以促进国家公共卫生应急机构之间及其内部的合作,并解决灾害风险管理、检疫隔离和公共卫生执法机构之间的联系等问题。[2] 这要求处理下列法律问题:(1)授权;(2)灾害风险管理;(3)检疫和隔离;(4)国际援助。

1. 授权

当出现可疑或已证实的蓄意生物事件时,法律可为多部门的反应提供制度依据。[3] 法律可具体规定,在发生生物事件、自然灾害或蓄意事件时,是否有必要通过多部门的反应来宣布紧急状态。该法可授权不同部门(包括保健、公共卫生、执法、司法、紧急情况管理、内政、军事、农业、能源和环境部门)开展刑事调查或流行病学调查。在协调各部门的应对行动时,可根据法律规定,在各部设立协调中心,并设立相应的协调机构(这取决于事件的性质)。[4]

2. 灾害风险管理

对怀疑或经证实的蓄意事件,法律可就采取相应措施的程序作出具体规定[5]法律可将这些程序纳入紧急行动计划,并规定各部的具体责任。[6]

3. 检疫和隔离

该法可明确规定检疫与隔离机构的权限。[7] 检疫与隔离机构可以规定是否应宣布进入紧急状态,以及宣布哪些内容会触发检疫与隔离措施。对有

---

〔1〕 See DP Fidler and LO Gostin, *Biosecurity in the Global Age: Biological Weapons, Public Health, and the Rule of Law*, (Stanford UP 2007) 187 - 218.

〔2〕 See IFRC and UNDP, *Effective Law and Regulation for Disaster Risk Reduction: A Multi Country Report* (IFRC and UNDP 2014).

〔3〕 参见《公共卫生法》(2012)第173条(加纳)。

〔4〕 参见2007年关于流行病快速反应小组的设立、归因、组成和运作的第5025号命令第9条(贝宁)。

〔5〕 参见关于预防和风险管理法、人道主义和灾难危机法的2014年4月22日第012-2014号法律第34条(布基纳法索)。

〔6〕 参见《公共卫生法案》(2004)第6条(尼日利亚)。

〔7〕 参见《公共卫生法》(1989)第13条(冈比亚)。

权实行检疫/隔离的部门作出明确规定后，该法可为评估检疫和隔离决定（可能是依据疑似感染、与受感染者有接触或缺乏疫苗等原因作出的）制定标准，并明确说明是否需要分别对检疫和隔离决定进行健康或风险评估。〔1〕与此同时，为确保检疫/隔离决定不会侵犯相关权利，相关主体可对该决定提出异议，并由法律对异议理由和提出程序作出具体规定。〔2〕

4. 国际援助

在发生公共卫生紧急事件时，法律可规定国家该如何提供和寻求有效且及时的国际援助。〔3〕该法律可以要求向国际组织报告，允许与其他国家达成互助协定，并对请求援助（与回应援助请求）的程序作出规定。

（十一）医疗措施与人员部署——应对3

为有效应对公共安全卫生紧急情况，各国需要在相关的国际伙伴间建立医疗对策和人员的调动机制（例如，发送和接收）。〔4〕医疗对策（包括药物的和非药物的）需要卫生专业人员的有效部署。但是，在发生公共卫生紧急情况时，地方卫生专业人员常常难以充分满足当时的需要，因此需要国际参与人员迅速加入。〔5〕如果没有国际法律制度和国内立法来处理这些医疗对策和人员转移问题，就会妨碍国际社会对公共卫生紧急情况作出有效反应，从而限制国家卫生系统与外国政府之间发送或接收医疗对策或人员的能力。〔6〕此外，在公共卫生紧急状态下，必须放弃对病人的某些保护，并且必须有包括豁免签证、

〔1〕参见《公共卫生法案》(2004)第26条（尼日利亚）。

〔2〕参见《公共卫生法》(1976)第4.14条（利比里亚）。

〔3〕参见2014年4月22日第012－2014号法律《预防和风险管理法、人道主义和灾难危机法》第69条（布基纳法索）。

〔4〕See MJ Marinissen and others, *Strengthening Global Health Security by Developing Capacities to Deploy Medical Countermeasures Internationally*, (2014) 12(5) Biosecur Bioterror 284.

〔5〕See B. Davidson and others, *Legal Challenges to the International Deployment of Government Public Health and Medical Personnel during Public Health Emergencies: Impact on National and Global Health Security*, (2015) 43(1) J LM Ethics 103.

〔6〕See S. Harman, *Norms Won't Save You: Ebola and the Norm of Global Health Security*, (2016) 10(1) Glob Health Gov 11.

承认外国执照、免责保护和产品许可在内的国内法。[1] 这要求处理下列法律问题:(1)授权立法;(2)产品授权;(3)执业许可;(4)个人责任。

1. 授权立法

有了签证后,就可以依法调动医务人员,如西非联盟为医生、药剂师和兽医签发地区签证。[2] 该法律可始终适用,也可仅在宣布紧急状态的情况下适用。就人员调动而言,此类国际签证协议可规定免签、快速签证或特别灾害签证。但是,在这些样本中,没有任何国家订立这样的双边或多边协定。

2. 产品授权

无论是在其他时候,还是仅在宣布紧急情况时,法律都可以针对医疗对策(物资援助)增设产品许可。但是,目前样本中没有任何国家制定此类产品许可。为方便医疗反应,法律可规定医疗产品的优先许可、扩大其使用范围(例如,准许未获许可的使用、超期继续使用、不受时效限制的使用)或者废除关于储存和保管医疗产品的法律。另外,在发生灾难或紧急情况时,法律也可根据需要对医疗用品的关税和税收进行管理。国际协定可就公共卫生紧急情况下的此类海关豁免作出规定。

3. 执业许可

可通过立法对外援工作人员的执业许可证实施管理。[3] 该法可始终适用,或仅在宣布紧急状态的情况下适用。所采用的办法可以是提供国内许可证,或者承认其他国家的相应许可证。此外,参考上述西非联盟(西非经货联盟)的立法,法律也可以促进国际协定的达成,使缔约方在发生灾害或紧急情况时,可以向对方提供相互承认的跨国经营许可证。

---

〔1〕 See D. Fisher, Law and Legal Issues in International Disaster Response: A Desk Study (IFRC 2007) 40 - 41.

〔2〕 See Relative A La Libre Circulation Et A L'e'tablissement Des Me'decins Ressortissants De L'union Au Sein De L'espace UEMOA (2005); Relative A La Libre Circulation Et A L'e'tablissement Des Pharmaciens Ressortissants De L'union Au Sein De L'espace UEMOA (2008); Relative A La Libre Circulation Et A L'e'tablissements Docteurs Ve'te'rinaires Ressortissants des Etats Membres De L'UEMOA Au Sein De L'union (2012).

〔3〕 参见《公共卫生法案》(2014)第29条(尼日利亚)。

4. 个人责任

当个人被允许在其他国家作为医疗部署的一部分采取行动时,法律可以进一步保护个人责任。[1] 该法律可始终适用,或仅在宣布紧急状态的情况下适用,还可以在某些条件下(如受邀时、在工作中或善意行事时)适用,在某些豁免领域(刑事或民事)适用,或者在某些责任标准下(如犯罪行为、故意不当行为、重大过失、鲁莽不当行为或过失)适用。

五、结语

长期以来,国际社会为解决全球卫生安全问题所做的努力都集中于公共卫生领域,而不是通过立法和制度来赋予政府预防、发现和处理公共卫生突发事件的权力。这项研究发现,国家卫生安全立法可能不存在,或者已经过时,或者与目前的公共卫生威胁和传染病跨界传播的速度不符。为实现全球卫生安全议程的各项目标和指标,有必要建立或增加新的法律制度和权力,以巩固现行法律框架,并贯彻实施《国际卫生条例》和世界动物卫生组织中的制度。

要让全球卫生安全议程发挥最大作用,各国政府必须具备的基本要素,就是搭建必要的法律框架,来支持议程的行动计划。本文确定了国内卫生安全法所需的机制,明确了撒哈拉以南非洲国家之间的法律差异,为通过公共卫生法律改革推动实施全球卫生安全议程提供了机会。随着非洲疾病预防控制中心的诞生,这一新的区域卫生治理计划将有望对《国家公共卫生法》进行改革,并对它们进行统一与协调,以反映全球卫生安全的迫切需要。随着未来几年全球卫生治理格局的变化,此类国家法律改革工作将变得至关重要。

毋庸置疑,法律在建立、授权和实施公共卫生体系中起着核心作用。为了预防、监测和应对传染病威胁,这些研究成果在建立良好的法律实践的过程中,也可以用于规划更多的数据库,或作为未来监管政策研究(既针对有利于法律改革的政治环境,又针对卫生状况对法律改革的影响)的前提。这项

---

〔1〕 参见《公共卫生法案》(2014)第29条(尼日利亚)。

"流行病学法律"议程将在公共卫生法学界对国家公共卫生法进行实证研究的同时,分析公共卫生法改革的政治因素以及法律在公共卫生领域中的决定作用。将全球卫生法律研究议程转变为国际卫生法律比较研究,是推进国内立法以实现全球卫生安全议程目标的最佳范例。

鸣　谢

作者感谢世界各地的学者、从业人员和学生的研究协助。(1)在制定法律框架方面:Michele Forzley、Megan Averill、Jessica Vapnek、Nathan Chan、Ivana Mrazova、Mar Martínez、Shayla Birath、Eeshan Khandekar 和 Natasha Vengrinovich。(2)收集国家法律方面:Britton Tripp、Meredith Parker、Anna Tordjmann、Sousena Kebede、Elsie Dotse、Maximillian Seunik 和 Alessandra Bassalobre Garcia。①北卡罗来纳大学教堂山分校的国家法律编纂:Nataniel Lelental、Britton Tripp、Savannah Wooten、Hannah Olaniyan、Chismindi Onwuteaka、Zakaria Merdi 和 Amma Boake;②天普大学比斯利法学院:Deven A. Amin、Dana J. Bonfifiglio、Danielle Froschhauser、Christopher S. Gagne、Elizabeth M. Hines、Seth. Bonfifiglio、Danielle Froschhauser、Christopher S. Gagne、Elizabeth M. Hines、Seth Litwack、Joseph P. Mathew、Megan A. Moore、Adam R. Nester、Kent A. Quidachay、Victoria E. Ruby 和 Carly A. Shanaha;③乔治城大学奥尼尔国家和全球卫生法研究所:Faith Boateng、Elizabeth Makumbi、Elsie Dotse、Juliette Herault 和 Maha Munir;(3)本文的起草:Eeshan Khandekar、Savannah Wooten 和 Florian Kastler。

本文使用了由疾病控制和预防中心资助的合作协议(合同号 200-2010-35770),任务订单 13 下收集的数据。本文的内容不一定反映 FHI 360[1]或疾病控制与预防中心的观点、分析或政策,任何提及商品名称、商业产品或组织的内容也不等同于 FHI 360 或疾病控制与预防中心的认可。

---

〔1〕 一个国际性的非营利组织,致力于改善美国和全世界人民的健康和福祉。——译者注

利益冲突声明：没有声明。

本文其余作者为：[1]

卡拉·图尔斯基（Kara Tureski），埃米莉·博克（Emily Bockh），德里克·卡尔（Derek Carr），均隶属于美国华盛顿特区 FHI 360 全球卫生部门；

安娜·阿亚拉（Ana Ayala），安娜·罗伯茨（Anna Roberts），均隶属于美国华盛顿特区乔治城大学奥尼尔国家和全球卫生法研究所；

林赛·克劳德（Lindsay Cloud），尼古拉斯·威廉（Nicolas Wilhelm），斯科特·布里斯（Scott Burris），均隶属于美国宾夕法尼亚州费城天普大学比斯利法学院。

附表 1　各个国家/地区立法情况

国家或地区	贝宁	布基纳法索	喀麦隆	科特迪瓦	刚果民主共和国	埃塞俄比亚	冈比亚	加纳	几内亚	几内亚比绍	肯尼亚	利比里亚	马里共和国	毛里塔尼亚	尼日利亚	塞内加尔	塞拉利昂	坦桑尼亚	多哥	乌干达
抗菌素耐药性——预防 1																				
授权																				
药品监管	√					√	√								√	√				√
动物健康						√									√					
抗菌素耐药性监测																√				
专业指引																				
人畜共患疾病——预防 2																				
授权	√	√	√	√				√	√	√	√	√	√	√		√		√	√	√

〔1〕 译者注。

续表

国家或地区	贝宁	布基纳法索	喀麦隆	科特迪瓦	刚果民主共和国	埃塞俄比亚	冈比亚	加纳	几内亚	几内亚比绍	肯尼亚	利比里亚	马里共和国	毛里塔尼亚	尼日利亚	塞内加尔	塞拉利昂	坦桑尼亚	多哥	乌干达
监测和实验室	√	√		√		√			√	√	√		√	√	√	√		√	√	
畜牧生产			√	√			√		√	√	√				√		√	√	√	
人畜共患疾病的药品		√							√		√			√				√	√	
贸易	√	√		√	√		√	√	√	√	√	√	√			√	√	√	√	
生物安全和生物安保——预防3																				
授权																				
查明生物制剂和毒素			√																	
禁止扩散																				
转让和废物处置			√				√	√										√		
免疫接种——预防4																				
授权	√	√						√	√		√	√	√		√			√	√	√
供应链		√									√						√			
疫苗管理	√										√	√	√							
疫苗接种的登记和责任												√								√
国家实验室系统——监测1																				
授权		√				√					√					√				

续表

国家或地区	贝宁	布基纳法索	喀麦隆	科特迪瓦	刚果民主共和国	埃塞俄比亚	冈比亚	加纳	几内亚	几内亚比绍	肯尼亚	利比里亚	马里共和国	毛里塔尼亚	尼日利亚	塞内加尔	塞拉利昂	坦桑尼亚	多哥	乌干达
实验室操作标准和检查		√				√					√								√	
保密和数据保护																			√	
实时监测——监测 2/3																				
授权	√	√		√	√	√	√	√	√	√	√	√	√	√	√	√		√	√	√
监测范围	√					√			√			√	√		√		√			√
跨部门沟通		√											√		√					
各级主管部门与国家主管部门之间的沟通					√			√				√			√					√
数据隐私和信息共享						√		√				√					√			
报告——监测 4																				
授权	√				√	√	√	√	√		√	√	√		√	√		√	√	√
报告时限												√						√		
国际报告	√							√								√				
数据隐私						√		√	√			√								
人力资源发展——监测 5																				
授权立法		√	√			√		√	√		√	√	√		√		√	√	√	√
许可和认证		√	√		√	√		√			√	√	√		√		√	√	√	√
执业范围和执业标准		√	√			√			√		√	√	√		√		√		√	√

续表

国家或地区	贝宁	布基纳法索	喀麦隆	科特迪瓦	刚果民主共和国	埃塞俄比亚	冈比亚	加纳	几内亚	几内亚比绍	肯尼亚	利比里亚	马里共和国	毛里塔尼亚	尼日利亚	塞内加尔	塞拉利昂	坦桑尼亚	多哥	乌干达
紧急行动中心——应对1																				
授权	√	√		√					√						√			√		
地方紧急行动中心	√								√						√					
紧急行动中心的职能	√	√		√					√						√			√		
工作人员的职权	√	√													√			√		
将公共卫生与法律和多部门快速响应相联系——应对2																				
授权	√	√						√			√				√			√		
灾害风险管理	√	√													√					
检疫和隔离	√	√		√	√	√	√	√	√	√	√	√	√		√	√		√	√	√
国际援助		√						√							√					
医疗措施与人员部署——应对3																				
授权立法	√	√		√						√			√			√			√	
产品授权																				
执业许可	√	√		√						√			√		√	√			√	
个人责任															√					

注：完整的编纂结果及法规原文可在以下网址找到：http://lawatlas.org/page/global-health-security-agenda（最后访问日期：2017年3月20日）。

气候变化引发的公共卫生法律问题

[法]克里斯特尔·库尔尼尔(Christel Cournil)*

孙　瑞　程子柔　张恩来**　译

2019年11月,全球大约30个机构共同发布了一项重要研究:《柳叶刀人群健康与气候变化倒计时》,[1]该研究指出,未来的全球平均气温将比工业化前高4摄氏度,这种气候变化可能对现在出生的儿童健康产生持续影响。

迄今为止,地球平均气温比工业化前升高了1摄氏度以上,史上记载气温最高的10年中,有8年就发生在最近10年间。2000年至2016年,有1.25亿脆弱人群遭受热浪事件侵袭。全球粮食安全也因高温天气频发而备受威胁,在生态脆弱地区则体现得尤为明显。[2] 气候脆弱国家论坛统计显示,全球每年约有40万人死于气候变化。[3]

---

* 克里斯特尔·库尔尼尔,图卢兹政治学院(Sciences Po Toulouse,LASSP)与巴黎第十三大学(Université Sorbonne Paris Nord,IDPS)公法学教授。本文得益于跨学科气候诉讼研究项目的支持以及呼吁重建环境诉求法规发展(CLIMARM)。

** 孙瑞,上海外国语大学2019级法律硕士研究生;程子柔,上海外国语大学2020级法律硕士研究生;张恩来,上海外国语大学2020级法律硕士研究生。

〔1〕 N. Watts et al., *The 2019 report of The Lancet Countdown on health and climate change: ensuring that the health of a child born today is not defined by a changing climate*, novembre 2019.

〔2〕 脆弱人群,指法律上无同意能力的人、强制性机构中不能实行自由选择的人或处于从属或依赖地位的人。生态脆弱区也称生态交错区,是指两种不同类型的生态系统的交界过度区域。——译者注

〔3〕 DARA, *Climate Vulnerability Monitor: A Guide to the Cold Calculus of a Hot Planet*, 2éd., 2012.

持续的高温工作环境加剧了对人体健康的损害,[1]其中弱势群体(儿童、老人、妇女、残疾人等)的健康问题更值得关注。自2000年起,有关机构开始详细记录由气候变化引起的疾病传播过程。气候变暖加速了以蚊子、蜱虫和其他寄生虫为病媒的疾病(登革热、基孔肯雅热、莱姆病等)扩散,甚至催生出了新的流行病。[2] 气候变化与大气污染的相互作用还加剧了呼吸系统疾病和过敏症状,并诱发了新的疾病,如"风暴性哮喘"[3]以及其他受关注度较小的健康问题,比如,极端天气后引发的应激障碍、灾后心理重建问题。[4] 可见个人健康正在受到气候变化的负面影响。

政府间气候变化专门委员会越来越重视公共健康问题,对问题的理解也越来越深入,该委员会于2014年发布的第五次工作报告[5]指出了人类健康、[6]福祉和安全之间的利害关系,强调将相关措施[7]纳入公共卫生政策的重要性(如接种疫苗、严控热潮天气、卫生机构的预防手段等)。委员会于2018年发布的公共卫生报告也极具启发意义:[8]通过研究主要的环境影响因素(冰川融化、海平面上升、生物多样性减少、水资源枯竭、极端气候现象等),分析气温每上升1.5摄氏度对人类健康的影响;该报告探讨了气候变化与公共健康、人类福祉间的联系,详细记录了最贫困人群的生计问题、粮食安

---

〔1〕 参考法国食品、环境与职业健康安全署(Anses)的报告,Rapport d'expertise collective, *Évaluation des risques induits par le changement climatique sur la santé des travailleurs* ,janvier 2018。

〔2〕 有关气候变化与新型流行病的情况请参考法国高级理事会近期报告,*Santé:mieux prévenir, mieux guérir*,avril 2020,p.6。

〔3〕 G. d'Amato, C. Vitale, M. d'Amato, I. Annesi-Maesano, *Changement climatique, orages et crises d'asthme pendant les saisons polliniques*,*La Lettre du pneumologue*,n° 6,décembre 2017;C. Taïx,*L'Australie touchée par de violents épisodes d'asthme d'orage* ,*Le Monde*,7 décembre 2016.

〔4〕 N. Obradovich, et al. , *Empirical evidence of mental health risks posed by climate change* , *PNAS*,2018;R. Kessler, S. et al. , *Trends in mental illness and suicidality after Hurricane Katrina*, *Mol Psychiatry*,2008.

〔5〕 GIEC,AR5,*Climate Change* 2014:*Impacts*,*Adaptation*,*and Vulnerability*,2014.

〔6〕 K. R. Smith et al. ,*Human health*:*impacts*,*adaptation*,*and co-benefits*,*Incidences*,*adaptation et vulnérabilité*,*Contribution du Gpe* Ⅱ,2014.

〔7〕 K. R. Smith et al. ,*Human health*:*impacts*,*adaptation*,*and co-benefits*,*Incidences*,*adaptation et vulnérabilité*,*Contribution du Gpe* Ⅱ,2014.

〔8〕 Rapport du GIEC,*Global Warning of* 1.5℃,*Summary for Policymakers*,2018.

全和个别地区的供水情况。专门委员会认为,保持最低变暖速度至关重要,如果相同时间段内气温减少升高0.5摄氏度,就可能使4.2亿人免受热浪侵袭。[1] 而制定完善的宏观气候政策能够有效降低公共卫生风险。

与气候学家一样,公共卫生专家们也得出了令人担忧的结论。最早研究气候变化与人类健康的文章可以追溯到20世纪90年代初。[2] 2000年年初,一些专家在英国国际医学杂志《柳叶刀》上发表文章探讨气候变化引发的不利影响,10年后,专家们认为气候问题已经成为21世纪全球最严重的公共卫生威胁。[3] 2018年版《柳叶刀倒计时》[4]也提到了当前及未来对世界各地人民健康最严重的风险因素就是气候问题。

在联合国倡导下,世界卫生组织在2008年发布了一项关于"气候变化对健康影响"的特别方案,还通过了关于"气候变化和健康"的决议。[5] 之后,世界卫生组织出版了一系列气候主题刊物宣传环境健康资讯,[6]又与联合国气候变化框架公约秘书处开展战略合作,签署新的谅解备忘录。世卫组织还协同2009届格拉斯哥缔约方大会组织了全球卫生与气候会议。[7] 至于欧洲地区,欧盟对这些问题的态度非常谨慎,尤其是在2000年对气候变化有关的疾病、个别成员国的国家脆弱性进行研究并采取相应措施后。[8] 此外,许多非政府组织在呼吁应对气候变化、预防自然灾害或提供人道主义援助

---

[1] Rapport du GIEC, *Global Warning of* 1.5℃, *Summary for Policymakers*, 2018.

[2] PubMed, cf. A. Sénéquier, *Les symptômes méconnus du climat: un défi sanitaire mondial*, *Revue internationale et stratégique*, 2018/1, n°109, pp. 125 – 134.

[3] A. Costello, M. Abbas, A. Allen et al., *Managing the health effects of climate change*, *The Lancet*, 16 mai 2009.

[4] N. Watts, M. Amann, N. Arnell et al., *The* 2018 *report of the Lancet Countdown on health and climate change: shaping the health of nations for centuries to come*, *The Lancet*, 28 nov. 2018.

[5] Résolution WHA61.19 de l'Assemblée mondiale de la Santé, 24 mai 2008.

[6] 参见世界卫生组织官网: https://www.who.int/health-topics/climate-change#tab=tab_1 (consulté le 3 mars 2020)。

[7] https://www.who.int/news-room/events/detail/2020/11/14/default-calendar/2020-globalconference-on-health-and-climate-change (consulté le 3 mars 2020).

[8] ECDC, Handbook Climate Change And Communicable Diseases In The EU Member States: https://www.ecdc.europa.eu/sites/default/files/media/en/publications/Publications/1003_TED_handbook_climatechange.pdf (consulté le 3 mars 2020).

(粮食短缺、传染病增加等)时也多次提及气候变化对健康的影响。看起来各领域与气候问题的解决似乎互不相关,但它实际上是需要多学科解决办法的。例如,2019 年,国际红十字会与红新月会国际联合会就组织了主题为"卫生和气候变化:关注气温升高 2 摄氏度"的首次缔约方大会,邀请了 400 多名环境卫生学家和人道主义学者。

在法国,诸如学术研究、[1]监督[2]和预防[3]机构都提醒过法国政府,采取应对气候问题的措施刻不容缓。2008 年,部际小组首次提交给法国政府的题为《气候变化对法国健康的决定性影响》(*The quality impact of climate change on health in France*)的报告中就强调了这一点。[4] 专门记录气候变化的"国家气候变化影响观测站"也得出了相同结论。[5] 法国公共卫生机构[6]也在官网上指出了法国现存的公共卫生风险以及应采取的预防措施。最后,经济、社会和环境委员会还强调,应及时将该风险纳入 2016 年"气候正义"(利益共享、后果共担的气候公平理念)公共政策的考量中。[7]

上述措施的目的在于将公共卫生风险防治法治化,而这种法治化不仅需要有效的气候治理良策,还需要公民积极主张权利和法官公正断案。因此,需要通过法律手段来预测和管控卫生风险。

---

〔1〕 J. -P. Besancenot, *Climat et santé*, PUF, coll. Médecine et société, 2015.

〔2〕 Rapport *Les impacts sanitaires du changement climatique en France. Quels enjeux pour l' InVS ?*, mai 2010.

〔3〕 Avis du Comité de prévention et précaution, *Adaptation au changement climatique, acceptabilité et gouvernance des risques*, 2013, p. 8 et s.

〔4〕 M. Delavière et J. -F. Guégan, *Les effets qualitatifs du changement climatique sur la santé en France*, avril 2008, p. 42.

〔5〕 ONERC, *Changements climatiques et risques sanitaires en France. Rapport au Premier ministre et au Parlement*, 2007, p. 208.

〔6〕 Dossier thématique: https://www. santepubliquefrance. fr/determinants-de-sante/climat/changement-climatique(consulté le 3 mars 2020).

〔7〕 J. Jouzel et A. Michelot, *La justice climatique: enjeux et perspectives pour la France*, *CESE*, septembre 2016, p. 21 et s.

本文参考了法国[1]和其他欧洲国家[2]关于环境卫生领域[3]的法学文献。法国的研究指出各国不仅认同健康与环境之间的密切联系，还倡议通过在"公共卫生"领域立法指导集体预防措施。后来，这种联系在制度和理论[4]层面有所减弱，不过近年来又能在各部法律（如《环境法典》第1条、《格林内尔环境法》以及最近关于卫生、环境机构合并法等）和有关环境健康诉讼中发现环境立法与卫生立法之间有着千丝万缕的联系。这是两个法律领域（卫生法和环境法）为统一规范所作的"和解"，尽管他们各自具有截然不同的主张。这也体现了气候危机有助于纠正法国环境法、健康法与公共政策"各自为政，互不相干"的制定模式。

目前法国尚未对气候变化造成的公共卫生风险进行法律分析，而美国已经出版了第一本关于该学说的书：《气候变化、公共卫生和法律》（*Climate Change, Public Health, and the Law*），[5]书中概括了气候变化问题、卫生法和环境法之间的动态相互作用。不过法国也在着手研究气候变化引发的健康问题是如何逐渐渗透到国内法和国际法领域，并被纳入立法计划的。[6] 目前，法院已经明确可以请求危害健康的赔偿。[7] "第二代"[8]气候争议不仅仅关注生态系统，还侧重气候变化对弱势群体健康的不利影响，这标志着

---

〔1〕 V. n° spécial récent: *Santé et environnement*, *RDSS*, novembre 2019; G. Memeteau, *Environnement et droit de la santé* J.-Cl. Env. et Dév. durable, fasc. 2310; B. Parance, *Santé et environnement*, *Expertise et régulation des risques*, édition CNRS, 2017.

〔2〕 D. Misonne, *Droit européen de l' environnement et de la santé. L' ambition d' un niveau élevé de protection*, LGDJ, Anthemis, 2011.

〔3〕 S. Brimo, *Santé environnementale et droit à un environnement sain*, *RDSS*, 2019, pp. 7 – 23; Dossier spécial: "*Sur les traces de la santé environnementale* ", *Écologie & politique*, 2019/1 (n°58).

〔4〕 S. Brimo, op. cit.

〔5〕 M. Burger, J. Gundlach (dir.), *Climate Change*, *Public Health*, *and the Law*, Cambridge University, 2018.

〔6〕 这里的"法律化"为社会、经济和生态"关系"（健康风险）的法律正规化。

〔7〕 C. Cournil et L. Varison (dir.), *Les procès climatiques entre le national et l' international*, Pedone, Paris, 2018; C. Huglo, *Le contentieux climatique: une révolution judiciaire mondiale*, Bruylant, 2018.

〔8〕 J. Peel, H. M. Osofsky, A. Foerster, *Next Generation' of Climate Change Litigation? An Australian Perspective*, *Oñati Socio-Legal Serie*, octobre 2018.

对气候健康风险司法化[1]的初步认识。

一、气候变化引起的公共卫生风险没有得到充分的法律关注

对"气候法"[2]的分析凸显了公众对公共卫生问题和社会问题的关注。而气候问题在《法国卫生法》中的地位逐渐下降,这表明《法国卫生法》没有充分重视环境问题。气候变化可能引起公共卫生风险的观点逐渐出现在联合国的讨论中。

(一)公共卫生问题在气候法中的弱势地位

研究公共卫生一词在气候法体系中的出现频率,是衡量这一问题司法化程度的重要指标之一。

1992 年,联合国环境与发展大会在巴西通过了《联合国气候变化框架公约》,其主要目的是在各缔约方的共同努力之下控制温室效应的发展。当时的主流观点认为,气候变化对公共卫生的影响不大,因此,在该公约中很少提及与气候变化有关的健康问题和社会问题。该公约中只有两处涉及"健康"问题,第一是第 1 条第 1 款关于"不利影响"的定义,该定义认为气候变化可能会对人类健康和福祉产生不利影响。第二是第 4 条,它提及了缔约方的各项承诺,其中第 f 款规定,缔约方应努力限制对公众健康的不利影响。1997 年,联合国气候大会又在日本通过了《京都议定书》,该议定书的主要目标是将大气中温室气体含量稳定在一个适当的水平,并建立一个灵活的机制来实现这一目标,但并不涉及气候变化对公众健康的危害或影响。之后,在 2015 年的巴黎气候大会上,全球 195 个国家共同通过了《巴黎协定》(L'Accord de Paris),尽管当时对气候健康问题的科学研究工作已经取得了一定进展,但该

---

〔1〕 此处"司法化"是指诉诸司法解决争端。

〔2〕 气候法在这里被理解为在国际、区域和国家各级处理应对气候变化问题的一套部门性文件。

协定中也只有一个条款明确提到了人类健康与气候变化[1]之间的联系，即该协定序言部分第11段中的“健康权”。健康权是一个介于人权和居民权之间的概念，其提出是为了使气候变化引发的健康问题能够得到充分关注。这种提法虽然只是象征性的，但已足以成为某些人权保护机构就气候变化引发的公共卫生风险展开讨论的“法律基础”。当气候问题的“人权化”[2]在坎昆缔约方会议[3]上得以实现之后，公共卫生问题就被列入各以气候变化为主题的缔约方大会的议程中进行讨论。此后，人们开始关注气候变化引起的公共卫生风险。在2018年缔约方大会上，世界卫生组织发表的《健康与气候变化》特别报告指出，各国政府应当采取必要的行动来应对气候变化引发的公共卫生风险。

我们将基于上述背景研究法国政府是否以及如何将公共卫生风险纳入立法和监管框架之中。首先，《国家适应战略》(La stratégie nationale d'adaptation)已于2006年将公共卫生问题纳入讨论范围，并确认公共卫生风险是适应气候变化所需克服的困难之一。之后，在第一个《适应气候变化国家计划》(PNACC)(2011～2015年)中，法国政府提出了19个专题，其一就是有关卫生领域的规划。设立该专题的目的，除支持尚不成熟的研究工作外，更重要的是监测、评估和预防公共卫生风险，并对公众进行相关教育。其后，第二个《适应气候变化国家计划》(2018～2022年)针对公共卫生问题作出了更为详尽的规定，虽然计划中这部分内容仍然不够精确，但已足以成为法国未来几年适应气候变化的一条工作主线。本计划中“健康”一词共出现了16次，由气候变化引起的公共卫生风险也首次成为了关注重点，具体而言，内容主要包括减少自然灾害的影响、环境和气候监测、开发与保护环境有关的气

---

[1] C. Cournil, *L'intégration de l'approche fondée sur les droits de l'Homme dans le régime climat*, in M. Torre-Schaub (dir.), *Bilan et perspectives de l'Accord de Paris*, éd. *IRJS*, Presse Université Paris 1, 2017, pp. 45–78.

[2] C. Perruso, *Perspectives d'humanisation des changements climatiques: Réflexions au-tour de l'Accord de Paris*, *Revue Droits fondamentaux*, 2016.

[3] COP 2010, Décision 1/CP. 16.

候服务、发展保护环境和人类健康的气候服务等部分。该计划还提到，鉴于未来气候变化对卫生系统的影响将成倍增加，因此有必要在全球范围内反思公共卫生[1]建设问题。显然，到目前为止，“气候健康”已然成为研究[2]重点。

在《环境法》中，仅有少数几项地区性文书明确提到必须考虑公共卫生方面的风险，其中一项是区域气候、空气和能源计划，该计划是由地方省长和地方委员会主席在与地方当局协商后制定的。制订这一计划是为了缓解和适应2020年至2050年气候变化给当地带来的不利影响。

《环境法》第L.222－1 Ⅱ条规定，制定计划草案必须以“大气污染物和温室气体排放清单，(……)以及空气质量及其对公共健康和环境影响的评估(……)”为准。但地方政府对这项规定的执行力度并不大。从理论上讲，《环境法》中的其他相关规定也可以对公共卫生风险进行评估，例如，“影响研究”或“环境影响评价”等。但是，由于多数利害相关方都认为公共卫生风险过于抽象和遥远，导致这些条款在实际落实过程中很少会真正涉及气候变化引发的公共卫生风险。

（二）公共卫生问题在《卫生法》中的弱势地位

近年来，环境问题在《卫生法》中所占的比重逐渐增加：该法第3卷专门讨论“健康与环境保护”。但由于气候风险被立法者同化为环境风险，因此，尽管气候变化对全球人类的健康构成威胁，但在该卷中并未被单独列出。不过，在《环境法》第L.1311－6条提到了“极端气候事件”，并提出了《国家环境卫生计划》，但这一计划鲜为人知。[3]

《国家环境卫生计划》每5年制定一次，旨在减少不同生活环境(包括工作场所)中的化学、生物和物理因素以及极端气候事件对健康的不利影响。

---

〔1〕 P.6 du PNACC 2.

〔2〕 P.17 du PNACC 2.

〔3〕 O. Renaudie, *Les plans nat ionaux santé-environnement：conciliation ou concurrence entre deux politiques publiques?*, *RDSS*, *HS*, 2019, p.23 et s.

虽然该计划包含的内容有限,很多潜在的气候风险并没有被提及,但它起码隐含了与气候变化引起的公共卫生风险有关的内容。以2015年10月27日[1]出台的关于制定和实施《国家环境卫生计划》的部级指示规定为例,《区域环境卫生计划》必须在地区一级选择不同的行动领域,如包含"实施与气候变化有关的传染病病媒防治战略"行动。

《国家环境卫生计划》被认为只是一个没有起到实际作用的"象征性计划"而受到了不少批评。[2] 虽然前三份国家环境卫生计划文件都证实了国家对公共卫生风险[3]有所考虑,但鉴于气候问题非常紧迫,这一程度的考量并不足以应对实际情况。一些组织提出国家和地区的优先事项都没有对气候问题进行准确的评估。从某种意义上来说,造成这种现象的原因是难以制定出跨领域、跨部门的公共行动计划。2009年,公共卫生高级委员会[4](HCSP)呼吁建立一个专门负责协调国家各种权能的常设部际机构研究气候变化对公共卫生的影响。2013年公共卫生高级委员会[5]发布的《气候变化战略计划》评价报告建议,将气候变化可能引发的公共卫生风险作为第三个《国家环境卫生计划》的跨领域主题,以推动相关的研究和公共政策能尽快制定出全面应对风险的方案。2018年,法国社会事务总局(IGAS)[6]的报告再次强调,历来的《国家环境卫生计划》均未对与极端气候有关的"健康"问题进行充分考虑,也没有为应对气候变化做足够的准备。

目前,第四个《国家环境卫生计划》(2020~2024年)已经启动,该计划希望借助暴露组的概念,将由气候变化引发的公共卫生风险作为研究环境健康问题的核心,这弥补了历年《国家环境卫生计划》对该问题的忽视。暴露组指的是所有可能影响人类健康的因素的整合,气候变化因素是环境暴露组的

---

[1] 未在《官方公报》发表,n° NOR:DEVP1521997J。

[2] O. Renaudie, op. cit.

[3] 在第一个《国家环境卫生计划》中,只提到了极端气候现象。

[4] 就与气候变化的影响有关的健康风险提供咨询意见;27 novembre 2009, p. 7。

[5] *Évaluation du deuxième plan national santé-environnement*, rapport du Comité exécutif du HCSP, 2013, p. 117.

[6] IGAS n° 2017 - 176R, décembre 2018, pp. 14, 16 et s.

重要组成部分。由以上可以看出,我们对公共卫生的概念有了一个更广泛的定义,这与1946年世界卫生组织制定的全球化卫生方针是一致的(注:1946年,世界卫生组织明确指出,健康是指一种身体、心理和社会适应的健全状态)。自2016年〔1〕暴露组的概念在都兰法律中生效以来,如何应对公共卫生风险就成为今后发展科学、制定公共政策和法律文书所不能忽视的问题。

(三)联合国人权机构关于卫生风险的讨论

在讨论人权的同时,健康风险与气候变化之间的联系也同时建立起来,健康权是人权的一个重要组成部分。地区性人权保护制度〔2〕和联合国人权保护制度正在逐步得到完善。"健康环境权"在欧洲法〔3〕和国际法〔4〕中的发展表明,环境损害对程序性权利和实体性权利都提出了新要求。因此,在当前气候变化的背景下,对侵犯人权行为的具体性质进行法律分析在国际人权保护体系中逐步展开。"气候变化问题的人权化"〔5〕主要是通过联合国特别报告员〔6〕、联合国各委员会〔7〕所提倡的"以人权为基础处理气候问题的方法"的理论、构建人权理事会以及联合国人权事务高级专员办事处来实现的。

联合国人权机构已经将公共卫生风险纳入了法律讨论范围。前任联合

---

〔1〕 Loi n° 2016 - 41 du 26 janvier 2016 de modernisation de notre système de santé.

〔2〕 Cournil,"'*Verdissement' des systèmes régionaux de protection des droits de l' Homme: circulation et standardisation des normes* ",*JEDH*,2016,n° 1,pp. 3 - 31.

〔3〕 P. Baumann,*Le droit à un environnement sain en droit de la Convention européenne des droits de l' Homme*,thèse de droit public,Université de Nantes,2018,(dact.)p. 660.

〔4〕 C. Perruso,*Le droit à un environnement sain en droit international*,thèse de doctorat,Université Paris 1 et Université San Paolo,2019,(dact.)p. 458.

〔5〕 C. Perruso,"*Perspectives d' humanisation des changements climatiques:Réflexions au-tour de l' Accord de Paris* ",*Revue Droits fondamentaux*,2016.

〔6〕 Une Lettre ouverte de la part des titulaires de mandat au titre de Procédures Spéciales du Conseil des droits de l' Homme adressée aux États parties à la CCNUCC,*A new climate change agreement must include human rights protections for all*(27 October 2014).

〔7〕 CIEL,*States' Human Rights Obligations in the Context of Climate Change*,Synthesis,Note on the Concluding Observations and Recommendations on Climate Change Adopted by UN Human Rights Treaty Bodies(2018).

国人权和环境问题特别报告员约翰·诺克斯[1](John Knox)及其现任戴维·R. 博伊德(David R. Boyd)所做的工作就是对此最好的例证。他们尤其关心环境健康[2],因此,在空气污染对人类和环境健康的有害影响面前,戴维·R. 博伊德主张人民享有"呼吸清洁空气的权利"。与此同时,这些影响也日益受到法官们的关注,[3]判例表明法院正逐步认可这项新的权利。[4]此外,2019 年 7 月,戴维·R. 博伊德还发表了一份详细报告,[5]该报告认为,从尊重人权的角度来看,气候紧急事件对公众的威胁尤为严重。报告员认为,"必须明确人民有权享有可持续的健康环境,而健康环境的前提是必须要有一个安全的气候环境"。这种享有"健康或安全"气候的权利让人联想到非政府组织和公民在最近法官审理的气候案件中所援引的权利(见下文)。报告员指出,这项"安全气候权"是生命权和健康权等多项人权的实现前提,也与"弱势"群体(儿童、老人、孕妇等)的利益息息相关。

自联合国人权事务高级专员办事处就气候变化与健康权[6]之间的关系发表了分析性研究报告以来,联合国其他机构也在开展这一理论工作,例如,儿童权利委员会在一般性意见中提到的气候变化背景下"儿童享有的健康权"。[7]

目前,"安全气候权"尚未在立法中得到承认。不过,其理论基础正在联合国各机构中逐步建立起来,并开始受到一些信奉盎格鲁 - 撒克逊主义[8]且致力于气候安全的非政府组织的鼓励。

---

[1] *Mapping Human Rights Obligations Relating to the Enjoyment of a Safe, Clean, Healthy and Sustainable Environment*, juin 2014.

[2] *Rapport sur la question des obligations relatives aux droits de l' Homme se rapportant aux moyens de bénéficier d' un environnement sûr, propre, sain et durable*, A/HRC/37/59 2018.

[3] V. en France, *les recours de l' association les Amis de la terre*(CE, 12 juillet 2017, n° 394254).

[4] D. Misonne, " *The Emergence of a Right to Clean Air. Transforming European Union Law through Litigation and Citizen Science* ", *RECIEL*, à paraître, 2020.

[5] A/74/161, 15 juillet 2019, p. 30.

[6] A/HRC/32/23, 6 mai 2016, p. 21.

[7] Observation générale n° 15, 2013.

[8] 参见《人权与气候宣言》, https://gnhre. org/declaration-human-rights-cli - mate-change/ (consulté le 16 mars 2020)。

新的人权理论工作也引起了许多提起气候相关诉讼的公民们的关注，他们正在向法院提出申请，希望该项新人权能够得到法官们的认可。

二、公共卫生风险在气候诉讼中司法化的开端

气候问题的逐步司法化，促进了气候正义概念的司法化。公共卫生风险司法化的形式在那些对国家提起的气候诉讼案件中得以明确。在法国，由行政法院审理的“世纪之案”便是对公共卫生最初的指控。格里塔·腾伯格(Greta Thunberg)向联合国儿童权利委员会提出的“控告”尽管尚未得到审查，却为受气候变化影响的弱势群体提供了法律保护。

(一)对公共卫生的指控尝试

“气候诉讼”在美国和澳大利亚快速发展后，现已经蔓延至欧洲和法国。[1] 根据萨宾气候变化法律中心的统计，至2020年，已经有30多个国家的1300多位公民针对气候问题提起了诉讼，其中绝大多数原告在诉讼中都遇到了非常大的阻碍。因为公众难以理解环保诉讼行动带来的益处、气候变化与损害的因果关系以及难以分配温室气体排放者之间的责任份额，因而很少有人能够胜诉。但是至2015年，著名的“乌尔根达事件”[2](注：乌尔根达基金会是一个公民气候组织，曾在地方法院成功提出主张，要求荷兰政府必须采取更多的措施应对气候变化)迫使国家改变其减排路线，减少温室气体排放，这让气候正义的捍卫者们都看到了希望。该诉讼先在2018年10月得到了海牙上诉法院的确认，然后又在2019年被荷兰最高法院予以确认，并影响了其他欧洲国家。[3] 这个著名的案件提出气候问题侵犯了公民健康权，标志着新一代人权诉讼的开始，也见证了一场声势浩大的请愿运动的开始。

---

〔1〕 V. les deux n° spéciaux, AJDA, *Les procès climatiques en France: la grande attende*, n° 32, 2019, p. 1849 et s. et RFDA, *Le contentieux climatique devant le juge administratif*, n°5, 2019, p. 629 et s.

〔2〕 Cour du district de La Haye, 24 juin 2015, Urgenda v. Gouvernment of the Netherlands. Pour un commentaire, A. -S. Tabau et C. Cournil, *Nouvelles perspectives pour la justice climatique* (*Cour du District de la Haye, 24 juin 2015, Fondation Urgenda contre Pays-Bas*), RJE 4/2015, p. 674.

〔3〕 Cour d'appel de La Haye, 9 octobre 2018, Urgenda c. Pays-Bas, n°200. 178. 245/01 et Cour de cassation, 20 décembre 2019.

请愿者们援引了根据《欧洲人权公约》第 8 条和第 2 条作出的判例,〔1〕以支持遭受环境污染影响的受害者提出的公共卫生风险和利益损害诉求。

自此以后,控诉气候变化的有害影响侵犯人们生命权、人格尊严和健康权的呼声越来越多。例如,在败诉的美国朱丽安娜案件〔2〕中,21 个年轻人认为气候变化的有害影响与《宪法》的权利保障意旨背道而驰,侵犯了公民的生命权、自由权、健康权和财产权等基本权利。另外,2016 年在瑞士进行的一个颇具战略意义的诉讼,从人体健康监测的角度重新阐释了因气候变化引发的基本权利问题。〔3〕 事实上,"老年人气候保护协会"和 4 名年龄在 74 ~ 85 岁的妇女都曾要求过法官对尊重健康权和生命权的公益行为进行评估。这些请愿者们认为,他们遭受着因热浪引起或加剧的严重健康问题(哮喘、肺部疾病、心血管衰竭和佩戴心脏起搏器)。其中一位起诉人说她曾在 2015 年夏季高温期间失去意识,也提供了有关其健康状况的资料和医学证明。〔4〕 在这个案件中,〔5〕瑞士法官认为,75 岁以上的瑞士妇女并不是遭受气候变化影响的唯一群体,因而驳回了他们的请求。在比利时,克里马扎克协会〔6〕在其诉讼请求中也列出了自己的论据,该论据是基于《欧洲人权公约》的相关条款〔7〕以及国家的宪法义务,尤其是健康保障权〔8〕而提出的。这一诉讼针对的是国家的履职疏忽问题:国家有保护其国民生命并在危险情

〔1〕 Cour EDH, 10 novembre 2004, n° 46117/99, Ta kin et al. c. Turquie; Cour EDH 27 janvier 2009, n° 67021/01, Tătar c. Romanie.

〔2〕 Juliana v. the United States of America: E. Gebre, *L' affaire Juliana*, in C. Cournil (dir.), *Les grandes affaires climatiques*, 2020, à paraître.

〔3〕 Cf. Requête de l' Union of Swiss Senior Women for Climate Protection v. Swiss Federal Council, 2015.

〔4〕 V. R. Mahaim, *Les Aînées pour la protection du climat contre la Confédération suisse*, in C. Cournil (dir.), *Les grandes affaires climatiques*, 2020, à paraître.

〔5〕 该请愿(在德国)可通过老年人气候保护组织的网站获取, https://ainees-climat.ch/documents/ (consulté le 18 février 2020)。

〔6〕 Site de l' ONG et de l' action: http://www.klimaatzaak.eu/fr/.

〔7〕 Art. 2, art. 8, art. 13.

〔8〕 Art. 2, art. 8, art. 13.

况下通知他们的义务。[1] 由此,便产生了“健康和福祉损害”(新热带疾病的传播、热浪、精神和心理压力等)这一概念[2],同时,2010 年公共卫生科学研究所[3]也发布了一份关于比利时气候变化对公共卫生影响的研究。在该诉讼中,“健康”一词出现了不止 31 次。2018 年 11 月,在另一个由加拿大青年环境协会——代表一群年龄在 35 岁以下的魁北克青年,向魁北克高等法院起诉加拿大政府的诉讼中,控诉双方围绕着被告侵犯了《加拿大宪章》第 7 条和《魁北克宪章》第 1 条所规定的生命权、身体完整权、安全权以及享有尊重生物多样性的健康环境权和平等权等展开了一场辩论。这一青年群体力图“防止气候变化得不可逆转,防止当代青年及子孙后代的生命、安全、生活质量和健康受到无法弥补的损害”。[4] 同时,该诉讼也 20 多次提及弱势群体的健康和公共卫生风险。尽管如此,2019 年 7 月 11 日,魁北克高等法院的格雷·莫里森(Gray D. D. Morrison)法官还是驳回[5]了原告诉讼请求,主要是质疑这个平均年龄不到 35 岁的年轻“群体”。

气候诉讼案件的胜诉者为数不多。在 2015 年和 2018 年,也正是因为请愿者们分别明确而具体地援引了一名巴基斯坦农民[6]和 25 名哥伦比亚青年[7]健康受损的事实,他们才得以敦促国家做得更多、更好。在后一个案件中,这些年轻人曾希望通过采用“监护”行动,使政府意识到其在制止毁林行为方面的不作为。而在这些年轻人所主张的权利中,《哥伦比亚宪法》第 49 条中的健康权具有重要地位。

---

〔1〕 (判决书)边码 69。

〔2〕 P. 2 du recours.

〔3〕 E. Brits et al., *Climate change and health. Set-up of monitoring of potential effects of climate change on human health and on the health of animals in Belgium*, ISSP, 2010.

〔4〕 P. 2 du recours.

〔5〕 Cour Supr., 11 juillet 2019, Env. Jeunesse c. Procureur Général du Canada, n° 500 – 06 – 000955 – 183. G. de Lassus Saint-Geniès, *Affaire Env. Jeunesse*, in C. Cournil (dir.), Les grandes affaires climatiques, 2020, à paraître.

〔6〕 T. Keita, *L' affaire Leghari*, in C. Cournil (dir.), *Les grandes affaires climatiques*, 2020, à paraître.

〔7〕 Corte Suprema de Justicia, 25 jeunes v. Colombie, STC4360 – 2018, décision du 4 avril 2018. V. comm. de C.

(二)法国“世纪之案”中关于健康与环境的争论

“世纪之案”[1]旨在让法国意识到自己在气候问题上的不负责,并希望行政法院敦促政府采取有效措施减少温室气体排放,使排放水平与全球气候变暖的水平(维持在1.5摄氏度以下)相平衡。2019年3月,4个协会[2]共同向法院提交了一份简短却极具辩论性的诉状,[3]之后又在2019年5月提交了约100页的补充陈情书。[4] 政府间气候变化专门委员会于2018年10月发布特别报告,阐明了气候问题的严重性及其对人类健康的危害,此次诉讼正是在该报告发布两个月之后提出。此外,由于这个报告有与公共卫生健康[5]相关的重要章节,所以,其也将被广泛地应用于这些协会的预先赔偿要求、请求和补充陈情书的“事实”部分。

对这个案件的审理,行政法院坚持了其在健康和环境问题(石棉、[6]绿藻、[7]大气污染[8]等)方面的一贯做法。实际上,法官很清楚这些协会在诉讼中所适用的法律。因为政府长期未能履行为应对气候变化而应承担的一般义务和一些具体义务,所以,这些协会希望行政法院支持他们对政府提起的过错责任诉讼。诉讼争议的焦点便是气候变化的有害影响所产生的后果,这种后果直接影响了原告的基本权利[9]。环境健康是这一争论的核心,特别是当这些协会力图让行政法院免除宪法委员会在其米歇尔·Z(Michel

---

[1] https://laffairedusiecle.net/(consulté le 9 janvier 2020). C. Cournil, comm. AJDA, 4 mars 2019, pp. 437 - 442.

[2] 同一事务组织、自然与人类基金、绿色和平组织、乐施会。

[3] 2019年3月14日的法律诉状。

[4] 2019年5月20日的补充陈情书。

[5] 99页的补充诉状中有60余个涉及健康的参考文献。

[6] CE, 3 mars 2004, *Ministre de l' emploi et de la solidarité* c/Botella, req. n° 241151, Rec. p. 125.

[7] CAA Nantes, 1er décembre 2009, *Ministre de l' écologie, de l' énergie, du développement durable et de la mer*, n° 07NT03775.

[8] TA Montreuil, 25 juin 2019, Mme Farida T., n° 1802202; TA Paris, 4 juillet 2019, Mme N., Mme B., M. G. nos 1709333, 1810251, 1814405.

[9] 《环境宪章》第1条规定的健康环境权、《欧洲人权公约》第2条规定的生命权和第8条规定的私人和家庭生活受尊重的权利。

Z)决定[1]中所规定的警觉义务时。这一健康和环境密切联系的观点,将通过宪法委员会最近发布的《植物保护工业联合决定》[2]而在协会的反驳陈情书中得到强化。此外,在以重视人权去处理国际气候问题的方式,以及在世界其他地方就气候争端所形成的观点的共同启发下,这些协会还请求法官认可新的一般性法律原则:重视可持续气候系统中代际关系方面的生存权。这个一般性法律原则也是对特别报告员戴维·R. 博伊德(David R. Boyd)所捍卫的"宜居气候权"[3]的特别回应。

(三)格里塔案——请求确认侵犯儿童健康权

3 份涉及气候问题的个人"控诉"曾被提交给了负责实施人权条约的联合国委员会。[4] 最新的指控来自青年气候活动家格里塔·腾伯格和 12 个不同国家的 15 名年轻人。在 2019 年 9 月举行的纽约气候行动峰会上,这 15 名年轻人共同向儿童权利委员会提交了一份报告。这一前所未有的"控诉"旨在抗议 5 个国家[5]缺乏责任感和抱负。首先,他们认为,气候变化造成的致命和可预见的后果侵犯了儿童享有的《世界儿童权利公约》第 6 条规定的生命权。其次,控告人认为,这种做法剥夺了儿童根据该公约第 30 条所享有的文化生活权利。此外,更广泛地说,这也是该公约第 3 条所规定的儿童的优先利益,起诉人援以提醒有关国家在采取气候行动时应充分考虑这一利益。最后,他们认为,气候变化的影响极其严重地损害了该公约第 24 条所规定的儿童健康权。这条规定要求有关国家确保有效落实儿童享有最佳身心健康的权利。国家所负有的预防义务,在于采取一切适当措施降低婴儿和儿童死亡率,消灭疾病和营养不良,并保护他们免受环境污染的危害和危险。[6]

---

[1] Cons. const. ,8 avril 2011,M. Michel Z. et autre,déc. n° 2011 – 116 QPC.

[2] Cons. const. ,31 janvier 2020,Union des industries de la protection des plantes,déc. n° 2019 – 823 QPC.

[3] Rapport n° A/74/161,15 juillet 2019, § 65.

[4] 为了方便,之后的行文将不区分报告或控告。

[5] 德国、阿根廷、巴西、法国和土耳其。

[6] 《世界儿童权利公约》第 24 条第 2 款。

起诉人坚持要求联合国委员会采用广义的、世界卫生组织认可的“健康”概念。也就是说,应该把儿童的健康看作是身体、心理和社会方面的全面良好的一种状态,而不是简单地仅仅视为没有疾病和残疾。秉持着这一整体健康观,起诉人列举了他们因气候变化的有害影响而遭受的心理变化。这样看来,该指控似乎很好地解释了气候变化背景下表现在年轻人身上的病态现象。据了解,起诉人亚历山大·拉维赛诺(Alexandria Villaseñor)曾因严重的哮喘病被送往医院,而引起他哮喘发作的正是加利福尼亚州旱灾引起的大火浓烟。起诉人德比·阿德比勒(Debby Adegbile)因拉各斯曾经的炎热天气而长期住院,而从那以后,她就患上了慢性哮喘。气候变化加速了由昆虫和寄生虫引起的传染病的传播:在马绍尔群岛,起诉人兰顿·安贾因(Ranton Anjain)和戴维·阿克利(David Ackley)就曾分别感染登革热和基孔肯雅病。

更值得关注的是,起诉人的精神健康可能遭受其他潜在影响。为此,他们参考了美国心理学协会最近的研究,这些研究为他们提供了“生态焦虑”[1]和“肌痛”[2]的有关资料,[3]他们的指控详细叙述了精神创伤,这也是第一次在“诉讼”中强调气候变化带来的精神创伤。的确,气候危机会导致长期的恐慌、愤怒、无力感和背叛感。部分起诉人表示,他们曾经且将继续遭受与气候有关的情感创伤。例如,瑞典的格里塔·腾伯格因为气候危机带来的困扰而陷入抑郁,并且停止进食。法国起诉人艾里斯·杜肯(Iris Duquesne)说她每天都在关注气候变化。[4] 加利福尼亚州的森林火灾导致了亚历山大·拉维赛诺的焦虑、精神创伤和失眠。在阿根廷,奇亚拉·萨奇(Chiara Sacchi)由于无法想象气候变化的未来而感到绝望。

就像最近大多数指责国家不作为而提起的气候诉讼一样,起诉人并不期

---

〔1〕 生态焦虑并非没有得到回应,在法国,焦虑损害在司法和行政法院的审判中有所发展。

〔2〕 这是一种精神的或者实在的痛苦,是由当前以及期待的环境变化而导致的,尤其涉及气候变暖和生物多样性丧失。

〔3〕 参见 Susie E. L. Burke et al., *The Psychological Effects of Climate Change on Children*, Current Psychiatry Reports(2019); American Psychological Association, *Mental Health and our Changing Climate: Impacts, Implications, and Guidance*(2017)。

〔4〕 她描述到自己经常感到无力而且对未来给她准备的东西感到恐惧。

望得到赔偿。他们根据相关法律要求有关国家在面对气候紧急情况时,应该迅速修改其法律和政策,开展国际合作,实施具有约束力的气候措施,并确保儿童有权参与应对气候变化的决定性过程,包括采取缓解措施和适应措施。总而言之,他们希望把保护儿童的优先利益,尤其是他们的健康和福祉,放在国家气候行动的中心。

如今,虽然学者们对健康、气候和生活方式问题之间的关系,尤其是引起人们恐慌的问题,都进行了深入的研究,但气候变化导致的公共卫生风险仍未引起足够重视。在气候变化的背景之下,预测和预防公共卫生"脆弱性"问题刚被纳入法律体系,公共卫生风险的法治化进程缓慢。但在气候诉讼中,针对弱势群体人身健康损害的诉求越来越强烈,公共卫生风险问题司法化的逐步推进也持续为气候诉讼注入活力。

总而言之,正如萨拉·布里莫(Sara Brimo)所言,气候诉讼的转折点——法国"世纪之案"揭示了"这样一个事实:正是因为国家政治力量没有回答这200个人提出的基本问题,[1]所以他们才会以人人享有良好环境权利的名义敲开法院的大门。换言之,正是因为政治上的不作为,环境卫生问题才被纳入法律管辖",[2]因此,今后要细化与气候相关的公共政策和法律程序,以应对"公共卫生之战",[3]而这一切正在悄然有序地进行。

---

〔1〕"世纪之案"涉及与提交的请求预先赔偿同时发起的网上请愿书。

〔2〕S. Brimo, op. cit.

〔3〕此处参照的是马可龙总统在2020年3月为对抗新冠疫情而实施的前所未有的隔离措施中提出来的"公共卫生战争"。同时也参考了M. Torre-Schaub et B. Lormeteau, *Urgence sanitaire, urgence écologique: les temps du droit, le droit du temps à venir*, *La Semaine juridique*. ed. générale, 1er juin 2020, doct. 676。

论医疗社会福利制度

——以国民健康保险为中心

[日]池田和彦*

黄　渤　王　颖　王旖旎**　译

引　言

社会平稳运行的基本条件是确保所有社会成员的生命健康安全。历史证明,如果一个社会不能做到这一点,它将失去自身存在的基础,并在社会成员的激烈反抗中崩溃。[1] 为了保障社会成员的生命健康安全及社会再生产,避免社会崩溃,必须在维持社会成员劳动和生活稳定的同时,建立起一种制度使他们在需要的时候能够获得安心的医疗服务。

然而,日本当下的情况却是,贫困阶层在面对工作和生活中的变故,生命健康安全受到威胁时,因高昂的医疗费用无法就诊,甚至出现不治身亡的恶劣事件。[2] 日本本应实行全民医保制度,保证每个人都能安心就医,但为什

---

* 池田和彦,筑紫女学园大学人类科学科心理、社会福利专业教授。

** 黄渤,上海外国语大学2020级法律硕士研究生;王颖,上海外国语大学2020级法律硕士研究生;王旖旎,上海外国语大学2020级法律硕士研究生。

〔1〕 以19世纪中叶的英国为例,1842年医学杂志《柳叶刀》的调查报告称,曼彻斯特劳动者的平均死亡年龄为17岁,利物浦为15岁。1845年,恩格斯在《英国工人阶级状况》中也对工人的恶劣条件进行了谴责。很明显,如果这种情况不加以控制,英国社会就会崩溃。后来,布斯的伦敦调查和朗特里的约克调查显示,约有30%的人口处于贫困状态,而贫困原因大多是社会问题,如失业、工资低等。这使人们认识到,贫穷不是"个人的罪过",而是"社会的罪过"。

〔2〕 全日本民主医疗联合会每年都会进行"因经济原因贻误病情导致死亡的案例调查",调查结果将在下文中讨论。

么会出现这种情况呢？

本文将以此为出发点，以实现全民医保的国民健康保险为中心，对医疗社会福利制度中存在的问题进行探讨。

另外，本文使用了"医疗保障"和"医疗社会福利"两种概念，区分如下："医疗保障严格意义上是指与医疗相关的社会保障"，"医疗保障的方式包括社会保险、公共扶助和社会服务（福利服务）"。[1]因此，"医疗社会福利"是"医疗保障"的一部分，具体来说，是指社会福利领域中的国民健康保险、老年人医疗制度、医疗扶助等公费医疗制度，以及免费或低价的医疗服务、医疗社会工作等。

一、医疗社会福利在医疗保障体系制度中的地位以及国民健康保险

为了能让人们充分享受医疗服务，必须建立医疗供给体系以及医疗保障体系，二者就像车之两轮，相辅相成，不可偏废。在医疗供给体系方面，应建立区域内基本医疗供给体系，并重点解决医疗机构（包括诊疗科目）区域分布不均的问题。如前所述，本文主要讨论的是医疗保障问题以及其中的医疗社会福利制度问题。但是，如果医疗供给体系不完善，即使医疗保障、医疗社会福利制度已经十分健全，国民医疗服务也没有充分的保障，就像有人讽刺的那样："买了保险却没有医疗服务。"

如上所述，医疗保障是医疗领域的社会保障，其具体的制度包括社会保险、社会福利、公共扶助以及各种社会福利设施和服务体系。一般来说，抽象的社会保险制度被分为以被雇用者为对象的劳动者保险制度以及不在前者覆盖范围内的社会福利保险制度。[2] 二者相比较，社会福利保险的保费较高，但福利水平较差。[3]

---

〔1〕 孝橋正一:「医療保障の方法と種類」、『医療社会事業論』，ミネルヴァ書房，1971年4月，32頁。

〔2〕 有时也会将社会保险分为职业保险和地区保险，这仅是说明个人应参加哪种社会保险，并不是在社会保障制度体系的框架下进行的本质上的区分。

〔3〕 三塚武男:『生活問題と地域福祉』，ミネルヴァ書房，1997年，第4章。

本文所要讨论的国民健康保险是社会福利保险制度中的一种。国民健康保险本身保费较高，很多人因此没有参保，或是因迟延缴纳保费而实际上处于无保险的状态。同时也有许多人因看病时难以支付“部分费用”[1]而无法获得所需的医疗服务。在这种情况下，因为没有对应的社会补贴制度兜底，整个公共扶助体系中的医疗扶助制度、公费医疗制度以及免费低价医疗服务也就无法发挥相应的作用。而这些人若不能及时得到医疗社会工作人员的帮助，就无法被纳入医疗系统接受治疗，从而可能贻误救治，导致病情恶化甚至是死亡。

如上所述，在医疗保障制度体系中，对处于体系核心的劳动者保险制度的漏保者，首先适用社会福利保险制度，若有困难，则采用医疗扶助等公费医疗制度和免费低价医疗制度。无论采用哪种制度，都必须辅以一定的社会福利服务，如由医疗社会工作人员协助实施相关制度、完成相关手续等。但因为这些漏保者被排除在基本的劳动者保险制度乃至整个社会福利保险制度之外，所以通常无法获得相关制度的信息。

为了保障公民生命健康安全及社会再生产，在发展医疗保障体系的同时，发展医疗供给体系，使人们在必要时能够获得相应的医疗服务。此外，我国医疗保障体系存在的一些问题，也需要通过社会保障制度体系中的上位制度[2]加以解决。

二、国民健康保险的构造问题——国民健康保险中的贫困问题

在现行社会保险制度的设计中，被雇用者以外的其他公民没有被劳动者保险制度中的医疗保险（健康保险、船员保险、互助会医疗保险）所覆盖，而

---

〔1〕《国民健康保险法》第42条规定：在支付医疗费用时，数额须依据年龄确定，即将乘以一定比率后所得数额作为“部分费用”，支付给有关保险医疗机构。有人指出，把此种“部分费用”称为“个人承担”或“窗口承担”并不妥当。关于这一点，参见芝田英昭『医療保険「一部負担」の根拠を問う』（自治体研究社2019年）。

〔2〕制度按位阶排列如下：劳动者保险制度中的社会保险、社会福利保险制度、社会补贴制度、公共扶助制度、社会福利设施和服务制度。

只能适用社会福利保险制度中的医疗保险(国民健康保险、老年人医疗制度)。[1] 然而,如前所述,有些人甚至连基本的社会福利保险都无法享受,这又是为什么呢?

在下文中,我们将基于厚生劳动省的《平成29年(2017年)国民健康保险实际情况调查报告》对参加国民健康保险的家庭进行考察,从而得出上述问题的答案。

国民健康保险一向被认为是个体户的医疗保险。[2] 然而,从户主的职业来看,含农林牧渔业在内的个体户仅占17.9%,而无业者占45.3%,被雇用者占32.7%,[3]这两者共占78.0%,接近八成。这说明户主老龄化、就业不稳定的问题愈加严重。可见,加入国民健康保险的家庭收入往往偏低。

参加国民健康保险的家庭平均年收入为136.1万日元(人均85.8万日元)。可见,与劳动者保险制度中的医疗保险相比,加入国民健康保险的主体大多为贫困阶层。从收入分布来看,无收入家庭占29.1%,近三成;收入不足100万日元的家庭,占比为57.7%;收入不足200万日元的家庭,占比为80.3%。可见,八成以上的家庭属于贫困阶层。对这一收入分布作进一步的分析,在上面提到的占45.3%的户主为无业者的家庭中,41.5%的家庭没有收入,67.8%的家庭收入在100万日元以下,89.3%的家庭收入在200万日元以下。而在户主为被雇用者的家庭中,8.8%的家庭没有收入,43.6%的家庭收入低于100万日元,73.5%的家庭收入低于200万日元。

---

[1] 在医疗保险中,被雇用者(被保险人本人)的被扶养人有资格享受同等的保险待遇(伤病补贴和生育津贴除外),所以不需要参加国民健康保险(但是已满75岁的必须参加老年人医疗保险)。

[2] 1965年是实现全民医保的初期阶段,从那时的户主职业来看,包括农林牧渔业在内的个体户占67.5%,接近70%,被雇用者占19.5%,失业人员占6.6%。但后来,失业人数增加,1985年占23.7%,1995年占42.5%,与目前水平相当。

[3] 虽然上文说,“被雇用者以外的其他公民没有被劳动者保险制度中的医疗保险(健康保险、船员保险、互助会医疗保险)所覆盖,而只能适用社会福利保险制度中的医疗保险(国民健康保险、老年人医疗制度),这样的社会保险制度设计也是出于无奈”。但从文中可以看出,国民健康保险不包括伤病补贴和生育津贴,意味着被雇用者也没有享受到劳动者应有的待遇,即被雇用者也有可能被排除在劳动者保险制度之外。

在这种情况下,可能很多家庭都难以支付保费。而且国民健康保险的保费[1]与健康保险等劳动者保险制度相比,保费在收入中的占比较重,每户每年的保费为142,287日元,相当于家庭年收入的10.5%。[2] 进一步分析来看,无收入家庭要支付26,423日元,年收入在30万日元以下的家庭支付28,033日元,占年收入的18.1%。即便家庭年收入达700万日元,保费也要占收入的10%~12%。当年收入高于700万日元时,保费占年收入的比重才低于10%。年收入在700万~1000万日元的家庭,保费占收入的8.5%,年收入在1000万日元以上的家庭,保费占年收入的3.6%。

国民健康保险的保费计算方法有两种:定率部分(收入和资产)和定额部分(人均折算和家庭折算),其中收入部分和人均折算部分是必须缴纳的,在国家平均收入水平的都道府县,定率部分和定额部分的比例是50:50。收入部分是以基本收入乘以保险费率计算,资产份额是以固定资产税额为基础计算。家庭折算部分则是按户征收,以福冈市2019年度为例,医疗部分[3]为21,891日元。尤其不合理的是,根据参保人数缴纳的人均折算部分。比如福冈市,金额为每人21,738日元。这种制度类似于人头税,孩子出生后保费就会上涨。单从这一点来看,不得不说是与少子化对策相悖的。

综上所述,有许多家庭无力支付保费,而国民健康保险的保费减免制度的作用极为有限,无法解决目前存在的长期贫困问题。

为了落实《国民健康保险法》第81条的规定,《国民健康保险法施行令》第29条第7款第5项第3号(具体基准额见《地方税法》第314条第2款第2项)规定了保费减免制度。上一年度家庭中所有国民健康保险参保人的总收

[1] 国民健康保险的保费可以作为保险税征收,且作为税种征收可能提高征收率。基于此判断,接近九成的保险人将该费用作为保险税征收。本文将使用“保费”的概念,参见伊藤周平『社会保障入門』(筑摩書房2018年),98~99頁。

[2] 根据厚生劳动省网站的数据,2014年度各种医疗保险在被保险人(劳动者)收入中所占比例如下:全国健康保险协会管理的医疗保险为7.5%,工会管理的医疗保险为5.7%,互助会的医疗保险为6.0%(同年国民健康保险为9.9%)。

[3] 除医疗费用中的“医疗部分”外,还设置了老年人医疗保障系统中的“支助部分”,以及为确保护理保险运营的“护理部分”。

入在33万日元以下的,可减免70%的人均折算部分和家庭折算部分;收入在"33万日元+28万日元×被保险人人数"以下的,可减免50%;收入在"33万日元+51万日元×被保险人人数"以下的,可减免20%。同时,如果所有家庭成员的收入都按照规定进行了申报,则不需另作申请。但因该制度规定的收入基准额过低,所以也存在政府将拟制户主[1]列为参保人,致使部分家庭无法减免保费的问题。

和该减免制度不同的是,根据《国家医疗保险法》第77条的保费减免制度,各市町村可以通过制定条例,"对有特殊原因的人员减免保费或者缓收保费"。但"特殊原因"仅限于灾害等,长期贫困的情况则不在其列。

以上情况都表明,无力缴纳保费的家庭不在少数。据厚生劳动省保险局国民健康保险课《2017年度国民健康保险财政状况(市町村)》所载,截至2018年6月1日,参加国民健康保险的183,367,762户中,有2,671,058户(占参保户的14.5%)处于部分欠费状态。与2008年至2011年超过20%的比例[2]相比,情况似乎有所改善。然而,这实际上是因为处理方法上的变化,即保险人通常会对欠缴人进行多次警告,或者对其相关权益进行限制,在这些措施都无法起效的情况下,再采取其他处理办法。而现状则是保险人越来越倾向于选择查封财产来解决问题。

首先来了解一些欠缴保费的处理办法。1986年《国民健康保险法》修订后,从1987年1月起,政府有权在不存在灾害等特殊情况时,要求欠保户返还被保险人证明(同时交予被保险人资格证明书)。此外,为配合2000年《护理保险法》的实施,2001年起还扩大了处罚范围。若继续拖欠保费,则首先会将被保险人证替换成有效期为1~6个月的短期被保险人证(该法第9条第10款),并在替换时发出保费催缴通知,而一旦期限届满,欠缴人便会陷

〔1〕 户主因参加其他医疗保险而未参加国民健康保险,但其家庭成员已参加国民健康保险的,称为"拟制户主"。因此,在大多数情况下,其所取得的收入,不在国民健康保险的保费减免制度范围内。

〔2〕 另外,截至2008年6月1日,相关数据显示,有4,530,455户(占参保户的20.9%)欠缴保费。其中2006年欠缴户数最多,达到4,805,582户(占参保户的19.0%)。

入无保险的状态。另外,若拖欠保费超过 1 年,则被保险人须返还被保险人证,同时发放被保险人资格证明书(该法第 9 条第 6 款),而这同样也会导致实质上的无保险状态。在上述欠保户中,754,043 户(占参保户的 4.1%,占欠保户的 28.2%)领取了短期被保险人证,171,501 户(占参保户的 0.9%,占欠保户的 6.4%)领取了被保险人资格证明书。[1]

然而,无论如何加大惩罚力度,无力缴费的人始终无法缴费,这样不仅无法提高缴费率,还会导致贫困人群因得不到必要的治疗而病情恶化,严重的甚至导致其死亡。若被发放被保险人资格证明书,被保险人则须先向医疗机构缴付全部费用才可报销(《国民健康保险法》第 63 条第 2 款第 1 项规定的临时扣留保险金)。如果拖欠保费 1 年零 6 个月以上的,则须先扣除所拖欠的保费才可报销(该法第 63 条第 2 款第 3 项)。而无力缴纳保费的贫困人口当然也无力向医疗机构缴纳全部费用,进而也就无法获得治疗。

其次,必须认识到保险人滥用查封财产这种手段的问题。在欠缴户数最多的 2006 年,欠缴户数为 95,228 户,查封总金额为 390 亿日元,而 2017 年度欠缴户数为 349,108 户,查封总金额为 9557 亿日元。选择采取查封财产措施的保险人达到 92.7%,查封次数在 10 年内增加到 3.7 倍。上述收缴被保险人资格证明书的手段显然是对被保险人权利的侵犯,因为它迫使欠缴人陷入实质上的无保险状态。而在大多数情况下,这也无法促使他们立即补缴保费(以无保险状态为要挟进行催缴是主要做法,否则只有在欠缴人全额负担医疗费的情况下,才有可能从报销款中扣除欠缴金额以收缴保费)。与此相

[1] 令人难以置信的是,对欠缴国民健康保险行为的处理办法,也被适用于国民养老保险。"保费缴纳率"(以第一号被保险人应缴纳的保险费金额为基准)在 20 世纪 90 年代中期之前一直徘徊在 85% 左右,至 90 年代后期开始下降,2002 年以后则一直处于 60% 以下(2010 年度至 2012 年度为 50%,2013 年度后再次达到 60%),2016 年度为 65.0%(不包括 583 万全额免缴人员,占第一号被保险人 1575.4 万的 37.0%)。另外,由于 2007 年修订了《国民健康保险法》,自 2008 年 4 月起,各市町村可将拖欠国民养老保险费的家庭的被保险人资格证明书变更为短期被保险人证(《国民健康保险法》第 9 条第 10 项以及《国民健康保险法实施细则》第 7 条第 2 款第 2 项)。一般来说,人们都认为养老金是老年的保障,因此以医疗保险的资格为要挟,对欠缴养老保险费可能有一定的效果。但应该设立一种专门的法律制度,而不应以政策的形式来规定。

比,在查封财产的情形下,被查封的财产在被变卖后即可充抵保费(如果是现金,则可立即充抵保费)。这种差异就使得发放短期被保险人证明、被保险人资格证明书等措施的使用次数略有减少,而查封次数却大幅增加。

三、国民健康保险的政策动向和医疗社会福利制度问题

以上措施都不能从根本上解决国民健康保险中欠缴保费的问题。问题本质在于,前述国民健康保险的制度设计会使得大量的贫困人口参保。只要这样的制度设计仍然存在,则必然会有很多人难以缴纳保费。因此,只能依靠国家财政来负担这些费用。然而,政府政策却与此背道而驰。

在1984年修订《国民健康保险法》之前,国家财政承担的份额是“医疗费×45%”。但在这次修订后,国家财政承担的份额变成了“给付费×50%”。如果换算成医疗费,则为“医疗费×39%”。[1] 另外,1992年到1998年,由国家财政承担的行政费用(人工费用、办公费用等)被改为由一般财政预算承担。与此同时,在2005年的三位一体改革中,国家财政承担的7%转移给了都道府县,这样国家财政承担的份额就又减至“给付费×43%”。根据上述《2017年度国民健康保险财政状况(市町村)》,国家财政持续缩减的结果是,2017年度国家财政支出33,591亿日元,占本年度收入153,559亿日元的21.9%,仅占本年度支出151,253亿日元的22.2%。

政府不仅没有修改上述政策,还以都道府县为单位推行了国民健康保险制度。虽然这一政策被称为“都道府县单位化”,但它实际上是由都道府县和市町村共同管理国民健康保险的制度,即由都道府县决定向各市町村收取的纳付金,并在保险支付时向各市町村支付保险金。

具体来说,都道府县根据各市町村的纳付金规定标准保费率,市町村则

---

〔1〕 医疗费包括患者承担的部分(计算国家财政承担的份额时,以医疗费用的全额为分母),但给付费只包括医疗保险金。从45%提高到50%,可能让国民误以为国库负担增加。但必须指出的是,前述这一做法没有承担起对社会保障和社会福利应负的责任。

参照此标准确定保费率，并向被保险人收取保费。[1] 即使存在拖欠保费的情况，也必须全额支付纳付金。根据上述的《2017 年度国民健康保险财政状况（市町村）》，全国平均保费缴纳率在 90% 左右。如果不能通过法定外的转移性支出增加补贴，保费将会更高。如果保费变高，一些在此之前勉强能够支付的人将不再有能力支付，这势必导致保费上涨的恶性循环。到目前为止，为了防止这一恶性循环的发生，各市町村一直将该笔资金从一般会计预算改为法定外的转移性支出，转移规模在全国达到了 3500 多亿日元（据厚生劳动省调查，2012 年度为 3534 亿日元，仅东京就达到了 1102 亿日元）。为了取消这一法定外的转移性支出，政府每年投入 3400 亿日元，以维持国民健康保险的财政稳定，但其数额仍低于市町村的这种法定外的转移性支出。

综上所述，"都道府县单位化"的意义及其政策目标似乎是通过取消市町村的法定外的转移性支出，以都道府县为单位，引入一种类似于护理保险的制度，所以保费的变化实际上也就反映了医疗费的变化。[2] 从 2008 年 4 月开始，由都道府县内所有市町村组成的广域联合会成为老年人医疗制度的保险人。2008 年 10 月，全国健康保险协会成立，其所管理的健康保险，也以都道府县为单位对保费进行了规定。这些以都道府县为单位实行国民健康保险制度的举措，将进一步强化以"全民医保"制度为手段，通过都道府县单位推动医疗市场化的国家政策，[3] 从而实现医疗费用的降低。[4]

但上述政策本质上却减轻了本应由国家承担的责任，以欠缴者的个人责任为名，对欠缴者进行惩罚甚至强行查封财产，这样的政策缺乏正当性。

---

〔1〕 所以，与都道府县单位化以前一样，各市町村的保费也各不相同。然而，以都道府县为单位统一保费的趋势日益明显，今后须密切关注。

〔2〕 伊藤周平：『社会保障入門』，筑摩書房，2018 年，121～122 頁。

〔3〕 政府一再表示要维持"全民医保"的原因，后文会再次提及。

〔4〕 这涉及各都道府县制定的"医疗计划""地域医疗构想""医疗费用优化计划"，以及因国民健康保险的都道府县单位化而由各都道府县新制定的"国民健康保险运营方针"。另外，《福冈县国民健康保险运营方针》（2017 年 12 月 20 日制定，2018 年 4 月 1 日施行）提到，2015 年度县内 60 个市町村中有 58 个市町村（96.7%）采取了查封财产的措施，并提出了进一步加强该举措的建议（第 16～17 页）。

从某种意义上说,各市町村处理国民健康保险问题的逻辑很简单,即国民健康保险是一种互助制度,所以不能给不交保费的人提供福利待遇。

然而,国民健康保险真的是互助制度吗?诚然,依1938年制定的《国民健康保险法》第1条"国民健康保险是基于相扶共济的精神,在疾病、受伤、生育、死亡时给付保险金的制度",该法确实是以"相扶共济"为基础的互助制度。但1958年全面修订的《国民健康保险法》第1条规定,"该法旨在保障国民健康保险事业的正常运行,健全社会保障制度,提高国民健康水平",将国民健康保险纳入社会保障制度体系。换句话说,现行的国民健康保险制度是应由国家负责运行的社会保障制度之一。

然而,为何上述解决国民健康保险问题的"逻辑"还是占了上风呢?接下来将就国家政策对包括国民健康保险在内的整个社会保险体系的态度进行讨论。[1]

《社会保障制度改革推进法》是在第二届安倍政府上台前4个月左右,也就是日本民主党掌权(自由民主党主导)的时候制定的(8月22日公布,自公布之日起施行)。该法第2条规定,社会保障制度改革的基本思路是:"在注重结合自助、共助和公助的同时,通过家庭和国民之间的互助制度,实现公民自立生活。""同步增强社会保障机能,重视保险金给付,提高制度运行效率,从纳税人和社会保险费缴纳者的角度出发,在控制其负担增加的同时,实现制度的可持续发展。""养老、医疗、护理应以社会保险制度为基础,由国家和地方政府以拨款方式减轻公民的社会保险费负担。""基于在世代之间公平分担社会保障费用的考量,国家和地方政府负担社会保障费用的主要资金来源应是消费税和地方消费税收入。"

以下根据该法设立的"社会保障制度改革国民会议"的报告(2013年8月6日)中对社会保险制度的定义,就是上文所述"国家政策对包括国民健康

〔1〕 以下政策动向及其思想源流,参见池田和彦「連載『社会保障制度改革』の思想的系譜(全5回)(『賃金と社会保障』第1646.1654.1673·1674.1691.1701の各号 旬報社 2015年11月~2018年3月にかけて連載)。本文中,著者仅在课题研究的必要范围内进行分析。

保险在内的整个社会保险体系的态度”。

换言之,“日本社会保障制度应注重结合自助、共助和公助”。“以‘自助’为原则,公民通过劳动自食其力,维护自身健康。‘共助’则是对‘自助’的支援,是基于社会团结精神,对年老、疾病、看护等生活风险的防范制度。当‘自助’‘共助’都无法解决贫困问题时,则由公共扶助、社会福利等‘公助’制度来进行补充,在一定条件下为公民提供必要的生活保障。”该报告还谈道,“这种‘共助’制度建立在社会保险制度的基础上,而社会保险制度是保证公民的参与意识和权利意识,保障公民承担义务后获得应有利益的制度。可以说,这是‘自助’的共同体”,“因此,日本的社会保障制度建立在以全民医保和全民养老金为代表的‘自助的共同化’社会保险体系基础上,并以保障最低生活水平为国家责任的公共扶助等‘公助’作为自助和共助的补救措施”。也就是说,社会保险制度被排除在需要承担公共责任的“公助”范围之外。对上述“穷困”状况的补充,并没有明确国家对生活保障制度和社会福利制度的责任。而且,在之后的社会保障制度改革中,制定了《关于推进改革建立可持续发展的社会保障制度的法律》(2013 年 12 月 13 日公布,自公布之日起实施),该法第 2 条规定了政府的责任:“政府在推进社会保障制度改革的同时,应鼓励个人自立自强,并向其提供各种可选服务,努力营造一种老年人和年轻人都能健康地工作生活的环境(下文称为‘营造自助和自立的环境’)。”该法还指出,“政府应认识到居民之间互助的重要性,促进自助、自立环境的形成”。

这是一个忽视社会保障历史和本质的政策,在这种政策下,本应由国家负责的社会保障制度仅仅解决穷困问题,政府的作用也仅仅是“营造自助、自立的环境”,这完全是本末倒置。[1]

那么,这种见解是这时才出现的吗? 答案是否定的。

---

〔1〕 可以毫不夸张地说,这正是 1874 年(明治 7 年)制定的《恤救规则》的理念。《恤救规则》序言规定,“济贫恤穷,因民情淡薄,须设本法。目下难差置无告之民。故,自今各地远近五十日以内之人,依左列之规则。委曲内务府可伺出,此旨相达侯事”。这就把救助范围限定在因“民情淡薄”无法得到救助的特殊“无告之民”。

“自助、共助、公助”这一表述在政府文件中的首次出现，可以追溯到1994年3月28日的《21世纪福利愿景：面对少子高龄化社会》（老龄化社会福利圆桌会议）。在这份文件中，社会保险制度被列入“公助”范畴，因为当时的基本观点是，“共助”就是地域上的援助。

例如，2000年12月8日发表的《探寻社会救助需求者的理想社会福利形式会议报告》指出，由于“传统上作为实现自助、共助途径的家庭、地域间的联系的淡化以及用人单位救助功能的弱化”，所以“在面对个体被孤立、被社会排斥等问题时，解决难度便越来越大”。

2008年3月31日，以“理想的地域福利形式”为主题的研究会总结的报告——《寻求地域“新型互助形式”：居民与行政部门共建的新型福利制度》中也提道“仅靠公共福利服务显然无法应对地域中的所有生活问题”，但该报告也指出：“公共福利服务应能满足基本福利需求，同时为应对多样化的生活需求，有必要鼓励个体自主参与、相互支持，进而扩大‘新型互助’（共助）的领域。”

但是，在该报告发布之前，已有一份与前述《社会保障制度改革国民会议报告书》十分相似的文章发表，这篇文章便是2006年5月26日“社会保障的未来”座谈会所提交的《社会保障的理想制度形式》。该文章指出：“日本的福利社会应以自助、共助、公助有机结合的方式来进行构建，其中，社会保障应在确保国民的‘安全感’以及稳定社会经济方面发挥作用。”在此基础上，“以全体公民达到社会、经济、精神上的自立为目标，对该种理想化的社会保障制度作如下定位：（1）以自助为基础，即人们通过劳动养活自己，维持健康；（2）以共助为补充，即人们相互分担生活风险；（3）以公助为兜底，即针对仅靠‘自助’或‘共助’无法解决的情况，根据收入、生活水平以及家庭状况给予一定的补助，保障基本生活条件”。同时，文章还指出，“从保障国民的参与意识和权利意识的角度看，此种‘共助’制度应建立在便于国民理解和认同的社会保险制度基础之上，同时确保国民有付出有回报，保障其享受福利待遇的权利”。

《2008年度厚生劳动白皮书》(2008年8月26日发表)明确宣布将把这一观点作为国家政策。该白皮书对“社会保障的基本概念”解释如下:“国家生活的基本原则是每个公民都应该对自己负责,努力生活,但也会有因为生病、受伤、年老、残疾、失业等原因,仅靠自己的努力无法解决、无法自立的情况。”该白皮书对“共助”和“公助”进行了如下解释:“对于这种仅靠个人责任和自身努力无法解决的风险,就通过公民相互支持,来保障个体能够安心生活,这就是所谓的‘共助’。养老保险、医疗保险、护理保险、雇佣保险等社会保险制度基本上就是‘共助’的体现”;“公助是针对‘自助’或‘共助’等方式无法解决的情况,根据收入、生活水平以及家庭状况给予一定的补助,保障基本生活条件。公共扶助(生活保护)和社会福利等就属于‘公助’”(第6~7页)。

社会保险制度是一种“共助”制度,即互助制。因此基于这一观点,对医疗保险制度中处于尴尬境地的国民健康保险来说,欠缴人就不能享受福利。但是在灾害等特殊情况下则应特殊对待,这是合理的。而如果这种观点是正确的,那么赤裸裸的权力暴力也就变得顺理成章了,比如,通过收缴其被保险人证、查封财产等方式强行征收保费。

因此,“全民医保”制度并没有保证所有公民的就医权利,而仅能保证缴纳保费的公民的就医权利。所以,这就使得那些无力参保的人成为“杀鸡儆猴”的工具,任由其病情恶化,最后把他们逼上死亡的绝路。国家之所以重申要坚持“全民医保”,也并不是为了保障所有公民的就医权利,而是因为国家采取了一种政策判断,即认为这一制度将有助于引起公民对生命健康的重视,以强化其自我责任感。

但是,这对于日本的医疗保障和医疗社会福利制度来说还远远不够。笔者认为,应该从以下方面加以改进。[1]

首先,对于各类医疗保险被保险人,应实现包括贫困人口在内的真正意

〔1〕 参见池田和彦「貧困層に対する医療保障制度の現状と課題」(筑紫女学園大学研究紀要第10号2015年1月),芝田英昭『医療保険「一部負担」の根拠を問う』(自治体研究社2019年)。

义上的全民医保。也就是说,如果一个人不能参加以被雇用者为对象的劳动者保险,就应该参加包括领取生活保障金家庭在内的国民健康保险。〔1〕

在此之上,取消需个人承担的"部分费用",建立保险全额支付机制(全额给付),通过适当税率的企业税和累进所得税,向大型企业和高收入人群征税,并大幅提高用人单位负担的医疗保险费份额。在这一制度设计下,企业税只对利润部分进行征收,因此不存在问题。关于用人单位负担的保费份额,则须根据公司规模和利润总额加以细分。〔2〕

即使把目前以个人负担"部分费用"为前提的公费负担医疗制度纳入保险全额支付机制内,也会因制度设计的问题保留一些公费负担医疗制度。在这种制度设计下,生活保障制度下的医疗救助将成为特殊情况下(由于某些原因无保险等)的最后一道防线。〔3〕

在此背景下,本文所研究的国民健康保险将成为这一意义上的全民医保制度的最终保障。因此,必须同时解决本文指出的国民健康保险的制度设计所必然带来的结构性问题。

国民健康保险不是以被雇用者为对象的劳动者保险,因此没有用人单位分担保费,这也是保费高额化的原因之一。这种情况是否不可避免呢?

在资本主义社会中,保障有劳动意愿和劳动能力的人就业,使其能够拥有基本的工作生活,才能够确立起个人独立生活、独立承担责任的原则。被雇用者是指就业机会有保障的社会群体。而国民健康保险的被保险人并非

---

〔1〕 按现行制度,75岁以上的人可以成为老年人医疗制度的被保险人,但笔者认为应该取消老年人医疗制度。

〔2〕 需要制定一项制度,规定大型企业和中小型企业中劳动者所承担的保费份额相同(例如,用人单位占70%,劳动者占30%),还有必要规定中小型企业无力承担的部分由国家财政承担。

〔3〕 作为社会福利领域的医疗制度,免费低价医疗虽然在当前的实践中取得了良好效果,但问题是它取代了医疗保险制度应有的功能。如果本文所提出的医疗保障制度得以实现,那么就不再需要以医疗中存在部分负担为前提的免费低价医疗制度。

被雇用者,或不被视为被雇用者,他们的就业机会是没有保障的。[1] 而如果人们的就业得不到保障,那么其最基本的健康以及文化生活则必须由大型企业和国家支撑的社会保障制度来维持。

因此,企业应当承担一部分国民健康保险费。具体来说,在制度设计上,应根据企业规模和利润,要求其缴纳国民健康保险费,即根据企业的规模和利润,在扩大其为员工所缴纳的保费比例的同时,也需使其承担一部分社会责任,为就业得不到保障的劳动者缴纳部分国民健康保险费。此外,政府还应承担社会总资本中的国家责任,通过公费负担[2]等制度设计,对不足部分进行补充。

在医疗保障制度体系中,以国民健康保险为中心的医疗社会福利制度才是最终的问题所在,若其无法发挥作用,则所谓的"保障公民生命健康安全及社会再生产"就无从谈起。从这个意义上说,围绕人类生命健康的社会矛盾,就集聚在了医疗社会福利制度上。只有以此为出发点,审视医疗保障制度的现状,才能进一步发现问题,开展社会工作。

四、结语

最后,笔者将对前述全日本民主医疗机关联合会每年进行的《因经济原因贻误病情导致死亡的案例调查》中暴露出的问题进行探讨。

本次调查结果来源于《2018 年因经济原因贻误病情导致死亡的案例调查》(2019 年 3 月 6 日发布),调查时间为 2018 年 1 月 1 日至 12 月 31 日,调查对象为加入全日本民主医疗机关联合会的 636 家医疗机构。"因经济原因贻误病情导致死亡"是指"①因欠缴国家保险税(费)或其他保费而失去保险资格或被发放被保险人资格证明书或短期被保险人证,导致患者病情恶化而

〔1〕 然而,如前所述,由于近年来就业不稳定现象的不断扩大,即使是在职人员,其工作也不一定有所保障。在这种情况下,应像国民健康保险的被保险人一样,将员工视为就业没有保障的个体。例如,员工人数在 5 人以下的个体工商户,其所雇用的员工虽为被雇用者,但不能成为劳动者保险制度中健康保险的强制被保险人。

〔2〕 主要通过大型企业所缴纳的法人税以及高收入者的所得税等相关制度设计进行筹集。

死亡的情况”和“②患者持有正式保险证,但因经济原因贻误病情而导致死亡的情况”。

在调查期间,日本全国26个都道府县报告了77起“因经济原因贻误病情而导致死亡”的案例。根据厚生劳动省的医疗设施调查,截至2017年10月1日,全国医院和综合诊所的数量分别为8412家和101,471家,共计109,833家。如上所述,《2018年因经济原因贻误病情导致死亡的案例调查》中涉及的636家医疗机构仅占全国医院和综合诊所总数的0.58%,因此77起案例也只是冰山一角。

就雇用形态而言,77起案例中,“无业”为28例(36.4%),“临时工”为18例(23.4%),“个体户”为8例(10.4%),合计占70%,而“正式工”仅为1例(1.3%)。这说明,劳动问题严重影响着人们的生命健康安全和社会再生产。

从就诊前的医保情况来看,“无保险”最多,达22例(28.6%),反映了“全民医保”尚未实现的情况。其次是“国保证”,有20例(26.0%),这说明即使他们有国民健康保险被保险证,也会因为个人承担部分而犹豫就诊。[1]此外“其他健康保险”有9例(11.7%),“国保短期保险证”和“老年人医疗保险”各有8例(10.4%),“国保资格证明书”有2例(2.6%)(国民健康保险39.0%)。但即使医保覆盖率如此之低,“生活保障”也只有2例(2.6%)。显然,在医疗保险体系不健全的情况下,如果需要救助的人得不到生活保障等服务,他们就有可能失去生命。

根据厚生劳动省的《2017年度被援助对象调查结果》,落实生活保障前的保险覆盖情况如下:无保险占29.8%,国民健康保险占52.4%,老年人医疗制度占10.9%,共计93.1%。将这一数据与《因经济原因贻误病情导致死

〔1〕《国民健康保险法》第44条规定:由于特殊原因,个人承担的部分费用难以支付时,可以减免或延迟支付。不过,这种“特殊原因”也仅限于灾害等,并不包含长期贫困状况。

亡的案例调查》相结合来看,[1]可以毫不夸张地说,对于穷人而言,“全民医保”只不过是一个空想。正如本文所指出的那样,从根本上改革医疗保障制度是一个迫在眉睫的问题。

[1] 将本文引用的《2017年度被援助对象调查结果》和《2017年因经济原因贻误病情导致死亡的案例调查》(2018年4月18日公布)相结合来看,“无保险”为20例(31.7%)、“国保证”为20例(31.7%)、“其他健康保险”为3例(4.8%)、“国保短期保险证”为8例(12.7%)、“老年人医疗保险”为7例(11.1%)、“国保资格证明书”为3例(4.8%)(国民健康保险49.2%)、“生活保障”为1例(1.6%),数据基本一致。然而,正如正文所述,《因经济原因贻误病情导致死亡的案例调查》中的案例仅仅是冰山一角,因此,每年的数据可能会有不同,不一定与《被援助对象调查结果》的数据一致。2017年的调查涵盖了全国639家医疗机构,在全国29个都道府县中,有63人因经济原因贻误病情导致死亡。

暴力侵害妇女的公共卫生问题

——以瑞典医疗卫生法律、公共卫生政策和性别平等政策为视角

[瑞典]安・厄曼(Ann Öhman)*

杨 琦 顾 琰 王 丹** 译

一、背景资料

暴力侵害妇女行为是一项存在已久的公共卫生问题,本文将重点讨论规制此种行为的政策和法律制度。长期以来,遭受暴力侵害的妇女一直在寻求救助,她们饱受各种健康问题困扰,如头痛和长期病痛。然而,由于暴力侵害妇女问题在医疗卫生体系中不受重视,而且没有可供医护人员遵守的相应医疗规章制度,这些遭受暴力侵害的妇女难以获得充分的帮助。虽然自20世纪90年代以来,研究机构和国际组织已经将暴力侵害妇女行为视作一项严重的公共卫生问题,[1]但直到最近,瑞典才广泛承认这是一项公共卫生问题。我们注意到,一些官方政策文件对暴力侵害妇女行为存在新的表述,这表明公共卫生领域开始关注暴力侵害妇女问题。此前,暴力侵害妇女行为主

* 安・厄曼,于默奥大学于默奥性别研究中心(UCGS)研究员,本文原刊载于《BMC Public Health》,文章编号:753(2020)。

** 杨琦、顾琰、王丹,均为上海外国语大学2020级法律硕士研究生。

[1] World Health Assembly, *Prevention of violence: a public health priority. forty-ninth world health assembly*, Geneva, WHA49. 25, p. 20, 1996 - 5. 载 https://www.who.int/violence_injury_prevention/resources/publications/en/WHA4925_eng.pdf(最后访问日期:2020年2月19日)。

要被视为社会问题或法律问题，甚至是私人问题，而不是公共卫生问题。[1]本文的立场是将此种暴力行为视为公共卫生问题。

我们可以从一些机构报告中清楚地看到这种转变。例如，全国男性暴力侵害妇女问题知识中心（NCK）的一份研究报告指出，暴力侵害妇女的行为是一个公共卫生问题，会给暴力受害者的身心健康造成严重损害。[2] 此外，一份政府报告中也指出，"亲密关系中的暴力"是一个公共卫生问题，报告建议包括医疗卫生部门在内的社会机构需要采取协调行动。[3] 这种转变在法律上也有所体现。2014 年颁布的具有约束力的国家法规首次确定就暴力问题对医疗卫生部门进行国家管理。[4] 对公共卫生问题的重新定位意味着人们对卫生系统和卫生服务的需求增加，并要求卫生系统和卫生服务将暴力侵害妇女行为视为健康问题，加强预防暴力发生的力度。

据我们所知，迄今为止，瑞典尚未就暴力侵害妇女这一公共卫生问题开展过任何政策与法律研究。为填补此项空白，我们对《瑞典医疗卫生法》、公共卫生政策和性别平等政策的主要内容和特点进行了研究分析，并对其提出问题。

（一）暴力侵害妇女行为是公共卫生问题

暴力侵害妇女行为是国际公认的全球性公共卫生问题，会对妇女及其子女的身心健康造成严重损害。这种暴力行为不仅会造成受害者痛苦，而且还

---

〔1〕 Burman M. ,Öhman A. ,*Challenging gender and violence*:*positions and discourses in Swedish and international contexts*,Womens Stud Int Forum,2014,46:81 – 2.

〔2〕 Andersson T. et al. ,Violence and Health in Sweden-a National Prevalence Study on Exposure *to Violence among Women and Men and its Association to Health*（2014 年首次在瑞典出版），"Våld och hälsa-En befolkningsundersökning om kvinnors och mäns våldsutsatthet samtkopplingen till hälsa" NCK-rapport 2014:1, Vol. 1: National centre for knowledge on men's violence against women (NCK), Uppsala University,NCK Report,2015.

〔3〕 SOU 2014:49. Våld i nära relationer-en folkhälsofråga[Violence within Close Relationships-A Public Health Issue]. Stockholm,Fritzes,2014.

〔4〕 Socialstyrelsen. Våld i nära relationer, Föreskrifter och allmänna råd[The national board of health and welfare. Violence within close relationships. Regulations and general guidelines]. SOSFS,2014:4.

会增加法律程序、医疗卫生和社会问题方面的成本支出。[1] 1996年,世界卫生大会的一项决议中提及对妇女实施暴力是各国都会面临的重要公共卫生问题,该决议的通过正式确认了暴力侵害妇女行为是一项全球性公共卫生问题。决议还强调,从性别角度分析暴力侵害妇女行为产生的原因有助于实现消除暴力的目标,[2] 据估计,全世界15岁以上的女性中,约有1/3遭受过亲密伴侣实施的身体暴力或性暴力。[3] 根据报道显示,不同国家亲密伴侣暴力的发生率不同,并且与性别不平等有关。性别不平等影响立法、社会规范、日常生活和获取资源的机会,导致妇女相对于男性处于不利地位。[4] 有观点认为,伦理因素、不同的研究方法和干预措施都可能影响妇女揭露遭受暴力侵害的意愿。[5] 世界卫生组织强调,要增强医疗卫生部门在保护妇女方面的作用。加西亚·莫雷诺及其同事[6][7]认为政府有责任制订教育计划和其他行动计划,打击男女不平等的性别结构,抵制对妇女实施暴力的行为。

在瑞典,几乎每隔一年就有一名妇女在终生遭受某种暴力行为,其中65%是性骚扰,20%是性暴力。14%的妇女遭受过前任或现任伴侣的暴力。NCK后续的出版物显示,6%的妇女在前一年遭受过至少一种暴力行为。瑞

---

[1] See Devries K. M. et al. , *the global prevalence of intimate partner violence against women*, Science, 2013, 340: 1527 - 8.

[2] World Health Assembly, *Prevention of violence: a public health priority. forty-ninth world health assembly*, Geneva, WHA49. 25, p. 20, 1996 - 5. 载 https://www.who.int/violence_injury_prevention/resources/publications/en/WHA4925_eng.pdf(最后访问日期:2020年2月19日); Burman M., Öhman A., "Challenging gender and violence: positions and discourses in Swedish and international contexts", Womens Stud Int Forum. 2014, 46: 81 - 2.

[3] Devries K. M. et al. , *the global prevalence of intimate partner violence against women*, Science, 2013, 340: 1527 - 8.

[4] See Heise L. L., Kotsadam A. , *Cross-national and multilevel correlates of partner violence: an analysis of data from population-based surveys*, Lancet Glob Health, 2015, 3: e332 - 40.

[5] See Ellsberg M. C. et al. , *Researching domestic violence against women: methodological and ethical considerations*, Stud Fam Plan, 2001, 32: 1 - 16.

[6] García-Moreno C. et al. , *The health-systems response to violence against women*, Series: violence against women and girls 2. Lancet, 2015, 385, 1567 - 79.

[7] García-Moreno C. et al. , *Addressing violence against women: a call to action*, Series: violence against women and girls 5, Lancet, 2015, 385: 1685 - 95.

典政府已委托国家卫生和福利委员会在2017～2026年鼓励社会和医疗卫生部门采取阻止男性暴力侵害妇女的行动。[1] 因此，本文将重点分析相关政策文件对暴力侵害妇女行为中“暴力”的定义和阐述。

（二）国际法律义务

对妇女实施暴力是对妇女人权的侵犯。在过去的几年中，《瑞典人权法》大大加强了保护妇女的行动力度。2011年，瑞典批准了具有法律约束力的《欧洲委员会防止和反对针对妇女的暴力和家庭暴力公约》（《伊斯坦布尔公约》）。此外，2017年，对《消除对妇女一切形式歧视公约》负有监督责任的联合国机构——消除对妇女歧视委员会声称，在保护妇女的国家责任方面，瑞典已经形成了具有约束力的国际法律规范。[2]《消除对妇女一切形式歧视公约》[3]和《伊斯坦布尔公约》[4]都将医疗卫生部门视为重要的一环，并强调了受害者获得资源充足的医疗卫生服务和训练有素的专业人员帮助的重要性。而《瑞典医疗卫生法》直到最近才开始解决妇女遭受暴力侵害的问题，正如下文所述，这种解决方式进展得十分缓慢。

（三）性别平等政策的中心地位

性别平等政策在瑞典政治中占据中心地位，也可以说是暂时占据中心地位，几乎没有人反对这种观点。[5] 性别平等和性别主流化导致许多政治问题都围绕性别平等展开。因此，在过去的30年里，暴力侵害妇女行为一直是

---

〔1〕 Regeringens skrivelse. 2016/17: 10. Makt, mål och myndighet. Feministisk politik för en jämställd framtid [Written communication from the government. Power, goals and authority. feminist politics for a gender equal future].

〔2〕 消除对妇女歧视委员会关于基于性别的暴力侵害妇女行为的第35号一般性建议更新了2017年第19号一般性建议，CEDAW/C/GC/35，第2段。

〔3〕 消除对妇女歧视委员会关于基于性别的暴力侵害妇女行为的第35号一般性建议更新了2017年第19号一般性建议，CEDAW/C/GC/35，第35段。

〔4〕 参见《欧洲委员会防止和反对针对妇女的暴力和家庭暴力公约》，2011年，第210号，第20(2)条。

〔5〕 Carbin M. Mellan tystnad och tal. Flickor och hedersvåld i svensk offentlig politik [Between silence and speaking: girls and honour violence in Swedish public policy]. In: Dissertation, studies in politics: Stockholm University, 2010, ISSN 0346－6620, 134.

瑞典政治议程的议题,并被视为一个严重的性别不平等问题。[1] 性别平等政策占据的重要地位是暴力侵害妇女问题上升到政治层面的主要原因。如果我们要理解与医疗卫生部门有关的主要论述,就应该通过性别平等文件分析暴力的呈现方式。对暴力呈现方式的阐述不同,医护人员对其与受害妇女之间关系的看法也就不同。[2]

(四)重点关注三个相关领域

为了加强对医疗卫生部门处理暴力侵害妇女行为的理解,我们不仅分析了医疗卫生部门本身,还采用了跨学科的方法(女权主义法律研究学、公共卫生学和政治学),力求在政治和法律的背景之下理解该问题。基于此,本文重点关注三个关于暴力侵害妇女行为的问题:(1)如何依法监管医疗卫生部门,该部门的法律义务又是什么?(2)公共卫生政策规定了哪些预防措施?(3)医疗卫生法律政策和性别平等政策如何阐述和理解暴力问题?

(五)性别与暴力

根据女权主义理论对性别与暴力问题的理解,暴力侵害妇女行为是在维持一种权力不平等的秩序。[3] 运用女权主义理论批判暴力意味着,仅仅衡量暴力的程度和次数是不够的,应该将暴力视为社会结构的一部分,这种社会结构维持着男性主导和女性从属的权力等级,[4][5][6]妇女很少主动实

〔1〕 Burman M., Öhman A., Challenging gender and violence: positions and discourses in Swedish and international contexts, Womens Stud Int Forum. 2014, 46:81-2.

〔2〕 Virkki T. et al., *Possibilities for intervention in domestic violence: frame analysis of health care professionals' attitudes*, J. Soc Serv Res, 2015, 41:6-24.

〔3〕 Thiara R. K., Gill A. K., *Understanding violence against south Asian women, what it means for practice*, in Thiara R. K., Gill A. K., editors, Violence against Women in South Asian Communities, Issues for Policy and Practice, London, Jessica Kingsley Publishers, 2010. pp. 29-54.

〔4〕 Kimmel M. S., "*Gender symmetry" in domestic violence-a substantive and methodological research review*, Violence Against Women, 2002, 8:1332-63.

〔5〕 Enander V., *Violent women? The challenge of women's violence in intimate heterosexual relationships to feminist analyses of partner violence*, NORANordic J. Feminist Gender Res, 2011, 19:105-23.

〔6〕 Nybergh L. et al., *Theoretical considerations on men's experiences of intimate partner violence: an interview-based study*, J. Fam Violence, 2016, 31:191-202.

施暴力,除非出于自卫或对伴侣的恐惧。[1] 我们对遭受过前任或现任伴侣暴力的男性和女性进行对比时发现,女性在身体和性方面会受到更严重、更频繁的虐待,这严重损害了她们的身心健康,使她们的生活十分痛苦。[2] 尽管"男人"和"女人"这两个术语不稳定,但它们在异性恋框架内是有价值的,所以我们使用这两个术语。

研究和政策中对不同形式的暴力侵害妇女行为所使用的术语有很大差异。我们分析的主题是广义的"暴力侵害妇女行为",包括不同类型的暴力以及受害者与施暴者关系的变化。我们在一些文件中还会使用"犯罪者""受害者"这种法律术语,但这种描述可能不太准确。例如,受害者也可能是幸存者。[3][4][5]

(六)论述式政策分析

我们分析的出发点是,公共卫生、性别平等和法律等领域的官方言论对公共卫生部门处理与暴力有关的工作至关重要。对政策进行论证分析是因为政策的制定方式影响暴力问题的解决。[6][7]政策的制定过程并非一帆风顺,提出的解决方案可能会导致新的问题。此外,政治问题不仅存在于决策之外,而且还存在于决策制定过程之中。[8] 暴力侵害妇女行为的产生原因

---

〔1〕 Lawson D. , *Incidence, explanations, and treatment of partner violence*, J. Couns Dev, 2003, 81: 19 – 32.

〔2〕 Ibid.

〔3〕 See World Health Organization (WHO), *Responding to intimate partner violence and sexual violence against women: WHO clinical and policy guidelines*, Geneva, World Health Organization, 2013.

〔4〕 See Kelly L. , *Surviving sexual violence*, Cambridge, Polity Press, 1988.

〔5〕 See Crocker D. , *Regulating intimacy: judicial discourse in cases of wife assault* (1970 *to* 2000), Violence Against Women, 2005, 11: 197 – 226.

〔6〕 See Verloo M. , Lombardo E. , *Contested Gender Equality and Policy Variety in Europe: Introducing a Critical Frame Analysis Approach*, in Verloo M. , editor, Multiple meanings of gender equality. A critical frame analysis of gender policies in Europe, Budapest, Central European University Press, 2007. pp. 21 – 50.

〔7〕 See Krizsan P. , Lombardo E. , *The quality of gender equality policies: a discursive approach*, Eur J. Women's Stud, 2013, 20: 77 – 92.

〔8〕 See Bacchi C. , *Analysing policy-What's the problem represented to be*? Pearson Education Australia, 2009.

和解决方案的不同论述会影响法律和政策的制定。看起来非常相似的政策和法律可能在本质上不同,这取决于一个问题如何被构建、命名和使之有意义。[1] 在分析和解决该暴力问题时,在评判医疗卫生部门处理暴力问题的响应力时,经常会出现很激烈的讨论。相应地,这对遭受暴力的受害者造成了不同的后果。因此,我们分析了如何在这些政策和法律文件中界定暴力和公共卫生,并使之具有意义。例如,如果割裂暴力与性别平等之间的关系,将暴力侵害妇女行为视作"家庭暴力",就可能会导致人们忘记谁是施暴者、谁是受害者,甚至忘记暴力的严重性,从而不利于减少暴力问题的发生。因此在分析时,要先寻找问题的产生原因,再寻找相关的解决方案,最后从女权主义理论的角度讨论暴力问题产生的影响。[2]

二、背景和方法

本文源于一个多学科的研究项目,在这个项目中,我们调查了瑞典医疗卫生部门治理暴力侵害妇女行为的准备情况。瑞典大约84%的医疗服务通过税收制度获得公共资助,[3]我们目前的研究集中在医疗卫生部门。医疗卫生部门分为21个地区组织,这些地区组织主要负责为本地居民提供资金帮助和医疗服务。由于这些地区组织强有力的区域自治,使得许多关于医疗卫生服务和卫生部门管理的政治决策在区域一级进行。然而,瑞典政府通过自上而下相互作用的方法,在管理和规范医疗卫生部门方面变得越来越积极。本文重点探讨瑞典政府运用医疗法律和政策所展开的国家治理。这些法律和政策为地区治理奠定了基础,并为各地区组织设定义务提供了可供参

〔1〕 See Murray S., Powell A., "*What's the problem?" Australian public policy constructions of domestic and family violence*, Violence Against Women, 2009, 15:532–52.

〔2〕 See Bacchi C., *Analysing policy-What's the problem represented to be?* Pearson Education Australia, 2009; Murray S., Powell A., "*What's the problem?" Australian public policy constructions of domestic and family violence*, Violence Against Women, 2009, 15:532–52.

〔3〕 Statistics Sweden (SCB), Statistical news from Statistics Sweden 2018, 载 https://www.scb.se/en/finding-statistics/statistics-by-subject-area/national-accounts/national-accounts/system-of-health-accounts-sha/pong/statistical-news/system-of-health-accounts-2016/(最后访问日期:2018年12月2日)。

考的准则和框架。[1]

治理暴力侵害妇女行为的文件采用了多学科的解释方法。我们的目标是通过多样性的研究方法扩大研究范围,分析公共卫生领域向暴力侵害妇女行为的转变。突出公共卫生领域暴力侵害妇女行为的不同方面。因此,我们主要从女权法律主义角度分析《医疗卫生法》,从公共卫生角度分析医疗卫生部门的具体行动和干预措施,从政策角度分析性别平等政策。这种做法将以上所述的女权主义和论述式政策分析方法以及下面所述的问题统一在通常标准上。

我们采取社会法学方法论研究《医疗卫生法》,[2]社会法学的分析重点是法律的内部程序与医疗卫生部门之间的关系。我们分两步分析法律文件。第一,用法律教条方法阐述如何对医疗卫生部门进行法律监管,并确定医疗卫生部门的法律义务。不同国家的法律教条方法有所不同,但共同点是:这些国家的法律都可以在具体权威的法律来源(如立法、判例法)的基础上被正确、客观地描述和固定。[3] 本文只分析国家卫生和福利委员会(National Health and Welfare,以下简称委员会)发行的具有法律约束力的法规和不具有法律约束力的指南,因为国家医疗卫生法规缺少应对暴力问题的条款,法院不能通过裁决确定医疗卫生部门的法律义务。第二,利用论述式政策分析方法探讨如何构建医疗卫生部门的法律义务。

为了深入理解这种暴力行为,我们根据论述式政策分析方法提出了一些问题。例如,如何对暴力进行阐述,这将会涉及什么问题?为了解决暴力问题,应该采取哪些办法和干预措施?

我们将结合医疗卫生法律规定、性别平等政策以及内容更具体的公共卫生文件来讨论上述问题。分析医疗卫生部门采取的公共卫生行动和干预措

〔1〕 Johansson L-Å. Hälso-och sjukvårdslagen. Med kommentarer[the health and medical services act. With comments]. Stockholm,Wolters Kluwer,2017.

〔2〕 See Banakar R., *Normativity in legal sociology*, *Methodological Reflections on Law and Regulation in Late Modernity*,Heidelberg:Springer,2016.

〔3〕 See Mansell W.,*A critical introduction to law*,London,Routledge,2015.

施的文件包括2010年前后实施的官方调查报告、政府法案、性别平等计划、具有法律约束力的法规和指南。

瑞典议会制度建立在这样一种理想基础之上，即政府的法律提案和政策应以彻底的调查为基础——由一名公共调查员领导的官方调查（SOU），该调查员的任务是通过分析问题和提出解决办法开展官方调查。代表公共卫生转向的核心文件是"SOU 201449 Våldinära relationer -en folkhälsofråga"（亲密关系中的暴力——一个公共卫生问题）。[1] 这份2014年报告是政府任命的一名国家协调员协调各部门处理亲密关系中暴力行为的成果。

三、分析

（一）法律监管和法律义务

1. 通过框架性立法和行政法规进行法律治理和义务规制

《卫生和医疗服务法》在很大程度上是框架性立法。它提供了一个法律框架，并将填补工作留给了公共机构和行政当局。这部法律提供了各项活动的衡量参数，[2] 如医疗卫生部门的目标，医疗机构和医护人员的职责等。其目的是促进实质正义，与传统法治、个人权利和形式正义形成鲜明对比。[3] 因此，《卫生和医疗服务法》并未规定个人的索赔权，[4] 如遭受虐待的妇女可以通过起诉的方式行使权利或者在遭受医疗服务侵权时有权获得赔偿。

《卫生和医疗服务法》对暴力没有进行规定。在医疗卫生立法的筹备工作中，也从未讨论过是否需要通过立法来满足受虐待妇女的需求。在立法过

---

〔1〕 SOU 2014:49. Våld i nära relationer-en folkhälsofråga [Violence within Close Relationships-A Public Health Issue]. Stockholm, Fritzes, 2014.

〔2〕 Gunnarsson Å et al., Reflecting the epistemology of law-exploiting boundaries, In: Gunnarsson Å, Svensson E-M, Davies M., editors, Exploiting the limits of law. Aldershot: Ashgate, 2007. pp. 1－15.

〔3〕 Ibid.

〔4〕 Staaf A. et al., Hälso-och sjukvårdsrätt-en introduktion till professionsutbildningar [healthcare law-an introduction to education of professions]. Stockholm, Liber, 2018.

程中,关于儿童[1]和施暴男性[2]的提案要么没有得到承认,[3]要么被认为不适合进行监管。[4] 委员会的任务是起草具有法律约束力的条例,以提高医疗质量并保障社会卫生安全。委员会还就如何执行法律和条例发布了指导方针,因为缺乏国家立法和框架性立法,这些准则和条例则成为国内监管最重要的规范性来源,从而确立了委员会的法律义务。

2. 法律义务

2009 年,委员会针对亲密伴侣中男性暴力侵害妇女的行为,发布了第一部指导方针。指导方针中的准则只涉及社会服务领域,不涉及医疗卫生部门。2014 年,具有约束力的《条例和准则》取代了 2009 年的指导方针。《2014 年条例和准则》[5]既涉及社会服务领域,也涉及医疗卫生保健部门。2016 年,委员会还发布了一部《手册》,作为《2014 年条例和准则》的补充。[6] 制定《手册》的目的是帮助市政社会福利委员会和医疗机构在总体层面上组织工作并处理个别暴力案件。2014 年,为了加强提前发现暴力的能力,[7]委员会还发布了社会服务部门和医疗卫生部门例行询问妇女遭受

---

〔1〕 SOU 2014:49. Våld i nära relationer-en folkhälsofråga[Violence within Close Relationships-A Public Health Issue]. Stockholm, Fritzes, 2014.

〔2〕 SOU 2018: 37. Att bryta ett våldsamt beteende-återfallsförebyggande insatser för män som utsätter närstående för våld[To break a violent behaviour-work to prevent men who are violent towards family members from relapsing into violence]. Stockholm, 2018.

〔3〕 2016/17 提案:43. En ny hälso-och sjukvårdslag[瑞典政府法案。一个新的健康和医疗服务法]。

〔4〕 SOU 2018: 37. Att bryta ett våldsamt beteende-återfallsförebyggande insatser för män som utsätter närstående för våld[To break a violent behaviour-work to prevent men who are violent towards family members from relapsing into violence]. Stockholm, 2018.

〔5〕 Socialstyrelsen. Våld i nära relationer, Föreskrifter och allmänna råd[The national board of health and welfare. Violence within close relationships. Regulations and general guidelines]. SOSFS, 2014:4.

〔6〕 Socialstyrelsen. Våld. Handbok om socialtjänstens och hälso-och sjukvårdens arbete med våld i nära relationer[The National Board of Health and Welfare. Violence. Handbook about the social services' and healthcare sectors' work with violence in close relations], 2016.

〔7〕 Socialstyrelsen. Att vilja se, vilja veta och att våga fråga. Vägledning för attöka förutsättningarna att upptäcka våldsutsatthet[The National Board of Health and Welfare. Wanting to see, wanting to know and daring to ask. Guidelines for enhancing the preconditions to discover exposure to violence] 2014, ISBN: 978 - 91 - 7555 - 224 - 8.

暴力行为的指导方针,这些指导方针后来被制定并纳入《2016年手册》中。

与之前的条例不同,《2014年条例和准则》和《2016年手册》不认为性别是暴力行为的重要因素。文件中使用"亲密关系中的暴力"(våld i nära relationer)这一全新概念来界定暴力,即目睹亲密关系中暴力的儿童、亲密关系中暴力的受害者和其他亲属,不分性别或年龄,都属于亲密关系暴力中的人员。因此,这些文件的目标群体比以前更广泛。此外,《2014年条例和准则》还包含帮助暴力实施者的内容。

由于国家《医疗卫生法》缺乏对暴力侵害妇女行为的义务性规定,委员会提到了立法时参考的两个法律基础,[1] 首先,瑞典根据《消除对妇女一切形式歧视公约》和《伊斯坦布尔公约》等文件承担国际法律义务。其次,《卫生和医疗服务法》[2] 中有两项一般性规定:第3章第1节规定,医疗卫生部门的目标是在同等条件下为人民提供良好的医疗服务;第5章第1节规定,医疗卫生工作应满足人民的医疗需求。因此,委员会在立法过程中通过扩张解释《卫生和医疗服务法》,为医疗卫生部门设定了义务,即为亲密关系中的暴力受害者提供良好医疗卫生服务。

那么,如何更具体地去规定这项义务呢?《2016年手册》认为,这项义务是指医护人员在能力范围内对暴力受害者进行检查和治疗。《2014年条例和准则》[3] 第8章第9节中有一条明确规定了医疗卫生部门负有为成年受害人提供医疗卫生服务的义务。首先,如果患者有症状或者其他迹象表明其曾经或者正在遭受近亲属暴力或虐待,医疗卫生部门有义务让医护人员私下询问患者造成该症状或迹象的原因。其次,如果在询问这些问题后仍有怀疑,医疗卫生部门有义务确保医护人员履行下列职责:(1)告知患者有权利

---

[1] Socialstyrelsen. Våld. Handbok om socialtjänstens och hälso-och sjukvårdens arbete med våld i nära relationer[The National Board of Health and Welfare. Violence. Handbook about the social services' and healthcare sectors' work with violence in close relations],2016.

[2] Johansson L-Å. Hälso-och sjukvårdslagen. Med kommentarer[the health and medical services act. With comments]. Stockholm,Wolters Kluwer,2017.

[3] Socialstyrelsen. Våld i nära relationer, Föreskrifter och allmänna råd[The national board of health and welfare. Violence within close relationships. Regulations and general guidelines]. SOSFS,2014:4.

从社会服务机构或非政府组织获得医疗卫生服务或帮助;(2)考虑成年人可能存在的生理和心理需求。除了提供良好的卫生服务,《2014 年条例和准则》还包含了医疗卫生部门在管理制度、例行程序、文献资料和相互协作等方面的义务。但《2016 年手册》[1]没有规定医疗卫生部门为亲密关系中暴力受害者提供良好医疗服务的义务。

《2014 年条例和准则》还包含两项不具有法律约束力的指导方针。其中一项建议医疗卫生部门确保医护人员对亲密关系中的暴力和虐待行为有足够的了解。另一项涉及例行询问受害者遭受暴力的问题,以加强提前发现暴力的能力。《2016 年手册》将这两项指导方针规定为医疗卫生部门应遵守的义务。这个问题将在下面的内容进行讨论。

3. 法律文件规定的一些义务略显多余

在法律文件中,将暴力侵害妇女行为视为公共卫生问题的表述很少。法律文件只涉及了本文后面介绍的第三种公共卫生干预措施,即在已经发生疾病的情况下进行治疗和康复。因此,法律文件认为暴力问题只是以治疗单个病人为中心的"普通医疗问题",没有考虑到个人或群体层面也应该进行暴力预防。

人们对法律文件规定的医疗卫生部门义务及其履行方式产生疑问。文件规定,亲密关系中的暴力受害者应得到良好的医疗卫生服务,医护人员必须具备足够的知识(例如,询问症状或受伤的原因)才能胜任自己的工作,这些规定难道不多余吗?但法律文件也设定了一项有效义务——将有除医疗以外其他需求的受害者转移到相关机构。瑞典的《医疗卫生法》是否如世界卫生组织所预期的那样,[2]加强了医疗卫生部门针对暴力问题的保护作用,这一点值得怀疑。

---

〔1〕 Socialstyrelsen. Våld. Handbok om socialtjänstens och hälso-och sjukvårdens arbete med våld i nära relationer[The National Board of Health and Welfare. Violence. Handbook about the social services' and healthcare sectors' work with violence in close relations],2016.

〔2〕 See World Health Organization (WHO), *Responding to intimate partner violence and sexual violence against women: WHO clinical and policy guidelines*, Geneva, World Health Organization, 2013.

当我们以论述式方法分析法律文件时,我们发现这些文件虽然指出了医疗卫生部门存在问题,但并未明确说明问题是什么。如法律文件指出,医疗卫生部门为暴力受害者提供医疗卫生服务的过程中存在缺陷,除了提及缺乏询问暴力问题这一缺陷之外,再未详细说明其他缺陷。既没有具体说明“良好医疗卫生服务”的含义,也没有列举一般受害者或遭受男性伴侣暴力的妇女的特殊需求。

以上问题是医疗卫生部门存在的不足之处。医疗卫生部门是发现此类暴力行为的重要公共角色,应该意识到人们求助的原因是遭受了亲密关系中的暴力行为。因此,如果将医疗卫生部门的义务更多地表述为“对社会的一般义务”,而非“对暴力受害者的义务”,那么该部门应承担的具体义务就很难以确定。

总而言之,法律文件规定医疗卫生部门有义务将暴力问题作为“普通医疗问题”来处理。但除规定向患者询问暴力问题时应该相当谨慎外,并未规定任何特殊或者新的内容来满足遭受男性伴侣暴力侵害的妇女的特殊需要。

(二)公共卫生政策、干预措施和预防行动中对暴力问题的建构

实施公共卫生干预措施的对象应该是个人和群体,但社会机构也有义务在社会层面促进健康、预防疾病以及和相关部门协作。有三种方式可以改善居民们的健康状况:(1)实施干预措施,在没有出现疾病迹象时改善人们的健康状况,例如,增强人们的身体健康、心理健康和社会适应能力;(2)预防疾病,减少疾病的风险因素,例如,帮助患者作出良好健康的选择,检查疾病、预防伤害;(3)在发生疾病时进行治疗和康复,例如,进行药物治疗、实施治疗方案等。瑞典地方政府和地区协会强调,医疗卫生部门在公共卫生干预中发挥着重要作用,但也应该让更多的社会部门参与进来。“促进健康医疗卫生”必须以改善个人和全民健康的全面干预措施为重点,这个全面干预措施的内容应该广泛,不能仅限于疾病的治疗。[1]

---

〔1〕 Johansson L-Å. Hälso-och sjukvårdslagen. Med kommentarer[the health and medical services act. With comments]. Stockholm, Wolters Kluwer, 2017.

在分析公共卫生文件时，我们发现有三个理论框架，其中一个涉及问题的提出，另外两个涉及问题的解决。

1. 暴力侵害妇女行为是一个严重的社会和公共卫生问题

从总体上看，暴力侵害妇女行为是一个严重的公共卫生问题，也是一个社会问题。国家协调员在2014年的报告和《2016年手册》中指出：暴力侵害妇女行为会使妇女产生生理健康问题和心理健康问题。〔1〕此外，暴力侵害妇女的行为还耗费了相当大的社会成本。2014年的报告和《2016年手册》还指出，〔2〕暴力涉及性别平等议题，因为暴力将阻碍受害妇女获得人权和自由。所以，这两份文件的出台将对社会各部门的预防工作提出很高的要求，也需要医疗卫生部门采取行动来发现儿童和成人遭受暴力的早期迹象。

2. 在治疗性接触中敢于询问暴力问题

尽管瑞典公共卫生部门已经开始关注暴力侵害妇女行为，但这些干预措施并不直接有效，而且瑞典的医疗卫生部门很少能发现遭受暴力侵害的妇女。所有的报告都提到，敢于询问暴力问题是最有效的解决方案。在瑞典卫生和福利委员会提出第一份纲要时，有人建议只在已经有怀疑的情况下询问暴力问题。委员会认为这个建议涉及道德问题，作用有限，并声称，没有科学依据表明询问会减少暴力或改善健康状况。但这引发了瑞典科研工作者在瑞典媒体上的争论和反对，〔3〕进而使得委员会在《2014年条例和准则》中作

〔1〕 SOU 2014:49. Våld i nära relationer-en folkhälsofråga[Violence within Close Relationships-A Public Health Issue]. Stockholm, Fritzes, 2014. Socialstyrelsen. Våld. Handbok om socialtjänstens och hälso- och sjukvårdens arbete med våld i nära relationer[The National Board of Health and Welfare. Violence. Handbook about the social services' and healthcare sectors' work with violence in close relations], 2016.

〔2〕 Ibid.

〔3〕 Enander V., Wendt E. et al. In: Dagens Medicin. Debatt; Möjligheten att rädda våldsutsatta kvinnors liv har inte vägts in[Debate: The probability to save lives of women subjected to violence has not been taken into consideration], 2014, 载 https://www.dagensmedicin.se/artiklar/2014/03/12/debattmojligheten-attradda-valdsutsatta-kvinnors-liv-har-inte-vagts-in/（最后访问日期：2020年2月10日）。

出一定的修改。[1] 除规定医护人员在怀疑时的询问义务外,[2]《2014 年条例和准则》还建议例行询问有关暴力的问题,同时给予医护人员选择权,并且仅在涉及以下三个医疗卫生部门的患者时例行询问:(1)与助产士经常接触的产前妇女;(2)接受精神病治疗的妇女;(3)接受精神病治疗的儿童和青年。[3]

《2014 年条例和准则》规定了医护人员向患者询问暴力问题的义务、某些责任的重要性以及医疗卫生领域不同部门之间的合作。规定这些内容的目的在于使患者有机会揭露暴力行为。[4] 此外,《2014 年条例和准则》还强调了遭受暴力的妇女及其子女的医疗和救助需求。当《2014 年条例和准则》被纳入《2016 年手册》[5]时,询问对象从遭受暴力的妇女和目睹暴力的子女扩大到不分性别和年龄的受害者和施暴者。此外,《2014 年条例和准则》还规定了更详细的内容,如询问暴力问题的先决条件和如何陈述有关暴力的问题。

3. 解决暴力侵害妇女行为问题是国家公共卫生目标

2014 年的报告将解决暴力侵害妇女行为作为国家公共卫生目标,是因为暴力侵害妇女行为造成了很多健康问题。由于公共卫生部门旨在平等条件下为全民享有健康生活创造条件,因此必须将亲密关系中的暴力问题纳入国家公共卫生目标中。报告还提到了性别平等政策,其指出必须停止男性对妇女实施的暴力行为。报告提出的新目标旨在提高医疗卫生系统效率,加强

[1] Socialstyrelsen. Att vilja se, vilja veta och att våga fråga. Vägledning för attöka förutsättningarna att upptäcka våldsutsatthet[The National Board of Health and Welfare. Wanting to see, wanting to know and daring to ask. Guidelines for enhancing the preconditions to discover exposure to violence],2014.

[2] Socialstyrelsen. Våld i nära relationer, Föreskrifter och allmänna råd [The national board of health and welfare. Violence within close relationships. Regulations and general guidelines]. SOSFS,2014:4.

[3] Socialstyrelsen. Att vilja se, vilja veta och att våga fråga. Vägledning för attöka förutsättningarna att upptäcka våldsutsatthet[The National Board of Health and Welfare. Wanting to see, wanting to know and daring to ask. Guidelines for enhancing the preconditions to discover exposure to violence],2014.

[4] Ibid.

[5] Socialstyrelsen. Våld. Handbok om socialtjänstens och hälso-och sjukvårdens arbete med våld i nära relationer[The National Board of Health and Welfare. Violence. Handbook about the social services' and healthcare sectors' work with violence in close relations],2016.

干预措施，提高医疗质量，并对病人采取更全面的观察。[1]

总之，法律文件对医疗卫生部门在提供医疗卫生服务方面的注意事项规定得相当松散，并且规定的干预措施很少，内容也有些含混不清。例如，委员会虽强调了不同类型的预防工作，如医疗卫生部门应尽早发现处于危险中的受害者，尽早对施暴者进行预防，但并未明确这些干预措施的实施标准。虽然委员会将预防工作和揭露暴力问题明确列为优先事项，但并未解释医疗卫生部门应如何执行这些事项。因此我们认为，公共卫生的干预措施和解决方案规定得相当模糊，缺乏可指导医疗卫生工作的实质性细节。只有一个例外：敢于询问暴力问题的规定较为详细。主要表现为对特定患者进行例行询问来预防暴力。我们认为这是事前预防，即早期发现危险因素和暴力行为，通过与施暴者进行沟通使其不再重复暴力行为。做好例行询问暴力问题的工作，关键在于定期培训、制定指导方针、建立网络服务支持和转诊工作体系。[2][3]另外，我们认为委员会提出的新的国家公共卫生目标——“在亲密关系中不受暴力侵害”很重要，因为有人批评之前的国家公共卫生目标没有将暴力列为公共卫生事项。但是，委员会提出的公共卫生干预措施中混杂着各种各样的论点，模糊了性别平等政策的主要信息。

(三)对暴力的不同理解和表述

在本部分，我们将重点介绍暴力侵害妇女行为是如何被纳入瑞典性别平等政策、公共卫生政策和上文提及的法律文件之中并加以阐述的。在对这些文件进行分析的过程中，我们发现“暴力侵害妇女行为”存在三种定义：第一种定义是将其描述为男性行为问题，即男性对女性的暴力行为，这种定义在性别平等政策中最为常见；第二种定义认为暴力侵害妇女行为是暴力的多种

---

〔1〕 SOU 2014:49. Våld i nära relationer-en folkhälsofråga [Violence within Close Relationships-A Public Health Issue]. Stockholm, Fritzes, 2014.

〔2〕 See Allen N. E. et al., *Promoting systems change in the health care response to domestic violence*, J. Community Psychol, 2002, 35:103 – 20.

〔3〕 See Gutmanis I. et al., *Factors influencing identification of and response to intimate partner violence: a survey of physicians and nurses*, BMC Public Health, 2007, 24:7 – 12.

表现形式之一；第三种定义认为暴力侵害妇女行为是“亲密关系中的暴力”，理解公共卫生政策和法律文件时多采取第三种定义。

1. 男性对妇女的暴力行为

在研究瑞典性别平等政策时，我们发现自2000年以来，社会民主党领导的政府强调男女之间的“权力不平衡”，并指出他们的理解是“女权主义”，[1]而自由保守党并未将他们的改革称为女权主义。[2] 这两个政治派别都把打击暴力作为性别平等政策的一部分，并为之付出了大量努力。数十年来，无论是在社会义务还是在社会资源方面，暴力侵害妇女行为一直是瑞典政治中最受重视的性别平等问题。

据政府称，对妇女实施暴力和其他形式的虐待是当今性别平等领域亟待解决的问题。心理、身体和性暴力在任何情况下都不能被接受或被宽恕。因此，抵制男性对妇女的暴力行为是性别平等政策的重中之重。[3]

对于如何理解这种暴力，有几种略微不同的论述。下文我们将对这些论述进行介绍。

性别平等政策将暴力阐述为“男性对妇女的暴力”，并将其描述为性别和权力问题。这种认为男性是施暴者的观点是瑞典政治议程“激进化”的表现。[4] 2005年，根据将暴力定性为男性暴力的观点，政府重新制定了国家性别平等政策的目标——“禁止男性对妇女实施暴力行为”。[5][6]该目标取代前一目标（终止与性别有关的暴力）的原因是，“终止与性别有关的暴力”

---

〔1〕 Regeringens skrivelse. 2016/17：10. Makt, mål och myndighet. Feministisk politik för en jämställd framtid[Written communication from the government. Power, goals and authority. feminist politics for a gender equal future].

〔2〕 Ibid.

〔3〕 Regeringens skrivelse. 2011/12：3. Jämställdhetspolitikens inriktning 2011 - 2014 [Written communication from the Government. The aim and direction of gender equality politics 2011 - 2014].

〔4〕 Wendt Höjer M. Rädslans politik[the politics of fear]. Malmö：Liber, 2002, p. 155.

〔5〕 SOU 2005：66. Makt att forma samhället och sitt eget liv-jämställdhetspolitiken mot nya mål [Power to create the society and your own life-gender equality politics towards new goals]. Stockholm, 2005.

〔6〕 2005/2006号提案：155. Nya mål i jämställdhetspolitiken[瑞典政府法案。两性平等政策的新目标]。

弱化了性别因素在暴力行为中的影响,而政府希望指出,绝大多数案件中的施暴者是男性。[1]

从那时起,对妇女实施暴力被视为一种性别问题,但也随之出现了不同性别权力不平等的说法。2005 年政府法案指出:"无论施暴者和受害者是谁,社会必须对所有遭受暴力行为的受害者负责。性别平等政策的任务就是打击男性对妇女的暴力行为。"[2]另见本页脚注[2]。[3]

最近,一个女权主义观点认为:男子对妇女实施暴力行为是一个严重和广泛存在的社会问题,对受害者造成了巨大的身心痛苦。这是男女之间普遍存在的权力不平衡的最终结果。理解性别、权力和性对认识这一暴力行为具有重要意义,政府的目标是终结男性对妇女的暴力行为,这种暴力包括与名誉有关的压迫,以及以性为目的的卖淫和人口贩运。[4]

尽管公共卫生领域引入了"男性对妇女的暴力"这一名词,并把暴力侵害名誉纳入暴力的范围中,但仍有将暴力区分为不同种类的趋势,下文将进一步进行讨论。

2. 不成体系化的暴力

2007 年,自由保守党政府提出了打击男性对妇女实施暴力、与名誉有关的暴力和同性关系中的暴力的行动计划。[5] 在行动计划中,政府将侵害名誉的暴力从男性对妇女的暴力中分离出来,并提到了此前一直被忽视的同性

---

[1] 2005/2006 号提案:155. Nya mål i jämställdhetspolitiken[瑞典政府法案。两性平等政策的新目标]。

[2] 2005/2006 号提案:155. Nya mål i jämställdhetspolitiken[瑞典政府法案。两性平等政策的新目标]。

[3] SOU 2004. 121. Slag i luften-en utredning om myndigheter, mansvåld och makt[An empty gesture-an investigation about authorities, men's violence and power]. Stockholm, 2004.

[4] Regeringens skrivelse. 2016/17:10. Makt, mål och myndighet. Feministisk politik för en jämställd framtid[Written communication from the government. Power, goals and authority. feminist politics for a gender equal future].

[5] Regeringens skrivelse. 2007/08:39. Handlingsplan för att bekämpa mäns våld mot kvinnor, hedersrelaterat våld och förtryck samt våld i samkönade relationer[Written communication from the Government. Action plan for combating men's violence against women, violence and oppression in the name of honour and violence in same-sex relations].

关系中的暴力。这意味着可以讨论不同情况和结构的特殊性。但这种转变因被称为"不成体系化的暴力"而受到了批判,[1]原因之一就是侵害名誉的暴力从男性对妇女的暴力中被分离出来了。对瑞典社会来说,与名誉相关的暴力这一新概念带有父权制色彩。它源于瑞典国外特定地理区域(主要是中东),具有文化性质。[2] 因为暴力主要通过文化进行解释,而发生在瑞典家庭中的暴力已经和父权结构脱钩,所以人们认为早先关于暴力的女权主义观点已经过时,而且几乎没有解释价值。[3] 因此,对男性的关注以及男性导致暴力侵害妇女问题出现的观点也随之淡化了。对于如何理解所谓的"与名誉有关的暴力"与"男性对妇女的暴力"(被间接理解为"瑞典人"所犯,但与瑞典文化无关)以及同性关系中的暴力,存在不同的观点。

3. 亲密关系中的暴力

公共卫生政策、法律文件、司法部门和社会事务部门都认为男性对妇女的暴力是指"亲密关系中的暴力",这种定义在性别平等政策中并不常见。这种定义的来源可以追溯至2012年,当时自由保守派政府任命了国家协调员,负责打击亲密关系中的暴力行为,其任务是协调不同主管部门工作。[4] 值得注意的是,在这种情况下,暴力问题有了性别中立的倾向。2014年报告谈到了"暴力受害者",但没有用性别区分受害者和施暴者。这意味着,性别平等的目标没有得到重视,暴力问题的性别方面被淡化了。

---

〔1〕 Helmersson S. Mellan systerskap och behandling. Omförhandlingar inom ett förändrat stödfält för våldsutsatta kvinnor. [Between sisterhood and treatment. Renegotiation within a changed field of support for women subjected to violence]:Lund university. Lund:Lund dissertations in social work,2017.

〔2〕 See Carbin M. , *The requirement to speak*, *Victim stories in Swedish policies against honour related violence*, Womens Stud Int Forum,2014,46:107 – 14.

〔3〕 Alinia M. Den jämställda rasismen och de barbariska invandrarna:"hedersvåld", kultur och skillnadens politik[The equality rasis and the barbarous immigrants]. In:Listerborn C. ,Molina I. ,Mulinari D. , editors. Våldets topografier: Betraktelser övermakt och motstånd [The topographies of violence: reflections about power and resistance]. Stockholm:Atlas,2011,pp. 287 – 329.

〔4〕 SOU 2014:49. Våld i nära relationer-en folkhälsofråga[Violence within Close Relationships-A Public Health Issue]. Stockholm,Fritzes,2014.

《2014 年条例和准则》[1]和《2016 年手册》[2]也认为性别因素对暴力行为的发生影响不大。法律文件从先前区分性别到目前中立性别的这种转变,是社会问题变成法律问题进而转化为具有约束性的法律时通常会发生的情况。自由主义法律论述将性别中立作为构建法律的唯一方法,认为承认性别中立的重要性远远超过法律的性别敏感意识和其他特殊性理由,无论这些理由有多么强烈。[3]《2016 年手册》同时还提到,虽然男性和女性在亲密关系中都会受到暴力侵害,但与男性相比,女性更容易受到经常性的严重暴力侵害,这一公共卫生问题可能会给那些身处暴力之中的人造成严重后果。[4]

2018 年,一份官方调查报告提出了解决男性在亲密关系中实施暴力行为的方案,暴力问题在此被命名为"对相关人员的暴力"(Våld mot närstående),这表明与名誉相关的暴力和同性关系中的暴力也在其研究范围之内。[5] 调查报告提出的解决方案是建立一个由医疗卫生部门负责的全国性犯罪者工作中心。

将暴力表述为发生在亲密关系中的问题,至少在理论上涵盖了男性对妇女的暴力、与名誉有关的暴力和同性关系中的暴力。然而,这种建构最近被批评为过于狭隘:只关注亲密关系中的暴力意味着暴力侵害妇女的其他情形都被忽略了,例如,不明身份加害人对女童、妇女的强奸和性虐待、职场暴力、

---

[1] Socialstyrelsen. Våld i nära relationer, Föreskrifter och allmänna råd [The national board of health and welfare. Violence within close relationships. Regulations and general guidelines]. SOSFS,2014:4.

[2] Socialstyrelsen. Våld. Handbok om socialtjänstens och hälso-och sjukvårdens arbete med våld i nära relationer [The National Board of Health and Welfare. Violence. Handbook about the social services' and healthcare sectors' work with violence in close relations],2016.

[3] Davies M., *Asking the Law Question*, *Pyrmont NSW*, Thomson Reuters (Professional) Australia Limited (4th ed.),2017.

[4] Socialstyrelsen. Våld. Handbok om socialtjänstens och hälso-och sjukvårdens arbete med våld i nära relationer [The National Board of Health and Welfare. Violence. Handbook about the social services' and healthcare sectors' work with violence in close relations],2016.

[5] SOU 2018:37. Att bryta ett våldsamt beteende-återfallsförebyggande insatser för män som utsätter närstående för våld [To break a violent behaviour-work to prevent men who are violent towards family members from relapsing into violence]. Stockholm,2018.

性骚扰、性诱拐、强迫卖淫和以性为目的的人口贩卖。[1]

总而言之，当暴力问题被表述为亲密关系中的暴力时，暴力与性别平等政策之间的联系就被淡化了。这将引发两种风险，一方面，在社会层面上，性别平等观点有可能被视为公共卫生问题，而不再被视为是暴力侵害妇女行为的一部分；另一方面，与名誉相关的暴力可能被排除在这一框架之外。

四、方法上的考虑

本文采用多学科的方式，从不同角度研究暴力侵害妇女这一公共卫生问题。研究团队由来自女权主义法学、政治学和公共卫生科学领域的研究人员组成，所有研究人员都将性别作为核心内容进行分析，并将暴力侵害妇女行为作为其具体研究领域。这种办法有助于更全面地了解研究对象。研究团队迄今已合作了 10 余年，我们逐渐学会了如何整合不同学科的知识和观点，以便分析与公共卫生有关的法律和政策，消除暴力侵害妇女行为。尽管每个领域的研究人员主要负责自己的部分，但我们还是尽可能努力地进行整合和分析。因此，本文提出的分析和结论可被视为多学科合作成果。

五、结论

在瑞典，暴力侵害妇女行为日益被视作是一个公共卫生问题。旨在分析该行为转变为公共卫生问题时对政策制定的影响，我们得出以下两点结论：第一，在法律文件和公共卫生政策中，暴力侵害妇女的行为主要被表述为“亲密关系中的暴力”。“亲密关系中的暴力”这一新表述不受制于“男性对妇女实施暴力”的早期理论框架，而是瑞典特有的政策术语。由于未提及受害者和施暴者的性别，这一政策术语还体现了性别中立的立场。第二，由于缺乏法律监管，医疗卫生部门的法律义务和相关问题的界定十分模糊。将“提供

〔1〕 SOU 2015：55. Nationell strategi mot mäns våld mot kvinnor och hedersrelaterat våld och förtryck［National strategy regarding men's violence against women and honour related violence and oppression］. Stockholm：Fritzes，2015.

良好的医疗服务"牵强解释为"医疗卫生部门的法律义务",对如何详细地理解和制定医疗卫生部门的法律义务缺乏指导意义,反过来还会影响医疗卫生部门和医护人员开展工作。我们认为这种缺乏主要反映在既保守又执行不力的"敢问"方针上。

由于医疗卫生部门具有政治自主权和医疗自主权,我们通常会认为必须由该部门自行决定如何处理医疗卫生问题。但针对医疗卫生问题存在大量国家准则(如《糖尿病准则》、《心脏病准则》和《银屑藓准则》)和具有约束力的条例(如《输血条例》)。我们认为,仅从已发布的准则和条例来看,医疗卫生部门先前对亲密关系中暴力的设想和处理方面存在明显缺陷,需要在法律层面进行弥补。例如是否应该在《卫生和医疗服务法》中规定信息提供义务?是否需要制定更详细的法律条例来规定医护人员面对暴力侵害妇女行为时采取的行动?这些都是我们需要讨论的问题。

暴力侵害妇女行为是一项重大公共卫生问题,对其界定模糊不清可能会导致医疗卫生部门难以执行指导方针和行动计划。此外还应明确:应该对哪些群体进行暴力筛查?医护人员应该基于什么理由询问有关暴力的问题?应该隔多久询问一次患者是否遭受过暴力?询问是否是医护人员解决暴力问题的唯一手段?相关政策还指出,为了减少暴力,既要进行小规模干预,又要进行大规模干预,这对改善整个社会的刑事政策、性别平等政策、社会政策与公共卫生政策之间的关系来说,是一项持续性工作。

性别平等政策认为暴力侵害妇女行为是阻碍实现性别平等的最严重的问题之一,也是性别不平等的有力例证。然而公共卫生和规范医疗卫生部门的法律文件忽视了性别平等和人权问题,意味着医疗卫生部门并未意识到其在瑞典性别平等政策中应起到的作用和应承担保障妇女人权的法律义务。那么医疗卫生部门工作人员是否需要将打击亲密关系中暴力的行为视为性别平等和妇女人权问题,同时,他们又应该怎样做呢?

缺乏性别平等观念与医疗卫生部门将暴力侵害妇女行为"去性别化"有关,并因这一问题而被严重化。因此,本应由医疗卫生部门处理的问题变成了医护人员和受害者的个别接触,受害者的性别在此并不重要。但性别中立并不足以使医疗卫生部门履行暴力侵害妇女问题的国际法律人权义务。正如联合国暴力侵害妇女问题的特别报告员所说,性别中立掩盖了这样一个事实:暴力侵害妇女行为是一种统治制度,是一种系统的、广泛存在的侵犯人权行为,妇女是这种暴力的受害者。〔1〕欧洲委员会的一些评价〔2〕〔3〕显示,性别中立与《伊斯坦布尔公约》规定的义务相违背。对性别问题不敏感的干预措施不利于预防暴力行为,并有可能会导致妇女再次受侵害。〔4〕

概括而言,我们的分析表明,虽然一些政策文件将暴力侵害妇女行为明确界定为公共卫生问题,但其他文件不存在这种界定,或者将暴力问题转化为亲密关系中不分性别的暴力。此外,法律和政策除对"敢于询问暴力问题"进行含混不清的讨论之外,并未明确解释暴力问题理论框架在医疗卫生部门履行义务、实施干预措施和促进健康方面将会发挥什么作用。但最新的性别平等政策文件强调了医疗卫生部门在发现暴力、预防暴力和提供卫生服务方面的重要性。这说明法律和政策对医疗卫生部门的要求越来越多,对该部门管理水平的要求也越来越高。

为了瑞典医疗卫生部门开展处理暴力侵害妇女问题的工作,同时也为了能够提供更有价值的建议,我们还需要采取进一步研究,如重点研究全国21个地区,并制定更多更详细的预防方案和行动计划。

---

〔1〕 联合国大会《暴力侵害妇女行为及其因果问题特别报告员的报告》。A/HRC/26/38;2014年。Manjoo R.,编辑。

〔2〕 欧洲委员会《基线评价报告》第14卷,丹麦:GREVIO/Inf;2017。

〔3〕 欧洲委员会《基线评价报告》第18卷,意大利:GREVIO/Inf;2019,p.7。

〔4〕 欧洲委员会《基线评价报告》第14卷,荷兰:GREVIO/Inf;2019,p.19。

斯洛伐克共和国对药品广告的监管制度

[斯洛伐克]托马斯·佩雷切克(Tomáš Peráček)
鲍里斯·布查(B. Mucha)
帕特里夏·布雷斯托万斯科(P. Brestovanská)
斯特拉索夫斯卡(L. Strážovská) *
杨婉莹　吴　婷　陈梦想** 译

引　言

随着斯洛伐克经济的进一步发展,人们从运行中的市场经济中获得更多的信息、知识和经验的需求在不断上升。为满足这一需求,最基本的就是找到相关途径、方法和程序。对此,市场营销可以说是一个特别有效的方法,可以达到最佳效果,从而实现企业家的目标,尽管企业家的目的不尽相同,但就拿烟草企业扩大与吸烟有关的广告宣传来说,其根本目的都是扩大企业利润。为促进企业业务发展,实体企业对市场营销的需求不断提升。对于企业来说,广告是与消费者对话的主要形式之一,其作用就是向消费者宣传产品和传达服务意识,使自己的产品区别于其他提供者的产品,进而说服消费者

---

* 托马斯·佩雷切克,夸美纽斯大学教授,"托马斯"实验室负责人,主要研究领域包括民法、公法、法理等;鲍里斯·布查、帕特里夏·布雷斯托万斯科、斯特拉索夫斯卡为本文合作作者,科研工作人员。本文原载于《欧洲药学杂志》2019年8月第66期。

** 杨婉莹,上海外国语大学2020级法律硕士研究生;吴婷,上海外国语大学2020级法律硕士研究生;陈梦想,上海外国语大学2020级法律硕士研究生。

购买其产品。这也是为什么佩恩[1]认为成功的广告是营销策略成功的关键因素之一。

斯洛伐克与广告有关的主要法律条款规定在斯洛伐克国民议会制定的《斯洛伐克共和国宪法》(第460/1992号法)中。修订后的《斯洛伐克共和国宪法》(以下简称《宪法》)第55条特别规定,斯洛伐克共和国的经济是在以社会和环境为导向的市场经济原则之下建立起来的,旨在保护和促进竞争。其他法律规范对该条规定的最后一句话有着详细的补充和说明,但总体来说就是:只有为了防止不正当竞争和传播虚假性、误导性信息时,才允许法律限制企业或个人的广告权。此外,关于广告的法律规定还可以在欧盟的一些立法中找到。2001年11月6日,欧洲议会和委员会发布了《关于人用药品的共同体法典》(以下简称《共同体法典》),2006年12月12日发布了关于误导性广告和比较广告的《第2006/114/EC号指令》(以下简称《误导性广告和比较广告指令》),这两个指令在药品广告管制法中都具有特殊地位。

从国家法规的角度上看,斯洛伐克的药品广告主要受到《广告法》及其修正案(第147/2001号法)(以下简称《广告法》)、《商法》及其修正案(第513/1991号法)(以下简称《商法》)的规范和管理。另外,在修订后的《广播转播法》(第308/2000号法)(以下简称《广播转播法》)中,也专门修改了广播广告和电视广告的管理规定。本文中,据作者查证,《药品和医疗器械法》(第362/2011号法)(以下简称《药品法》)及其有关法律修正案中,也规定了对药品广告的管理,主要调整专业赛事的赞助或提供禁止性回扣的问题。

此外,在发达国家,广告业在自由的市场经济环境中稳步发展的同时,也受到道德规范的约束和引导,这种规范虽不同于具有法律约束力的规范,但也受到广告领域商业人员的尊重和遵守。

一、本文的目标和方法

本文作者的主要目标之一是在斯洛伐克当局对药品推广的法律规定进

---

[1] Payne,1996.

行补充、对遵守情况加强监督的背景下,考察欧洲特别是斯洛伐克本国对药品广告的法律管制。另一个目标是查明在实践中,特别是在行政机关工作中的不足,并提出通过具体程序消除已查明的缺陷的方法。

作者从本文的性质出发,应用了几种科学的分析方法,其中最主要的是逻辑分析法。它是一种抽象的方法,在所有科学研究中都可使用,如果没有这种方法,文章会因为涉及面太广显得逻辑混乱、没有重点。用逻辑分析法来分析关于药品广告的法律规定是成功处理既定问题的必要方法。此外,本文还通过比较研究法,得出对法律规定、各研究机构所作出的相关解释的认识和看法。最后,在掌握有效法律和法学科学知识的基础上,本文部分研究中还采用了学理解释的方法。

在斯洛伐克,与药品广告有关的法律研究已成为法学的前沿。本文通过对现有文献的研究,可以得出一个结论:在药品广告的法律监管领域,不仅法学界作出了巨大贡献,新闻界也表现卓著,特别是记者蒂罗洛瓦〔1〕、沃扎尔〔2〕和本文作者团队成员西明斯卡、西米奇、吉亚尔法〔3〕。我们为了实现前述目标,认为有必要对斯洛伐克共和国国家药监局(SIDC)和卫生部的决定和规定进行审查,并作如下简要分析。

二、《广告法》

斯洛伐克第一部《广告法》(第220/1996号法)虽已在2001年4月30日失效,但其为药品广告的调整和监督奠定了最初的法律基础。在该法生效的4年中,也存在许多不足之处。首先其对广告的定义本身就存在问题;再者,在对某些产品进行广告宣传的限制性措施方面,以及在监督法律的遵守情况方面,都存在不足之处。

2000年,在编写《欧洲广告法》的准备工作中,斯洛伐克的《广告法》(第

〔1〕 Tyrolová,2007.

〔2〕 Vozár,2006.

〔3〕 Siminská,Šimeková,Gyarfaš,2013.

220/1996 号法)暴露出了一个比较严重的问题,导致该法完全不适应目前广告市场管理的需要。因此斯洛伐克选择吸收部分欧洲法律,采用其他广告领域的一些指令,对该法进行修订,但并未取得预期的成效,最终该法被废止,取而代之的是另一部行之有效的《广告法》,它的立法依据是 4 项基本原则——合法性、诚实性、真实性和正当性。在这些基本思想的基础上,斯洛伐克制定了药品、婴幼儿配方奶粉等产品的一般广告要求,设置了具体的规范性和限制性条款。可以说,立法者的意图并不是通过这部法律对整个广告领域进行全面规范,而只是对其作部分调整,并保留了《药品法》《广播转播法》《商法》中对某些法人机构和某些媒体广告传播的规定。

《广告法》的内容共 3 章,关于药品广告的法律规范主要在第 1 章。该法第 1 章的起始条款都点明了该法的主要目的就是重点调整以下四个方面的内容:广告要求的一般规范,某些产品能够做广告宣传需满足的条件,防止误导性广告和形式不当广告影响的保护性法律调整,以及对当局遵守法律的监督。

该法第 2 款的规定从监管的角度界定了广告最重要且最基本的概念,即旨在将产品推向市场的,以任何形式进行的与商业、商务或其他有偿活动有关的介绍或其他交流。与该法条相较而言,市场营销领域的一些作者[1]对这个词的解释有着不同的理解。而在我看来,广告就是由出资人出资向公众传递某种想法、服务和产品的形式。

广告的评价标准以竞争法、道德和消费者保护原则为基础。首先,根据奥尔索夫斯卡等人(2015)的观点,广告不得具有欺骗性。这一事实判断要从其内容、数据、人物和信息方面来考虑,并且由专业人士或受其影响的人对其进行评估。如果由于广告误导性的内容,受众受到了误导,影响他们在市场上的经济行为,甚至导致受损,该广告就是不可接受的。至于什么是误导性广告,《商法》第 45 款对误导性广告进行了的修改,重新定义了误导性广告。

---

〔1〕 Kotler,1992.

并且,斯洛伐克共和国最高法院颁布的五号法典(第138/2000号法)规定,误导性广告是不正当竞争的标志之一。在奥尔索夫斯卡(Olšovská)看来,广告可能会激发一些不切实际的想法,有产生欺骗的嫌疑。此外,竞争者势必会通过牺牲对手利益的方式来获得优势。

然而,有个问题是:法律虽然定义广告的传播是自然人或法人进行宣传的行为,但却没有进一步解释。根据一些学者的观点[1],依据欧盟法院(2009)在加丹德(Daamgard)案中的判决,药品广告的传播(相对于其他广告的传播)不一定是从事商业活动中的人的行为。他们还提出了一个问题:医药产品广告的概念是否也包括法律上和实际上独立于医药产品制造人的信息传播?对此,欧洲联盟法院特别指出,原则上不排除独立于医药产品制造人的信息传播,它们也属于广告的定义,但不一定是商业行为。

2011年,斯洛伐克国家药监局曾处理过类似铁路货车上的药品广告的问题。当时规定,药品广告违法行为者不得成为该药品的注册持有人。从《广告法》第3条法规(广告要求的一般规范)来看,对广告的限制之一是禁止其内容违反法律所保护的价值观,具体涉及保护人的生命、健康、环境、自由、良心、社会公认的道德、财产保护等方面。其中突出强调了对影响未成年人的广告的限制,因为广告必然具有某种宣传意图,而一些广告传播的信息可能会危及未成年人健康、心理或影响其道德发展,甚至是将未成年人置于危险境况。我们认为,这种限制是基于广告发展过程的传统和经验而产生的。此外,作为广告公司协会,斯洛伐克共和国广告咨询委员会发布的《广告道德准则》中,还包含了加入者共同认可的国际标准。另外,《广告法》不允许广告中包含未经个人事先同意使用的个人数据和财产数据。但是,向特定的收件人发布广告,这一行为本身并不违反这一规定,因为向收件人发送广告所必需的个人数据,只是附在广告上,并不属于广告内容的一部分。

借助某些媒介的广告,如电话自动应答系统、传真和电子邮件,必须事先

〔1〕 Siminská et al.,2013.

征得其用户的同意。立法者作出这种限制的目的是防止骚扰和侵犯广告接收者的隐私权或财产权。对于其他通信方式,如果收件人事先拒绝投递,则不得直接投递。但是,法律并没有规定拒绝广告投递的方式,这在实践中意味着收件人可以以任何形式拒绝广告投递[1]。在现实生活中,广告主会在邮箱中标记,以防漏投广告。而对于接收者来说,有一种不太实用也不太常用的拒绝广告的方式就是书面通知邮递员或广告公司。在这一问题上,国家药监局从 2014 年开始对 2010 年的一起药品广告违法案进行行政诉讼,提起诉讼的原因是广告中使用了伪造的处方。对此,药品注册证持有人提出异议,称 2010 年的宣传单除了尺寸外,与处方没有任何关系。但是与之观点不同的是,在行政机关看来,比如,"医生推荐"或"患者报销",有可能也是一种隐性广告。但是,由于违法行为已经过去 3 年多,行政机关无法对此事作出认定,不得不停止行政诉讼程序[2]。

此外,如果广告不符合良好的道德风尚,介绍禁止生产、销售、供应、使用的产品,或者不符合特定法规要求的,也不得发布。

最初的《广告法》不允许在广告中将产品进行相互比较,因为从解释性备忘录中可以看出,法律的提出者是以正派原则为基础的。当时,在竞争中,如果没有特别的理由和强制力,任何人都不宜插手其他商业活动者的事务,也不宜干涉他人的利益。一些学者[3]认为,允许这样的比较广告是对这一原则的突破。特别是在斯洛伐克法律与欧盟法律相协调的背景下,药品广告之间的竞争极具敏感性,将允许比较广告规定在《误导性广告和比较广告指令》第 4 条中,并作了特别说明,在当下是至关重要的。同时这意味着,只有在法律规定的框架内才允许做比较广告,其他比较广告是不允许的。

三、药品广告

药品是对人类健康有重大影响的特殊产品,因此其广告需要在《广告

〔1〕 Dulová Spišáková et al. ,2017.
〔2〕 国家药监局,2014。
〔3〕 Ovečková et al. ,2017.

法》中作出更加具体的规定和调整。某些类别的药品会受严格的广告限制，比如，要求在药品广告中不应鼓励过度使用或不需要医疗检查就使用此类药品，包括只根据处方发放的药品或由健康保险承保的药品，以及未在斯洛伐克共和国注册的药品。此外，根据《药品指令》第86条第1款、第8款第1项的规定，不允许药品广告包括“任何形式的不实信息，或者促进药品销售、配送或消费的煽动性信息”。根据该指令，医药产品广告还特别指：向公众发布广告，向具有处方资格的人员发布医药产品广告，向负责给处方者分发医药产品的医药代表发出广告或在访问时提供样品。我国在这方面的规定基本上照搬了《药品指令》中关于药品广告的措辞〔1〕。

《广告法》第8条第3款规定详尽地列出了不能被视为广告的内容。例如，所附标签、为用户提供的书面信息、为回答有关药品的具体问题而补充的信件、参考材料和信息、改变药品包装的说明、警告不良反应的药物说明、商业目录和价格表（该商业目录和价格表中不得包含任何医药产品与人体健康或人类疾病有关的信息）。但如果上述内容直接或间接提到医药产品或披露仅包含医药产品名称和价格的信息，则将被视为是广告内容。

《药品指令》第88条要求成员方不允许对特定类型的医药产品做广告。这一限制也被纳入《广告法》：禁止宣传未在斯洛伐克共和国注册的药品，禁止适用于麻醉药品、精神药物以及其他必须有医生或兽医的处方才能开具的药品制剂，禁止适用于其开具虽不受医疗处方约束但可根据公共健康保险报销的医药产品。此项禁令的例外是，销售许可权持有人组织的疫苗接种活动，但是该活动必须得到斯洛伐克共和国卫生部的同意。国家药监局的第580/2014/600号规定中，医药产品广告必须在客观介绍医药产品特性的基础上鼓励合理使用，不得夸大其效果。曾有药品注册证持有人在广告中，鼓励使用某种明明只用于应急的药品，违反了上述义务，监管部门据此决定禁止其广告传播，并对侵权人处以10,000欧元的罚款，〔2〕侵权人对该处罚提出

〔1〕 Tyrolová，2007.

〔2〕 国家药监局，2014。

了抗议。而斯洛伐克共和国卫生部(2014)提起诉讼,请求法院确认了该广告禁令。但法院最终以违法者是初犯为由,将10,000欧元的罚款减为5000欧元。

根据本达·普罗凯诺等人(2017)的查证,甚至有些法律规定直接限制以广告宣传为目的向公众分发医药产品,以及为推销医药产品在医生手术时间访问,并明确要求医生在办公时间内不得接待这些人。

《广告法》第8条第9款规定的广告类型中不包括针对公众的医药产品广告,这一点可以说是至关重要的。例如,某些医药产品广告给人一种印象——没有必要进行医疗检查,无论是提供诊断还是提供书面治疗方法的检查,都没必要。但实际上,药品不能给人一种其效果是被保证的,不会带来任何不良反应,或者它的效果比另一种药品的效果更好或与之相等的印象。法律严厉禁止任何表示服用该药品就可以改善健康状况或表示不服用该药品可能会影响一个人的健康状况的广告,但这一禁令不适用于专门或主要针对儿童的疫苗接种活动。

在向被授权开具药方和发放药品的人员推销药品时,法律禁止推销人提供或承诺捐赠金钱、物资或其他任何利益。根据祖鲁瓦等[1]的观点,法律规制的对象也可以参加推销活动,但必须严格限制其目的,并且要求其医药产品只能提供给医护人员。然而,立法者认为,法律并不禁止科研活动中产生的治疗手段,无论这些治疗手段是有直接疗效还是只起间接作用。但是这种情况必须满足的条件是:这种治疗将始终严格限于用以科学研究为主要目的的活动,而不得以医护人员的身份给予其他人治疗。除了含有麻醉药品和精神药品的样品,该治疗所需的其他药品样品也只有在书面申请后才能被提供。被提供单位应当是被授权开具医药产品的人,并且每年最多收到两份标有“免费样品—非卖品”字样和产品特性摘要的注册医药产品样品(样品必须为最小包装)。不但如此,这些样品也要受到销售许可权持有人的控制和

〔1〕 Žulová et al.,2018.

登记。

《药品法》第22条第8款还规定了销售许可权持有人的其他义务。例如,建立一个科学服务机构,负责提供投放市场的药品信息。此外,他还必须向国家药监局提供或移交来自其企业的每一则广告的样本,并注明广告对象、发布方式和开始传播的日期,确保其公司的医药产品广告符合《广告法》等的要求。在实践中,还会出现这样的广告监管是否也适用于其他同种疗法药品的问题。对此,《药品法》第24款明确指出,除未在斯洛伐克注册的医药产品外,其他同种疗法的医药产品也适用上述广告监管的规定,并且该药品的广告中只能使用注册时批准的信息和数据。

四、对违反法律的行为进行调查和制裁

国家监督《医药产品广告法》的施行情况。具体来说,国家药监局和国家兽用生物制品和药品管制研究所共同负责监督兽用药品广告。斯洛伐克共和国公共卫生局和地区公共卫生当局负责监督化妆品以及特定食品或婴儿配方食品、营养补充剂和其他产品的广告[1]。

监管机构所设置的具体程序中包括了危害发生后的补救措施。首先,如果监管机构怀疑存在误导性或不合理的比较广告,监管机构在禁止该广告传播前,有权要求广告主提交与广告有关的真实信息。被要求者在收到通知后15日内,有义务依法向监管机构提供真实的广告数据证明。如果不提交证明或证明不充分,合法且不可反驳的处理方式就是先不允许该广告传播,继而由行政机关进行处罚。尤其重要的一点是,如果监管机构发现广告主有其他违法行为,有权要求广告主将监管机构的决定或意见进行公示。监管机构强调,即使是对于那些"仅有一丝可能"是不合理的比较广告的广告,监管机构也有权监督和禁止[2]。

除这些措施外,行政机关还可对其处以强制罚款,罚款金额逐级递增。

---

〔1〕 Vozár,2006.

〔2〕 Meszároš,2018.

如果有权开药或配药的人违反禁止性规定收受礼物、金钱或其他利益，可对其处以最低1660欧元的罚款。如果广告不符合公开传播的要求，不遵守语言文化原则、语法和拼写规则或稳定的专业术语，可处以3320欧元的罚款。对于含有任何诋毁人的尊严、冒犯民族感情或宗教情绪的广告，以及任何基于性别、种族和社会出身歧视的广告，罚款金额定为66,400欧元。对于不合理的比较广告，或对未经注册的药品、含有成瘾性和精神药物的药品、必须有医生或兽医处方才能购买的药品进行广告宣传，最高可处以166,000欧元的罚款。

监管机构在处以罚款时，会综合考虑违法行为的严重性、持续时间、后果以及是否属于屡次违反本法的行为等方面来处罚。所处的罚款应在决定生效之日起30天内支付，成为国家财政收入的一部分。但是，能否实际处以罚款，有时间限制，主观上的时间为自执法机关知道之日起1年，客观上的时间为自违法行为发生之日起3年。这就意味着在实践中，处罚决定不仅必须在1年以内生效，还必须确保执法机关及时执行。该程序是基于斯洛伐克共和国最高法院(2011)第5/41/2011号决定而规定的。根据该决定，如果执法机关未能在1年内进行罚款，则应停止执行《行政程序法》第30条规定的程序。而另一方面，根据《广告法》第10款和第11款的规定，监督机构必须在非法行为发生后3年内作出决定，否则不得再提起诉讼，被监督者不受法律追究。

如果违反了一般的广告要求，如传播误导性广告、不合理的比较广告或对某些禁止广告宣传的产品做广告，则要加大处罚力度。霍万科瓦[1]认为，这种情况下的较高罚款是合理的，因为误导性和不可接受的比较广告严重违反了公认的竞争原则，而欺骗性广告则严重损害了消费者的利益。

五、研究内容

为了全面研究药品广告的问题，我们联系了国家药监局。我们的目的是

[1] Chovancová,2016.

分析其在2013年至2017年的决策活动,我们发现,在此期间,侵权诉讼仅启动了36次,大多数提起诉讼的理由是发现证书持有者实际存在潜在违规行为,只有在个别情况下,行政当局才会在第三方的建议下启动诉讼程序(见表1)。

表1 国家药监局决策活动 单位:起

年份	2013	2014	2015	2016	2017
国家药监局一年作出的决定数量	9	18	5	3	1
国家药监局认为不违法的行为数量	0	5	2	0	0
国家药监局停止诉讼程序的行为数量	7	11	2	1	0
国家药监局禁止广告并罚款的行为数量	2	2	1	2	1

经分析这些数据可得出,2014年国家药监局只对18起可能违反法律的案件提起诉讼。而其中有11起案件因行为已过时效而停止诉讼。国家药监局只对其中两起案件决定禁止广告并处以罚款。在随后的几年里,诉讼数量开始急剧下降。2017年,只对一个违反《广告法》的案件作出决定:对广告进行了禁止,并处以罚款。

结　论

研究结果表明了与药品广告有关的法律法规在实际运用中存在缺陷和不足,给药品广告的监管活动造成了诸多困扰。比如,我们认为,虽然《广告法》第8款对药品广告进行了特别规定,但立法者并没有设置合适的措施来规范这些药品广告。我们还看到《药品法》的某些规定不使用统一的药品术语,给药品广告的监管带来不必要的麻烦。还有前文我们提到,《药品法》中某些规定针对的是科研所使用的药品的广告,但实际上,这部分以科研为目的的药品广告应当由《广告法》来规范。此外我们还认为《药品法》中不应规定药品样品可以打折,《广告法》中不应规定药品样品可以免税。

我们发现,立法者还存在另一个问题:将广告的监管工作分别委托给两个不同的机构。根据《广告法》,一级监督机构是国家药监局,而根据《药品法》,是斯洛伐克共和国卫生部。那么就可能在理论上出现这样的情况,某一药品广告行为,同时满足《药品法》和《广告法》规定的违法行为。那么在这种情况下,该行为就可能会因违反两部法律而受到两个不同的机构的处罚。但实际上,这种做法背离了"一罪不二审"("同案不二审")的原则。这个例子表明,将同一类型的法规由两个不同机构管控,会产生执行不一致和实际执行困难的问题。这种混乱只会确认和加强斯洛伐克共和国卫生部的绝对地位,因为这个中央国家行政机构不仅履行一审监督的职能,还承担对国家药监局的决定提出上诉的职能。

从我们的调查结果可以看出,要想更好地规范和管理药品广告,最根本的还在于解决《广告法》第 11 条第 5 款规定存在的问题。该条款规定了行政机关对违法行为作出决定的客观和主观期限。通过对国家药监局 2013 年至 2017 年的决策活动进行分析,我们发现,尽管有的行为已被证实违反了《广告法》,但行政机关仍不得不停止诉讼程序,很大程度上是因为诉讼时效已过,违法者免于被追究。解决这一问题的方法是修改法律规定,将客观上作出处理决定的时间延长至 5 年,主观上时间延长至 3 年。

美国的禁烟政策与健康主义理念

[美]戴夫·法贡德斯(Dave Fagundes)
杰西卡·L. 罗伯茨(Jessica L. Roberts)*
张隽逸　范琪琪　金慧婷** 译

引　言

2018年7月23日,6名烟民将住房和城市发展部以及其部长本·卡森[1]告上法庭。这6名烟民对住房和城市发展部最近的禁烟政策提出质疑,这项政策要求公共房屋主管部门[2]限制居民在所有室内区域——包括私人住宅在内的区域,以及距离任何一个公共房屋主管部门所属区域25英尺范围内吸烟。[3] 该诉讼还指称该项政策是违宪的,其主要违反了《宪法》

---

* 戴夫·法贡德斯,贝克·博茨律师事务所法学教授,休斯顿大学法律中心师资发展副院长;杰西卡·L. 罗伯茨,休斯顿大学法律中心卫生法律与政策研究所主任,法学教授,格林沃尔学院生物伦理学学者。本文原刊载于《西北大学法律评论》2018年第113卷。

** 张隽逸,上海外国语大学2020级法律硕士研究生;范琪琪,上海外国语大学2020级法律硕士研究生;金慧婷,上海外国语大学2020级法律硕士研究生。

〔1〕 Complaint for Declaratory and Injunctive Relief at 1, NYC C. L. A. S. H., Inc. v. Carson, No. 1:18 – cv – 1711 (D. D. C. July 23, 2018) [hereinafter Complaint].

〔2〕 公共房屋主管部门是一个拥有和管理低收入住房的实体组织。Michael H. Schill, *Distressed Public Housing: Where Do We Go from Here?* 60 U. CHI. L. REV. 497, 499 (1993). 这些组织要么是州政府机构,要么是与州政府密切合作的非营利性组织,负责将公共住房分配给合格的个人,并根据适用的联邦、州和地方法律管理公共住房。

〔3〕 24 C. F. R. § 965.653(讨论G分节中关于无烟住房的规定), § 966.4(f)12(i)(讨论租赁要求和执行情况)(2017).

第十、第四、第五和第十四修正案的关键条款。[1] 本文对住房和城市发展部的禁烟政策提出了一系列批评：它带有歧视性，强加于人，亦忽视了分配方面的问题。因此，该政策非但无法改善公众健康状况，反而有可能使本就弱势的人群更加处于不利地位，并使他们的健康遭受损害。

本文从健康主义及基于健康状况的歧视这一角度分析了该项新规。[2] 作为一项理论，健康主义考虑的是法律应在何时规范那些不利于亚健康人群的条例。它以4项指导性原则来辨别施加给某人的干预是否符合健康主义，这4项原则分别是：(1)健康福利；(2)健康自由；(3)健康平等；(4)健康公正。[3] 这一框架认可根据健康状况作出区分的必要性，例如，私人健康保险的风险评级。[4] 然而，它同样认为，有些区分则会徒增不必要的负担，如禁止雇用体重超标的工人。[5]

住房和城市发展部的禁烟政策为健康主义提供了一个理想的案例研究。社会普遍认为吸烟者是不健康的，因此他们面临着相当广泛的社会性羞辱，[6] 他们经常成为健康政策所针对的目标，比如"罪恶税"、[7] 保险附加

---

〔1〕 See Complaint for Declaratory and Injunctive Relief at 1, NYC C. L. A. S. H., Inc. v. Carson, No. 1:18 – cv – 1711 (D. D. C. July 23, 2018) [hereinafter Complaint]. at 44 – 48.

〔2〕 合著者杰西卡·L. 罗伯茨关于本文的初步工作包括："*Healthism*": *A Critique of the Antidiscrimination Approach to Health Insurance and American Health Care Reform*, 2012 ILL. L. REV. 1159 [以下简称 Roberts, "Healthism"], 以及 *Healthism and the Law of Employment Discrimination*, 99 IOWA L. REV. 571 (2014) [以下简称 Roberts, *Healthism and the Law of Employment Discrimination*]。她最近关于这一主题的著作是与佐治亚大学法学院的伊丽莎白·维克斯(Elizabeth Weeks)教授合著的《健康主义与就业歧视法》。

〔3〕 See Roberts & Elizabeth Weeks Leonard, What Is (and Isn't) Healthism, 50 GA. L. REV. 833 (2016). at 24 – 52.

〔4〕 See Roberts & Elizabeth Weeks Leonard, What Is (and Isn't) Healthism, 50 GA. L. REV. 833 (2016). at 24 – 52.

〔5〕 See Roberts & Elizabeth Weeks Leonard, What Is (and Isn't) Healthism, 50 GA. L. REV. 833 (2016). at 181 – 83.

〔6〕 See Jessica L. Roberts & Elizabeth Weeks, *Stigmatizing the Unhealthy*, 45 J. L. MED. & ETHICS 484, 485 (2017).

〔7〕 例如，可以对被认为有害或不受欢迎的事物征收消费税，如香烟、酒类、不健康食品或赌博。

费和禁烟政策。[1] 简言之,针对吸烟者的干预措施无处不在。然而,鼓励人们戒烟也是合理的。一般来说,烟草的使用——特别是吸烟行为,与各种疾病息息相关,这些疾病包括但不限于口腔、咽喉和肺癌、冠状动脉疾病、高血压、肺气肿和中风。[2] 此外,二手烟也存在健康风险,特别是对儿童来说,会增加患哮喘、支气管炎、耳部和呼吸道感染、癌症,甚至婴儿猝死综合症的风险。[3] 因此,减少吸烟对个人及家庭的健康具有积极作用。在这个层面上,问题初显——该项禁烟政策究竟是歧视性的公共政策,还是合理的公共政策?

我们最终的结论倾向于前者,即该政策具有歧视性。禁烟政策涉及健康主义的全部4项指导原则。首先,在健康福利方面,违反政策就有可能导致吸烟者被赶出家门。讽刺的是,这项政策可能会减少社会净福利。将烟民和他们的家人置于街头这一后果,会恶化公共健康状况,因为无家可归对这些人造成的健康风险甚至比吸烟更为直接。其次,将吸烟者单独列出而对其他危害健康的合法行为不加处理,有违健康平等的原则。对住宅内的私人合法行为进行管制也侵犯了健康自由,因为美国赋予家庭和私有财产以特殊的地位,因而,私人住宅便成为对抗家长式管理的庇护所。最后,禁烟政策引起了健康正义所关注的分配问题。例如,残疾群体、老年群体和贫困群体等一贯的弱势群体,这些群体中的多数人有吸烟的习惯,并以公共住房安身立命。因此,禁烟规则对这些人群造成了针对性的负担。此外,戒烟并非易事,可能

---

〔1〕 See *Tobacco Initiatives*, AM. LUNG ASS'N, http://www.lung.org/our-initiatives/tobacco [https://perma.cc/R46C-QN55](讨论该协会为遏制烟草使用所做的立法相关的努力和社区性计划).

〔2〕 See *Health Effects of Cigarette Smoking*, CTRS. FOR DISEASE CONTROL & PREVENTION, https://www.cdc.gov/tobacco/data_statistics/fact_sheets/health_effects/effects_cig_smoking/index.htm [https://perma.cc/66FC-LAVS].

〔3〕 See *Health Effects of Cigarette Smoking*, CTRS. FOR DISEASE CONTROL & PREVENTION, https://www.cdc.gov/tobacco/data_statistics/fact_sheets/health_effects/effects_cig_smoking/index.htm [https://perma.cc/66FC-LAVS].

需要多达30次的尝试才能成功戒烟。[1] 更糟糕的是,这些弱势群体也很难获得资源和支持,这些帮助恰恰是他们成功克服严重烟瘾所需要的。[2] 因此,本文认为,住房和城市发展部目前的禁烟政策是基于健康主义的做法。

然而,健康主义存在于一个连续体中。正如前文所述,在公共住房中减少吸烟行为和二手烟干扰的目标是值得称赞的。特别是在涉及儿童的情况下,禁烟显得尤为重要。因此,我们试图恢复禁烟政策,并提供一些替代性的、非歧视性的途径,以减少在公共住房中的吸烟行为。例如,给戒烟人士减免租金,或提供帮扶小组、拨打"戒烟热线"等。

本文划分为三部分。首先,本文概述了禁烟政策和健康主义的理论框架。其次,它将健康主义应用于住房和城市发展部的禁烟政策,得出该政策存在不公平歧视的结论。最后,它探讨了一些非歧视性的干预措施,以鼓励公共住房居民不吸烟。

一、禁烟政策和健康主义框架

禁烟条例是一项典型的政策。这项措施在美国由来已久,得到两党的广泛支持,住房和城市发展部的禁烟政策也不例外。即使在政治纷争时期,几乎没有任何奥巴马时期的法规在前总统特朗普任期内得以延续的情况下,禁烟政策也是少有的在拜登任期内得以延续的法规。本文简要总结了住房和城市发展部的禁烟政策,包括最近吸烟者对住房和城市发展部和部长卡森的诉讼。然后转向健康主义的理论框架,为我们第二部分的分析奠定基础。

(一)住房和城市发展部禁烟政策

自1964年卫生局局长公布吸烟与肺癌之间的关联以来,烟草的流行程

---

〔1〕 See Michael Chaiton et al. , *Estimating the Number of Quit Attempts It Takes to Quit Smoking Successfully in a Longitudinal Cohort of Smokers*, BMJ OPEN(June 9,2016), https://bmjopen. bmj. com/content/bmjopen/6/6/e011045. full. pdf[https://perma. cc/C6MW-AFUV].

〔2〕 参见下文第二节第(四)部分。

度在过去40年中有所下降。[1] 但直到21世纪初,烟民人数仍占美国成年人总数的1/4。[2] 但也正是此时,这些数据开始急速下降。包括纽约和洛杉矶在内的主要城市通过了禁止在私人场所(如酒吧和餐馆)以及公共场所(如公园和火车站)吸烟的法律。[3] 随着反吸烟的社会共识逐渐形成,联邦政府也开始行动起来。2009年,奥巴马任期内的新任住房和城市发展部发表声明,鼓励公共房屋主管部门在其建筑的私人以及公共区域限制吸烟行为。[4] 波士顿和底特律等城市的一些公共房屋主管部门自愿实施了这一举措,但大多数公共房屋主管部门并未实施。[5]

然后,在2015年,住房和城市发展部发布了一份拟议规则制定通知,要

---

〔1〕 See Anthony Komaroff, *Surgeon General's* 1964 *Report*: *Making Smoking History*, HARV. HEALTH PUBL'G:HEALTH BLOG(Jan. 10,2014,11:00 AM),https://www.health.harvard.edu/blog/surgeon-generals-1964-report-making-smoking-history201401106970 [https://perma.cc/DT2S - 6TFB] (noting that the percentage of Americans who smoke dropped from 42% in 1964 to 18% at the time of the writing of the article); U. S. DEP'T OF HEALTH, EDUC., & WELFARE, SMOKING & HEALTH: A Report to the Advisory Committee to the Surgeon General of the Public Health Service, PUB. HEALTH SERV. PUBL. NO. 1103(1964)(公开宣布吸烟与肺癌之间的关联);Theodore R. Holford et al., *Tobacco Control and the Reduction in Smoking-Related Premature Deaths in the United States*, 1964 - 2012, 311 J. AM. MED. ASS'N 164,169(2014).(据估计,1964年外科医生报告中提出的烟草管控有助于避免约800万例因吸烟导致的早亡)

〔2〕 See *Trends in Current Cigarette Smoking Among High School Students and Adults*, *United States*, 1965 - 2014, CTRS. FOR DISEASE CONTROL & PREVENTION, https://www.cdc.gov/tobacco/data_statistics/tables/trends/cig_smoking/index.htm[https://perma.cc/5ZU6 - UD58].(据称,在1990年代末,约有24.7%的美国成年人是吸烟者)

〔3〕 参见 Smoke-Free Air Act, N. Y. C. ADMIN. CODE § § 17 - 501 to 504(2018)(纽约市现行法律禁止在所有私人工作场所吸烟); *Existing New York City Legislation*, NYC SMOKEFREE, http://nycsmokefree.org/legislation[https://perma.cc/3SB9 - TLLS]("2003年3月30日生效的《无烟空气法》几乎禁止人们在所有工作场所和室内娱乐场所吸烟");参见 L. A. MUN. CODE § 63.44(B)(24)(2007)(洛杉矶法律禁止在城市公园吸烟)。

〔4〕 See DEP'T OF HOUSING & URBAN DEV., OFFICE OF PUBLIC & INDIAN HOUSING, Non-Smoking Policies in Public Housing 1 - 2(2009)(备忘录), http://www.tcsg.org/sfelp/pih2009 - 21.pdf[https://perma.cc/5674 - HTCY].颇具讽刺意味的是,奥巴马总统本人曾经是,也可能仍然是个"烟鬼"。See Maya Rhodan, *Why It Matters if Obama Smokes*(*and Why It Doesn't*), TIME(June 11, 2015), http://time.com/3916342/barack-obama-smoking[https://perma.cc/9ZKM - 8YEF].

〔5〕 See Katharine Q. Seelye, *Increasingly*, *Smoking Indoors Is Forbidden at Public Housing*, N. Y. TIMES(Dec. 17, 2011), https://www.nytimes.com/2011/12/18/us/public-housing-authoritiesincreasingly-ban-indoor-smoking.html[https://perma.cc/9WEB-GBKC].

求所有接受联邦资助的公共房屋主管部门禁止居民在任何住房开发的私人或公共区域,或在住房的25英尺范围内吸烟。[1] 值得注意的是,该政策并没有禁止出租房屋给吸烟者,甚至没有禁止吸烟行为本身。相反,它只是要求居民在异地吸烟。2016年11月,它提出了一个拟议的规则,该规则的形式与一年前提出的初始规则基本相同。[2] 虽然住房和城市发展部的禁烟政策于2017年2月3日生效,[3]但该规则涵盖了18个月的实施期,这就要求公共房屋主管部门在2018年7月31日之前遵守该项规定。[4]

新颁布的政策广受赞誉,医学协会称赞该规则有可能减少吸烟,减少儿童等弱势群体接触二手烟,对健康无疑是重大利好。[5] 尽管一些公共房屋主管部门有所抱怨,称该规则是一项"没有资金支持的任务",[6]但住房和城市发展部强调了该政策的潜力,通过降低投入关于烟民的费用和减少与吸

[1] See Instituting Smoke-Free Public Housing, 80 Fed. Reg. 71,762, 71,766 – 67 (Nov. 17, 2015) (to be codified at 24 C. F. R. pts. 965 – 66).

[2] See Instituting Smoke-Free Public Housing, 81 Fed. Reg. 87,430 (Dec. 5, 2016) (to be codified at 24 C. F. R. pts. 965 – 66).

[3] See *Smoke-Free Public Housing and Multifamily Properties*, DEPT. OF HOUSING & URBAN DEV., https://www. HUD. gov/program_offices/healthy_homes/smokefree [https://perma. cc/NFV4 – GCW6].

[4] See *Smoke-Free Public Housing and Multifamily Properties*, DEPT. OF HOUSING & URBAN DEV., https://www. HUD. gov/program_offices/healthy_homes/smokefree [https://perma. cc/NFV4 – GCW6].

[5] See Mireya Navarro, *Public Housing Agencies Seek More Time to Enact Smoking Ban*, N. Y. TIMES (Feb. 4, 2016), https://www. nytimes. com/2016/02/05/nyregion/public-housing-agencies-seek-moretime-to-enact-smoking-ban. html [https://perma. cc/N7JS-6E72]; see Melissa Jenco, *New Federal Rule Prohibits Smoking in Public Housing*, AM. ACAD. OF PEDIATRICS: NEWS (Dec. 1, 2016), http://www. aappublications. org/news/2016/12/01/SmokeFree120116 [https://perma. cc/83TG-JAYA]. [(住房和城市发展部)的这一举动得到了(美国)儿科学会的赞扬,他们认为这一措施将保护76万多名儿童的健康,其中包括受烟草影响过大的少数族裔]

[6] See Navarro, *Public Housing Agencies Seek More Time to Enact Smoking Ban*, N. Y. TIMES (Feb. 4, 2016), https://www. nytimes. com/2016/02/05/nyregion/public-housing-agencies-seek-moretime-to-enact-smoking-ban. html [https://perma. cc/N7JS – 6E72]. ("这条规则是一项没有资金支持的任务,给一直以来资金完全不足的项目增加了相当大的负担,在财政上和行政上都是如此。[公共房屋管理机构负责人协会]的执行董事蒂莫西 – G – 凯泽写道")

烟有关的火灾风险来缩减成本。[1] 也许最能说明禁烟政策的益处的一点是,该政策尽管起源于奥巴马任内,但并未被特朗普政府废止。[2]

然而,该规则也受到了批评。批判者对如何执行该规则等一系列问题表示担忧。在分阶段实施后,公共房屋主管部门必须通过租房合同来强制执行禁烟政策。[3] 强制执行行动包括一系列执法行为,如警告、罚款和驱逐。[4] 重要的是,该政策明确保留了公共房屋主管部门对于基于租约的强制执行行动的自由裁量权。[5] 在公示期间,有关驱逐烟民的条款引起了公众的特别关注。该条款的反对者强调,该规定可能导致在自家从事合法活动的弱势个体无家可归,从而造成严重后果。[6] 然而,住房和城市发展部拒绝修改有关驱逐烟民的条款,并强调"认为允许公共房屋主管部门通过租约强制执行禁烟政策(包括驱逐)是确保公民遵守这些政策的最佳方式"。[7]

公共住房的烟民同样对此表达了强烈不满。2018 年 7 月 23 日,执行期

---

〔1〕 Instituting Smoke-Free Housing,81 Fed. Reg. at 87,430 – 32("颂扬了禁烟政策在居民健康和降低公共机构成本方面的好处")许多公共住房居民也欢迎这一变化。布朗克斯区梅尔罗斯房屋的居民 Lesli Lino 抱怨说,他/她的楼房里吸烟的气味"太可怕了",而对他/她而言,HUD 的政策将是重大利好。Mireya Navarro, *Public Housing Nationwide May Be Subject to Smoking Ban*, N. Y. TIMES(Nov. 12, 2015).

〔2〕 The Trump Administration, by way of HUD Secretary Ben Carson, ultimately endorsed the smoke-free rule. See Ben Carson (@SecretaryCarson), TWITTER (July 31, 2018, 1:57 PM), https://twitter.com/secretarycarson/status/1024398660749197319 [https://perma.cc/8HYF-LDE4]. ("今天,我们的无烟规则对全国的公共住房当局全面生效。这意味着公共住房机构每年将在维修和可预防的火灾方面节省 1.53 亿美元,我们的居民也将因此更加健康")

〔3〕 See Instituting Smoke-Free Housing,81 Fed. Reg. at 87,437.

〔4〕 See Instituting Smoke-Free Housing,81 Fed. Reg. at 87,436 – 40.

〔5〕 See Smoke-Free Public Housing,24 C. F. R. § § 965.653 – 55(2018); see Instituting Smoke-Free Public Housing,81 Fed. Reg. at 87,437. (指出"住房和城市发展部没有将执行条款纳入这一规则制定中,因为租赁执行政策通常由公共住房机构自行决定,地方机构应确保公平性和与其他政策的一致性")

〔6〕 See Instituting Smoke-Free Housing,81 Fed. Reg. at 87,437. (将各种反对驱逐的意见编成目录,作为对违反禁烟政策的补救措施)

〔7〕 See Instituting Smoke-Free Housing,81 Fed. Reg. at 87,437. 住房和城市发展部确实提出了一些建议,旨在减轻潜在之驱逐的影响,例如,不鼓励将驱逐作为对首次违反者的补救性措施,但又拒绝修改规则,以消除驱逐作为反复多次违反禁烟政策的可能后果。

结束前的1周,住房和城市发展部以及卡森部长被起诉至联邦法院。[1] 该项诉讼中一共有7名原告,其中包括一个总部位于纽约的非营利性吸烟者权益组织和6名目前居住在公共住房的烟民,[2]其中4名原告非白色人种,年龄都在40岁以上,2名原告有残疾,需要依靠社会保障福利。[3] 这篇长达55页的诉状从各个角度对禁烟政策提出了质疑。原告声称:(1)禁烟政策违反了《宪法第十修正案》中的反征用原则;(2)违反了《宪法第四修正案》,允许公共房屋主管部门在居民家中进行非法搜查和扣押;(3)违反了《宪法第五修正案》及《宪法第十四修正案》中有关免受政府侵入住宅的司法权利;(4)违反了《宪法第四修正案》赋予公民的权利,仅重视政府利益;(5)住房和城市发展部缺乏公布该规则的司法权力和管辖权,因为该规则涉及的活动并不影响洲际间的商务贸易;(6)住房和城市发展部缺乏发布该规则的司法权力和管辖权,因为联邦机构不能在没有行政或国会授权的情况下监管私人场所内的烟草使用;(7)住房和城市发展部缺乏发布该规则的司法权力和管辖权,因为联邦机构不能在没有行政或国会授权的情况下监管全国范围内的室内空气质量;(8)住房和城市发展部缺乏发布该规则的司法权力和管辖权,因为联邦机构不能在没有行政或国会授权的情况下,对任何区域的烟草使用进行监管;(9)该政策具有任意性、反复性和滥用自由裁量权的嫌疑。[4]

虽然我们与其在隐私保护和私人权利不受政府侵犯两方面主张的观点基本类似,但将从不同的角度对新政策进行批判,因为它不公平地对待了低收入的少数民族吸烟者。

---

〔1〕 See Complaint for Declaratory and Injunctive Relief at 1, NYC C. L. A. S. H., Inc. v. Carson, No. 1:18 – cv – 1711(D. D. C. July 23, 2018)[hereinafter Complaint]. at 1.

〔2〕 See Complaint for Declaratory and Injunctive Relief at 1, NYC C. L. A. S. H., Inc. v. Carson, No. 1:18 – cv – 1711(D. D. C. July 23, 2018)[hereinafter Complaint]. at 3 – 4.

〔3〕 See Complaint for Declaratory and Injunctive Relief at 1, NYC C. L. A. S. H., Inc. v. Carson, No. 1:18 – cv – 1711(D. D. C. July 23, 2018)[hereinafter Complaint]. at 3 – 4.

〔4〕 See Complaint for Declaratory and Injunctive Relief at 1, NYC C. L. A. S. H., Inc. v. Carson, No. 1:18 – cv – 1711(D. D. C. July 23, 2018)[hereinafter Complaint]. at 15 – 54. 申诉书中虽然有9项"法律缺陷",但却包括13项罪名。See Complaint for Declaratory and Injunctive Relief at 1, NYC C. L. A. S. H., Inc. v. Carson, No. 1:18 – cv – 1711(D. D. C. July 23, 2018)[hereinafter Complaint]. at 3 – 4.

(二)健康主义理论

司法体系中一个不可避免的特点是提倡二分法以及区分原则,避免“一刀切”。否则,法律就无法运作。《宪法》规定,只有年满35岁的人才能成为总统。[1] 公立大学通常向州内居民收取更低的学费,[2]非开放式初选州的公民只能投票给他们所登记的政党候选人。[3] 这些区别对待对某些团体更为有利,但不会构成法律上合法与否的问题。其他一些区别却并非无害:美国南方的《吉姆-克劳法案》就曾系统地将少数族裔排除在公共场合和公众参与之外。[4] 法律已经根据性别、种族和财产所有者的身份限制投票权和担任陪审员的资格。最近的总统行政命令以伊斯兰国家的居民身份为由限制个人出国旅行。[5] 诸如此类的法律引发众怒,已被美国法院宣布无效。

健康主义在反歧视法中引入了一种新型社会歧视:健康状况。[6] 健康主义理论认为,在某些情况下,基于健康状况的区别对待政策会带来规范性问题,需要法律的规制。[7] 尽管如此,许多基于健康状况的区别对待是可取的,应得到支持。例如,基于健康相关的行为和属性,对于某些干预措施(如

---

〔1〕 See U. S. CONST. art. Ⅱ, § 1, cl. 5.

〔2〕 See *Trends in Higher Education*: 2018-19 *Tuition and Fees at Public Four-Year Institutions by State and Five-Year Percentage Change in In-State Tuition and Fees*, COLLEGEBOARD, https://trends.collegeboard.org/college-pricing/figures-tables/2018-19-state-tuition-and-fees-public-four-year-institutions-state-and-five-year-percentage[https://perma.cc/J6CU-C6R4].(“在10个州,州外的平均学费和费用价格是州内价格的三倍以上。在7个州,州外价格不到州内价格的两倍”)

〔3〕 See *Open and Closed Primaries*, FAIRVOTE, https://www.fairvote.org/open_and_closed_primaries[https://perma.cc/ZDS3-UAU4].

〔4〕 See Gerald J. Postema, *Law's Ethos*: *Reflections on a Public Practice of Illegality*, 90 B. U. L. REV. 1847, 1849-50(2010).

〔5〕 See Exec. Order No. 13,769, Protecting the Nation from Foreign Terrorist Entry to the United States, 82 Fed. Reg. 8,977(Jan. 27, 2017).

〔6〕 See “*Healthism*”: *A Critique of the Antidiscrimination Approach to Health Insurance and American Health Care Reform* at 1159; Roberts & Weeks at 484; Roberts & Weeks Leonard.

〔7〕 See Roberts & Weeks Leonard at 856-58.

戒烟计划)进行区分是必要的。[1] 相比之下,某些工作场所不喜甚至禁止肥胖员工就业,可能会引起严重的规范性问题。[2] 虽然这种条例名义上是为了避免因不健康的员工增加潜在保险费用,但有证据表明,它们可能植根于对某些体型的非理性敌意。[3] 因此,健康主义框架将基于健康的有利区分与那些不公平的歧视区别开来。

该框架的核心包括4个指导原则:(1)健康福利;(2)健康自由;(3)健康平等;(4)健康公正。[4] 健康福利植根于功利主义,指出以健康状况为目标实际上可能减少社会福利。[5] 健康自由考虑到个人自由的重要性,并认为若根据健康状况进行管制,可能会威胁到社会主体的私权。[6] 因此,自主权对健康自由至关重要。健康平等呼吁法律面前人人平等,并审查健康状况条例和政策制定中是否有不当动机,例如,敌意或社会成见。[7] 其中,基本的个人尊严是核心要义。最后,健康正义关注健康状况差异的分配效果,尤其以公平分配为核心。[8] 健康公正还关乎福利、自由和平等的问题。作为一种反歧视理论,健康主义是价值多元主义,没有一个单独的最高指导原则。

---

〔1〕 戒烟计划涵盖了一系列帮助吸烟者戒烟的方法,从自助戒烟、个人或团体咨询,到使用非处方药或处方药的医学治疗。See How to Quit: Explore Quit Methods, SMOKEFREE. GOV, https://smokefree. gov/tools-tips/how-to-quit/explore-quit-methods[https://perma. cc/2F7M-JKEE]. 这些方法可以结合使用,如果能结合使用,效果会更好。See Roberts & Weeks Leonard at 856 - 58.

〔2〕 2012年,县办医院——市民医疗中心制定了一项政策,禁止聘用身体质量指数在35以上的人。See Emily Ramshaw, *At Victoria Hospital, Obese Job Candidates Need Not Apply*, TEX. TRIB. (Mar. 26, 2012), https://www. texastribune. org/2012/03/26/victoria-hospital-wont-hire-very-obese-workers [https://perma. cc/8JLL-XAQT].

〔3〕 See Roberts, *Healthism and the Law of Employment Discrimination* at 580 - 89.(讨论基于健康的工作场所区分的成本、耻辱感和商业形象动机)

〔4〕 See Roberts & Elizabeth Weeks Leonard, What Is(and Isn't) Healthism, 50 GA. L. REV. 833 (2016). at 24.

〔5〕 See Roberts & Elizabeth Weeks Leonard, What Is(and Isn't) Healthism, 50 GA. L. REV. 833 (2016). at 179.

〔6〕 See Roberts & Elizabeth Weeks Leonard, What Is(and Isn't) Healthism, 50 GA. L. REV. 833 (2016). at 179.

〔7〕 See Roberts & Elizabeth Weeks Leonard, What Is(and Isn't) Healthism, 50 GA. L. REV. 833 (2016). at 179 - 80.

〔8〕 See Roberts & Elizabeth Weeks Leonard, What Is(and Isn't) Healthism, 50 GA. L. REV. 833 (2016). at 180;参见下文第(四)部分。

我们现在来讨论住房和城市发展部的禁烟政策是否属于健康主义。

二、将健康主义应用于禁烟政策

美国住房和城市发展部将其禁烟政策说成是提高健康水平和降低公共住房成本的直接方法。它也是一项根据健康状况公开管制和加重某一群体负担的法律。住房和城市发展部认为,该政策的理想效果超过了这些负担。不过,健康主义框架从一个新的角度来看待这项政策。它质疑这些新的限制是否越过了合法区别的法律界限,从而成为违法的有害歧视。本部分分 4 个步骤阐明了这一论点,说明禁烟政策,特别是由于其对家庭内部行为的规范,如何引起了对健康主义框架所有 4 个部分的关注。(1)健康福利;(2)健康自由;(3)健康平等;(4)健康公正。

(一)健康福利

公共卫生政策通常是为了提高人口健康水平而设定的,也就是说,这些政策旨在促进福利。健康福利的概念植根于边沁功利主义的观点,即法律和政策制定者应该根据纯粹的好或坏的影响来评估他们的行为。[1] 换言之,收益应该大于成本。通过促进健康来改善福利是住房和城市发展部实施禁烟政策的主要理由。在整个最终规则中,该机构强调,该政策的优点大于其弊端,这一特点在公共健康方面体现得更为明显。[2] 因此,住房和城市发展部认为禁烟政策将带来净福利收益。

不过,仔细研究一下禁烟政策,就会对它能提高净福利的结论产生怀疑。住房和城市发展部首先假设政策会得到广泛的遵守。任何一项政策要想真正获得效益,必须得到公众的遵守。然而,由于各种原因,公共住房居民将难以遵守这条新规。

---

〔1〕 See Jeremy Bentham, An Introduction to the Principles of Morals and Legislation 3 - 5 (Oxford: Clarendon Press 1907) (1823).

〔2〕 See Instituting Smoke-Free Housing, 81 Fed. Reg. 87,430, 87,430 - 31 (Dec. 5, 2016) (to be codified at 24 C. F. R. pts. 965 - 66).

首先,结构性障碍是许多公民违反新规的缘由之一。大多数地区的禁烟条例——以禁止在餐厅或公园吸烟为例,公共住房居民依靠回归私人住所来遵守这些条例。而新规的要求恰恰相反。一个人必须离开自己的家,甚至离开自己家庭所在的区域,才不会违反住房和城市发展部的规定。对于某些人来说——以一个30岁的健康男人为例,简单的解决方案便是在比较偏远的地方吸烟。

但对于其他人来说,这就不是那么容易了。考虑到老年人或残疾人,对于这些群体来说,走出家门进入批准的吸烟区可能会更加困难,特别是当恶劣的天气来临,他们甚至有患病的危险。此外,许多公共房屋主管部门位于犯罪率较高的地区。[1] 要求居民离开房屋相当大的一段距离去吸烟,他们将面临更高的安全风险,特别是在夜间,这种风险尤甚。对于某些更有可能成为犯罪受害者的群体,如残疾人和妇女,这种安全威胁就更大了。[2] 基于此,公屋居民可能因为自身的诸多不便,或者宁愿冒着被处分的风险,也不愿意置身危险,故而违反禁烟政策。而那些试图遵守政策并冒着安全风险的人可能会遭受重大损失。

当然,居民还有另一种选择:戒烟。然而,由于尼古丁成瘾在化学和心理上的持久性,这种替代性路径十分复杂。[3] 专门用于戒烟的产业(透皮贴

---

〔1〕 See *generally Evidence Matters: Neighborhoods and Violent Crime*, U. S. DEP'T OF HOUS. & URB. DEV. (2016), https://www. huduser. gov/portal/periodicals/em/summer16/highlight2. html [https://perma. cc/C4NN-P5WL]. ("弱势群体集中的社区往往有着较高的暴力犯罪率")

〔2〕 See *Crimes Against People with Disabilities*, U. S. DEP'T OF JUSTICE, OFFICE OF JUSTICE PROGRAM, OFFICE FOR VICTIMS OF CRIMES(2018), https://ovc. ncjrs. gov/ncvrw2018/info_flyers/fact_sheets/2018NCVRW_VictimsWithDisabilities_508_ QC. pdf[https://perma. cc/QX5M-W3WT](讨论:残疾人成为暴力犯罪或单纯伤害行为中受害者的风险比非残疾人高出2~3倍); U. S. Dep'T OF JUSTICE, BUREAU OF JUSTICE STATISTICS, BULL. NO. NCJ 250180, CRIMINAL VICTIMIZATION, 2015, at 8-9(2016, *revised* 2018), https://www. bjs. gov/content/pub/pdf/cv15. pdf[https://perma. cc/9R6X-TYYU]. (表明2015年女性受害者多于男性)

〔3〕 See Neal L. Benowitz, *Nicotine Addiction*, 362 NEW ENG. J. MED. 2295, 2295-99(2010); Amanda Chan, *Anatomy of Addiction: Why It's So Hard to Quit Smoking*, LIVE SCIENCE(Oct. 18, 2010), https://www. livescience. com/35062-tobacco-addiction-why-hard-quit-smoking. html[https://perma. cc/9AUC-YGSC].

剂、治疗项目等)的存在,证明了戒烟的难度。[1] 事实上,虽然一些在公共住房的吸烟者在理论上对住房和城市发展部的新规定表示支持,[2]但其他人坚持认为,即使是联邦法律也不能阻止他们在家中吸烟。77 岁的胡安·曼努埃尔·卡布雷拉解释说,他已经有 67 年的烟龄,任何联邦法令都不能让他戒掉这个习惯。[3]

其次,由于禁烟令是在家庭内实施的,因此其被遵守的可能性较小。吸烟者可能会遵守工作场所的禁烟规定,因为他们仍有在住所的私密空间内吸烟的自由。然而,禁烟政策却剥夺了公屋居民的这一选择,迫使他们在异地吸烟的成本和克服持续成瘾行为的愿景之间,作出了欺骗性的艰难选择。

最后,公共住房中的烟民可能不遵守政策的第三个原因是:象征性地拒绝服从一项他们认为错误的政策,因为该政策侵犯了他们的个人自由。[4] 尽管,不遵守住房和城市发展部的政策可能对健康福利造成若干后果。至少,该政策不会对福利产生影响。然而,新的规则又可能大大减少福利。回顾可知,禁烟政策赋予了公共房屋主管部门广泛的权力,其可以通过地方执

---

〔1〕 Frank Newport, *Most U. S. Smokers Want to Quit, Have Tried Multiple Times*, GALLUP (July 31, 2013), https://news. gallup. com/poll/163763/smokers-quit-tried-multiple-times. aspx [https://perma. cc/T3N4 – VCFV].

〔2〕 See David R. Martin & Jennifer C. Kerr, *Residents Mixed on Proposed Smoking Ban in Public Housing*, SEATTLE TIMES (Nov. 12, 2015), https://www. seattletimes. com/seattle-news/health/hud-seeks-smoking-ban-in-public-housing [https://perma. cc/6GS5 – KFYS]; Brianna Owczarzak & James Felton, *Nationwide Smoking Ban for Public Housing Residents Takes Effect Tuesday*, WNEM (July 30, 2018), https://www. wnem. com/news/nationwide-smoking-ban-for-public-housing-residents-takes-effect-tuesday/article _ 20682315-bdae-5186-86af-bacdc0db7803. html [https://perma. cc/5DBR-LCHY]; Alessandra Potenza, *The US Plans to Ban Smoking in Public Housing—But Will It Work?*, VERGE (Dec. 17, 2016, 3:00 PM), https://www. theverge. com/2016/12/17/13987432/smoking-ban-public-housing-urban-development-health [https://perma. cc/44HP-LESF].

〔3〕 See Martin & Kerr, *Residents Mixed on Proposed Smoking Ban in Public Housing*, SEATTLE TIMES (Nov. 12, 2015), https://www. seattletimes. com/seattle-news/health/hud-seeks-smoking-ban-in-public-housing [https://perma. cc/6GS5 – KFYS].

〔4〕 我们将在下文更详细地解释为什么禁烟政策给人以自由被侵犯的感觉而不被遵守。参见下文第(二)部分。

法机构来执行禁烟政策。[1] 地方执法机构的权力范围可以从非正式的口头警告到书面警告，到罚款，再到驱逐。虽然许多社会团体要求住房和城市发展部作出保证：禁烟政策的执行措施限于罚款和其他非极端措施上，但该部门坚持驱逐措施的必要性。[2] 并且，住房和城市发展部的正式文件甚至赋予了公共房屋主管部门驱逐允许第三方（如客人）在家中吸烟的居民的自由裁量权。[3] 此外，如果一个居民不遵守禁烟政策，可能会导致该单元的所有居民被驱逐，包括非烟民和儿童。[4] 而公共房屋主管部门负责人的最初回应表明，他们愿意在不违反禁烟政策的情况下使用这一补救性措施。旧金山住房和城市发展部发言人埃德·卡布瑞拉说，"时间从今天开始"，"不遵守规定并继续吸烟的住户可能会面临被驱逐的命运"。[5]

从健康福利的角度来看，最后的转折是，遵守政策的难度加上被驱逐的可能性，可能会使禁烟政策下的公共健康优势不再。公共房屋主管部门居民在被驱逐时通常无处可去，因此禁烟政策可能会使烟民的整个家庭流落街

---

〔1〕 See Instituting Smoke-Free Housing, 81 Fed. Reg. at 87,437; Instituting Smoke-Free Housing, 81 Fed. Reg. at 87,436 – 40; Smoke-Free Public Housing, 24 C. F. R. § § 965. 653 – 55 (2018); Instituting Smoke-Free Public Housing, 81 Fed. Reg. at 87,437.（指出"住房和城市发展部没有将执行条款纳入这一规则制定中，因为租赁执行政策通常由公共住房机构自行决定，地方机构应确保公平性和与其他政策的一致性"）

〔2〕 See Instituting Smoke-Free Housing, 81 Fed. Reg. 87,430, 87,440 (Dec. 5, 2016) (to be codified at 24 C. F. R. pts. 965 – 66).（回应批评使用驱逐措施的评论时，住房及城市发展部"鼓励各阶段采取逐步执行的方式，包括在终止租约或驱逐之前，对反复违反政策的行为提出书面警告"）

〔3〕 See at 87,444 [extending the restriction to guests under 24 C. F. R. § 966. 4 (f) (12) (i) (B)]. 住房和城市发展部的政策不仅适用于在自己的住所吸烟的个人，而且还使得公共房屋主管部门能够参与到地方执法机构的吸烟管理中去。这进而可能导致一种更极端的情况：某人因为客人未经允许在其家中吸烟而被驱逐。

〔4〕 公共房屋主管部门的驱逐措施适用于租赁人。举个例子，如果一个有双亲和两个孩子的家庭住在公共住房的一个单元里，在租赁合同上只有父亲的名字，那么根据该政策，即使只有母亲吸烟，也会被驱逐出去。在这种情况下，所有4名家庭成员都将被驱逐，尽管违规者并不是租赁人。

〔5〕 See Martin & Kerr, *Residents Mixed on Proposed Smoking Ban in Public Housing*, SEATTLE TIMES (Nov. 12, 2015), https://www. seattletimes. com/seattle-news/health/hud-seeks-smoking-ban-in-public-housing [https://perma. cc/6GS5 – KFYS].

头。而无家可归对公共健康的影响比吸烟的影响还要大。[1] 特别是无家可归会导致吸毒、精神问题和致命的疾病,包括肺炎、高血压和艾滋病毒感染。[2] 无家可归的人也不成比例地成为暴力的受害者,无家可归的妇女遭受性侵犯的比例更高。[3] 吸烟的健康成本并非微不足道,但无家可归者带来的直接且即时的死亡威胁与吸烟导致的癌症和肺部疾病的系统性风险增加相比,就小得多了。[4] 近期研究表明,二手烟的健康危害有夸大之嫌,[5] 可见,禁烟政策所导致的健康危害往往被忽视,其具有的健康益处却被大肆宣传。该政策带来的危害可能大于其本身具有的益处。

(二)健康自由

适用于禁烟政策的健康主义框架的下一个原则是健康自由。住房和城市发展部的政策明显限制了个人自由。其禁止公共住房居民在家中吸烟,而这种限制显然是对个人自由的侵犯,原因有二。

第一,它的实施范围在家庭内部。法律历来视住宅为个人自由的堡垒,不受国家控制。因而当涉及住宅时,人们对个人自由的意识非常强烈。许多公共房屋主管部门居民,包括烟民和非烟民,均表示担心,禁烟政策属于国家

---

〔1〕 See Ann Elizabeth Montgomery et al., *Homelessness, Unsheltered Status, and Risk Factors for Mortality: Findings from the* 100,000 *Homes Campaign*, 131 PUB. HEALTH REP. 765(2016).(受庇护状况与严重恶化的健康状况之间存在因果关系的统计研究)

〔2〕 See Lisa Rosenbaum, *Liberty Versus Need—Our Struggle to Care for People with Serious Mental Illness*, 375 NEW ENG. J. MED. 1490, 1490(2016).

〔3〕 See Elinore Kaufman et al., *Recurrent Violent Injury: Magnitude, Risk Factors, and Opportunities for Intervention from a Statewide Analysis*, 34 AM. J. EMERGING MED. 1823, 1823(2016); Molly Meinbresse et al., *Exploring the Experiences of Violence Among Individuals Who Are Homeless Using a Consumer-Led Approach*, 29.

〔4〕 即使考虑到这些对边缘化群体成员的危害,人们也可以回答说,禁烟政策在总体上依然有积极作用。情况可能就是这样。但分配正义分析的重点在于去质疑,为了产生净社会福利,某些群体是否应该承担过高的损失。

〔5〕 See e.g., Jacob Grier, *We Used Terrible Science to Justify Smoking Bans*, SLATE(Feb. 13, 2017), http://www.slate.com/articles/health_and_science/medical_examiner/2017/02/secondhand_smoke_isn_t_as_bad_as_we_thought.html[https://perma.cc/G2FZ-GJMZ].(引述和讨论这一研究)

干预私密空间内私人事务的反常举措。[1] 可见,居民拒绝遵守禁烟政策的说法并不仅仅是空穴来风。例如,辛辛那提的一位公共住房居民,89 岁的老妇人比拉·图姆斯坚持说:"我认为你可以在你的家里做任何你想做的事情。"[2] 尽管将面临无家可归的境地,图姆斯仍没有放弃吸烟,直到她所属的公共房屋主管部门把她赶出了家门。[3]

第二,该政策禁止在家中进行原本合法的活动。国家为了防止非法活动,比如非法使用毒品,可以进入人们的私宅,这是无可争议的。相比之下,禁烟政策禁止私人领域内的合法行为,是对私宅居民自身的家长式侵犯。参照普遍适用的刑事或民事禁令来限制居民的行为,对国家可以深入居民家中的范围设置了一些合理的限制,并使居民的行为标准与他们在家庭以外必须遵守的标准别无二致。但是,限制居民在家庭内的合法行为并没有设定这样的限制,而且它提出了一种可能性,即公共卫生机构可能会对居民在生活中甚至是琐碎或私密的领域施加管制。

不过,一种观点认为,公共住房是有补贴的,故而公共住房主管部门保留了管理其公共住房使用情况的权利。但居民一般都是公房租住的消费者,无论是否接受补贴,居民都会像私人住宅的房主或房客一样,对自己居住的公共房屋享有占有和支配的权利。私人房东可以限制租户吸烟等行为,但在公共住房中,房东的功能等同于公共住房主管部门,是公权力的行使者。该类行使者在执行规则时拥有更多的强制性权利,因此对相对人的自由威胁更大,相对人在公共住房中的行为也比其他私人行为受到更多的

---

〔1〕 See Martin & Kerr, *Residents Mixed on Proposed Smoking Ban in Public Housing*, SEATTLE TIMES (Nov. 12, 2015), https://www. seattletimes. com/seattle-news/health/hud-seeks-smoking-ban-in-public-housing[https://perma. cc/6GS5 – KFYS].

〔2〕 See 89 – *Year-Old Woman Chooses Eviction Over Quitting Smoking*, CBS CLEVELAND (Apr. 21, 2014, 2: 01 PM), http://cleveland. cbslocal. com/2014/04/21/89 – year-old-ohio-woman-chooses-eviction-over-quitting-smoking[https://perma. cc/ZTJ3 – WWYZ].

〔3〕 See 89 – *Year-Old Woman Chooses Eviction Over Quitting Smoking*, CBS CLEVELAND (Apr. 21, 2014, 2: 01 PM), http://cleveland. cbslocal. com/2014/04/21/89-year-old-ohio-woman-chooses-eviction-over-quitting-smoking[https://perma. cc/ZTJ3 – WWYZ].

管制。

无论吸烟与否,公共房屋居民对禁烟政策都有同样的不满,即禁烟政策深入私人住宅,损害了个人自由。例如,不吸烟的德文特·巴雷特说:“我认为禁烟政策完全是虚伪的。[1] 许多居民特别关注的是,禁烟政策为公共卫生机构对居民在住宅中行为的管制开启了一个不好的先例。”路易斯·托雷斯抱怨说:“隐私不可以被侵犯。你可以在你的公寓里做你想做的一切,不是政府说了算。如果你和妻子发生性关系,他们也要检查你的性生活是否有问题?这不可能。”[2]巴尔的摩公共房屋居民希巴尔·约翰逊也表达了同样的担忧:“我们在家里做的事情是个人隐私,这就是我的想法。没有人告诉我们应该做什么或不应该做什么。如果这个法案被通过,那么政府就会管控我们在家里可以做和不可以做的其他事情。”[3]

(三)健康平等

正如禁烟政策侵犯了居住在公共房屋主管部门中的吸烟者的健康自由一样,它同样也牵涉健康平等问题。截至2018年6月,美国的吸烟率创下历史新低,成年人的吸烟率为14%。[4] 虽然美国法律并未将烟民视为反歧视的被保护者,但健康主义理论认为,人们不应接受这种歧视性区分,因为它可能是基于对受管制群体偏见的健康状况而作出的。当然,住房和城市发展部并没有明确表达出对吸烟者的偏见。但该政策可能是基于这一群体的隐性

---

〔1〕 See Martin & Kerr, *Residents Mixed on Proposed Smoking Ban in Public Housing*, SEATTLE TIMES (Nov. 12, 2015), https://www.seattletimes.com/seattle-news/health/hud-seeks-smoking-ban-in-public-housing[https://perma.cc/6GS5 - KFYS].

〔2〕 See Martin & Kerr, *Residents Mixed on Proposed Smoking Ban in Public Housing*, SEATTLE TIMES (Nov. 12, 2015), https://www.seattletimes.com/seattle-news/health/hud-seeks-smoking-ban-in-public-housing[https://perma.cc/6GS5 - KFYS].

〔3〕 See Colin Campbell, *Feds Propose Public Housing Smoking Ban*, BALT. SUN (Nov. 13, 2015), http://www.baltimoresun.com/news/maryland/baltimore-city/bs-md-public-housing-smoking-20151112 - story.html[https://perma.cc/7CZH-EV2Q].

〔4〕 See Mike Stobbe, *Smoking Reaching All-Time Low with U. S. Adults, Government Report Shows*, USA TODAY (June 19, 2018), https://www.usatoday.com/story/news/nation/2018/06/18/smoking-united-states-cigarette-sales/713002002[https://perma.cc/5LHQ - 6LN2].

偏见而推进的。有25%的美国人认为,在得知某人吸烟后,就不那么尊重他了。[1] 这些态度经常会转化为隐性偏见,例如,医疗人员决定把更多的治疗资源用在非烟民身上,因为他们认为烟民要为自己的健康问题负责。[2] 这表明,禁烟政策很有可能是由反吸烟的隐性偏见所推动的,或者至少是由这种偏见所促成的,这将使它作为一个健康平等方面的问题而受到质疑。住房和城市发展部的政策将吸烟者污名化,迫使他们离开自己的生活空间,甚至离开这些生活空间所在的区域,原因是其做出了一种日益被社会边缘化的活动,于是便被孤立。

(四)健康公正

从健康主义理论的角度来看禁烟政策,会发现它在健康福利、健康自由和健康平等方面均带来了不为人知的问题。最后一个视角——健康公正以这些概念为基础,基于健康状况而对群体作出区分是否会引发分配问题?特别是当一项政策给传统和其他的弱势群体造成负担时,这项政策就会在分配正义方面引起明显的伦理性关注。

首先,某些向来处于弱势的群体在吸烟者群体中的占有比例过高。[3] 并非所有种族和民族群体的吸烟率都一样,有两个种族群体的吸烟率明显高于全体美国人的吸烟率。[4] 从平等的角度来看,这些群体的人数较少,也不

---

〔1〕 See Lydia Saad, *One in Four Americans Have Less Respect for Smokers*, GALLUP (Aug. 5, 2011), http://news. gallup. com/poll/148850/one-four-americans-less-respect-smokers. aspx [https://perma. cc/X2VU-CLBW].

〔2〕 See *e. g.*, Joar Björk et al., *Are Smokers Less Deserving of Expensive Treatment? A Randomized Controlled Trial that Goes Beyond Official Values*, 16 BMC MEDICAL ETHICS 28 (2015). (发现医疗专业人员似乎不太可能给吸烟者提供昂贵的治疗)

〔3〕 作为背景事实,截至2016年,大约15%的美国成年人(18岁或以上)经常吸烟。See CTRS. FOR DISEASE CONTROL & PREVENTION, Current Cigarette Smoking Among Adults in the United States (2016), https://www. cdc. gov/tobacco/data_statistics/fact_sheets/adult_data/cig_smoking/index. htm [https://perma. cc/Z3PG-PWKB].

〔4〕 这是唯二的吸烟率超过20%的种族或民族。参见同上(报告显示32%的印第安人和25%的混血儿吸烟)。印第安人尤其容易受到歧视,因为他们在人口中所占的比例很小,而且往往生活在远离主要人口中心的集中、孤立的地方。

太引人关注,因此很难在民主程序中发出自己的声音。[1] 其他弱势群体的吸烟率也较高,因此受到禁烟令的影响较大。超过25%的美国残障人士吸烟,21.6%的美国武装部队退伍军人吸烟。[2] 有精神健康问题的群体吸烟率最高,达到33%。[3]

其次,这项政策并不针对所有的吸烟者,而只针对那些住在公共住房里的人。它只影响处于贫困线或贫困线附近的吸烟者,而这是一个吸烟率极高的群体:生活在贫困线以下的人们吸烟率为25%。[4] 虽然受住房和城市发展部政策影响的人们在理论上可以通过戒烟来避免这个问题,但这个解决方案很难像人们想象的那样简单。如前所述,生理、心理和社会经济问题都可能会阻碍人们戒烟,特别是对于那些受住房和城市发展部禁烟政策影响的人来说,因为他们缺乏必要的经济支持来成功戒烟。[5]

---

〔1〕 印第安人尤其容易受到歧视,因为他们在人口中所占的比例很小,而且往往生活在远离主要人口中心的集中、孤立的地方。See Matt Saccaro, *This Is What Modern Day Discrimination Against Native Americans Looks Like*, MIC(Oct. 20, 2014), https://mic.com/articles/101804/this-is-what-modern-day-discrimination-against-native-americans-looks-like#.1yJ2wk1HT [https://perma.cc/45L6 - ZRT9] (discussing unique discriminatory burdens faced by Native American populations).

〔2〕 See *Cigarette Smoking Among Adults with Disabilities*, CTRS. FOR DISEASE CONTROL & PREVENTION, https://www.cdc.gov/ncbddd/disabilityandhealth/smoking-in-adults.html [https://perma.cc/WUB7 - 7T9M]; *About Three in Ten U.S. Veterans Use Tobacco Products*, CTRS. FOR DISEASE CONTROL & PREVENTION, https://www.cdc.gov/media/releases/2018/p0111 - tobacco-use-veterans.html[https://perma.cc/J8N7 - ZXPX]. 36%的公共住房家庭中有残疾人。See *Demographic Facts: Residents Living in Public Housing*, NAT'L CTR. FOR HEALTH IN PUB. HOUSING(May 31, 2016), https://nchph.org/wp-content/uploads/2016/07/Demographics-Fact-Sheet - 2016 - 1.pdf[https://perma.cc/8NG6 - 9FWC]. 关于退伍军人和住房不稳定的信息,参见 *Housing Instability Among Our Nation's Veterans*, NAT'L LOW INCOME HOUSING COALITION(Nov. 2013), http://nlihc.org/sites/default/files/NLIHC-V eteran-Report - 2013.pdf[https://perma.cc/T7YT-EJCZ]。

〔3〕 See William Wan, *New Ads Accuse Big Tobacco of Targeting Soldiers and People with Mental Illness*, WASH. POST (Aug. 24, 2017), https://www.washingtonpost.com/national/health-science/new-ads-accuse-big-tobacco-of-targeting-soldiers-and-people-with-mental-illness/2017/08/23/02bff930 - 8843 - 11e7 - a50f - e0d4e6ec070a_story.html? utm_term = .abf8cf7e0627[https://perma.cc/Q8SV-T7WA].

〔4〕 See CTRS. FOR DISEASE CONTROL & PREVENTION, Current Cigarette Smoking Among Adults in the United States(2018), https://www.cdc.gov/tobacco/data_statistics/fact_sheets/adult_data/cig_smoking/index.htm[https://perma.cc/Q5QQ-Q9D7]. 有精神健康问题的人也更有可能住在公共住房。See *generally Recovery and Support: Housing*, MENTAL HEALTH AM., http://www.mentalhealthamerica.net/housing[https://perma.cc/6U6Q-Z62H].

〔5〕 参见上文第(一)部分。

居住在公共住宅区的贫困户以及接近贫困的吸烟者与较富裕的吸烟者相比,处于不利地位。富裕的吸烟者可以买一套房子,随心所欲地吸烟,即使这种行为不符合社会常理,在许多公共场所甚至是非法的。但是,居住在公共住宅区的贫困烟民没有这样的权利,他们必须为从事一项完全合法的活动而面临顺从、戒烟或被驱逐的考验。虽然吸烟者本身可能并不等同于传统的弱势群体,但我们也看到,其他传统上的弱势群体在吸烟人群中的比例过高。这意味着,住房和城市发展部的政策负担落在了美国原住民和双性恋者以及退伍军人、老年人和残疾人的肩上。尤其是禁烟政策的执行往往是对人的驱逐,住房和城市发展部的政策可能导致社会中一些历来弱势的人们无家可归。这种结果不仅没有推动健康正义的事业,反而影响其发展。

综上所述,住房和城市发展部的无烟住房政策的书面规定违反了健康主义的所有4个原则。所以我们认为该种基于健康状况的歧视是不公平的。

三、挽救禁烟政策

在得出住房和城市发展部的禁烟政策是基于健康主义这一结论后,仍待解决的问题是如何对这些反对意见作出最佳的回应。其中一个选择是完全废除该规定。[1] 然而,直接废除该政策的同时,也会失去改善健康、降低成本的机会。

有些人建议,最好的办法是执行该政策,但以罚款替代驱逐这一惩罚措施。[2] 这个方案可以通过降低因违规行为导致吸烟者及其家庭无家可归的

---

〔1〕 通过司法途径可以得出大致相同的结果。The Supreme Court's 2015 decision in *Texas Department of Housing and Community Affairs v. The Inclusive Communities Project, Inc.* 因此,即使是表面上中立的住房政策,如果对受《公平住房法》保护的群体造成过重的负担,也会被推定为无效。135 S. Ct. 2507, 2525 (2015) ("法院认为,根据《公平住房法》,基于不同影响程度的索赔是可以支持的……"). 一些反对禁烟政策的缔约方提出了这一顾虑。See Instituting Smoke-Free Housing, 81 Fed. Reg. 87,430, 87,436 (Dec. 5, 2016) (将编纂于 24 C. F. R. pts. 965 – 66). ("[I]如果因这一规则而被驱逐的家庭往往属于受保护的群体,则可能会对公共房屋主管部门或住房和城市发展部提出不同的诉求")

〔2〕 See Instituting Smoke-Free Housing, 81 Fed. Reg. at 87,436.

风险,降低不利影响。但若如此,该政策可能不会奏效。吸烟罚款往往很难执行,因为许多公共房屋的居民仅靠工资维持生活,根本无法支付其他费用。即使对于那些有能力支付罚款的公屋居民,罚款也可能会适得其反。因为居民可能不认为罚款是一种威慑,而是一种吸烟的对价,可以将其计入租金成本之中。[1]

影响较小的一个选择是在建筑物周围张贴标语,提醒居民吸烟对自己和他人健康的严重风险。但几乎没有证据可以表明,这类低阶的干预措施,对于像吸烟这种持续成瘾性的活动有效。[2] 其他契约条款,如公共房屋主管部门官员的书面警告和当面训诫,除增加居民的怨恨和耻辱感外,同样不会有太大效果。

吸烟是一种根深蒂固的习惯,减少吸烟需要更复杂的策略,而不是驱逐、罚款或“摇手指”的标志。在本部分,我们提供了一些方法,让住房和城市发展部可以在不适用健康主义的前提下执行禁烟政策。第一种方法是通过与居民合作,鼓励他们遵守政策,帮助他们克服内部和外部的障碍;第二种方法是利用行为心理学来提高遵从性。

(一)与居民合作以促进遵守政策

若一个执法活动只关注执行行为的强制力,则它没有充分考虑到吸烟这种行为的黏性。如上所述,在曾经尝试过戒烟的美国人中,约有85%至今仍在吸烟。[3] 鉴于这种行为缺乏弹性,有效的执法最好是前瞻性地提供促进

---

〔1〕 有一项著名的研究发现,当父母因为从托儿所晚接孩子而被罚款时,这一情况会增加,因为父母认为罚款是他们为了有更多时间去接孩子而愿意付出的代价。See Uri Gneezy & Aldo Rustichini, *A Fine Is a Price*,29 J. LEGAL STUD. 1,14(2000).

〔2〕 事实上,现有证据表明,这种警告可能会增加吸烟行为。一项研究发现,关于烟草对健康影响的严厉警告使一些吸烟者更有可能吸烟,因为这种做法使得他们在面对自己死亡的恐惧时反而平静下来。See Jochim Hansen et al. ,*When the Death Makes You Smoke:A Terror Management Perspective on the Effectiveness of Cigarette On-Pack Warnings*, 46 J. EXPERIMENTAL SOC. PSYCHOL. 226, 228 (2010).

〔3〕 See Frank Newport, *Most U. S. Smokers Want to Quit*, *Have Tried Multiple Times*, GALLUP (July 31, 2013), https://news. gallup. com/poll/163763/smokers-quit-tried-multiple-times. aspx [https://perma. cc/T3N4 – VCFV].

居民守法的方法,而不单纯是对违法行为进行惩罚。

促进服从的一个方法是减少遵守禁烟政策的外部障碍。例如,公共房屋主管部门可以允许那些行动不便的人,例如老年人或残疾人住在一楼。因为这里离入口更近,以便他们更容易遵守前述25英尺半径的规定。同样,公共房屋主管部门可以在规定的25英尺半径之外提供有暖气、光线充足的吸烟亭。吸烟亭将为吸烟者,特别是那些身体有缺陷的人,提供一个舒适的吸烟场所。确保吸烟亭光线充足也能在一定程度上防止犯罪,同时有明显的监控摄像头和安保人员对其进行监控。这些措施可以在不危害吸烟者健康和安全的情况下增大人们遵守政策的可能性。

另一个策略是减少遵守禁烟政策的内部障碍。例如,一些证据表明,戒烟热线为吸烟者提供了一个在想吸烟时可以倾诉的对象,能够有效帮助吸烟者抵御诱惑。[1] 公共房屋主管部门可以为试图戒烟或减少吸烟的居民提供专门的戒烟热线,并在大楼周围进行宣传。戒烟计划可以引导吸烟者学习旨在减少烟草使用的课程。公共房屋主管部门可以为感兴趣的居民提供这样的项目,效果显著,因为这些项目便于设在参与者的住处,让参与者更容易支持彼此。[2]

这些干预措施将鼓励公屋居民在不违反健康主义4项指导原则的情况下戒烟。消除遵守政策的外部和内部障碍,会增加政策产生预期福利效果的可能性。在健康自由方面,虽然公屋居民不能不受约束地吸烟,但这些建议让吸烟者在适应禁烟政策方面有了更多选择。在健康平等方面,政策本身针对的还是吸烟者。但是,从理论上讲,戒烟项目是面向所有人的,并非单独针对吸烟居民。而且,这些策略尊重了吸烟者的个人尊严,避免了敌意、污名化和耻辱化。最后,通过提供额外的资源和支持,这些策略避免了与健康公正

〔1〕 See *e. g.*, Edward Lichtenstein et al., *Smoking Cessation Quitlines: An Underrecognized Intervention Success Story*, 65 AM. PSYCHOLOGIST 252, 253 – 55(2010).

〔2〕 美国住房和城市发展部认可这些措施的重要性,但拒绝在其最终规则中为这两项措施提供任何支持,只指出医疗补助为戒烟提供了一些支持。See Instituting Smoke-Free Housing, 81 Fed. Reg. at 87,435.

有关的分配问题。

(二)利用行为心理学来戒烟

除与居民合作促进其遵守政策外,行为心理学技术也可以提供有效的执行机制,取代禁烟政策所提出的合同强制执行行动。

虽然单纯的现金奖励不一定有效,[1]但有证据表明,将现金作为奖励,并根据满足条件的情况给予奖励,可以更成功地改变人们的行为。[2] 因此,在公共住房方面的一个选择是,在每个租期结束时,如果一个公共房屋的所有居民在整个租期内都不吸烟,就向他们提供现金奖励。[3] 与传统方法相比,这有几个好处。首先,它将广泛地适用于所有居民,而不是单单针对吸烟者进行污名化歧视。其次,它将把不吸烟作为一种值得奖励的成就,而不是把吸烟作为一种值得惩罚的不良行为,从而成为一种更有效的激励措施。

另一个选择是要求吸烟的公共房屋居民把他们平时用于购买烟草产品的钱存入银行账户,赚取利息。如果在租期结束后,他们没有因为违反禁烟政策而被起诉,他们就可以连本带利拿回这笔钱。否则,他们连本金都无法取回。[4] 为了使激励措施更有效,如果他们在租赁期内违反禁烟政策,这笔

〔1〕 一项研究发现,大多数吸烟者承诺以100元钱换取30天不吸烟,这样能够戒烟1个月,但一般不久后又开始复吸。See Kevin G. Volpp et al., *A Randomized Controlled Trial of Financial Incentives for Smoking Cessation*,15CANCER EPIDEMIOLOGY, BIOMARKERS, & PREVENTION 12,15(2006). *But see* Kevin G. Volpp et al.,*A Randomized, Controlled Trial of Financial Incentives for Smoking Cessation*,360 NEW ENG. J. MED. 699,699(2009).(发现当吸烟者得到9~12个月不吸烟的报酬时,戒烟率会增加)

〔2〕 See Uri Gneezy et al., *When and Why Incentives (Don't) Work to Modify Behavior*, 25 J. ECON. PERSP. 191,204(2011).(注意到:衡量"戒烟的奖励机制"的长期效果的研究结果却是令人失望的)

〔3〕 当然,核实这一点并不是没有成本的。一种成本低但效果较差的方法是:向所有在租约期内没有遵守政策而被检举的公屋居民发放奖励。另一种成本较高但更为有效的方法是定期检查租客,以确定他们在租期内是否有吸烟的行为。

〔4〕 这种方案在租赁环境下是独一无二的可行方案。租户通常会先给房东一笔钱,以押金的形式代为保管。这种方案只需要在押金之外再给付一笔钱,作为劝阻吸烟的预先承诺手段。

钱将被捐给他们不支持的政治政策或社会事业。[1] 运用这种策略有两个原因。首先,它避免了一些行为心理学主导的政策在分配方面产生问题。[2] 这样的计划对吸烟的公共房屋居民来说,不会比他们在烟草产品上花费得更多,而且如果他们成功遵守规则,实际上会获得合理的回报。其次,有证据表明,这种方法对缺乏弹性的吸烟活动是有效的。[3]

从健康主义的角度来看,这些激励措施也是可取的。它们既增加了遵守政策的可能性,又消除了被驱逐的风险,提高了禁烟政策产生预期福利影响的可能性。从健康自由的角度来看,这些方案更具有可取性。这些执行机制并没有直接用强制执行合同条款的方式惩罚居民,降低他们的自主性或限制他们的选择,而是让遵守政策的居民有更多的选择和资源。此外,从健康平等的角度来看,现金奖励独具吸引力,因为它普遍适用于所有居民。也就是说,该储蓄计划针对的是吸烟者。然而,健康主义是价值多元化的理论,所以仅仅使用四项指导原则中的一项并不能使某一干预措施成为健康主义。最后,这些方法避开了与吸烟相关的分配公平问题,而实际上可以通过将一些资源重新分配给吸烟者,产生积极的分配效果。

在第二部分,我们阐明了住房和城市发展部的禁烟政策从表面上看是健康主义的。然而,全盘放弃新政策将会因小失大。这些创新的合同强制执行

---

〔1〕 这就是 stickk. com 网站鼓励的策略, *FAQ-Commitment Contracts-Charities*, STICKK. COM, https://www. stickk. com/faq/charities/Commitment + Contracts[https://perma. cc/ZK53 - BGTZ],并且许多证据可以支撑这一点。参见 Scott D. Halpern et al. , *Commitment Contracts as a Way to Health*, 344 BMJ e522(Jan. 30, 2012)("[T]承诺合同可以为千百万努力改善健康行为的人提供一种健康的方式,这种想法在概念上有很大的优势……"); Todd Rogers et al. , *Commitment Devices: Using Initiatives to Change Behavior*, 311 J. AM. MED. ASS'N 2065, 2066(2014)("当患者能够使用承诺装置时,他们在实现其健康目标方面会更加成功……");参见 Dan Ariely & Klaus Wertenbroch, *Procrastination, Deadlines, and Performance: Self-Control by Precommitment*, 13 PSYCHOL. SCI. 219, 224(2002)(发现了拖延者对外部强加的期限比自我强加的期限反应更好)。

〔2〕 See Jessica L. Roberts, *Nudge-Proof: Distributive Justice and the Ethics of Nudging*, 116 MICH. L. REV. 1045, 1054 - 56(2017).(将一些不同的分配正义目标上升到行为心理学所启发的"推拿"政策)

〔3〕 See Xavier Giné et al. , *Put Your Money Where Your Butt Is: A Commitment Contract for Smoking Cessation*, 2 AM. ECON. J. : APPLIED ECON. 213, 228(2010).(在一项储蓄账户研究中,发现参与者的戒烟率很大,而且持续不断)

行动以目前的形式来看,将为公共房屋主管部门带来执行禁烟政策的利益,以及避免歧视该部门管理之下的吸烟居民。

结　论

出现问题之前,住房和城市发展部的禁烟政策几乎是完美的。它在奥巴马政府制定时便得到了广泛的支持,并在前总统特朗普的领导下继续走向全面实施的道路。本文通过健康主义的角度分析禁烟政策,对广受好评的禁烟政策提出质疑。本文应用健康主义的概念,从 4 个不同的维度对该政策进行分析,即健康福利、健康自由、健康平等和健康公正。该政策在这 4 个维度上都存在某些问题。这些问题使得公共房屋主管部门在执行该政策,以及实施惩罚措施如罚款、驱逐之前,必须先暂缓脚步。然而,我们并不是说住房和城市发展部应该简单地废除禁烟政策。相反,我们恳请公共房屋主管部门考虑居民的尊严和吸烟行为的持久性,采取更为创新和细致的执法方式。虽然从表面上看,禁烟政策可能是符合健康主义的,但公共住房主管部门应当以积极的、非歧视性的方式执行这一政策,以实现减少公共住房居民吸烟的目标。